Pithanologie

Rhetorik-Forschungen

―――

Herausgegeben von
Francesca Vidal, Gert Ueding, Arne Scheuermann
und Markus Mülke

Band 23

Pithanologie

Exemplarische Studien zum Überzeugenden

Herausgegeben von
Michael Pietsch und Markus Mülke

DE GRUYTER

Begründet von Joachim Dyck, Walter Jens und Gert Ueding

ISBN 978-3-11-077774-1
e-ISBN (PDF) 978-3-11-066986-2
e-ISBN (EPUB) 978-3-11-066659-5
ISSN 0939-6462

Library of Congress Control Number: 2019957101

Bibliografische Information der Deutschen Nationalbibliothek
Die Deutsche Nationalbibliothek verzeichnet diese Publikation in der Deutschen Nationalbibliografie; detaillierte bibliografische Daten sind im Internet über http://dnb.dnb.de abrufbar.

© 2021 Walter de Gruyter GmbH, Berlin/Boston
Dieser Band ist text- und seitenidentisch mit der 2020 erschienenen gebundenen Ausgabe.
Druck und Bindung: CPI books GmbH, Leck

www.degruyter.com

Inhalt

Vorwort —— 1

Systematische Studien

Christoph Asmuth
Wissen und Wirken. Die Wahrheit und ihre Form im Dialog —— 7

Markus Buntfuß
Die Überzeugungskraft von Wertgefühlen —— 25

Josef Kopperschmidt
Über das merkwürdige Ineinander von Überzeugung und Überredung —— 37

Olaf Kramer
Die Plausibilisierung möglicher Welten als rhetorischer Akt —— 59

Gert Ueding
„Bringt die Lüge nicht auf die Spur der Wahrheit?"
Einige philosophische und rhetorische Wahrheiten über die Lüge —— 73

Historische Studien

Renate Jost
Exegetische Notizen zur Pithanologie
an einem Beispiel aus dem Buch *Exodus* —— 85

Michael Pietsch
Die Kunst der Überzeugung.
Propaganda und Rhetorik in der Rede des *rab šāqeh* (2 Kön 18, 17–36) —— 91

Christian Strecker
Die Kraft der Rhetorik von unten.
Zur Frage der Redekunst des Apostels Paulus —— 121

Markus Mülke
Pistis als Wirkung überzeugender Rede in der *Apostelgeschichte* —— 161

Francesca Vidal
Zur Methode der Persuasion bei Ramon Llull —— 197

Rainer Adolphi
Bildungsgeschichte der mentalen Widerständigkeit.
Das sich selbst deutende Wissen und der Sinn für die humanen
Überzeugungsgewissheiten in Fichtes *Die Bestimmung des Menschen* —— 209

Wilhelm Jacobs
Fichte und Schelling
über die Bedingung der Möglichkeit des Argumentierens —— 239

Hartmut Traub
Überzeugung oder Unterwerfung:
Fichtes Auseinandersetzung mit dem Islam —— 247

Dietmar Till
Nach der Topik. Zur Lehre von der Inventio im 18. Jahrhundert —— 269

Friedemann Barniske
Überzeugung durch Konkretion.
Albert Schweitzers ethisches Grundprinzip der Ehrfurcht vor dem Leben —— 285

Alphabetisches Verzeichnis der Autorinnen und Autoren —— 301

Michael Pietsch/Markus Mülke
Vorwort

Aristoteles definiert die Rhetorik „als das Vermögen, bei jedem Gegenstand das möglicherweise Glaubhafte zu sehen" (rhet. 1355b). Die Erkenntnis des jeweiligen πιθανόν, des „Glaubhaften", des „Überzeugenden", ist dabei allein dem Menschen möglich als dem einzigen Lebewesen, das sich überhaupt durch Redefähigkeit auszeichnet. Ausgehend von dieser so wirkungsmächtigen Bestimmung hat Peter L. Oesterreich die aristotelische Auffassung der Rhetorik als einer „Pithanologie" für die Anthropologie des *homo rhetoricus* und für die heutige Fundamentalrhetorik fruchtbar gemacht, zugleich aber auch festgehalten: „Der Begriff des Glaubhaften, das ‚Pithanon' selbst, wurde allerdings bisher weitgehend unberücksichtigt gelassen."

Peter L. Oesterreich, seit dem Wintersemester 1995/1996 Lehrstuhlinhaber für Philosophie an der Augustana-Hochschule in Neuendettelsau, feierte am 10. März 2019 seinen 65. Geburtstag; zum Ende des Wintersemesters 2019/2020 wird er an seiner akademischen Wirkungsstätte emeritiert. Zu diesem Anlass haben ihm Kolleginnen und Kollegen unterschiedlicher Disziplinen, Schüler, Weggefährten und Freunde den vorliegenden Aufsatzband zugeeignet, welcher 15 Beiträge zu der von ihm gewiesenen Forschungsaufgabe versammelt. Die „Lehre vom Überzeugenden": Dieses zugleich enge und weite Thema ermöglichte eine Bandbreite von Studien, die von der systematisch-theoretischen Analyse über exemplarische Einzelfälle aus der Geschichte der Rhetorik bis hin zu auf die aktuelle rhetorische Praxis bezogenen Untersuchungen reicht. Dabei ist das πιθανόν durchaus im strengen Sinn als Neutrum aufgefasst – der Fokus liegt also darauf, was und wie eigentlich „das Überzeugende" selbst grundsätzlich oder in einem bestimmten Zusammenhang ist oder sein kann oder sein soll.

So gliedert sich das vorliegende Buch in zwei Abschnitte: Historischen Einzelstudien im zweiten Teil geht ein erster voran, in dem fünf Beiträge das Überzeugende systematisch, aus unterschiedlichen Perspektiven in den Blick nehmen: *Christoph Asmuth* (Berlin) widmet sich dem Dialog als einer Ausdrucksform moderner Philosophie: Die Institutionalisierung der Philosophie steht dem Dialog als literarischer Gattung entgegen. Trotzdem gibt es eine Idealisierung des Dialogs als angemessener Form für die Philosophie – Philosophie ist Gespräch und Auseinandersetzung mit Argumenten. Karl Wilhelm Ferdinand Solger bemerkt am Anfang des 19. Jahrhunderts die Inkongruenz von Dialogform und Verwissenschaftlichung der Philosophie. Trotzdem schreibt er mit guten Argumenten Dialoge. Ein Kritiker der Dialogform war Georg Wilhelm Friedrich Hegel. Er sieht dieselbe Schwierigkeit wie Solger, entscheidet sich aber für die strenge systematische Form der Philosophie. Ein Blick auf die Philosophie Platons zeigt die Verbindung von Form und Inhalt des Philosophierens im Dialog und in der Dialektik, die sowohl dem Verfechter als auch dem Kritiker der Dialogform vorschweben. Ausgehend von einer Bemerkung Solgers schließt der Beitrag mit Überlegungen, die erwägen, ob der gelungene Dialog nicht gerade auf überzeugende Weise nicht überzeugt: Kommt die Autorintention nämlich im Dialog nicht explizit vor, so versuchen die Gesprächspartner im Dialog zwar sich gegenseitig zu überzeugen; der Dialog versucht jedoch nicht den Leser zu überzeugen. Daher überzeugt der Dialog nicht, was überzeugend ist, und dem Leser bleibt nur, sich selbst zu überzeugen.

Markus Buntfuß (Neuendettelsau) geht dem Konzept der Wertgefühle nach und fragt, welche Überzeugungskraft die Berufung auf Werte insbesondere im Hinblick auf ihre affektiv-emotionale Dimension für sich beanspruchen kann. Im Anschluss an Hans Joas wird die neuere Debatte zwischen den Vertretern universaler Rechte und partikularer Werte resümiert, um sodann auf die emotionale und intuitive Dimension von Werthaltungen einzugehen. Der Beitrag plädiert dafür, zwischen basalen moralischen Gefühlen, anerkannten gemeinschaftlichen Werten, verbindlichen gesellschaftlichen Normen und universal geltenden Rechten bzw. kodifizierten Gesetzen sorgfältig zu differenzieren. Indem eine Theorie der Wertgefühle sich mit dem menschlichen Fühlen und der menschlichen Sensibilität in einem umfassenden Sinne befasse, versuche sie dem Ursprung der menschlichen Sittlichkeit auf die Spur zu kommen, ohne zu behaupten, damit den ganzen Funktionskreis des Moralischen erklärt zu haben. Das Konzept der Wertgefühle bezeichne eine basale Schicht moralischer Meinungsbildung und ethischer Urteilsfindung, ohne die kognitiv verfahrende und universale Gültigkeit beanspruchende Konzepte in der Luft hingen. Die Überzeugungskraft von Wertgefühlen könne zwar die Leistungskraft von vernünftigen Argumenten nicht ersetzen aber in elementarer Weise anbahnen und nachhaltig unterstützen.

Josef Kopperschmidt (Erkelenz) befasst sich mit einem alten, durchaus kontroversen Sachverhalt der einschlägigen Forschung: Während die Philosophie die im Deutschen lexikalisierte Unterscheidung zwischen „überzeugen" und „überreden" vehement verteidigt, wird in der Rhetorik diese Differenzierung eines ihrer Schlüsselbegriffe gelegentlich für irrelevant, wenn nicht gar für überflüssig gehalten. Geworben wird für die Einsicht, dass es ohne Insistenz auf diese begriffliche Differenzierung nie eine nachsophistische Entdeckung der Rhetorik hätte geben können, die heute fraglos zum Kernbestand der komplexen Rhetorikrehabilitation gehört. Denn ohne die Unterscheidung zwischen der Faktizität rhetorisch erzielter Zustimmung und der Vernünftigkeit ihres prozeduralen Zustandekommens hätte es nie zu einer zustimmungsabhängigen Geltungstheorie kommen können, wie sie heute von renommierten Denkern vertreten wird als angemessener Geltungstheorie unter den Bedingungen der Moderne, und das meint: unter den Bedingungen prinzipiellen Evidenzmangels.

Nach *Olaf Kramer* (Tübingen) ist es für die Rhetorik zentral, sich mit Strategien und Techniken zur Plausibilisierung möglicher Welten auseinanderzusetzen. Ausgehend von der aristotelischen Mimesis-Theorie in der *Poetik* wird gezeigt, dass ein

Redner sein Material so aufbereiten muss, dass es dem Adressaten plausibel erscheint. Diese Plausibilität wird jedoch erst durch die Erschaffung einer möglichen Welt kommunikativ erzeugt. Damit ist die Persuasion grundsätzlich als Versuch zu fassen, eine mögliche Welt zu plausibilisieren und bei dem Adressaten gegen Widerstände als wahrscheinlichen Weltentwurf zu etablieren. Ziel dieser rhetorischen Intervention ist es, den Adressaten nicht nur rational, sondern auch emotional zu überzeugen. Deshalb ist die Plausibilisierung möglicher Welten nicht nur ein rationales Erklärungsmodell, sondern auch ein emotionaler Immersionstrigger. *Possible worlds* spielen in der Rhetorik aber auch schon vor dem Zeitpunkt der tatsächlichen Intervention eine zentrale Rolle. Bei der Vorbereitung einer Rede muss der Orator nämlich spekulieren, wie sich die kommunikative Situation möglicherweise darstellen könnte, und eine in diese mögliche Welt passende Strategie entwickeln.

Gert Ueding (Tübingen) stellt fest, dass auch in der Rhetorik die Lüge dem moralischen Verdikt verfällt. Mit dem Ideal des *vir bonus dicendi peritus* lässt sie sich kaum vereinbaren, zumal sich die Philosophie von Platon bis Kant in ihrer Rhetorikkritik des Lügenvorwurfs polemisch bediente. Im Gegenzug gehört daher die Betonung des sittlichen Fundaments zur rhetorischen Ausbildung. Doch selbst Cicero, der für Quintilian der exemplarische Vertreter des *vir-bonus*-Ideals ist, diskutierte in seiner rhetorischen Rollentheorie die Funktion des Widerspruchs und der bewusst vom Konsens abweichenden Rede als Mittel der Wahrheitsfindung. Unter diesem Aspekt lässt sich von Protagoras und Gorgias bis hin zu Hegel und Nietzsche auch eine andere, genuin rhetorische Traditionslinie ermitteln, in der das Verhältnis von Wahrheit und Lüge in einem außermoralischen Sinne reflektiert und das methodische Widersprechen moralischer Gewissheiten als Motor des Erkenntnis- und des Kulturfortschritts aufgefasst wird. Oder mit Albert Camus: „Bringen die Lügen einen nicht letzten Endes auf die Spur der Wahrheit?"

Den zweiten, historischen Teil des Bands eröffnen vier Studien zur biblischen Überlieferung: Das alttestamentliche Buch *Exodus* nimmt *Renate Jost* (Neuendettelsau) in den Blick: Peter L. Oestereich hat in seinem Artikel *Credibilität. Einige Thesen zu Rhetorik, Religion und Wissenschaft* zwischen ethologischer, pragmatologischer und pathologischer Credibilität unterschieden. Am Beispiel der biblischen Plagenerzählung *Exodus* 7, 14–11, 10 wird aufgewiesen, dass ohne machtvolle Zeichen und Wunder in der Welt des Alten Testaments die Credibilität einer Gottheit kaum vorstellbar ist.

Michael Pietsch (Neuendettelsau) untersucht die stilistische und argumentative Disposition der Rede des assyrischen Unterhändlers (*rab šāqeh*), die dieser laut der biblischen Darstellung in 2 Kön. 18, 17–36 vor den Toren der belagerten Stadt Jerusalem hält. Im Mittelpunkt des Interesses steht dabei die Frage, mit welchen rhetorischen Mitteln der Redner seine Adressaten zu überzeugen versucht, ihren Widerstand gegen die assyrische Belagerung aufzugeben. Dazu wird im Anschluss an Arbeiten von Peter L. Oestereich auf die Rhetorikkonzeption des Aristoteles zurückgegriffen, um die pithanologische Qualität der Rede unter den drei Gesichtspunkten der Pragmatologie (Logos der Rede), Pathelogie (Pathos der Adressaten) und Ethologie (Ethos des Rhetors) näher zu bestimmen. Die Besonderheit, die bei der rhetorischen Analyse der Rede hervortritt, besteht in ihrer eigentümlichen Multiperspektivität, in der sie zwischen ihrer Funktion als Figurenrede und Erzählerrede oszilliert. Indem der Erzähler die Rede seiner literarischen Figur kunstvoll stilisiert, gelingt es ihm einerseits, die Rede des assyrischen Beamten als überzeugungskräftige Propagandarede zu entwerfen und sie andererseits durch ein fein gesponnenes Netz intertextueller Verknüpfungen als hybride Schmährede zu entlarven, die auf keine Zustimmung bei den Adressaten rechnen kann. Hintergründig tritt im Antagonismus der literarischen Figuren eine prophetentheologische Geschichtshermeneutik zutage, die vom Erzähler narrativ inszeniert und in den Reden der Protagonisten diskursiv entfaltet wird.

Der Beitrag *Christian Strecker*s (Neuendettelsau) wendet sich der spezifischen Rhetorizität der authentischen Paulusbriefe zu. In Auseinandersetzung mit der internationalen Paulusforschung wird dargelegt, dass der Apostel weder der gehobenen sozialen Schicht entstammte noch eine formale rhetorische Ausbildung durchlief. Die Briefe sind dementsprechend nicht im schulrhetorischen Sinn als kunstvolle Reden konzipiert. Vor diesem Hintergrund führt der Beitrag die rhetorische Kraft der Paulusbriefe auf die besondere Mischung von Erhabenem und Niedrigem in den Ausführungen des Apostels zurück, wie sie sich paradigmatisch in seiner Kreuzestheologie zeigt. Die Paulusbriefe ziehen ihre rhetorische Kraft mithin weniger aus einer Anwendung der in der Welt der Elite verankerten klassischen Regeln der Beredsamkeit denn aus einer Entfaltung der Würde des Niedrigen im Sinne einer „Rhetorik von unten".

Markus Mülke (Neuendettelsau) untersucht in der Apostelgeschichte den vieldiskutierten Begriff neutestamentlicher πίστις. Der Autor Lukas macht die etymologische Verwandtschaft des entsprechenden Wortfelds zum Verb πείθειν geltend und markiert damit frühchristliche Pistis nachdrücklich als Wirkung überzeugender Rede der Apostel, die den λόγος τοῦ θεοῦ verkünden, in Worten, Zeichen und Wundern.

Den mittelalterlichen, katalanischen Philosophen Ramon Llull stellt danach *Francesca Vidal* (Koblenz-Landau) in den Mittelpunkt ihres Beitrags: Llull wollte die Menschen durch rationale Argumentation von der Wahrheit des christlichen Glaubens überzeugen. Hierfür entwickelte er eine Kunst der Kombinatorik, der spezifische Persuasionsformen zu eigen sind. Gezeigt wird überdies, mit welchen Persuasionsstrategien der Missionierungsanspruch des Philosophen im *Buch vom Heiden und den drei Weisen* umgesetzt wird. Dieses Buch gilt als Vorläufer religiöser Toleranz, obwohl Llull hier sehr deutlich zu erkennen gibt, dass für ihn allein das Christentum die wahre Religion sei.

Ein wichtiger Forschungsschwerpunkt Peter L. Oesterreichs erfährt daraufhin in drei Beiträgen besondere Aufmerksamkeit: der deutsche Idealismus, insbesondere Johann Gottlieb Fichte. Der Beitrag von *Rainer Adolphi* (Berlin) zielt, in einem Dialog mit einem klassischen Theoriestück Fichtes, auf die Komplexität unserer Systeme des Wissens und die Kriterien des Glaubwürdigen darin. In einer aktualisierenden Interpretation einer Fichteschen Einsicht und in einer heutigen Begrifflichkeit wird gezeigt, wie das, was zu Überzeugungen wird, auf das Selbstbild der Subjekte einwirkt, in Inhalt wie Typus; und wie solche Sinn-Systeme im bestimmten Fall in der Humanität der Selbstbilder ihren kritischen Maßstab haben. Dazu werden Differenzierungen im Begriff des ‚Glaubens' expliziert, und es wird die Dynamik jeweiliger Systeme zwischen ‚Glauben' und ‚objektivem Wissen' herausgearbeitet. Das kritische Potential Fichtes, der oft nur in der Überblendung durch die Aburteilung Hegels wahrgenommen wird, erweist sich dabei nicht zuletzt gegenüber einem heute inflationären Begriff des Überzeugungen-Habens, der – und gerade in einer überdominanten Wissenskultur – alles auflöst in das eben Lebenswelt-Faktische von Prozessen und das rhetorisch und performativ zustande gekommene Wissenseinverständnis und Zueigenmachen. Der Beitrag verbindet das Plädoyer für eine neue Lesart Fichtes mit einem entschieden systematischen Anspruch.

Argumentieren bedeutet, nach *Wilhelm Jacobs* (München), zwingende Gründe anzuführen, die, aus Freiheit gedacht, freie Menschen überzeugen sollen. Das hier gedachte Verhältnis von Notwendigkeit und Freiheit ist ein philosophisches Problem. Dessen Lösung bei Fichte und Schelling stimmt darin strukturell überein, dass Freiheit gedacht wird als unbedingte Voraussetzung von nur unter der Bedingung von Freiheit stehender, ansonsten unbedingter Notwendigkeit. Dies ermöglicht freie Kommunikation mit zwingenden Gründen.

Hartmut Traub (Alfter) konstatiert, dass die Fichte-Forschung die Auseinandersetzung Fichtes mit dem Islam – im Unterschied zu *Fichte und das Judentum* – bisher nicht beachtet hat. Dabei ist gerade der „Muhamedismus" derjenige Weltanschauungs- und Wissenstypus, gegenüber dem sich Fichtes eigener Begriff von Glaubwürdigkeit und Überzeugungswissen in besonderer Weise positioniert. Unter Berücksichtigung der über das Gesamtwerk verstreuten Äußerungen zum Islam lässt sich eine deutliche Argumentationslinie Fichtes erkennen. Gegen das Modell der auf Unterwerfung und Tradition beruhenden äußerlichen Glaubenstradition des „Muhamedismus" setzt Fichte eine aus seinem Verständnis des Christentums begründete Kultur innerlicher, auf subjektiver, personaler Überzeugungsarbeit beruhender Erforschung von Wahrheit und Gewissheit, in der unter dem Postulat eines moralischen Perfektionismus Intellekt, Wille und Gefühl vermittelt werden. Neben der subjekttheoretischen Kontroverse zwischen innerlich erarbeiteter und äußerlich vermittelter Gewissheit und Überzeugung spielt der Antagonismus Islam-Christentum für Fichte auch eine zentrale Rolle im historisch-politischen Kontext der Herausbildung einer europäisch christlichen Kulturidentität. Systemtheoretisch ist die Auseinandersetzung in der transzendentalphilosophischen Wechselbestimmung von Ich und Nicht-Ich sowie dem Modell transzendental begründeter Typen möglicher Weltanschauungen zu begründen. Den Quellen und Einflüssen, die Fichtes Bild des Islam geprägt haben, widmet die Analyse besondere Aufmerksamkeit.

Den Band beschließen ein Beitrag zur Rhetorik des 18. Jahrhunderts sowie eine Studie zu Albert Schweitzer: *Dietmar Till* (Tübingen) behandelt die Lehre von der *inventio* im 18. Jahrhundert: Im System der klassischen Rhetorik wird die Lehre von den Beweisen unter der Rubrik *inventio* abgehandelt. In der rhetorischen Topik wird die Lehre von den Fundörtern der Beweise abgehandelt, wobei die antike Theorie verschiedene Konzepte von Topoi kennt. Auf die Rhetoriken der Frühen Neuzeit hatten die Überlegungen der klassischen Theorie großen Einfluss. Vor allem die materiale Topik in Gestalt von *loci communes*-Sammlungen wird zur Grundlage der Textverfassung und Gelehrsamkeit überhaupt. Der Beitrag zeigt dies am Beispiel von Poetiken und Rhetoriken des 17. und frühen 18. Jahrhunderts. Seit Mitte des 17. Jahrhunderts gerät dann die Topik mehr und mehr in die Kritik, die Lehre von den Fundorten der Beweise wird in der Folge in den Lehrbüchern marginalisiert. Der Beitrag zeigt, dass nach 1750 systematisch Theorien der Einbildungskraft an die Stelle der Topik treten, dabei allerdings die urrhetorische Idee der Lehr- und Lernbarkeit der Textverfassung zugunsten von Konzepten wie dem Genie aufgegeben wird.

Die ethische Reflexion fragt, wie *Friedemann Barniske* (Neuendettelsau) hervorhebt, nicht nach abstrakten Moralvorstellungen, sondern sucht die lebendige Verbindung von allgemeiner Idee und konkreter Verwirklichung derselben. In seiner großen Kulturphilosophie nimmt Albert Schweitzer (1875-1965) auf der begrifflichen Ebene diese grundlegende Forderung der Ethik in Angriff, indem er ein eigenständiges ethisches Prinzip formuliert. Dafür bekräftigt er zunächst die notwendige Verankerung des Ethos im menschlichen Gemüt selbst, um dergestalt die Motivation zum moralischen Handeln gewährleisten zu können. Sodann wird mit dem Gedanken einer ethischen Mystik die Selbstvervollkommnung des Menschen in der Hingabe an das lebendige Dasein verortet. Daraus erwächst ihm das konkrete Grundprinzip einer Ethik der Ehrfurcht vor dem Leben, die sich aus der Einsicht in die Universalität des Willens zum Leben speist. Auf diesem Wege erweist sich bereits auf dem Boden ihrer begrifflichen Grundbausteine die Konkretion seiner absoluten Ethik als eigentliche Quelle ihrer Überzeugungskraft.

Die thematische Vielfalt der hier versammelten Studien, die das „Überzeugende" aus Blickwinkeln, mit Fragestellungen und Methoden ganz unterschiedlicher Disziplinen behandeln, spiegelt treffend die Breite der forscherlichen Leistungen und der persönlichen Interessen Peter L. Oesterreichs: als Philosoph ein auch international weithin renommierter Kenner des deutschen Idealismus und der Romantik, als Philosoph für 24 Jahre Professor an einer evangelisch-theologischen Hochschule, als Philosoph einer der profiliertesten Vertreter der Fundamentalrhetorik und rhetorischen Anthropologie – möge der Jubilar Freude finden an diesen, hoffentlich überzeugenden Versuchen zum πιθανόν. *Ad multos annos*!

Neuendettelsau, im Januar 2020

Diogenes lebt – und er wirkt im Getümmel der Stadt³, wie in der Generation vor ihm bereits Sokrates von Athen. Seine Philosophie geht, wenn man so will, ganz auf in der Performanz. Seine Philosophie ist die Kunst der Aktion, Aktionskunst, Aktionsphilosophie, *philosophy slam*, in der Form und Inhalt nicht auseinanderfallen.

Die Sensibilität der Philosophie für ihre Form ist gewachsen auf dem Nährboden des Unterschieds, eines Unterschieds, der das Zerbrechen der Einheit von Kult, Ritus, Mythos und Macht begleitet: Mit einem Wort, dieser Unterschied ist eine Folge der griechischen Aufklärung mit ihrer zunehmenden Differenzierung und ihrem Potential zur Ausbildung von Wissenschaften. Die Philosophie, die zuerst Natur-Philosophie war, isolierte die wahrnehmbare Welt und suchte in ihr – ihren nicht wahrnehmbaren Grund. Wasser, Feuer, Luft, das Apeiron, das Unbestimmte, oder der Logos, schließlich das Sein: diese *archai*, diese gründenden Ursachen, wirkten im Wirklichen, ohne dass sie selbst wahrnehmbar waren. Methodisch gesehen etablierte sich damit ein wichtiger Unterschied: die Differenz zwischen der wahrnehmungsmäßigen Erfahrung und den gedanklich bestimmten Gründen.⁴ Zugleich bekamen Abstraktion und Mathematisierbarkeit ein eigenes Gewicht. Die griechische Aufklärung ist zur Wiege des wissenschaftlichen Weltbildes geworden, eine für die westliche Wissenschaftsentwicklung bedeutende Wegscheide.

Damit kommt auch die Methode ins Spiel. Wenn der Weg zur Wahrheitsgewinnung und -vermittlung nicht mehr durch Tradition festliegt, sondern streitbar ist, dann ist auch die Verbindung von Prozess und Resultat nicht mehr einsinnig. Die Welt hatte nicht mehr nur *eine* Erklärung. Der Mythos reicht längst nicht mehr hin, eine komplex gewordene Wirklichkeit zu durchschauen und fassbar zu machen. Die Fäden zwischen den Gründen und dem zu Begründenden wurden immer dichter, sie bildeten Gewebe und Wucherungen, ein Rhizom, wenn man so will. Das erforderte eine Kritik, eine Besinnung auf den richtigen Weg, auf den zielführenden Weg. Die Verbindung von Methode und Resultat ist nicht mehr selbstverständlich, sondern muss darum gerade gesucht und geprüft werden. Damit wird die Kohärenz von „Wahrheit und Methode" zu einem Leitmotiv der Philosophie. Die Darstellung der Philosophie kommt nicht mehr frei von dem, was sie darstellt, und das, was sie darstellt, muss sie letztlich selbst vollziehen.

Ein Blick in die Geschichte zeigt, dass es eine lange Auseinandersetzung mit der Form der Wahrheit gibt. Dem entspricht zugleich die Suche nach der einzig *richtigen* Form. Für die Philosophie ist dieses Problem keine müßige Beschäftigung, sondern berührt ihren Kern. Seit der Antike haben wir eine ganze Reihe von Formen: Die

---

3 Schriften des Diogenes von Sinope haben sich nicht erhalten. Bei Diogenes Laertius finden sich verschiedene Listen, die Schriften nennen, darunter Tragödien und Dialoge (Diog. Laert. 6, 80f.); vgl. Klaus Döring, Die Kyniker, Bamberg 2006.
4 Vgl. Christoph Asmuth, Salomon Maimon und die Transzendentalphilosophie ganz grundsätzlich, in: Discipline Filosofiche 29/1 (2019): Salomon Maimon: alle origini dell'idealismo tedesco, a cura di Luigi Azzariti-Fumaroli e Lidia Gasperoni, 31–46.

Abhandlung, die Rede, das Lehrgedicht, das Gespräch, das Selbstgespräch. Natürlich stehen diese Formen, in der die Philosophie redet, spricht, schreibt, zu überreden und zu überzeugen sucht, der Wahrheit nicht gleichgültig gegenüber. Und natürlich taucht die Frage auf, ob sich die Wahrheit überhaupt einfach aussprechen lässt. Das Echo dieser Überlegungen findet sich noch bei Nietzsche, Heidegger oder Wittgenstein, wenn sie, je nach Ausprägung der Philosophie, das Fragment oder die Dichtung oder das Schweigen als Antwort auf die Frage nach der Form der Wahrheit präsentieren.

3 Solger und die Krise des Dialogs

Am 23. Januar 1818 schrieb Karl Wilhelm Ferdinand Solger an seinen Freund Bernhard Rudolph Abeken, den späteren Rektor des Gymnasiums zu Osnabrück: „Ich wollte überall nur aufregen, aufschütteln, dabei ein recht lebendiges Bild der Zeit geben und Erwartungen erregen; denn auch der Schluß des letzten Gesprächs enthält nur Räthsel und soll nichts anderes enthalten."[5] Solger spricht über seine *Philosophischen Gespräche*, die er 1817 zum Druck gab. Es ist erstaunlich, was Solger seinem Freund Abeken gesteht. Nicht nur, dass der Schluss jenes Gesprächs rätselhaft ist, sondern auch, dass diese Rätselhaftigkeit ganz und gar seiner Absicht entspricht! Denn Solger beschwert sich mehrmals ausdrücklich darüber, dass seine *Philosophischen Gespräche* nicht verstanden werden. Seinem Freund Ludwig Tieck schreibt er:

> Manchmal vergeht mir ganz die Lust weiter zu schreiben, wenn ich mir vorstelle, wie ich die Sachen zusammenkünstele, und niemand sich die Mühe geben mag, die Kunst zu merken. Ich komme mir vor wie ein müßiger Witzling, dessen Pointen niemand finden kann, noch suchen mag. Unterdessen laufen die Menschen haufenweise nach allem, was ihrer Plattheit entgegenkommt.[6]

Seine Absicht allerdings ist aber, die Menschen zu überzeugen. Er will seine Philosophie verbreiten und will durch seine Philosophie wirken. Solger ist kein Träumer. Allerdings doch jemand, der an seinen Ansprüchen regelmäßig scheitert. So erklärt er sich gegenüber Tieck über einen zukünftigen schriftstellerischen Plan:

> Es ist der, einen populären Unterricht über Religion, Staat, Kunst und die allgemeinsten sittlichen Verhältnisse von meiner Philosophie aus zu schreiben, so daß sich Ungelehrte, Weiber

---

[5] Karl Wilhelm Ferdinand Solger/Ludwig Tieck/Friedrich von Raumer (Hg.), Karl Wilhelm Solger's nachgelassene Schriften und Briefwechsel, 2 Bände, Leipzig 1826 (im fogenden abgekürzt zitiert als: NSB), Band 1, 597.
[6] Solger an Tieck, 13. November 1817 (NSB 1, 571f.).

und die erwachsene Jugend daraus belehren könnten. Dazu gehört aber auch noch viel Übung in der Popularität.⁷

Als Solger diese Zeilen schrieb, war die Absicht, populär sein zu wollen, selbst keineswegs mehr populär. Das hatte mit der Entwicklung in den ersten Jahren des 19. Jahrhunderts zu tun. Die Philosophie Kants hatte sich dezidiert dafür ausgesprochen, dass ihr kritischer Teil nicht populär, sondern eigentlich nur an der Universität gelehrt werden könne. Kants Argument bestand darin, dass er den Operationen seiner Transzendentalphilosophie, die er betrieb, um die Metaphysik in Schranken zu weisen, eine Konstruktion voraussetzte, die notgedrungen gegenüber den konkreten philosophischen Problem abstrakt bleiben müsse. So antwortete seine kritische Transzendentalphilosophie gerade nicht auf den von Kant selbst vorgebrachten Katalog von philosophischen Grundfragen: „Was kann ich wissen? Was soll ich tun? Was darf ich hoffen? Was ist der Mensch?"⁸ Im Gegenteil: Das System der Kritik der reinen Vernunft „kann nie populär werden, so wie überhaupt keine formelle Metaphysik; obgleich ihre Resultate für die gesunde Vernunft (eines Metaphysikers, ohne es zu wissen) ganz einleuchtend gemacht werden können."⁹

---

7 Solger an Tieck, 4. Januar 1818 (NSB 1, 593); vgl. dazu Georg Wilhelm Friedrich Hegel, Gesammelte Werke, herausgegeben von der Nordrhein-Westfälischen Akademie der Wissenschaften, Hamburg 1968ff. (im folgenden abgekürzt zitiert: GW), Band 16, 122f.
8 Vgl. Kant, Kritik der reinen Vernunft, B 805. Es wäre an der Zeit, das Missverständnis aufzuklären, demzufolge dieser Fragenkatalog sich auf die drei Kritiken Kants beziehe. Kant bezeichnet mit diesen drei Fragen das Interesse der Vernunft überhaupt, das heißt, er gibt den Grund an, aus dem Philosophie betrieben wird. Kant stellt explizit heraus, dass die Kritik der reinen Vernunft das Vernunftinteresse zwar befriedigen kann, aber nur durch Enthaltsamkeit in Bezug auf die zwei spekulativen Probleme, nämlich die Existenz Gottes und die Fortexistenz nach dem Tode. Die zweite Frage, sagt Kant, gehört gar nicht zur *Kritik der reinen Vernunft*, sondern sei moralisch. Sie gehört damit auch nicht in den Umfang der zweiten Kritik. Die Moral wird in der *Metaphysik der Sitten* behandelt. Die dritte schließlich gehöre in die Moraltheologie. Ein Zusammenhang mit der *Kritik der Urteilskraft* kann gar nicht hergestellt werden. Zusammengefasst: Der Kant der *Kritik der reinen Vernunft* bezieht das Vernunftinteresse, das sich in den ersten drei Fragen ausspricht, auf die Transzendentalphilosophie nur negativ. Die Fragen werden als unbeantwortbar abgewiesen, aber gerade nicht positiv in der Transzendentalphilosophie behandelt. Die Frage der *Kritik der reinen Vernunft* müsste daher heißen: Was kann ich *nicht* wissen? Der Fragenkatalog in der Jäsche-Logik (Immanuel Kant, Gesammelte Schriften, herausgegeben von der Königlich-Preußischen Akademie der Wissenschaften, Berlin 1900ff. [im folgenden abgekürzt zitiert als: AA], Band 9, 25), fügt dann die vierte Frage hinzu. Aber hier heißt es unmissverständlich: „Die erste Frage beantwortet die Metaphysik, die zweite die Moral, die dritte die Religion und die vierte die Anthropologie. Im Grunde könnte man aber alles dieses zur Anthropologie rechnen, weil sich die drei ersten Fragen auf die letzte beziehen." (AA 9, 25). Auch in der Jäsche-Logik, also um 1800, parallelisiert Kant keineswegs den Fragenkatalog mit seinen drei Kritiken.
9 Kant, AA 6, 206; vgl. Christoph Asmuth, Von ‚Seichtigkeit' und ‚Pedanterie'. Popularität und Öffentlichkeit in der Philosophie zwischen Kant und Fichte, in: Christoph Binkelmann/Nele Schnei-

Das ist nicht die Andeutung einer neuen philosophischen Mode, sondern Indiz eines Bruchs. Die Aufklärung, vor allem die Spätaufklärung, hielt es sich sehr zugute, dass sie die Philosophie unter das Volk bringen wollte.[10] Weisheit und Tugend sollten nicht im Besitz weniger sein, sondern alle sollten dazu Zugang bekommen können. Erst Kant scherte mit seiner Transzendentalphilosophie aus, und zwar nicht, was deren Resultate betrifft, sondern vor allem durch seine neuartige Methode. Es handelte sich um eine erzwungene Wende. Der Druck der Naturwissenschaften, ihr Potential und die Gewissheiten, die sie versprachen, brauchten ein sicheres Fundament, und das konnte und sollte nicht mehr auf dem Feld der klassischen Metaphysik ruhen. Jene Wahrheit der Philosophie, die sich einfach aussprechen ließ, hatte in der beginnenden Moderne, zumindest aber in den avancierten Kreisen der Philosophie, aufgehört zu existieren. Jetzt kam es auch auf die Form an. Erst die methodische Form der Philosophie sollte jetzt ein Garant ihrer Wahrheit sein.

Der Dialog als eine tradierte Form, philosophische Gedanken darzustellen, geriet in Schwierigkeiten. Zwar wurden noch zahlreiche Dialoge verfasst, aber die Dialogform hatte etwas „Künstliches" an sich, wie Solgers Briefe beweisen. Neben den bekannten Dialogen der Aufklärungszeit, etwa Leibniz' *Nouveaux Essais sur L'entedement humain* oder David Humes *Dialogues concerning Natural Religion*, kann man auch an die Zeitgenossen Solgers denken.[11] Zu nennen ist hier vor allem Frans Hemsterhuis, der mit seinen Dialogen auf die deutsche Philosophie großen Einfluss ausübte. Aber auch Mendelssohn, Jacobi, Fichte, Schlegel und Schelling schrieben Dialoge. Dialoge oder Gespräche hatten in dieser Zeit meist einen moralisch-religiösen Gegenstand oder beschäftigten sich mit dem Schönen oder der Aufgabe der Philosophie. Gewöhnlich beschworen diese Gespräche einen antiken Hintergrund. Die Figuren trugen antikisierende Namen und arbeiteten ein durchsichtiges Programm ab, das ganz aus der Person des Autors geschöpft war und wenig Bandbreite bot; ein Umstand, den bereits der Earl of Shaftesbury ironisch aufgriff:

> These, indeed, are so far from representing any *particular Man* or *Order of Men*, that they scarce resemble any thing of *the Kind*. 'Tis by their Names only that these *Characters* are figur'd. Tho they bear different Titles, and are set up to maintain contrary Points; they are found, at the bottom, to be all of the same side, and, notwithstanding their seeming Variance, to co-operate in the most officious manner with the Author, towards the display of his own proper Wit, and the establishment of his private Opinion and Maxims. They are indeed his very legitimate and ob-

---

dereit (Hg.), Denken fürs Volk? Popularphilosophie vor und nach Kant (= Kultur – System – Geschichte 6), Würzburg 2015, 97–112.
10 Vgl. Binkelmann/Schneidereit, Denken fürs Volk?
11 Als gründliche Recherche in literaturgeschichtlicher Hinsicht mit einem gewissen Anspruch an Vollständigkeit darf bis heute gelten: Rudolf Hirzel, Der Dialog. Ein literaturhistorischer Versuch, 2 Bände, Leipzig 1895; ferner sei auf die gründliche Studie verwiesen: Vittorio Hösle, Der philosophische Dialog. Eine Poetik und Hermeneutik, München 2006.

sequious *Puppets*; as like *real Men* in Voice, Action, and Manners, as those wooden or wire Engines of the lower Stage. *Philotheus* and *Philatheus*, *Philautus* and *Philalethes* are of one and the same Order: Just Tallys to one another: Questioning and Answering in concert, and with such a sort of Alternative as is known in a vulgar Play ...[12]

Das ist eine offenkundige Schwierigkeit des Dialogs. Solger hat sie klar erkannt: Die Form scheint unzweckmäßig. Der Autor hat eine philosophische Überzeugung, für die er argumentieren möchte. Genauer: Der Autor hat eine Lehre oder ist einer Lehre verpflichtet, von der er andere überzeugen möchte. Die Dialogform scheint diesem Zweck vorderhand nicht zu entsprechen. Die Verteilung des Inhalts auf verschiedene Sprecher führt entweder zu einer wenig dramatischen Dialogführung. Es entsteht kein lebendiges Gespräch, sondern ein Monolog, in dem der Hauptsprecher die Position des Autors darlegt unterbrochen nur von Zustimmung oder Ablehnung des Mitunterredners.

Das Verhältnis von Form und Inhalt der Philosophie ist aber intim. Natürlich finden sich philosophische Autoren, die ihre Auffassungen in verschiedene Formen einfließen lassen; bisweilen sogar in einem Werk in verschiedene Formen. Dabei ist die Form dem Gesagten niemals gleichgültig. Die Dialogform, wenn sie denn mehr sein soll als eine bloße Einkleidung, kann dem Gegenstand, der behandelt wird, nicht gleichgültig sein. Das zeigt sich gut an den Inhalten der Dialoge. In der Zeit um 1800 sind es vornehmlich erbauliche Inhalte, die in Dialogform abgehandelt werden, etwa Themen der Religion, der Tugend, der Sittlichkeit oder der Kunst. Die Philosophen scheinen überwiegend der Auffassung zu sein, dass sich besonders diese Themen für die Dialogform gebrauchen lassen. Hier gibt es eine Überschneidung zur Diskussion um die Popularität. Popularität in der Philosophie wurde gefordert, weil Themen die von allgemeinem Interesse für den Menschen überhaupt waren, auch in einer allen zugänglichen Form verhandelt werden sollten. Hier scheint es analog: Man glaubt, dass diese Themen am besten für die Dialogform geeignet sind. Man könnte schließen, dass es Themen sind, die auch im bürgerlichen Salon besprochen wurden, so dass die Dialogform eine Entsprechung wirklicher kommunikativer Praxis darstellt. Solger sieht beide Seiten: Der Dialog kann eine verlebendigte Darstellung philosophischer Inhalte sein. Anderseits gibt es ein unabweisliches Bedürfnis nach wissenschaftlicher Philosophie, in der die schulmäßige Abhandlung gefordert wird. Beides schwebte Solger 1812 als Alternativen vor: das Gespräch und die dogmatische Abhandlung. „Auf der einen Seite", so schreibt Solger an Friedrich von Raumer, „verlangt die Zeit eine gelehrte und vollständig vorkauende Abhandlung; auf der andern sehe ich nicht, wie sich die volle Erscheinung der Philosophie im Leben und in den Dingen selbst anders als durch [sc. das] Gespräch darstellen lasse."[13]

---

[12] Anthony Ashley-Cooper Earl of Shaftesbury, Characteristics, London 1737, Band 3, 292f.
[13] Solger, NSD 1, 221.

Letztlich geht es Solger um die Philosophie selbst, und er ist damit nahe beim platonischen *Sophistes*:

> Ich möchte gern die Philosophie als wahres Gut des Lebens, als Quell des gegenwärtigen vollen Bewußtseyns, als lebendig einwirkende Kraft ausbilden und mittheilen und das geschieht, wie ich glaube, überhaupt am besten durch das Gespräch.[14]

Das Innerste des Menschen solle seine äußeren Aktivitäten bündeln und vereinigen, ein Innerstes, das in Gegenwärtigkeit und im reinen Bewusstsein des Ewigen bestehe. Solger führt die zeittypischen Elemente eines organischen Philosophieverständnisses vor: Authentizität, Ganzheit, Lebendigkeit, Kräftigkeit. Das Absolute oder Ewige ist nicht das unverfügbare Andere, sondern in zeitloser Selbsttransparenz schon immer zugänglich, und zwar der gegenwärtigen Unmittelbarkeit, die zugleich reines Bewusstsein ist – mithin in einer intellektuellen Anschauung.

Solger setzt jedenfalls ein Absolutes als Erstes und Innerstes des Menschen, ein Ewiges im Endlichen, ein Ewiges, das zugleich Quell einer universellen Harmonie, ein Garant für die Ausgewogenheit und Ganzheit des Menschen und aller menschlichen Vollzüge ist, eine absolute Selbsttranszendenz. Darin zeigt sich eine Einfluss des Schellings der Identitätsphilosophie. Solgers philosophische Auffassung gewinnt eine religiös-mystische Dimension: Das Ewige ist Gott in uns, Quell und Realität alles Guten und Wahren. So schreibt Solger: „Indem nun Gott in unserer Endlichkeit existiert oder sich offenbart, opfert er sich selbst auf und vernichtet sich in uns; denn wir sind nichts."[15] Gott gelange in und durch uns zur Existenz. Dazu müsse sich Gott von sich selbst trennen. Solger nimmt einen Akt ursprünglicher Entzweiung an, die zugleich perspektivisch eine doppelte Entzweiung ist, in der sich einerseits Gott von sich selbst trennt und in die Existenz tritt, eine Existenz, die sein eigenes Nichts ist: Gott opfert sich. Aus der Perspektive des Menschen handelt es sich um eine Selbstentzweiung, in welcher der Mensch sein Wesen verfehlt und dadurch Nichts wird. In der Vernichtung seines Nichts[16] kehre der Mensch zu sich zurück. Das göttliche Opfer erfährt seinen Sinn in der Selbstaffirmation Gottes und in der Selbstfindung des Menschen als das, was er ursprünglich ist, Erscheinung und Offenbarung Gottes. Solger stellt eine mehr oder minder säkularisierte Form der Christologie vor: Das Opfer ist nicht nur in seiner historischen Dimension zu verstehen, „sondern", so Solgers Worte, „wir sollen diese Begebenheit der göttlichen Selbstaufopferung in uns *erleben* und *wahrnehmen* ... Was so in jedem von uns vor-

---

14 Solger, NSB 2, 191.
15 Solger, NSB 1, 603. – Vgl. zum Zusammenhang dieses Gedankens mit der romantischen Ironie und ihrer Kritik bei Hegel: Thurid Bender, Die Widerspenstigkeit der Ironie, in: Hegel-Jahrbuch 2019/20, Band 1, Berlin 2019 (im Druck).
16 Vgl. Solger, NSB 1, 703.

geht, das ist *in Christus für die ganze Menschheit* geschehen."[17] Offenbarungsgeschehen und Soteriologie werden in Solgers Aufriss zu einer universalen Metaphysik verquickt. Darin spiegelt sich die Vorstellung von Harmonie und Ganzheit ebenso wie die Säkularisierung von Sündenfall und Erlösung: Entzweiung und Ver-Versöhnung als grundlegende Elemente der klassischen deutschen Philosophie – sie spiegeln sich in der einzig angemessenen Form: dem Dialog, in dem Entzweiung und Versöhnung symbolische Form gewinnen. Die Gesprächsteilnehmer entfernen sich voneinander, sprechen aus einer personalen Individualität heraus, stehen bisweilen in schroffem Gegensatz zu anderen, geraten in Aporien, und bleiben doch im Gespräch.

Dennoch bleibt festzuhalten, dass Solger mit der Dialogform eine Krise durchlebt. Das Leben, das ihm so wichtig ist, motiviert ein Philosophieren in Gesprächen. Andererseits überzeugen die Gespräche nichts und niemanden, nicht einmal Solger selbst. Die wissenschaftliche Abhandlung entfernt dagegen die Philosophie vom Leben. Die existentielle Dimension des Lebens kommt in der akademischen Form der Philosophie nicht zur Geltung. Die Abhandlung kann ebenso wenig überzeugen. Sie verfehlt den existentiellen Horizont des Philosophierens. Solger empfindet die Krise des Dialogs als Zeichen der Moderne.[18]

4   Hegels Kritik der Dialogform

Hegel ist der Dialogform gegenüber unversöhnlich.[19] Obwohl er die Augen vor der ästhetischen Seite beispielsweise der platonischen Dialoge keineswegs verschließt, stößt er sich doch an ihrer Form. Er betont, die platonischen Dialoge gehörten zum Schönsten, was aus der Antike überliefert sei. Trotzdem seien sie ihrem Inhalt, nämlich der in der Entstehung begriffenen wissenschaftlichen Philosophie, nicht angemessen: Sie seien – mit einem Wort – noch vorwissenschaftlich. Hegels Urteil ist differenziert und deutlich von der Auseinandersetzung mit der romantischen Ansicht Schleiermachers geprägt. Dessen Betonung des Literarischen in Platons Dialogen geht ihm zu weit.[20] Ferner sei eine rein philologische Erforschung der Dialoge in Hinsicht auf die Philosophie nicht nur überflüssig, sondern schädlich. Philologische

---

17 Solger, NSB 1, 632.
18 Vgl. Christoph Asmuth, Wissen im Aufbruch. Die Philosophie der deutschen Klassik am Beginn der Moderne (= Kultur – System – Geschichte 14), Würzburg 2018.
19 Vgl. Christoph Asmuth, Interpretation – Transformation. Das Platonbild bei Fichte, Schelling, Hegel, Schleiermacher und Schopenhauer und das Legitimationsproblem der Philosophiegeschichte, Göttingen 2006.
20 Vgl. Friedrich Daniel Ernst Schleiermacher, Über die Philosophie Platons, herausgegeben von Peter M. Steiner (= Philosophische Bibliothek 486), Hamburg 1996.

Untersuchungen müssen sich der Philosophie unterordnen, meint er in Richtung der erwachenden altertumswissenschaftlichen Herangehensweise an Texte der klassischen Antike, eine Arbeitsweise die August Boeckh an der Berliner Universität vor Hegels Augen praktizierte.[21] Für Hegel ist es gerade von entscheidender Bedeutung, das Philosophische aus seiner bloß historischen Gestalt, sei diese auch literarisch gefasst, herauszulösen und es als das zum Ausdruck zu bringen, was es ist: das Wahre.

Mehr noch: Das restaurative Verhalten zur Philosophie und ihrer Geschichte ist für Hegel selbst gar nicht philosophisch. Deshalb betont er, dass die Philosophie weder zu Platon noch zum Dialog zurückkehren könne, so als sei diese die eigentlich wahre Philosophie. Sie sei keine Philosophie der Gegenwart und keine Philosophie für die Gegenwart. Hegel vermutet hinter den philologischen Tendenzen und der literarischen Bewunderung nichts anderes als eine unstatthafte Simplifizierung oder eine schwärmerische Verehrung der Antike, die sich nicht an der Gegenwart und ihren Bedürfnissen messen lassen will, damit aber verfehlt, was sie als Philosophie nicht verfehlen darf: die Beziehung auf Wahrheit. Trotzdem sei Platons Philosophie nicht einfach Vergangenheit. Es finde sich nämlich bei ihm die Idee der spekulativen Philosophie, und über diese könne man bei Platon etwas lernen. Es müsse deshalb unterschieden werden, so Hegel, was das Wahre in Platons Philosophie sei und was, auf der anderen Seite, dem bloß Historischen angehöre. Ewige Gegenwart des Spekulativen und unwesentliche Vergangenheit – beide durchkreuzen sich in der platonischen Philosophie. Beides zu trennen und das Philosophische herauszufiltern ist Aufgabe eines Denkens, das sich seiner Gegenwärtigkeit bewusst ist: „Man muß darüber stehen, d. h. das Bedürfnis des denkenden Geistes unserer Zeit kennen oder vielmehr dies Bedürfnis haben."[22] Mit einem Wort: Das Historische an der Philosophie Platons sei – so Hegel an die Adresse seiner Zeitgenossen – überbewertet worden. Das betrifft auch die Mischform der Darstellung. So hebt Hegel darauf ab, dass in den Dialogen verschiedene Formen der Darstellung vorgeführt werden, jedoch die eigentlich der spekulativen Philosophie angemessene Darstellungsform nicht angetroffen werde. Wir haben, so Hegel, „nur" die Dialoge, jedoch kein Werk in rein philosophischer Darstellungsweise.

---

21 Vgl. August Boeckh, Rezension: Platons Werke von F. Schleiermacher. Ersten Theiles erster Band. Berlin 1804. In der Realschulbuchhandlung. IV und 412 S. 8. Ersten Theiles zweyter Band, 1805. 445 S. gr. 8. (3 Rthlr. 16 ggr), in: Heidelbergische Jahrbücher der Literatur. Erster Jahrgang. Fünfte Abtheilung. Philologie, Historie, Literatur und Kunst. Erstes Heft, Heidelberg 1808, 81–121 (Nachdruck unter dem Titel: Kritik der Uebersetzung des Platon von Schleiermacher, in: August Boeck's gesammelte kleine Schriften, Band 7, Leipzig 1872, 1–38).
22 Georg Wilhelm Friedrich Hegel, Werke in 20 Bänden, auf der Grundlage der Werke von 1832-1845 neu edierte Ausgabe, herausgegeben von Eva Moldenhauer und Karl Markus Michel, Frankfurt am Main 1971, Band 19, 20.

Die Dialogform könne niemals der reinen Philosophie entsprechen, könne sie nie als solche ausdrücken. Das liegt nach Hegel daran, dass der Inhalt der Philosophie, das „absolute Wesen", durch Mittel der immer auf Sinnlichkeit ausgerichteten Vorstellung dargestellt wird. Dadurch werde das rein begriffliche Denken mit der Vorstellung kontaminiert, so dass das reine Denken nicht als es selbst vorkommt, sondern in einer anderen, ihm unangemessenen Gestalt. Das reine Denken wird verunstaltet, sein Inhalt zum Zerrbild. Hegel ist der Auffassung, „daß darin eigentliches Philosophieren über das absolute Wesen und das Vorstellen desselben mannigfaltig vermischt ist."[23] In die Dialektik, in der es nach Hegel um die Selbstbewegung der reinen Begriffe geht, mische Platon, so Hegel, Vorstellungsgehalte ein – ein für Hegel wissenschaftlich inakzeptables Verfahren. Die reinen Begriffe werden bei Platon *einerseits*, so das Urteil Hegels, aus den Vorstellungen entwickelt, so dass ihre Herkunft präsent bleibt, auch dann, wenn eigentlich auf dem Feld der reinen Dialektik argumentiert werde. Die Erleichterung für das Erkennen, die darin besteht, von dem gegebenen Sinnlichen ausgehen zu können, wird in der Entwicklung des reinen Denkens zur Beschwernis. Dort muss jede Erinnerung an die sinnliche Herkunft getilgt werden. *Andererseits* ist die Bewegung des Logischen keine abgetrennte Sphäre, der das Sinnliche und die Vorstellung als eine andere Sphäre entgegenstünde, sondern das Logische ist die Wahrheit der Vorstellung.[24]

Hegel hatte jedenfalls ein klares Gefühl für das Unpassende der Dialogform, das gerade auch bei Werken seiner Zeitgenossen, etwa bei Solger zu besichtigen sei. Trotz seiner Kritik an der Dialogform bei Platon hält er es für legitim, dem platonischen Dialog nachzueifern. Er sieht aber, dass sich Solger dagegen wehrt, bloß Platon nachahmen zu wollen. Hegel ergänzt:

> Aber die Nachahmung einer Methode kann doch nichts anderes heißen, als was an ihr zweckmäßig und richtig ist ausüben. Allein Solger hat die plastische Form, welche der Dialog allein durch die Eigenschaft, die Dialektik zur Seele zu haben, gewinnen kann, nicht aufgenommen, sondern ihn in das Gegentheil, in die *Conversation* verändert, wodurch aller Vortheil dieser Form für abstracte Materien, die strenge Nothwendigkeit des Fortgangs mit einer äußerlichen Belebung begleitet, verlorengegangen, und nur der Nachtheil, ermattende Breite des Vortrags, ein lästiger Ueberfluß, die Gestalt der Zufälligkeit des Vorgetragenen, die Störung oder Unmöglichkeit, den Faden des Räsonnements festzuhalten und zu übersehen, hereingebracht worden ist.[25]

Hegel anerkennt die Lebendigkeit der Darstellung im Dialog. Sie stamme aus der Dialektik, die Hegel als Seele des Dialogs bezeichnet. Er hebt den Zusammenhang von Dialog und Dialektik hervor. Er gibt zu verstehen, dass die Dialogform eine Entsprechung in der Dialektik besitzt. Er hebt die Bedeutung des Dialogs für ab-

---

23 Hegel, Werke, Band 19, 21.
24 Vgl. Hegel, Werke, Band 19, 62.
25 Hegel, GW 16, 124.

strakte Gedankengänge hervor. Aber er sieht diese Vorzüge bei Solger verspielt. Er habe den Dialog zur *Conversation* gemacht. Das ist die Art Hegels, sich abschätzig zu äußern. Die wahre Philosophie, die *abstracten Materien* seien soweit heruntergebracht worden, dass sie nun sogar im Salon zu Hause seien. Das ist unbestreitbar ein Akzent gegen die Popularisierung der Philosophie. Sein Vorwurf lautet daher nicht, Solger habe eine falsche Form für den würdigen Inhalt ausgesucht, sondern umgekehrt: Solger habe die richtige Form bei der Hand, allerdings für einen Inhalt, der überhaupt nicht spekulativ sei. Das Problem mit Solgers Dialogen liegt nach Hegel auf der Seite des Inhalts, nicht der Form.

> Wir haben in modernen Sprachen Meisterwerke des dialogischen Vortrags ... aber hier [sc. bei Solger] ist die Form ... der Sache untergeordnet, nichts Müßiges; die Sache ist aber kein spekulativer Inhalt, sondern eine solche, welche ganz wohl ihrer Natur nach Gegenstand der Konversation sein kann.[26]

So kann es nicht verwundern, dass Hegel keine anerkennenden Worte finden mag für Solgers spekulativen Dialog *Über Seyn, Nichtseyn und Erkennen*.[27] Hier stört ihn vor allem die Tatsache, dass Solger diese Begriffe anders und gar nicht im Sinne der *Wissenschaft der Logik* zusammenstellt. Hegel lobt die Entwicklung Solgers zum spekulativen Philosophen. Besonders bemerkenswert findet er, dass Solger den Widerspruch denkt, und zwar in aller Kühn- und Schroffheit. Trotzdem kann Hegel die Hauptthesen Solgers nicht teilen, beispielsweise dass das Nichtsein Erkennen sei. In letzter Instanz verwirft Hegel diesen Dialog jedoch wegen seiner Conversations-Form.[28]

Hegel erkennt jene Bruchstelle, die er als Differenz von Konversation, d. h. wirklichem Gespräch, und Dialogform, d. h. Kunstform, bezeichnet. Für Hegel ist die Ausbildung der Spekulation, d. h. der wahrhaften Philosophie als Wissenschaft, nur in einer speziellen, ihr angemessenen Form begrifflichen Prozedierens möglich.[29] Die Spekulation lässt das Gespräch hinter sich, sie wirft ihre äußere Form ab und kehrt sich in sich selbst ein, in die Selbstvermittlung reiner Begrifflichkeit. Solger erkennt dagegen die Differenz, die er zwischen der sich selbst transparenten Subjektivität in ihren drei Modi: Religion, Kunst und Philosophie und der Wirklichkeit des lebendigen Gesprächs ansiedelt. Und Solger leidet darunter, während Hegel den höchsten Triumph durch die Aufhebung dieser Differenz in der Versöhnung eines absoluten Wissens feiern kann, eines absoluten Wissens, für das die Subjektivität seines Aufgefasst-Werdens explizit gleichgültig geworden ist. So kann Hegel in der

---

26 Hegel, GW 16, 125.
27 Vgl. Hegel, GW 16, 126.
28 Hegel, GW 16, 126.
29 Vgl. Günter Wohlfart, Der spekulative Satz. Zum Begriff der Spekulation bei Hegel, Berlin/New York 1981.

Wissenschaft der Logik die Bewegung der reinen Begriffe frei entwickeln, freilich in einer spekulativen Form, die sich als äußerst sperrig erweist.

5 Der Dialog bei Platon

Die griechische Aufklärung brachte eine Wucherung des Vernünftigen über die griechische Welt. Die Sophisten bedienten sich der Gründe, Schlüsse und Argumente – teils in der Kritik des Bestehenden, teils in dessen Affirmation, aber noch nicht durch die Kritik und Bestimmung der Methode selbst. Sie bildeten eine „Avantgarde des normalen Lebens"[30]. Die Performanz des Philosophierens bei Diogenes ist ein Zeigen, ein Aufzeigen, des unkonventionellen Menschseins jenseits der kulturell erzeugten Differenzen. Eine andere Reaktion auf das Problem einer inflationären Vernünftigkeit fand Platon von Athen, ein Zeitgenosse des Diogenes von Sinope. Er bediente sich für seine Philosophie eines Konzepts, das er dem Drama entlehnte: Er schrieb Dialoge, philosophische Gespräche.[31] Dabei ist eine Entwicklung Platons zu beobachten, die vom Sokratischen Gespräch, über den inneren Dialog zur Dialektik führt.[32]

Das Sokratische Gespräch stellt auf Überzeugung ab. Sokrates versucht, die Gesprächspartner zu überzeugen, nicht zu überreden. Dabei dringt er auf die Knappheit und Kürze des Redens (Brachylogie; vgl. Prot. 334c). Sokrates besteht auf einem Ethos des Gesprächs. Seine Schüler halten die strenge sokratische Gesprächsführung für durchaus angemessen: So tritt im *Protagoras* der berühmte Alkibiades gegen den Redner Protagoras für das διαλέγεσθαι ein:

> Sokrates gesteht ja, mit der Langrednerei [sc. Makrologie] nicht Bescheid zu wissen, und räumt darin dem Protagoras den Vorzug ein: aber ein ordentliches Gespräch recht zu führen, dem andern Rede zu stehen und ihn denn auch wieder auszufragen, darin sollte es mich sehr Wunder nehmen, wenn er irgendjemand den Vorzug einräumte. Gesteht nun Protagoras seinerseits, daß er schlechter ist im Gesprächführen als Sokrates, so ist Sokrates zufrieden; will er sich ihm

---

30 Vgl. Thomas Buchheim, Die Sophistik als Avantgarde normalen Lebens, Hamburg 1986.
31 Zum platonischen Dialog: Michael Frede, Plato's Arguments and the Dialogue Form, in: James C. Klagge/Nicholas D. Smith (Hg.), Methods of Interpreting Plato and his Dialogues, Oxford 1992, 201–219; Rolf Geiger, Dialektische Tugenden. Untersuchungen zur Gesprächsform in den Platonischen Dialogen, Paderborn 2006, sowie Christopher Gill, Dialectic and the Dialogue Form, in: Julia Annas/Christopher Rowe (Hg.), New Perspectives on Plato, Modern and Ancient. Cambridge/Mass. 2002, 145–172. Platon wird, wenn nicht anders angegeben, zitiert nach: Platon, Werke in acht Bänden, herausgegeben von Gunther Eigler, griechischer Text von Auguste Diès, deutsche Übersetzung von Friedrich Schleiermacher, Darmstadt 1970.
32 Vgl. Burkhard Mojsisch, ‚Dialektik' und ‚Dialog': Politeia, Theaitetos, Sophistes, in: Theo Kobusch/Burkhard Mojsisch (Hg.), Platon. Seine Dialoge in der Sicht neuer Forschungen, Darmstadt 1996, 167–180.

aber gegenüberstellen, wohl, so mag er auch ordentlich in Frage und Antwort mit ihm sprechen, nicht aber nach jeder Frage eine lange Rede ausspinnen, der Frage ausweichen, und, anstatt den andern zum Worte zu lassen, immer weiter reden, bis die mehrsten unter den Zuhörern vergessen haben, was die Frage eigentlich betraf.[33]

Das Sich-Unterreden im Sokratischen Gespräch setzt auf kurze Fragen und kurze Antworten.[34]

In späteren Dialogen wirkt die Form weniger artifiziell: Die Asymmetrie der Figuren nimmt zu, meist handelt es sich um ein oder zwei ältere Herren, die mit ihren Fragen junge wissbegierige Knaben traktieren, damit aber andere ältere Herren kritisieren. Häufig bleibt dem Schüler nur die Rolle, zuzustimmen oder zu verneinen. Aber auch von dieser Form gibt es beim späten Platon wichtige Ausnahmen. Zu denken ist an den performativen Witz im Dialog *Philebos*: Der Hauptunterredner, Philebos eben, vertritt die Auffassung, die Lust sei das Beste im Leben, und scheidet aus dem Gespräch aus, als er keine Lust mehr hat. Das geschieht bereits am allerersten Anfang, in dem Augenblick als feststeht, dass über Lust und Vernunft weitergesprochen werden soll.[35] Auf der Ebene des Gesprächs ist bei Platon ganz und gar nicht alles dem argumentativen Fortschritt unterworfen. Im *Gorgias* geht es hoch her: Sokrates und Kallikles zanken sich heftig. Sokrates ist dort keinesfalls der ruhige Vorzeigeintellektuelle, der alles vernünftig erwägen und beschließen möchte. In seinen Gesprächsbeiträgen im *Gorgias* ist er engagiert, zornig und unbeherrscht wie wohl in keinem anderen Dialog. Platons Dialoge sind folglich nicht durch und durch argumentativ strukturiert. Sowohl Gesprächsanlässe als Gesprächsanfänge sind oft wie zufällig angeknüpft. Auch der Fortgang im Dialog ist selten ausschließlich „rational". Auffällig und für den frühen Platon typisch ist eine Form des Dialogs, der endet, indem sich die Dialogfiguren in eine ausweglose argumentative Situation bewegen; ausweglos im eigentlichen Sinn: Sie befinden sich in einer Aporie. Im Dialog möchte Sokrates überzeugen, aber oft genug gelingt ihm das nicht – und am Ende herrscht Ratlosigkeit.

Für Platon steht fest, dass der Dialog zugleich etwas Innerliches ist, nicht nur das Gespräch zwischen den Figuren. So antwortet Sokrates an einer zentralen Stelle im Dialog *Theaitetos* bei der Erörterung der Frage, was denn das Denken (διάνοια) sei, Denken sei ein

> Gespräch, das die Seele mit sich selbst führt über das, was sie untersuchen will. Doch nur als ein Nichtwissender kann ich es dir erklären. Denn so schwebt es mir vor, daß, wenn sie denkt, sie nichts anderes tut als einen Dialog zu führen, indem sie sich selbst fragt und antwortet, be-

---

33 Plat. Prot. 336b–d.
34 Vgl. Bernhard Waldenfels, Das sokratische Fragen, Meisenheim 1961.
35 Der Dialog gibt sich als Fortsetzung eines bereits begonnenen Gesprächs; vgl. dazu Dorothea Frede (Hg.), Platon, Philebos. Übersetzung und Kommentar (= Platon, Werke, Band 3, 2), Göttingen 1997, 102.

> jaht und verneint. Wenn sie aber – sei es langsamer oder auch schneller vorgehend – zu einer Feststellung gelangt ist, auf ihr beharrt und nicht mehr zweifelt, dann bezeichnen wir diese Feststellung als ihre Behauptung. Ich nenne also das Denken ein Sprechen und die Behauptung einen gesprochenen Satz, nur nicht zu einem anderen und nicht mit der Stimme, sondern schweigend zu sich selbst.[36]

Der platonische Sokrates schlägt eine Theorie des Denkens vor, das im inneren Sprechen der Seele mit sich selbst besteht. Das Fragen und Antworten, wie er es im äußeren Gespräch bereits praktiziert hat, ist nun auch ein innerliches Geschehen. Platon votiert damit für eine Engführung von Denken und Sprache.[37] Schließlich endet das innere Gespräch, wenn die Seele nicht mehr zweifelt, in einer Feststellung (δόξα). Damit ist eine Aufwertung der δόξα verbunden, die gewöhnlich abschätzig mit bloßer Meinung identifiziert wird. Die Stelle im *Theaitetos* macht unmissverständlich klar, dass δόξα ein λόγος ist, „Rede", wie Schleiermacher übersetzt, „Satz", wie man moderner formulieren könnte.[38]

Im *Sophistes* wird das Gespräch schließlich in die Dialektik verwandelt. Die fünf obersten Gattungen Ruhe, Bewegung, Seiendes, Identität und Nicht-Sein als Verschiedenes werden in ihren Unterschieden aufeinander bezogen und bilden ein Geflecht von Ideen. Dies geschieht durch die Gattung der Verschiedenheit, die insofern eine konstitutive Rolle für die Dialektik im *Sophistes* spielt. Durch die Verflechtung der Gattungen entsteht der λόγος, so dass Platon den Fremden sagen lassen kann, dass der λόγος „auch eine von den seienden Gattungen ist. Denn [sc. seiner] beraubt wären wir, was das größte ist, auch der Philosophie beraubt."[39] Insgesamt zeigt sich Platons Ideenlehre im *Sophistes* dynamischer als etwa in der *Politeia*. Dies liegt nicht zuletzt an der Einsicht Platons, dass Erkenntnis, Denken und Sprechen nicht durch starre Entgegensetzungen und Polarisierungen erklärt werden können, sondern durch ein prozessuales Modell.[40]

---

36 Theaet. 189e–190a (Übersetzung nach: Rudolf Rehn, Der logos der Seele. Wesen, Aufgabe und Bedeutung der Sprache in der platonischen Philosophie, Hamburg 1982, 67f.).
37 Zu Platons Sprachphilosophie vgl. Christoph Asmuth, Die Begründung falscher Rede. Platon und Protagoras, in: Monika Schmitz-Emans/Kurt Röttgers (Hg.), „Dichter lügen" (= Philosophisch-literarische Reflexionen 3), Essen 2001, 89–106; Raphael Demos, Plato's Philosophy of Language, in: The Journal of Philosophy 61 (1964) 595–610; Burkhard Mojsisch, Platons Sprachphilosophie im ‚Sophistes', in: Burkhard Mojsisch (Hg.), Sprachphilosophie in Antike und Mittelalter, Amsterdam 1986, 35–62; Morriss Henry Partee, Plato's Theory of Language, in: Foundations of Language 8 (1972) 113–132; Rehn, Der logos, sowie Renaud Wilmet, Platonic Forms and the Possibility of Language, in: Revue de Philosophie Ancienne 8 (1990) 97–118.
38 Vgl. Rehn, Der logos.
39 Plat. soph. 260a; vgl. Burkhard Mojsisch, Der Dialog als sechste wichtigste Gattung in Platons Sophistes, in: Bochumer Philosophisches Jahrbuch für Antike und Mittelalter 4 (1999) 41–48.
40 Vgl. Plat. soph. 260a, vgl. Mojsisch, Der Dialog.

Deshalb spricht für Platon nichts mehr dagegen, die Rede selbst, die Platon als Dialog (logos) auffasst, als eine höchste Gattung einzuführen.[41] Ja, die Theorie der Verknüpfung der Gattungen untereinander ist konstitutiv für das Sprechen, für die Bildung von Sätzen, für die Bildung von Reden durch Verknüpfung von Sätzen, für die Bildung des Dialogs als ein inneres Reden der Seele mit sich selbst:

> Aber auch ... alles von allem absondern zu wollen, schickt sich schon sonst nirgend hin, auf alle Weise aber nur für einen von den Musen verlassenen und ganz unphilosophischen ... Weil es die völligste Vernichtung alles Redens ist, jedes von allem übrigen zu trennen. Denn nur durch gegenseitige Verflechtung der Begriffe kann uns ja eine Rede entstehen.[42]

6 Überzeugende Dialoge?

Über die Dialogizität des Philosophierens bei Platon ist viel spekuliert worden. Offenkundig jedenfalls ist die Engführung von Darstellungsform und dargestelltem Inhalt philosophisch keineswegs neutral.[43] Die Dialogform besitzt daher einen hohen Attraktivitätsgrad. Die Darstellung, d. h. die Äußerung des Philosophierens, wird als ein Spiegelbild der inneren Tätigkeit begriffen. Es gibt für Platon eine strukturelle Ähnlichkeit zwischen dem Denken, als einem inneren Sprechen, und dessen Äußerung im philosophischen Gespräch. Ein innerer Dialog der Seele mit sich selbst findet sein Komplement in der äußeren Situation des wirklichen Sprechens, das wiederum in der ästhetischen Konstruktion des Dialogs niedergelegt wird. Darin zeigt sich eine Verknüpfung von Wahrheit und Darstellung, die für die Philosophie selbst – als ein Ideal – maßgeblich geworden ist und über Jahrhunderte als Methode des Philosophierens geübt und tradiert wurde.[44] Noch in seinem Buch *Three Dia-*

---

[41] Vgl. Mojsisch, Der Dialog.
[42] Plat. soph. 259e; vgl. Mojsisch, Platons Sprachphilosophie, 44: „Die Theorie der wechselseitigen Verknüpfung der wichtigsten Gattungen, unter ihnen die Dialektik als sich-unterredendes Denken oder denkendes Sich-Unterreden, läßt Platons zunächst nur thetisch formulierte Gedanken verstehbar werden, daß nämlich das Seiende, sofern es erkannt werde, bewegt werde, Bewegung, Leben, Seele und Vernunft somit dem Seienden als solchen zugegen seien, also mit ihm verknüpft seien, daß das Seiende aber auch niemals ohne Ruhe und ohne sie auch Erkenntnis nicht möglich sei."
[43] Vgl. Livio Sichirollo, Dialegesthai – Dialektik. Von Homer bis Aristoteles, Hildesheim 1966.
[44] Vgl. Peter von Moos, Gespräch, Dialogform und Dialog nach älterer Theorie, in: Barbara Frank/Thomas Haye/Doris Tophinke (Hg.), Gattungen mittelalterlicher Schriftlichkeit (= ScriptOralia 99), Tübingen 1997, 235–259; Karlheinz Stierle/Rainer Warning (Hg.), Das Gespräch (= Poetik und Hermeneutik 11) München 1984; Klaus Jacobi (Hg.), Gespräche lesen. Philosophische Dialoge im Mittelalter, Tübingen 1999; Klaus W. Hempfer (Hg.), Möglichkeiten des Dialogs. Struktur und Funktion einer literarischen Gattung zwischen Mittelalter und Renaissance in Italien (= Text und Kontext 15), Stuttgart 2002; Bodo Guthmüller/Wolfgang G. Müller (Hg.), Dialog und Gesprächskultur in der Renaissance, Wolfenbüttel 2004.

logues on Knowledge verwendet Paul Feyerabend die Dialogform. Trotz zahlreicher Versuche scheint die Dialogform allerdings in der Gegenwart – und vielleicht in der Moderne überhaupt – nicht mehr richtig gelingen zu wollen.[45]

Die letzte große Synthese von Philosophie und Gesprächsform ist sicher Solger zuzuschreiben. Solger hat das Personal seiner Dialoge gründlich ausgesucht. Die Figuren tauchen in verschiedenen Dialogen auf. Ihnen werden Eigenschaften zugewiesen, die sie als Personen dauerhaft kennzeichnen. Es entsteht ein Kreis aus miteinander vertrauten Gesprächspartnern. Es fällt leicht, sich das Umfeld Solgers als Vorbild für seine literarisch-philosophische Produktion vorzustellen. Hierin findet die Intuition Hegels ihr Recht: Das Gespräch in den Schriften Solgers bildet die Konversation der Salons und Kreise in Berlin nach; damit ist es verwoben in die Zufälligkeit der historischen Situation. Mehr noch: Die Verteilung eines Stoffes auf miteinander diskutierende Gesprächsteilnehmer, die Imagination eines Gesprächsanlasses und eines Gesprächsbeginns verstricken die Inhalte in die Zufälligkeit des gewöhnlichen Lebens.

Das Überzeugende des Dialogs ist die Verbindung von Form und Inhalt. Vertraut man Platon und Solger, dann ist die Dialogform nicht eine unter anderen, sondern *die* Form, in der die Philosophie sich darstellen kann. Solger ist ein moderner Denker. Er empfindet das Unangemessene der Dialogform, anders als Platon, der sie erfindet. Bei Solger entsteht das Bewusstsein der Unangemessenheit aus der Erfahrung, zwar verstanden werden zu wollen, aber nicht verstanden zu werden. Den anderen überzeugen zu wollen ist die motivierende Kraft im Dialog: Die Gesprächspartner wollen einander überzeugen; bisweilen gelingt es ihnen auch. Sie führen Argumente, prüfen und bewerten, was gesagt wird. Aber es bleibt etwas gar nicht Überzeugendes übrig: das Rätsel. Nach Solger enden seine *Philosophischen Gespräche* in einem Rätsel. Und auch Platons Dialoge lassen sich nur schwer auf eine Dogmatik festlegen. Das liegt am Fehlen des Autors. Der Autor positioniert sich vielfach nicht zu dem, was im Gespräch verhandelt wird. So kann man zwar nach der Autorintention fragen.[46] Es scheint aber zutiefst fraglich, ob es auf diese Frage befriedigende Antworten gibt. Denn der Dialog teilt – bewertet man die Textform – den Inhalt auf verschiedene, mindestens aber zwei Sprecher auf; im Selbstgespräch, von denen die Philosophiegeschichte eine ganze Reihe kennt, redet das Ich mit sich selbst, als wäre es eine andere, wenn auch sehr vertraute Person. Die Gesprächspartner bewegen den Inhalt zwischen sich – durch Frage und Antwort, durch Affirmation, Widerspruch und Konsens. Dabei fehlt bisweilen in technischem Sinne eine Erzählerhaltung, die eine Positionierung des Inhalts vornimmt. Es gibt kein thesen-

---

45 Vgl. Mark-Georg Dehrmann, Die Vorschule des Dialogischen. Theorie und Praxis des philosophischen Dialogs bei Johann Jakob Engel, in: Alexander Kosenina (Hg.), Johann Jakob Engel (1741-1802). Philosoph für die Welt, Ästhetiker und Dichter, Hannover 2005, 27–46.
46 Vgl. Hösle, Der philosophische Dialog, 139–154.

bildendes Erzähler- oder Philosophensubjekt, dessen Auffassung hinter dem Text liegen könnte und die dogmatische Seite des Textes steuerte. Was und wofür Platon argumentiert, muss durch die Argumente, welche die Dialogpartner präsentieren, erst erschlossen werden. Das gelingt bisweilen leicht, bisweilen erfordert es weitreichende Interpretationen, bisweilen entzieht es sich ganz. So sehr Sokrates in seinen Gesprächen seine jeweiligen Gesprächspartner überzeugen will, so wenig überzeugen die Dialoge ihre Hörer und Leser. Vielmehr bleiben sie vielfach Rätsel oder geben Rätsel auf. Platon nimmt seinem Leser nicht die Mühe des Denkens und Nachdenkens ab.

Der gelungene Dialog ist auf überzeugende Weise nicht überzeugend. Denn er gibt kaum Zeugnis für das, wovon ein Philosoph überzeugen möchte. Statt dessen appelliert er an das Selbstdenken und macht darauf aufmerksam, dass das Denken des Denkenden nur sich selbst überzeugen kann. Statt die Intention des Autors auf überzeugende Weise hervortreten zu lassen, ist der Hörer und Leser eines Gesprächs auf sich selbst zurückgeworfen. Die fehlende oder wenig offensichtliche Überzeugung des Autors in seinem Dialog macht die Reflexion des Interpreten auf seine eigenen argumentativen Kompetenzen notwendig. So ist verständlich, dass über gute Dialoge noch heute gestritten wird. Nicht nur um Recht zu behalten im Blick auf die Autoreninterpretation, sondern auch um die eigene Orientierung in der Sachfrage zu bestätigen. Der Dialog setzt sich also fort: Nicht nur im inneren Gespräch und in der Dialektik, sondern auch in der systematischen Auseinandersetzung mit vorliegenden Dialogen und im lebendigen Gespräch der Philosophie selbst.

Die Moderne hadert mit dem Dialog. Sie prüft ihr Verhältnis zur Wahrheit. Sie führt zur Trennung von philosophischer Untersuchung und performativem Zeigen in Kunst, Literatur, Fragment. Die Institutionalisierung der Philosophie verhindert eine Existenz des Dialogs als literarisches Genre. Die Scheidung am Anfang der Moderne hat den Dialog unfruchtbar gemacht. Die Philosophie hat ihre Daseinsberechtigung nur noch in der Akademie. Hier hat Solger richtig geurteilt. Die Philosophie hat in seiner Zeit begonnen, sich aus dem Leben zurückzuziehen, und alle Versuche, ihre Bedeutung für das Leben zurückzugewinnen, haben sich als Sackgassen erwiesen – nicht immer zum Nachteil der Philosophie. Hinzu tritt die Disziplinierung der Philosophie, ihre Einteilung in Subdisziplinen mit eigenen Problemen, Methoden und Kulturen. Selbst philosophische Strömungen, die sich Dialog, Kommunikation und Gesprächskultur widmen, enthalten sich der Dialogform. Wahrheit und Form haben sich getrennt. Die Wahrheit ist nur noch ein schwacher Vektor in den üppigen Wüsten gegenwärtiger kommunikativer Praktiken. Der beschwerliche Umweg, durch Nicht-Überzeugen zu überzeugen, überzeugt niemanden mehr. Klar ist aber: Wenn die Philosophie auf Überzeugung verzichtet, dann verschwindet sie wie das lebendige Unterreden und der philosophische Dialog.

Markus Buntfuß
Die Überzeugungskraft von Wertgefühlen

1 Einleitung

Wer sich heute nicht nur im abgeschlossenen Raum von akademischen Fachdiskursen, sondern auch im öffentlichen Feld von gesellschaftlichen Debatten für die ethisch-moralische Überzeugungskraft von Wertgefühlen im Unterschied etwa zu stärker kognitiv-argumentativen Ethikkonzepten einsetzt, scheint denjenigen Zeitgenossen Schützenhilfe zu leisten, die sich sowieso nicht mehr durch stichhaltige Argumente oder sachhaltige Informationen überzeugen lassen, sondern ihrem Bauchgefühl folgen und nur noch das für wahr halten, was sie gefühlsmäßig überzeugt. Ist es also nicht verantwortungslos, angesichts eines zunehmend ‚deregulierten Wahrheitsmarktes' auch noch von wissenschaftlicher Seite für die Überzeugungskraft von Wertgefühlen zu plädieren, anstatt sich ganz bewusst und wieder verstärkt um logisch-rationale Normbegründungskonzepte zu bemühen? Oder kurz gefragt, was hilft eher gegen populistische Parolen und selbstgenügsame Meinungsblasen: rationale Argumente oder emotionale Bewertungen? Antworten ergeben sich hoffentlich im Anschluss an eine Reflexion über das Konzept der Wertgefühle.

2 Zur gegenwärtigen Renaissance und geschichtlichen Herkunft des Wertbegriffs

Werte sind wieder en vogue. In den ethisch-moralischen Debatten der Gegenwart spielen Werte eine zentrale Rolle. Allenthalben werden Versuche unternommen, Werte zu bewahren, zu entdecken, zu vermitteln oder sogar Werte zu bilden. Man spricht viel von Wertschätzung, und in der Unternehmensethik geht es nicht mehr nur um Wertschöpfung, sondern auch um den Mehrwert einer werteorientierten Wirtschaftsweise, wobei sich das erstrebte ‚Mehr' gerade nicht an ökonomischen Maßstäben bemessen soll. Werte stehen im heutigen Sprachgebrauch geradezu *pars pro toto* für ethische Orientierung und haben andere Begriffe wie Tugenden, Güter, Pflichten, Gebote, Sitten und Normen weitgehend abgelöst. Diese Konjunktur des Wertbegriffs im praktisch-philosophischen und ethischen Diskurs der Öffentlichkeit versteht sich keineswegs von selbst und rechtfertigt eine kurze begriffsgeschichtliche Erinnerung.

Der Wertbegriff markiert in der neueren Philosophie ein Novum. Ursprünglich in der mathematischen und ökonomischen Sphäre beheimatet, löst er im 19. Jahrhundert den metaphysischen Begriff des Guten ab, nachdem die philosophische Rahmentheorie für das metaphysische *bonum*, das in harmonischem Einklang mit dem *verum* und dem *pulchrum* gestanden hatte, brüchig geworden war. Unter den neuzeitlichen Bedingungen der kritischen Philosophie Immanuel Kants kann es kein metaphysisch verankertes Gutes mehr geben, sondern nur Wertungen bzw. Werturteile, die etwas *als* gut bzw. etwas *als* wertvoll kennzeichnen. Das vormals überseiende und ansichseiende Gute verdankt sich nach der kopernikanischen Wende in der Philosophie einem Bewertungs*akt* durch menschliche Subjekte.

Aber der moderne Begriff des Werts fungiert nicht nur als Statthalter für das metaphysische Gute, sondern wird im Verlauf des 19. Jahrhunderts auch zu einem Zentralbegriff der sich methodisch selbständig entwickelnden Geisteswissenschaften, die sich im Unterschied zu den Naturwissenschaften nicht mit dem bloßen *Sein* von natürlichen Phänomenen, sondern eben mit dem *Wert* von kulturellen und geschichtlichen Phänomenen beschäftigen. Ziel der Geisteswissenschaften ist demnach im Unterschied zu den Naturwissenschaften nicht das *Erklären von natürlichen Phänomenen*, sondern das *Verstehen von geschichtlichen und kulturellen Phänomenen*. Nicht die faktische Existenz, sondern der geschichtliche und kulturelle *Sinn* ist demnach Gegenstand der Geisteswissenschaften als Wertwissenschaften. In diesem Sinne unterscheidet etwa der Philosoph Hermann Lotze zwischen Seinsurteilen und Werturteilen und führt Max Weber die Unterscheidung zwischen Zweckrationalität und Wertrationalität ein. Während die instrumentelle zweckrationale Vernunft moralisch indifferent sei und sich fragt, welche Mittel am effektivsten zu dem jeweils verfolgten Zweck führen, fragt die wertrationale Vernunft nach legitimen und überindividuellen Werthaltungen.

Zusammengefasst: Nachdem das metaphysische Gute der kritischen Philosophie der Neuzeit zum Opfer gefallen war, tritt der Wertbegriff dessen Erbe an und wird zu einem Zentralbegriff der geisteswissenschaftlichen Methodendebatten. Dass es sich dabei um einen Begriff aus dem Bereich der Ökonomie handelt, ist sicher kein Zufall, sondern typisch für die geistige Signatur der Moderne, in der die Ökonomie neben der Technik eine dominierende Rolle zu spielen beginnt.[1]

Hinzu kommt ein dritter Umstand, der die gegenwärtige Renaissance des Wertbegriffs zu einem erklärungsbedürftigen Phänomen macht, denn schon bald nach seiner Karriere als ethischer Zentralbegriff und methodischer Gegenbegriff zum positivistischen Geist der Naturwissenschaften fungiert die Berufung auf Werte im 20. Jahrhundert auch als Bollwerk gegen einen umfassenden *Wertewandel* und eine kulturkritisch diagnostizierte *Erosion der Werte*. *Wertewandel* und *Wertezerfall* bzw.

---

[1] Vgl. Armin G. Wildfeuer, Wert, in: Neues Handbuch philosophischer Grundbegriffe 3 (2011) 2484–2504.

die Schwächung ihrer Bindungskraft werden dabei insbesondere von Theoretikern und Politikern beklagt, die einen bestimmten gesellschaftlichen *Wertekanon* gesichert sehen wollen oder die Existenz objektiver Werte behaupten. Es waren seltener die emanzipatorischen Ideen der Neuzeit, wie Freiheit und Menschenrechte, die in den allseits geforderten *Wertekonsens* Eingang gefunden haben, sondern viel öfter die Leitbilder einer traditional gewachsenen und hierarchisch geordneten Gesellschaft. Besonders gerne wurden und werden dabei die Werte des sogenannten christlichen Abendlandes oder der Familie ins Feld geführt, um sich identitäts- und wertepolitisch zu positionieren. Wer sich in diesem Sinne auf Werte beruft, steht meistens für wertkonservative Überzeugungen im alten Sinn des Wortes.

Die sozial-liberale Politik und ihre tendenziell links orientierten philosophischen Vordenker standen der Berufung auf Werte deshalb auch meist kritisch gegenüber. Die konservative Tönung des Wertbegriffs im Kontext der öffentlichen Identitätspolitik macht sich jedenfalls auch in der gegenwärtigen Debatte zwischen den Vertretern einer liberal-universalistischen Rechtsethik, vertreten durch Jürgen Habermas, und einer kultural-kommunitaristischen Wertemoral, die sich mit dem kanadischen Philosophen Charles Taylor verbindet, bemerkbar. Gegen den Vormarsch von Liberalismus und Individualismus fordern die Kommunitaristen die Wiederbelebung von *family values* und gemeinschaftsbezogenen Werten, insbesondere auch unter Berufung auf das Christentum.

Wenn also heute wieder verstärkt auf Werte Bezug genommen wird und wenn Werte die Antwort auf eine gesellschaftliche Orientierungskrise bereithalten sollen, in die nicht zuletzt eine bestimmte Form der *Ökonomie* geführt hat, dann ist das ein Umstand, der sich durchaus nicht von selbst versteht. Denn es ist weder selbstverständlich noch klar, was mit dem Begriff der Werte heute gemeint ist und welches Potential von ihm in den ethischen Debatten der Gegenwart erwartet werden darf. Um über diese Fragen näheren Aufschluss zu erlangen, empfiehlt sich die Lektüre des Buches von Hans Joas über *Die Entstehung der Werte*.[2]

3   Die Entstehung der Werte nach Hans Joas

Als einem der derzeit führenden Sozialphilosophen gelingt es Joas in dieser Schrift, den systematischen Ort zu markieren, an dem das Nachdenken und Reden über Werte heute einen gedanklichen Mehrwert verspricht. Denn Joas markiert präzise den Punkt, an dem die Rede von Werten eine argumentative Lücke in den gegenwärtigen ethischen Debatten zu schließen vermag. Wenn nämlich eine formale und universale Rechtsethik, wie sie etwa von Jürgen Habermas vertreten wird, die Beru-

---

2   Hans Joas, Die Entstehung der Werte, Frankfurt am Main 1997.

fung auf historisch gewachsene und kulturabhängige Werte kritisiert und an die Stelle von partikularen Werten die universalen Grundrechte setzt, dann muss sie sich fragen lassen, worauf die Geltung dieser Grundrechte letztlich beruht. Joas vertritt die Ansicht, dass Normen und Rechte letztlich immer auf Werten gründen und dass die liberalen und universalen Grundrechte die geschichtlich entstandenen, kulturell vermittelten und individuell angeeigneten Werte der Offenheit und Toleranz, der Anerkennung von Differenz und der Gesprächsbereitschaft immer schon voraussetzen. Insofern handelt es sich etwa auch bei den heute oftmals wieder eingeforderten Bürgertugenden nicht nur um wünschenswerte Manieren in der öffentlichen Debattenkultur, sondern um fundamentale Werthaltungen, auf deren Anerkennung die höherstufigen Grundrechte aufsitzen und ohne deren Pflege diese Grundrechte einer schleichenden Erosion ausgesetzt sind, weil ihnen der werthaltige Untergrund wegzubrechen droht, wovon die Verrohung der Debattenkultur im Umfeld der nationalistischen Populismen sowie der social media überhaupt ein erschreckendes Zeugnis ablegt. Werte und Bewertungen also gehen der Anerkennung und Inkraftsetzung von Normen und Rechten immer voraus.

Dabei macht die Besinnung auf Werte die Bedeutung des Guten bzw. Richtigen für das Normative und Rechte bewusst. Nicht mehr im Sinne einer zeitlosen Metaphysik des Guten, aber im Sinne eines soziokulturell vermittelten und individuell ratifizierten Repertoires von Überzeugungen und Handlungen, die *als* gut bzw. *als* richtig anerkannt sind. Hans Joas bindet den unaufgebbaren Universalismus der Rechte an den unverzichtbaren Partikularismus von Werten zurück, weil es seiner Überzeugung zufolge keine Realisierung des Rechten ohne die Attraktivität des Guten geben kann – zumindest nicht auf Dauer. Umgekehrt muss sich aber auch das immer nur partikular in Anspruch genommene Gute an der Prüfungsinstanz des universalen Rechts bewähren. Darin liegen Grenze und Korrektiv für partikulare Werte einer kulturellen Klasse oder einer religiösen Gruppe in einer offenen und pluralistischen Gesellschaft. Im Widerspruch zum universalen Recht darf sich kein partikularer Anspruch auf das Gute durchsetzen.

Anders ausgedrückt: Werte werden zwar immer in partikularen gesellschaftlichen Gruppen generiert und tradiert, müssen sich dabei aber immer auch am universalen Recht orientieren. Trotzdem kommen wir – und das ist die entscheidende Einsicht von Joas – auch im Interesse an einer universalen und säkularen Ethik der Grund- und Menschenrechte nicht an der Überzeugungs- und Bindungskraft von geschichtlich gewachsenen und kulturell vermittelten Werten vorbei. Joas fragt sich deshalb, wie überhaupt solche Wertbindungen entstehen und kommt zu folgenden Überlegungen. Werte entstehen durch Erfahrungen der Selbstbildung und Selbsttranszendenz. D. h. die Entstehung von Werten verweist auf die Konstitution der menschlichen Persönlichkeit. Und das wiederum bedeutet, *dass Werte von Personen abhängen* und dass es entgegen der älteren Wertphilosophie keine objektive und ewig gültige Wertordnung gibt, die nur zu entdecken und allgemein durchzusetzen wäre. Werte werden vielmehr persönlich gebildet und individuell angeeignet und zwar durch menschliche Personen in kulturellen und sozialen Zusammenhängen. Nur so können sie sich auch wandeln, und nur so können neue Werte entstehen.

Die Art und Weise, wie Werte gebildet und individuell angeeignet werden, ist dabei weniger argumentativ-kognitiv als vielmehr affektiv-emotional bestimmt. Werte lassen sich demnach weder rational produzieren, noch einfach durch Indoktrination verbreiten. Auf der Suche nach Situationen, Handlungen und Erfahrungen, in denen das Wertvolle seinen Ursprung hat, stößt Joas auf die zentrale Bedeutung der Gefühle. Jeder kenne die Erfahrung, etwas als gut oder schlecht bewerten zu müssen, ohne dafür rationale Gründe beibringen zu können. Bestimmte Werte sind offenbar tief mit dem menschlichen Gefühlsleben verbunden. Selbst wider bessere Argumente oder plausiblere Gründe halten Personen an emotionalen Bewertungen fest. Diese Beobachtungen von Joas veranlassen mich, einen Blick auf die Beziehung zwischen Moralität und Emotionalität zu werfen. Werte, so die von Joas nahegelegte Hypothese, basieren vor allem auf Emotionen. Aber was ist hier mit Gefühlen gemeint?

4 Zur neueren Theorie der Emotionen

Weder in der Alltagssprache noch in der Wissenschaft gibt es Kriterien für den eindeutigen Gebrauch des Gefühlsbegriffs. So sprechen wir etwa mehr oder weniger unterschiedslos von Empfindungen, Leidenschaften, Affekten, Gefühlen, Emotionen oder von Stimmungen. Vor dem Hintergrund der Unterscheidung im Englischen zwischen *feeling* und *emotion* kann man etwa versuchen, Gefühle von Empfindungen abzugrenzen. Wie Empfindungen zeichnen sich zwar auch Gefühle durch einen sinnlich-leiblichen Aspekt aus, sie beschränken sich aber nicht auf das somatische *feeling*, sondern haben einen intentionalen und repräsentationalen Charakter. Das heißt, Gefühle sind nicht nur sinnlich-körperliche und innerpsychische Zustände, sondern sie sind auf etwas gerichtet und in sich gehaltvoll. Gefühle beziehen sich auf etwas, und in ihnen kommt etwas zur Vorstellung. Die Gänsehaut wäre demnach entweder eine leibliche Empfindung als Reaktion auf Kälte, oder sie tritt in Verbindung mit einem Gefühl auf, z.B. der Furcht vor etwas. Schwieriger verhält es sich mit der Angst, die man bekanntlich auch haben kann, ohne sich vor etwas Bestimmtem zu fürchten. Dann wäre die ungegenständliche Angst, wie es die Etymologie nahelegt, eher die Empfindung von bedrängender Enge als ein inhaltlich gefülltes Gefühl? Ein anderes Beispiel für den Unterschied zwischen Empfindung und Gefühl ist die Hitze in meinem Gesicht, die ich entweder als Folge einer körperlichen Anstrengung *empfinde* oder als Bestandteil von Scham *fühle*, die mich angesichts einer für mich peinlichen Situation befällt.

Eine zweite Merkmalsgruppe erlaubt die Unterscheidung zwischen Gefühlen und Stimmungen (englisch *moods*). Denn von Gefühlen spricht man dann, wenn die entsprechende Regung intentional und aktuell ist sowie im Mittelpunkt unserer Aufmerksamkeit steht, während Stimmungen ungegenständlich sind und mehr habituell wirksam sind. So gesehen ist die Angst im Unterschied zur gerichteten Furcht eine ungegenständliche Stimmung. Mit diesen Näherbestimmungen ist zumindest ein Minimalkonsens in der neueren Diskussion über die Emotionen umrissen, die vor allem im angloamerikanischen Raum eine weitverzweigte Debatte und zahlreiche Publikationen hervorgebracht hat. Dem klassischen Dualismus zwischen Gefühl und Verstand und seiner Abwertung der Gefühle von Platon bis Kant steht hier – angeregt durch die neuere Hirnforschung (G. Roth) und Neurobiologie (A. Damasio) – eine umfassende Rehabilitation der Emotionen und ihrer Bedeutung für die menschliche Welterschließung und Handlungsorientierung gegenüber. Dabei kann man noch einmal zwischen schwachen und starken Emotionstheorien unterscheiden. *Schwache* Emotionstheorien sind nur bereit, eine *assistierende* Funktion der Gefühle für menschliches Erkennen und Handeln zuzugestehen, während *starke* Emotionstheorien dazu tendieren, eine *konstitutive* Funktion von Emotionen zu behaupten.

Wie dem auch sei: Wenn Gefühle als intentionale Regungen mit repräsentationalem Gehalt verstanden werden, denen eine näher zu bestimmende Funktion für die menschliche Welterschließung und Handlungsorientierung zukommt, dann stellt sich auf jeden Fall die Frage, welchen Einfluss sie auf das sittlich-moralische Leben der Menschen haben. *Was veranlasst uns zu moralischen Bewertungen und was motiviert uns zu moralischen Handlungen?* Auf diese Frage versucht eine Theorie der Wertgefühle zu antworten.

5 Die Anthropologie des *animal emotionale* und die Wertgefühle

Die Antworten auf diese Fragen fallen in der Geschichte der europäischen Ethik entweder mehr zugunsten der Kognition oder der Emotion aus. Dahinter stehen unterschiedliche Auffassungen vom Menschen als rationalem Vernunftwesen und/oder als emotionalem Sinnenwesen. Während eine rationalistische Anthropologie seit der Antike die Disziplinierung der Leidenschaften und die Kontrolle der Affekte durch die Vernunft propagiert und den Sieg der Sittlichkeit in der Überwindung der Gefühle erkennt, plädiert eine Anthropologie des ganzen Menschen, wie sie seit dem 18. Jahrhundert Karriere gemacht hat, für eine die Vernunft und alle Sinne integrierende Begründung der menschlichen Sittlichkeit, in der die affektiv-emotionale Dimension eine entscheidende Rolle spielt. Vor dem Hintergrund dieser Alternative ist eine Theorie der Wertgefühle einem Verständnis des ganzen Menschen als *animal emotionale et rationale* verpflichtet. Kognition und Emotion lassen sich demzufolge für ein integrales Verständnis menschlicher Subjektivität und Personalität nicht gegeneinander ausspielen, sondern ergänzen und korrigieren sich wechselseitig.

Eine Theorie des moralischen Wertgefühls stellt deshalb nicht nur die praktische Vernunft in den Mittelpunkt ihrer Beobachtungen, sondern auch die mit Pascals Worten sogenannte „Logik des Herzens". Gefühle wie Ekel und Abscheu, Empörung und Zorn, Achtung und Bewunderung, Scham und Schuld, Glück und Freude, Trauer und Bestürzung sind eben nicht nur willkürliche und irrationale Affekte, sondern komplexe Deutungsleistungen, die aus der Verbindung von Sinnlichkeit und Subjektivität hervorgehen. Als solche entziehen sie sich zwar zumindest teilweise der menschlichen Autonomie und Verfügbarkeit, insofern wir nämlich von Gefühlen übermannt und ergriffen werden können. Trotzdem unterliegen auch Gefühle der geschichtlichen Entwicklung, der kulturellen Vermittlung und der individuellen Bildung. Und als sinnlich-sinnhafte Deutungs- und Bewertungsleistungen begleiten Gefühle unsere moralische Orientierung nicht nur, sondern tragen entscheidend dazu bei, dass wir überhaupt moralische Bewertungen vornehmen und moralisch handeln.[3] Das wird vor allem dann deutlich, wenn Menschen aus pathologischen Gründen unfähig sind, Gefühle zu entwickeln.

Das alles hat keineswegs den irrationalen Charakter der Sittlichkeit und der Ethik zur Folge. Vielmehr sind Wertgefühle und emotionale Bewertungen durchaus der nachträglichen Rationalisierung und sprachlichen Aufhellung fähig und bedürftig. Gefühle alleine können auch keine Ethik begründen, denn Gefühle sind genauso anfällig für Irrtum oder Verdrängung wie Argumente und Gründe. Aber Gründe und Argumente sind eben umgekehrt auch nicht die primäre Quelle für moralische Bewertungen. Die praktische Vernunft reflektiert zwar auf moralische Bewertungen, aber sie produziert sie – in der Regel – nicht. Die Tatsache etwa, dass wir etwas als grausam oder unfair bewerten, resultiert aus unserem Abscheu vor einem Verhalten, das wir als grausam und unfair empfinden. Mitleid und Gerechtigkeitsempfinden fungieren dabei als auslösende Faktoren für unsere sittliche Bewertung, auch dann, wenn wir aufgrund dieser Gefühle zur gesellschaftlichen Fixierung von Normen und Regeln kommen, die grausames oder unfaires Verhalten sanktionieren.

Es kommt deshalb vor allem darauf an, zwischen basalen moralischen Gefühlen, anerkannten gemeinschaftlichen Werten, verbindlichen gesellschaftlichen Normen und universal geltenden Rechten bzw. kodifizierten Gesetzen sorgfältig zu differenzieren. Indem eine Theorie der Wertgefühle sich mit dem menschlichen Fühlen und der menschlichen Sensibilität in einem umfassenden Sinne befasst, versucht sie zunächst dem Ursprung der menschlichen Sittlichkeit auf die Spur zu kommen, ohne zu behaupten, damit den ganzen Funktionskreis des Moralischen erklärt zu haben.

---

3 Vgl. Klaas Huizing, Scham und Ehre. Eine theologische Ethik, Gütersloh 2016.

Diese Einsichten sind allesamt nicht neu. Gleichwohl kann ich hier auf die lange Geschichte der Wertgefühle nicht näher eingehen, auch wenn sie interessant genug wäre. Erwähnt sei nur, dass zeitgleich mit der neuzeitlichen Hinwendung zum ganzen Menschen im 18. Jahrhundert auch eine Theorie des *moral sense* entsteht, wonach der Mensch einen Sinn für das Gute und Schlechte hat, auf den er hören muss, um moralisch urteilen und sittlich leben zu können. Eine wichtige Rolle spielt dabei seit David Hume das Mitgefühl bzw. bei Schopenhauer das Mitleid als emotionaler Ermöglichungsgrund für alle weiteren Wertgefühle. Dieser einfache *moral sense* wird bei Adam Smith in vier *moral sentiments* unterschieden, nämlich den Sinn für Schicklichkeit, für Tugend, für Verdienst und für Pflicht. Kant, der anfänglich noch der *moral-sense*-Theorie anhängt, lässt schließlich nur noch eine ganz bestimmte Form des moralischen Gefühls gelten, nämlich die Achtung vor dem Sittengesetz, das rein rational durch den kategorischen Imperativ begründet wird. Im 20. Jahrhundert erneuert vor allem Max Scheler die Philosophie des *moral sense* und entwirft eine grundlegende Phänomenologie des Wertgefühls. Gegen Kants ethischen Formalismus entfaltet Scheler eine ‚materiale Wertethik', die ihre Maßstäbe aus einer gestuften Wertordnung gewinnt, die in der christlichen Liebe ihren tiefsten Grund und ihre höchste Vollendung findet. Scheler bestreitet damit gegen Kant, dass die Liebe als Neigung zu betrachten sei, die sich der Pflichterfüllung hinderlich in den Weg stelle und dass die neutrale Erkenntnis der Wirklichkeit der wertenden Stellungnahme zur Wirklichkeit vorausgehe. Es verhalte sich gerade umgekehrt. Der Wahrnehmung gehe immer schon eine *Wertnehmung* voraus. Schon in den vorreflexiven Strebungen des Menschen seien elementare Bewertungen festzustellen. Scheler will damit nicht hinter Kant zurück und einen objektiven Wertehimmel restituieren, sondern behauptet, dass der Mensch der Autor seiner Werte ist, allerdings nicht in beliebiger Weise, sondern nach Maßgabe einer Phänomenologie der Werte, die er als „Objekte intentionaler Gefühlsakte" versteht. Soviel in aller Kürze zur Geschichte des Wertgefühls, das wie gesagt keine neue Erfindung ist.[4]

6 Zur neueren Debatte und einigen theologischen Konsequenzen

Neben dem Begriff des Wertgefühls spielt in den neueren Debatten um die emotionale Dimension der Sittlichkeit noch ein weiterer Begriff eine prominente Rolle: der Begriff der sittlichen Intuition. Im protestantischen Kontext hat sich vor allem der emeritierte Züricher Ethiker Johannes Fischer um ein genaueres Verständnis sittli-

---

[4] Vgl. Barbara Merker (Hg.), Leben mit Gefühlen. Emotionen, Werte und ihre Kritik, Paderborn 2009.

cher Intuitionen bemüht. Ursprünglich im erkenntnistheoretischen Diskurs beheimatet, nimmt der Intuitionsbegriff bei ihm eine zentrale Stellung in einem handlungstheoretischen Zusammenhang ein und dient dazu, die Frage nach dem Zustandekommen sittlicher Handlungen besser zu verstehen. Vor allem im Alltag spiele intuitives und spontanes Handeln eine zentrale Rolle und unterscheide sich damit von bewussten Handlungen aufgrund von rationalen Gründen. Ausschlaggebend für intuitives Handeln seien sogenannte Schlüsselszenen, in denen eine gerichtete Situation zu intuitivem Handeln führt.

Ich sehe zum Beispiel auf der Straße einen Bekannten und winke ihm spontan zu. Fragt mich meine Begleitung, warum ich diesem Mann zugewinkt habe, sage ich, das sei ein Bekannter von mir. Aber diese nachträgliche Begründung war nicht der Grund für mein Winken. Vielmehr hat mich eine ganz bestimmte inhaltlich qualifizierte Situation dazu veranlasst, spontan den Arm zu heben und zu winken. Fischer führt zahlreiche Beispiele an, in denen Menschen eher intuitiv als reflektiert und mit Gründen handeln, und möchte das Bewusstsein dafür schärfen, dass Intuitionen auch in ethischen Debatten eine wichtige Rolle spielen, ohne dass dieser Umstand hinlänglich bedacht würde.

Was unterscheidet nun aber sittliche Intuitionen von wertenden Emotionen? Ich sehe die Differenz in ihrer moralfundierenden Funktion. Während sich intuitives Handeln zunächst nur formal von reflexiv-rationalem Handeln unterscheidet, zeichnen sich emotionale Bewertungen bereits durch eine inhaltliche Qualifizierung aus. Das kommt sowohl in der älteren Literatur in Bezug auf das Mitgefühl und die Liebe zum Ausdruck, als auch in neueren Studien von John Rawls und Ernst Tugendhat zu den Wertgefühlen der Empörung und des Zorns sowie der Scham und der Schuld. Dabei müssen Wertgefühle wie Scham und Schuld nicht nur als subjektiv-innerliche Gemütsregungen, sondern können auch mit dem Phänomenologen Hermann Schmitz als quasi räumliche Atmosphären beschrieben werden. Das affektive Ergriffenwerden von Wertgefühlen – wie von Gefühlen überhaupt – ist Schmitz zufolge nicht nur als innerliches und privates Phänomen zu beschreiben, sondern als das Eintreten in einen Gefühlsraum, der sowohl leibkörperlich als auch sozial und kulturell vermittelt ist. Wer sich schämt, erlebt die Scham nicht nur als innere Erregung, sondern findet sich inmitten einer quasi-räumlichen Situation der Beschämung vor, die ihn voll und ganz ergreift.

Aufschlussreich ist schließlich auch der Versuch, unterschiedliche Wertgefühlskulturen zu unterscheiden, etwa Scham- und Schuldkulturen. Im Unterschied zur europäischen Rechtskultur, die Hermann Schmitz als Zornkultur beschreibt, in der die Empörung das vorherrschende Wertgefühl sei, könne etwa die japanische Rechtskultur als Anstandskultur bezeichnet werden, in der das Wertgefühl der Scham dominiere. Unabhängig von der Tragfähigkeit dieser konkreten These wird man jedenfalls auch für die jeweiligen Kultursphären einer Gesellschaft von unterschiedlich dominierenden Wertgefühlen ausgehen dürfen. Im Theater oder in der Kirche, in der Universität oder im Unternehmen werden jeweils unterschiedliche

Wertgefühle tradiert und kultiviert. Während beim Kauf von Unterhaltungselektronik Geiz geil sein kann, gilt die *avaritia* im Kontext der christlich religiösen Gefühlskultur als ein Laster.

Das heißt wiederum: Wer Werte bilden will, sei es in der Kirche oder im Unternehmen, in der Schule oder in den social media, der bekommt es mit individuellen und kulturell vermittelten Wertgefühlen zu tun, die die moralische Einstellung und das Verhalten von Menschen auf elementare Art und Weise steuern und sich argumentativer Aufklärung sowie logischer Begründung zumindest teilweise entziehen, weil sie gleichsam tiefer ansetzen. Für jede Form der Wertevermittlung oder Wertebildung bedeutet das wiederum, dass Werte darauf angewiesen sind, persönlich angesonnen und authentisch vorgelebt zu werden, um auf emotionaler Ebene zu überzeugen. Denn Werte haben eine performative Kraft und Wirkung. Die Art und Weise ihrer Verbindlichkeit ist im Unterschied zu Normen, Rechten und Gesetzen weniger allgemein und objektiv als vielmehr subjektiv und individuell. Das bedeutet etwa, wer für die öffentliche Achtung religiöser Gefühle eintritt, ist schlecht beraten, wenn er den Rechtsstaat anruft und ein gesetzliches Blasphemieverbot fordert, weil Achtung vor der religiösen Überzeugung anderer auf einer Werthaltung basiert und auf die kulturelle Vermittlung ebenso wie auf die individuelle Aneignung angewiesen ist.

Es stellt sich zuletzt die Frage, welchen genuinen Beitrag die Religionen im Allgemeinen und das Christentum im Besonderen zu der gegenwärtigen Suche nach orientierenden Wertgefühlen beisteuern können. Dazu sei abschließend der zwar allseits bekannte, aber keineswegs triviale Umstand erinnert, dass in den Geschichten und Texten der jüdisch-christlich Überlieferungen werthaltige Schlüsselszenen und Grundhaltungen tradiert werden, die Menschen bis heute persönlich verinnerlichen und dazu veranlassen, ihre Lebensführung daran auszurichten, um damit zur religiösen und moralischen Wertevermittlung in unsere Gesellschaft beizutragen. Der emeritierte Heidelberger Neutestamentler Gerd Theißen hat etwa in seiner Religionspsychologie des Urchristentums den emotiven Charakter von neutestamentlichen Grundhaltungen wie Freude und Demut herausgearbeitet, und in Martin Luthers Verständnis des Glaubens als Vertrauen kommt in der Mitte des Christentums ein eminent werthaltiges Gefühl zu stehen.

Ich denke deshalb, wir brauchen auch über den Bereich der Ethik hinaus eine differenzierte Theologie der Gefühle,[5] die das Verhältnis von Emotion und Religion sowie von Gefühl und Glauben untersucht. Auch das muss nicht völlig neu erfunden werden, sondern wurde bereits von prominenten Protestanten wie Friedrich Schleiermacher und Rudolf Otto auf den Weg gebracht. Sie werden deshalb auch in der aktuellen Forschung daraufhin untersucht. Und in dieser Richtung gilt es – angeregt auch durch die neuere Emotionsforschung –, mit phänomenologischen und

---

5 Vgl. Roderich Barth/Christopher Zarnow (Hg.), Theologie der Gefühle, Berlin/Boston 2015.

hermeneutischen Einzelstudien zu bestimmten christlich-religiösen Wertgefühlen weiterzuarbeiten. Dann kann auch der immer wieder eingeklagte Beitrag der Religionen zur Wertevermittlung in einer postsäkularen Gesellschaft schärfere Konturen annehmen. Wohlgemerkt: Die Kirchen und Religionen haben auf diese Wertevermittlung keinen Monopolanspruch und sollten ihn auch nicht erheben. Grundlegende Wertorientierungen werden heute auch säkular vermittelt. Trotzdem kommt den Religionen bei der geforderten Wertevermittlung eine besondere Bedeutung zu, weil sie aus einem symbolischen Reservoir schöpfen können, das bis heute überzeugende Wertgefühle vermittelt.[6]

7 Schluss

Kann die emotional gestützte Berufung auf Werte in angemessener Weise auf die gesellschaftliche Wahrheitskrise der Gegenwart reagieren? Jedenfalls sollte aus dem Vorhergehenden klar geworden sein, dass mit dem Begriff der Wertgefühle eine basale Schicht moralischer Meinungsbildung und ethischer Urteilsfindung benannt ist, ohne die kognitiv verfahrende und universale Gültigkeit beanspruchende Konzepte in der Luft hängen. Ohne affektiv gestützte und emotional grundierte Werthaltungen, die personal vermittelt und praktisch eingeübt werden müssen, bleiben logisch schlüssige Argumentationsketten und reine Theorien wirkungslos. Die Überzeugungskraft von Wertgefühlen kann zwar die Leistungskraft von vernünftigen Argumenten nicht ersetzen, aber in elementarer Weise anbahnen und nachhaltig unterstützen.

---

[6] Vgl. Folke Werner, Vom Wert der Werte – die Tauglichkeit des Wertbegriffs als Orientierung gebende Kategorie menschlicher Lebensführung. Eine Studie aus evangelischer Perspektive, Münster 2002.

Josef Kopperschmidt
Über das merkwürdige Ineinander von Überzeugung und Überredung

1 Vorbemerkung

Bevor ich mit meinem Beitrag zur Festschrift für Peter L. Oesterreich beginne, möchte ich ein paar persönliche Vorbemerkungen machen. Ich beteilige mich sehr gern an dieser Festschrift, weil ich weiß, was Peter L. Oesterreich für das Comeback der Rhetorik seit spätestens 1990 getan hat. Besonders schätze ich an ihm, dass auch er die vielbeschworene Wiederkehr der Rhetorik für eine im Kern *philosophische* Wiederkehr hält,[1] wenn ihre literarische Wiederkehr auch früher erfolgt sein mag und mit ihr auch ein reduktionistisches Verständnis von Rhetorik sich zunächst durchsetzen konnte, wie es in Lausbergs einflussreicher Paragraphenrhetorik von 1960 exemplarische Gestalt gewann. Ob der von Oesterreich neuerlich (2013) favorisierte bzw. revitalisierte Terminus „Pithanologie" den Persuasionsbegriff erfolgreich verdrängen kann (in das HWRh ist er noch nicht eingedrungen) und ob der „rhetorische Glaube" sogar zum fundamentalanthropologischen Oberbegriff für die vielen Glaubensvarianten (inklusive des religiösen Glaubens) avancieren kann, bleibt abzuwarten. Ich jedenfalls möchte schon einmal einen Vorschlag machen für eine pithanologisch aufgreifbare alte Streitfrage, welche die beiden deutschen Übersetzungsvarianten von „pithanon" betrifft, nämlich „überzeugen" und „überreden". Es ist ja schon ärgerlich, dass renommierte Rhetoriker diese (überhaupt nicht spezifisch deutschen) Übersetzungsvarianten (die natürlich keinen spezifisch rhetorischen Binärcode abbilden),[2] regelmäßig als irrelevant abtun,[3] während sie zugleich

---

[1] Verschweigen will ich freilich nicht, dass ich Oesterreichs Abwertung eines meiner Säulenheiligen, nämlich Hans Blumenbergs, als „antimetaphysischen Neosophisten" (Peter L. Oesterreich, Homo rhetoricus corruptus, in: Josef Kopperschmidt [Hg.], Rhetorische Anthropologie, München 2000, 353–370; hier: 367) natürlich weniger schätze und auch seinen äußerst entgrenzten Rhetorikbegriff nicht übernehmen kann (vgl. Josef Kopperschmidt, Wir sind nicht auf der Welt, um zu schweigen. Eine Einleitung in die Rhetorik, Berlin/Boston 2018, Kapitel 10).
[2] Der lautet „überzeugend/nicht überzeugend" (ohne Lexikalisierung), während „überzeugen/überreden" keinen Binärcode im Sinne Luhmanns abbilden (vgl. Niklas Luhmann, Ökologische Kommunikation, Opladen 1986, 75–77), sondern eine redekritische Unterscheidung vornehmen.
[3] Vgl. besonders Heinrich F. Plett, Die Aktualität der Rhetorik, München 1996, 9–11; Joachim Knape, Zwangloser Zwang, in: Gert Ueding/Thomas Vogel (Hg.), Von der Kunst der Rede und Beredsamkeit, Tübingen 1998, 54–69; hier: 69; dens., Persuasion und Kommunikation, in: Kopperschmidt, Rhetorische Anthropologie, 171–181; dens., Was ist Rhetorik?, Stuttgart 2000, 33f.; dens., Persuasion, in: Historisches Wörterbuch der Rhetorik 6 (2003) 874–907; hier: 889f.; Wilfried Stroh,

von nicht weniger renommierten Philosophen (wie auch vom *common sense*) emphatisch verteidigt werden. Ich möchte daher im folgenden Beitrag einige Anmerkungen zu diesem „merkwürdigen Ineinander von Überzeugung und Überredung" machen, wobei ich mich für diesen Titel von zwei ebenfalls renommierten Philosophen habe inspirieren lassen.[4]

2 Das parasitäre Ineinander von Überzeugung und Überredung

„Wer redet, will den Erfolg" – so heißt es kurz und bündig bei Heinrich F. Plett[5], womit er seinerzeit mit allen sogenannten weltfremden „Idealismen" in Teilen der modernen Rhetorikforschung aufräumen wollte, die nicht kapierten, dass „das summum bonum", das die Rhetorik anstrebt, „nicht das objektiv Richtige, sondern das subjektiv Nützliche" sei. Ich gehöre immer noch zu denen, die das nicht kapieren wollen und schon gar nicht an dem (vermeintlich) spezifisch „deutschen Rhetorik-Dilemma"[6] leiden, nämlich lexikalisch bei der Übersetzung von „peithein" bzw. *persuadere* zwischen „überzeugen" und „überreden" wählen zu dürfen. Darum behaupte ich: Selbst wenn Rhetorik nur das „subjektiv Nützliche" im Blick hätte, also bloß an einer erfolgreichen Überredung des jeweiligen Kommunikationspartners interessiert wäre, Rhetorik könnte dieses „subjektiv Nützliche" *gar nicht* erreichen, wenn sie ihr Redeziel als bloßes (!) Überredungsziel explizit machen würde: „Ich will dich zu x überreden" ist nämlich keine mögliche Einleitung zu einem Überredungsakt, sondern dessen sichere Verhinderung.[7] Das aber nicht deshalb, weil „überreden" nicht performativ verwendbar ist; das trifft gleicherweise auch auf „überzeugen" zu, weil in beiden Fällen die möglichen perlokutiven Folgen eines

---

Die Macht der Rede, Berlin 2009, 20f., sowie Richard Rorty, Solidarität und Objektivität, Stuttgart 1988, 168.
4 Gemeint sind Apel, der vom „Ineinander von Überzeugung und Überredung" spricht (Karl-Otto Apel, Transformation der Philosophie, 2 Bände, Frankfurt am Main 1973, Band 1, 64[101a]) und Habermas, der eine „merkwürdige Ambivalenz zwischen Überzeugung und Überredung" konstatiert (vgl. Jürgen Habermas, Der Universalitätsanspruch der Hermeneutik, in: ders., Kultur und Kritik, Frankfurt am Main 1973, 264–301; hier: 267) bzw. der Rhetorik ein „Janusgesicht" attestiert, das sich „ebenso in der welterschließenden Kraft neuer Vokabulare wie der einschränkenden und manipulativen Wirkung suggestiver und entflammender Metaphern" anzeigt (Jürgen Habermas, Ach, Europa, Frankfurt am Main 2008, 154); vgl. dens., Moralbewußtsein und kommunikatives Handeln, Frankfurt am Main 1983, 100f., und Dieter Wunderlich, Grundzüge der Linguistik, Reinbek 1974, 43f.
5 Plett, Die Aktualität, 17.
6 Plett, Die Aktualität, 9.
7 Vgl. Kopperschmidt, Wir sind nicht auf der Welt, um zu schweigen, besonders Kapitel 11.3.

Sprechaktes sinnwidrig bereits performativ antizipiert würden.[8] Dennoch ist eine nicht-performative Verwendung von „überzeugen" – etwa in einer kommentierenden Sprechaktbeschreibung („Ich würde dich gern davon überzeugen, dass ...") – durchaus möglich, ohne den Sprechakt von vorneherein zu torpedieren, was aber im Fall von „überreden" sofort geschehen würde. Ebenso würde auch ein retrospektiver Bezug auf einen Überzeugungsakt selbst im Fall seines Scheiterns („Du hast mich leider nicht überzeugen können") keine Abwertung des Sprechaktes an sich implizieren, wie es wieder beim Überredungsakt selbst im Fall seines Gelingens die Regel wäre („Ich bin ja nur zu x überredet worden"). Dabei könnte der erfolgreich Überredete sogar (auf Nachfrage hin) die Motive nennen, warum er sich trotz mangelnder Überzeugung habe überreden lassen, z. B. aus Loyalität, Freundschaft, sozialer Abhängigkeit, Feigheit,[9] Gewinnerwartung etc. Allen diesen Motiven ist erkennbar eines gemeinsam, nämlich dass sie sich keiner substanziellen, also inhaltlich überzeugten Zustimmung verdanken, sondern eher ein mehr oder weniger widerwilliges *Nachgeben* beschreiben, das, weil primär strategischen Motiven gehorchend, auch zu keiner echten Verständigung oder gar Übereinstimmung als normativer Basis kooperativen Handelns führen kann.[10] Wer wie Luhmann Paradoxien liebt, mag im Fall bloßen Nachgebens von „nicht-überzeugter Verständigung" sprechen[11] bzw. – in unsere Terminologie übersetzt – von „nicht-überzeugter Zustimmung". Die für eine solche Zustimmung e. g. möglichen Überredungs-Motive müssen zwar eine Überredungsabsicht nicht interessieren oder gar stören, doch beschreiben sie in eindeutiger Weise die Qualität einer sich Überredung verdankenden Zustimmung mit einem bereits konventionell abwertenden „nur" oder „bloß", was im Überzeugungsfall („Ich bin ja nur/bloß überzeugt") eine sinnlose Formulierung wäre. Alle diese sprachlichen bzw. semantischen Unterschiede zwischen „überzeugen/Überzeugung" und „überreden/Überredung" machen demnach deren lexikalisierte Differenzierung nicht nur sinnvoll, sondern notwendig, wenn es auch nur im Deutschen zu einer zwar fälschlichen, aber phonetisch leicht insinuierbaren Annahme von Stammverwandtschaft der beiden Lexeme kommen kann.[12]

---

8 Vgl. Karl-Otto Apel, Sprechakttheorie und transzendentale Sprachpragmatik zur Frage ethischer Normen, in: ders. (Hg.), Sprachpragmatik und Philosophie, Frankfurt am Main 1976, 11–173; hier: 112f.
9 Dies dürfte für viele Mitläufer im „Dritten Reich" gelten, aus Angst etwa vor Sippenhaft.
10 Vgl. Habermas, Moralbewußtsein, 100f., und Josef Kopperschmidt, Resonanz statt Räsonanz? Oder: Kann die Rhetorik auf Subjektivität verzichten?, in: Rhetorik. Ein internationales Jahrbuch 30 (2011) 30–50; hier: 48–50. Vgl. die unterschiedlichen Anschlussoptionen von „überreden/überzeugen": präpositional bei „überreden (zu x)" und propositional bei „überzeugen (von der Gültigkeit/Richtigkeit von p oder dass p)".
11 Niklas Luhmann, Beobachtungen der Moderne, Opladen 1992, 202 und 194.
12 Vgl. Walter Mesch, Überzeugung/Überredung, in: Historisches Wörterbuch der Rhetorik 9 (2009) 858–870, und Eberhard Ostermann, Überreden/überzeugen, in: Historisches Wörterbuch der Philosophie 11 (2001) 50–56.

Eine explizite Abwertung bloß überredungsbedingter Zustimmung ist kommunikationsintern natürlich nur möglich, wenn die Überredung gescheitert ist, d. h., wenn ihr bloßer Überredungscharakter (etwa durch die den Lügensignalen analogen Überredungssignale)[13], bemerkt worden ist, so dass sich über ihn (gelegentlich sogar entspannt) reden lässt – z. B. in Werbegesprächen. In diesem Fall kann es ebenso natürlich ein wie auch immer zu bestimmendes „Ineinander von Überzeugung und Überredung" gar nicht geben: Wenn man, was ich ja vorhabe, die Merkwürdigkeit dieses „Ineinander" etwas aufklären will, muss man sich schon an gelungene Überredungsprozesse halten und die zentrale Bedingung aufzuklären versuchen, der sie ihr Gelingen verdanken. Diese zentrale Bedingung ist an der oben bereits erwähnten Auffälligkeit von Überredungsprozessen leicht ablesbar: Sie wollen bei Strafe ihres Misslingens nicht Überredungsprozesse heißen, will sagen: Sollen Überredungsprozesse gelingen, *müssen* sie ihre Überredungsabsichten unkenntlich machen bzw. positiv reformuliert: Sie müssen sich als Überzeugungsprozesse mit entsprechenden Überzeugungsabsichten empfehlen. Sie dürfen mithin kein Interesse am bloßen Nachgeben des Anderen erkennen lassen, sondern müssen so tun, als wolle man um inhaltlich überzeugte Zustimmung werben im Interesse einer Kooperation ermöglichenden Verständigung. Der Grund für diese Interessentarnung ist recht einfach: Niemand lässt sich freiwillig auf einen Kommunikationsprozess ein, in dem es gar nicht um Verständigung geht, sondern nur um einen strategisch intendierten Zustimmungserfolg und seine Instrumentalisierung für irgendeinen Vorteil des Redenden. Darum muss eine Überredung, soll sie gelingen, dieses strategische Kalkül unbedingt verbergen, und das heißt: Das *Überredungsinteresse muss sich erfolgreich als Überzeugungsinteresse ausgeben.* Jetzt erst kann es zu einem (gleich noch genauer zu bestimmenden) „Ineinander" von erfolgsorientierter Überredung und verständigungsorientierter Überzeugung kommen, insofern ja jede erfolgreiche Überredung ihren Erfolg einer *erfolgreich prätendierten Überzeugung* verdankt.

Ein solches Ineinander von eigentlich widersprüchlichen Interessen muss man wohl eine veritable *Täuschung* nennen,[14] es sei denn, man möchte diese Täuschung gelingender Überredungsrede doch lieber eine heimliche Hommage an die Über-

---

13 Vgl. Harald Weinrich, Linguistik der Lüge, Heidelberg 2000 (ursprünglich 1966). Überredungssignale sind auffällige Affirmations- bzw. Angleichungsbereitschaft an den jeweiligen Kommunikationspartner aus strategischem Erfolgs- statt Verständigungsinteresse; s. auch unten Anm. 14.
14 Ein klassisches Beispiel für Angleichungsrhetorik („nach dem Munde reden") stellt das Polyphem-Abenteuer der *Odyssee* dar. Vgl. dazu und zu seiner Deutung in der „Dialektik der Aufklärung" (Horkheimer/Adorno) Kopperschmidt, Wir sind nicht auf der Welt, um zu schweigen, 328–330; dort auch zur Unterscheidung zwischen „angleichen" und „anschließen" als den beiden Formen von „anpassen" sowie zu Platons Lügenlizenz für Philosophenkönige (49f.). Damit widerspreche ich (vgl. dort 319f.) erkennbar Quintilians These, dass sich Rhetorik im Unterschied zur Philosophie nicht „erfolgreich simulieren" ließe (inst. 12, 3, 12).

zeugungsrede nennen, weil ohne deren Beleihung ja ihr *parasitärer Missbrauch* gar nicht funktionieren könnte. Eine solche Täuschungsbewertung würde freilich auch dazu nötigen, die Lüge eine heimliche Hommage an die unvermeidliche Wahrhaftigkeitsunterstellung gelingender Rede zu nennen; denn auch die Lüge müsste ja aufgrund ihrer gleichermaßen parasitären Struktur[15] bestätigen, dass es in der Tat „Verständigung" ist, die – so eine Habermas'sche Lieblingsformulierung[16] – „als Telos der menschlichen Sprache innewohnt", und das auch „kontrafaktisch". Doch jenseits aller erkennbaren Strukturanalogien zwischen Überredung und Lüge will ich doch lieber davor warnen, die möglicherweise subtilen Genüsse von Kommunikationsanalytikern (meine inbegriffen) aufzurechnen gegen die durch Lüge und Überredungskalkül erfolgten personalen Verletzungen und nachhaltigen Störungen einer öffentlichen Kommunikationskultur.[17] Deshalb bleibe ich auch dabei, im Fall von Lüge und Überredung es traditionell bei deren sozialer wie moralischer Abwertung zu belassen. Dabei kann ich mich auf einen gewichtigen Gewährsmann berufen, der jetzt noch kurz erwähnt werden muss, weil er mit seinem einflussreichen Verdikt jeder Überredungsabsicht auch die Rhetorik als traditionelle Kunstform solcher Überredung – und eine andere Art von Rhetorik kannte der hier gemeinte Denker Kant nicht – nachhaltig pejorisiert hat und mit seiner Autorität der philosophischen Rehabilitation der Rhetorik immer ärgerlich im Weg stand, ohne deren Gelingen gottlob verhindert zu haben.[18]

Eine Redepraxis, in der die regelhaft erwartete Unterstellung der Wahrhaftigkeitsregel bloß strategisch vorgetäuscht wird, nennt Kant in der *Kritik der Urteilskraft* von 1799 „Beredsamkeit"[19]. Sie wird definiert als „Kunst der Überredung", die freilich – anders als die von Kant hoch geschätzte „Dichtkunst" – den „schönen Schein" nicht nutzt, um „reines Vergnügen" zu bereiten, sondern um andere „zu hintergehen". Diese „hinterlistige Kunst" einer „künstlichen Überlistung" ist für Kant selbstredend „gar keiner Achtung würdig", weil sie „die Gemüter vor [!] der Beurteilung für den Redner zu dessen Vorteil zu gewinnen und dieser [sc. Beurtei-

---

15 Vgl. Apel, Sprechakttheorie, 116–118.
16 Jürgen Habermas, Theorie des kommunikativen Handelns, 2 Bände, Frankfurt am Main 1981, Band 1, 387.
17 Hannah Arendt, Wahrheit und Lüge in der Politik, München 1987.
18 Vgl. Kopperschmidt, Wir sind nicht auf der Welt, um zu schweigen, Kapitel 8 und 10.2.
19 Immanuel Kant, Kritik der Urteilskraft, in: ders., Werke in 12 Bänden, herausgegeben von Wilhelm Weischedel, Frankfurt am Main 1974-1976, Band 10 (1976), 176. Vgl. Tobia Bezzola, Die Rhetorik bei Kant, Fichte und Hegel, Tübingen 1993, 47–49; Peter L. Oesterreich, Das Verhältnis von ästhetischer Theorie und Rhetorik in Kants Kritik der Urteilskraft, in Kant-Studien 83 (1992) 324–335; dens., Das gelehrte Absolute, Darmstadt 1997, 44–46, und David R. Greeves, Kritik der Rhetorik am Ende des 18. Jahrhunderts, Stuttgart 2000. „Beredsamkeit" und „Dichtung" zählt Kant an der genannten Stelle zu den „redenden Künsten", die zusammen mit den „bildenden Künsten" und der „Kunst des schönen Spiels der Empfindungen" die Gruppe der „schönen Künste" bilden (§ 51).

lung] die Freiheit zu benehmen"[20] versucht. Sie tut das u. a. dadurch, dass sie „den Verstand durch sinnliche Darstellung zu überschleichen [!] und zu verstricken [sc. unternimmt]". Damit werden aber nur „die Schwächen der Menschen [sc. durch] Maschinen der Überredung [sc. für eigene] Absichten ausgenutzt". Dabei ist es nach Kant völlig irrelevant, ob diese Interessen sich gelegentlich auch als „rechtmäßige und lobenswerte Absichten" legitimieren lassen; die Überredungskunst bleibt auch in diesem Fall „verwerflich", weil sie sich damit zufrieden gibt, *dass* „das Rechte getan wird", statt dazu anzuhalten, dass es auch „allein aus dem Grunde [sc. getan wird], weil es Recht ist".[21]

Mit diesem für Kant typischen Rigorismus haben wir, sobald er etwa auf die Lüge angewendet wird, bekanntlich bis heute unsere Schwierigkeiten,[22] mag er auch verstehbar sein aus dem Bestreben, die Prinzipien der Moral vor wohlmeinenden, aber außermoralischen Einflüsterungen zu schützen. In unserem Fragekontext ist es wichtiger oder zumindest naheliegender, darauf hinzuweisen, dass Kants Weigerung, sich durch keine noch so positiven Zwecke vom rigorosen Überredungsverdikt abbringen zu lassen, auch enorme Konsequenzen hätte für eine Überredungsrhetorik, als welche Rhetorik für Kant ja *in toto* zu gelten hat: Ganze Jahrhunderte ihres faktischen Überlebens träfe nämlich das Verdikt, dass auch legitime oder für legitim erachtete Zwecke die Rhetorik als (leider notwendiges) Mittel nicht zu heiligen (und damit zu retten) vermöchten. Gottlob haben sich solche Zwecke historisch ihre Heiligungskraft nicht ausreden lassen, sonst wüssten wir über die Geschichte der Rhetorik nicht einmal das, was uns ihre überlieferte Schrumpfgestalt zu ermitteln erlaubt. Doch dazu mehr im folgenden Abschnitt. Bleibt zunächst zu resümieren: Es gibt Rhetorik nicht zweimal, jedenfalls nicht als *Rhetoriktheorie*. Was es zweimal gibt, ist allein Rhetorik als eine rechtens *parasitär* zu nennende *Redepraxis*, die ihre Gelingensbedingungen nur scheinhaft einlöst, indem sie kontrafaktisch ein Überzeugungsinteresse vortäuscht. So gesehen ist auch die Unterscheidung zwischen Überzeugung und Überredung keine rhetoriktheoretische, sondern allein eine redepraktische; und der notorisch pejorative Charakter der bloßen Überredung drückt kein theoretisches, sondern ein praktisch-moralisches Urteil aus, das sich aber erfahrungsgemäß ebenso wie im Fall der Lüge methodisch oft nur schwer beweisen lässt.

---

20 Kant, Kritik der Urteilskraft, 183.
21 Kant, Kritik der Urteilskraft, 183, dagegen Hans Blumenberg, Anthropologische Annäherung an die Aktualität der Rhetorik, in: ders., Wirklichkeiten, in denen wir leben, Stuttgart 1981, 104–136; hier: 112.
22 Vgl. Marcel Reich-Ranickis Bericht in *Mein Leben* (Stuttgart 1999, 276–278) über Bolek, dessen mutiges Lügen ihm sein Leben rettete. Vgl. auch Jurek Beckers faszinierenden Roman *Jakob der Lügner* (1969).

3 Das didaktische Ineinander von Überzeugung und Überredung

Wenn das gerade formulierte Resümee plausibel ist, dann kann Kants referiertes Rhetorikverdikt auch nicht die Rhetorik als Theorie treffen, sondern nur Rhetorik als Praxis. Und Kants These, dass gute Zwecke keine Überredung zu heiligen vermögen, müsste im Umkehrschluss dann auch heißen, dass verwerfliche Absichten die Überredungskunst und ihre Wirkungsstrategien nicht schlecht machen können, sondern nur deren Praxis verklagen, insofern deren Absichten – so noch einmal Kant – „subjektiv verderbt [sc. werden]"[23]. Genau das ist aber der substanzielle Kern des Kantschen Rhetorikverdikts, dass sie nämlich nicht nur „rechtmäßigen und lobenswerten Absichten" sich andient, sondern ebenso auch „zur Beschönigung oder Verdeckung des Lasters und Irrtums gebraucht werden könne"[24]. So ist es – und das gilt solange, als unter Rhetorik eine wertneutrale Kunstlehre bzw. wertneutrale Sozialtechnologie verstanden wird.[25] Ob sie das überhaupt sein kann, ist erst unten (Kapitel 5), in einem anderen als didaktischen, nämlich transzendentalpragmatischen Fragekontext zu behandeln. Hier sei nur noch meine obengenannte These etwas abgestützt, dass es ihre vermeintliche Wertneutralität war, die der Rhetorik jahrhundertelang eine Überlebenschance geboten habe, sei es auch nur als „rhétorique restreinte"[26].

Dafür gibt es das informative Beispiel eines bedeutenden konvertierten Rhetorikprofessors, der freilich in seiner ebenfalls bedeutenden Schrift *De doctrina christiana* (396/426) aus der auch von ihm vertretenen Wertneutralität der Rhetorik (*in medio posita facultas*) eine völlig andere Konsequenz als Kant gezogen hat, die für die Geschichte der Rhetorik äußerst folgenreich war, gemeint ist natürlich Augustin.[27] Da Rhetorik – so seine Argumentation – beides kann, nämlich sowohl das Wahre wie das Falsche zustimmungsfähig machen, wäre es doch töricht, diese hochgradig elaborierte Persuasionstechnologie denen zu überlassen, die mit ihrer Hilfe Lügen zum Erfolg verhelfen, statt sie zu adoptieren, damit die göttliche Offenbarungswahrheit nicht weiter „waffenlos" um Zustimmung kämpfen muss (4, 2.3, 4).

Die Notwendigkeit dieser Stützfunktion durch Rhetorik lieferte freilich für Augustin – anders als für seine bewunderte Fachautorität Cicero – nicht das Idealkon-

---
[23] Kant, Kritik der Urteilskraft, 184.
[24] Kant, Kritik der Urteilskraft, 184.
[25] Vgl. Josef Kopperschmidt, Sozialtechnologie, in: Historisches Wörterbuch der Rhetorik 12 (2012) 1229–1238.
[26] Gérard Genette, La rhétorique restreinte, in: Communications 16 (1970) 158–177.
[27] Vgl. Josef Kopperschmidt, Politik und Rhetorik, Opladen 1995, 102–104, und dens., Wir sind nicht auf der Welt, um zu schweigen, 55–57.

zept einer Symbiose zwischen *sapientia* und *eloquentia* (wie sie der Renaissancehumanismus verfolgen wird),[28] sondern ein Theorem, das Augustin später zu einer ebenso einflussreichen wie verhängnisvollen „Logik des Schreckens"[29] ausgebaut hat. Nach ihr hat die Erbsünde die Natur des Menschen so sehr geschwächt und träge gemacht, dass ihr sogar die Zustimmung zu den heilsnotwendigen Offenbarungswahrheiten erst mühsam mithilfe rhetorischer Stimulanzen abgetrotzt werden muss; denn die meisten „lieben an den Worten mehr" deren Gefälligkeit als „die in ihnen ausgedrückte Wahrheit"[30], während nur ganz wenige sich auch von einer „nackten Wahrheit" zur Zustimmung nötigen lassen (4, 11.26, 148). Erkennbar bekommt die Rhetorik jetzt für den Kirchenmann und Theologen Augustin eine Funktion, in der sie ihre Konversionsfähigkeit beweisen konnte, was dem ehemaligen Rhetorikprofessor sicher ein hohes Maß an Befriedigung verschafft haben dürfte: Rhetorik wird eine (für Jahrhunderte) wohlgelittene *Konzession* an die Schwachheit der menschlichen Natur und kann so an der Ermittlung (Hermeneutik) und Vermittlung (Homiletik) der heilsnotwendigen Wahrheiten *wenigstens subsidiär* beteiligt werden. Man muss sich nach Augustin dieses bloß konzessiven Charakters der Rhetorik nicht schämen; hat sich doch sogar Gott selbst so sehr erniedrigt, dass er im vollen Sinne Mensch werden wollte, also nicht nur Fleisch angenommen hat (Inkarnation), sondern auch seine Heilsbotschaft in die Form rhetorischer Persuasion gekleidet hat (Inverbation), um so den gängigen Rezeptionsbedingungen der Menschen entgegenzukommen. Ob Augustin ernsthaft an die Rhetorizität der biblischen Schriften geglaubt hat, wage ich freilich zu bezweifeln. Für ein an Cicero geschultes Ohr war die lateinische Bibel sicher eine Zumutung.

„Ihr müsst Rhetorik lernen!" So dürfte Augustins Appell an seine Mitbrüder im Amt und an seine Schüler im afrikanischen Hippo Regius gelautet haben. Es war die gleiche, nämlich Ciceronianische Rhetorik, die er früher in Mailand gelehrt und praktiziert hatte, die er jetzt als gleichsam konvertierte Theorie verpflichtete, statt Lügen zu verbreiten, die Wahrheit wehrhaft zu machen. „Ihr müsst Rhetorik lernen!" So ähnlich mag auch der Zusatzappell gelautet haben, den Plato in der Interpretation seines berühmten Höhlengleichnis an diejenigen hätte richten können, denen es endlich gelungen ist, die Höhle notorischen Scheinwissens zu verlassen, um „auf der Insel der Seligen" als Philosophen einen kontemplativen Lebensstil zu genießen (pol. 514–516). Doch Platon erlaubt ihnen das bekanntlich nicht: „Ihr müsst zurück!" so lautet der ungern gehörte und noch weniger gern befolgte Befehl. Und warum müssen sie zurück in die Höhle? In der Antwort auf diese Frage scheiden sich die Geister der Platon-Interpreten bis heute: Die einen – an ihrer Spitze

---

[28] Vgl. Karl-Otto Apel, Die Idee der Sprache, Bonn 1975 (ursprünglich 1963), 6–8 und 130–132, sowie Paul Oskar Kristeller: Die Philosophie des Marsilio Ficino, Frankfurt am Main 1972.
[29] Vgl. Kurt Flasch, Logik des Schreckens, Mainz 1990.
[30] Doctr. christ. 4, 11.26, 72.

Martin Heidegger[31] – ignorieren schlicht den letzten Satz der Gleichniserzählung, in dem Platon die Höhlenbewohner jedem den gewaltsamen Tod androhen lässt, der es versuchen sollte, sie aus der Höhle herauszuholen (pol. 517a). Die anderen – an ihrer Spitze der Heidegger-Kontrahent Hans Blumenberg (1989) – halten es für unsinnig, in Kenntnis des Sokrates-Schicksals von 399 nach Christus Philosophen in den sicheren Tod zu schicken, und plädieren daher dafür, sich an eines der wichtigsten und entsprechend häufig (zehnmal!) zitierten Kerntheoreme Platons zu erinnern. Danach wird es erst dann zu einer vernünftigen politischen Ordnung kommen, wenn philosophische Einsicht und politische Macht zueinander finden, so dass der Staat nicht mehr von Blinden, sondern von Wissenden regiert wird, die unter dem Namen „Philosophenkönige" in die politiktheoretische und philosophische Diskussion eingegangen sind und bis heute strittige Berühmtheit erlangt haben.[32] Ich favorisiere entschieden die Blumenbergsche Deutung der von Platon erzwungenen Rückkehr der Philosophen in die Höhle: Nach ihr sollen sie die Höhle, wenn sie schon nicht abzuschaffen ist, wenigstens zu pazifizieren versuchen. Doch dabei muss Rhetorik ins Spiel kommen, die ich oben bereits als verpflichtetes Lehrprogrammm („Ihr müsst Rhetorik lernen!") in das Höhlengleichnis eingeschmuggelt habe; denn nicht mit Gewaltmitteln („bia") allein werden die Philosophen ihr Pazifizierungsgeschäft in der Höhle erledigen können, sondern Rhetorik („peitho") wird nötig sein, sehr viel Rhetorik sogar![33] Dass es sich dabei genauerhin nur um eine bloße Überredungsrhetorik handeln kann, steht außer Frage; denn die ihr von Platon konzedierte Lügenlizenz[34] macht ja nur in einer Persuasionstechnologie Sinn, deren positiven Zwecke allein diese Technologie zu heiligen vermögen als notwendige Konzession an die Vielen, die für eine inhaltlich-materiale, also an Geltungsfragen orientierte Überzeugungsarbeit leider nicht disponiert sind. Dieser ihr Konzessionscharakter impliziert freilich eine nur eingeschränkte Wertschätzung von Rhetorik, wie sie in besonders griffiger Form (erstaunlicherweise) bei Quintilian formuliert wird (inst. 2, 17, 28): Rhetorik wäre gar nicht nötig, wenn alle Menschen Philosophen wären. Noch eine weitere Prämisse enthält die Platonische Rhetorikkonzession, die heute freilich allenfalls noch historisch plausibilisierbar sein dürfte: Die rhetorische Lügenlizenz ist natürlich nur legitimierbar, wenn es wirklich privilegierte Wahrheitszugänge gäbe, die den Philosophen vorbehalten sind und die sie zu exklusiven Kandidaten verantwortlicher Machtausübung in der Höhle (und anderswo) qualifizieren.

---

31 Vgl. dazu Josef Kopperschmidt, Heidegger über Rhetorik, München 2009, 301–303.
32 Karl R. Popper, Die offene Gesellschaft und ihre Feinde, Band 1: Der Zauber Platons, Tübingen 1992 (ursprünglich 1945), 165–167.
33 Popper, Die offene Gesellschaft, 168 und 369, sowie Antje Hellwig, Untersuchungen zur Theorie der Rhetorik bei Platon und Aristoteles, Göttingen 1973, 313.
34 Hellwig, Untersuchungen, 312–314.

Blumenbergs Neigung, dem Platonischen Projekt der „Philosophenkönige" und seinen Prämissen nicht nur aus heutiger Sicht dezidiert zu widersprechen und erst recht Heideggers seinerzeitigem Interesse an einem philosophisch adoptierbaren Führungsbegriff zu misstrauen, ist natürlich nicht unwidersprochen geblieben. Mich interessiert hier aber nur die Stimme eines ansonsten verlässlichen und inspirierenden Platon-Interpreten, der die Überredungsrhetorik nicht nur wie Platon für heiligungsfähige Zwecke konzedieren will, sondern ihr sogar zutraut, eine „Überredung zur Einsicht" werden zu können – so der Titel der von mir hochgeschätzten Habilitationsschrift von Heinrich Niehues-Pröbsting (1987)[35]. In diesem programmatischen Titel nimmt das hier thematisierte Ineinander von Überzeugung und Überredung erkennbar eine Gestalt an, deren Beschreibung in diesem Abschnitt als didaktische Subsidiarität an Plausibilität zu verlieren beginnt; denn die bislang unterstellten Unterschiede zwischen den Interessen von Überzeugungs- und Überredungsrhetorik, nämlich inhaltlich-materiales Verständigungs- bzw. ein wie auch immer erzielbares Erfolgsinteresse, werden zunehmend unscharf, sobald Überredung können soll, was gemeinhin der Überzeugung vorbehalten war, nämlich eine durch subjektive Einsicht ratifizierte Zustimmung zu ermöglichen als Basis verständigungsbasierter Kooperation, statt sich mit einem mehr oder weniger widerwilligen Nachgeben zufrieden zu geben als hinreichendem Ermöglichungsgrund strategischer Zielrealisation.

Mit der Option, Überredungsrhetorik für überzeugungsabhängige Einsicht einzuspannen, widerspricht m. E. Niehues-Pröbsting nicht nur Platons eindeutiger Gleichnisdeutung, sondern auch seinen eigenen Prämissen. Die gehen nämlich mit Recht davon aus, dass nach Platon „Rhetorik [sc. nur] in der Höhle (angesiedelt ist)", also dass alle Plausibilitätsressourcen der Rhetorik (angefangen von der Körpersprache über Ethos, Pathos, Meinungen bis zu den stilistischen Sprachfiguren) an „Leiblichkeit" als „notwendiger Bedingung" ihres möglichen Wirksamwerdens gebunden sind, während „reine Theorie wie die Schau der Ideen ... Rhetorik ausschließt"[36]. Das impliziert ja wohl: Mit „Höhlenrhetorik" kommen die Befreier in der Höhle nicht weit, weil sie, um die Gefangenen aus der Höhle herausbringen zu können, *in* der Höhle Erfolg haben müssten, womit sie aber gerade die Höhle und ihre Vorstellungen von der Welt beglaubigen würden, *aus* der sie doch gerade herausführen wollen. Darum widerspreche ich der These von Niehues-Pröbsting entschieden, dass „Rhetorik" beides sein könnte, sowohl „was die Höhlenbewohner bannt", wie auch das, was sie dazu motiviert, „den beschwerlichen Weg ins Freie anzutreten

---

[35] Zu Niehues-Pröbstings Kritik an Blumenbergs *Höhlenausgänge* vgl. dens., Platonverlesungen, in: Franz J. Wetz/Hermann Timm (Hg.), Die Kunst des Überlebens, Frankfurt am Main 1999, 341–368.
[36] Heinrich Niehues-Pröbsting, Überredung zur Einsicht. Der Zusammenhang von Philosophie und Rhetorik bei Platon und in der Phänomenologie (= Philosophische Abhandlungen 54), Frankfurt am Main 1987, 108.

und ihn bis ans Ende zu gehen". Dieses Paradox lässt sich auch dadurch nicht entparadoxieren, dass man mit Niehues-Pröbsting zwischen zwei verschiedenen Höhlenrhetoriken unterscheidet, nämlich zwischen einer „sophistischen" und einer „philosophischen Rhetorik": Die eine wäre die von Platon im *Gorgias* denunzierte „Demiurgie"-Rhetorik, die andere die im *Phaidros* skizzierte und positiv nobilitierte „Psychagogie"-Rhetorik. Mit letzterer glaubt Niehues-Pröbsting die obengenannte „Überredung zur Einsicht" erzielen und damit einen Ausbruch aus der Höhle bewerkstelligen zu können.[37] Doch – so meine Widerrede – der Befreiungsversuch in der Höhle scheitert ja überhaupt nicht an einer falschen Rhetorik, sondern an der prinzipiellen Unmöglichkeit, *in* der Höhle und mit Plausibilitäten *der* Höhle die Existenz einer Welt *außerhalb* der Höhle so überzeugend vermitteln zu können, dass mehr als ein paar philosophisch besonders Musikalische Lust hätten, die Höhle zu verlassen. Solche „philosophisch besonders Musikalische" nennt Platon *philomatheis*, also Wissens- bzw. Erkenntnisfreunde; doch von denen ist in der *Politeia* gar nicht die Rede, sondern im *Phaidon*, aus dem Niehues-Pröbsting ja auch das suggestive Motto seiner Arbeit ausgeliehen hat (82d–83b). Und die dort als möglich unterstellte „Befreiung" meint kein kollektiv-politisches, sondern ein eher privates Projekt gelingender „Selbstüberredung" mittels einer entsprechend monologisierten Rhetorik.[38]

Obwohl Anton Hügli die Arbeit von Niehues-Pröbsting (leider) nicht kennt, verfolgt er dennoch das gleiche Interesse und wagt es sogar, die problematische These, dass es eine „Überredung zur Einsicht" geben könnte, noch zu toppen, indem er sogar eine *Überredung zur Überzeugung* als möglich unterstellt und dazu eine *neue Form* der Überredung erfindet, „die dem Überzeugen nachzuhelfen hat – Überzeugungsrhetorik, wenn man so will"[39]. „Man" mag so wollen, ich jedenfalls will nicht so; denn eine „Überredung, die dem Überzeugen nachhelfen soll", ist und bleibt eine Überredungsrhetorik, die sich allenfalls erfolgreich als Überzeugungsrhetorik ausgeben muss, um auch denen eine „Brücke" zu bauen, bei denen man „mit Überzeugungsarbeit schlicht nicht weiter kommt"[40]. Die hinter diesem „schlicht" sich

---

37 Mir ist unklar, wie man mit einer Rhetorik, die Götter und nicht Menschen überzeugen will (so Platon in Phaidr. 273e und Nom. 716c), Menschen erreichen will.

38 Vgl. Peter L. Oesterreich über die „autopersuasive Selbstschöpfung des autonomen Subjekts" (*persuasi, ergo sum*): Selbsterfindung, Subjektivität und interne Rhetorik, in: Rhetorik. Ein internationales Jahrbuch 30 (2011) 80–95; was er und andere „interne Rhetorik" nennen, heißt bei Peter Sloterdijk „Endorhetorik": Du mußt dein Leben ändern, Frankfurt am Main 2009, 361–363. Vgl. auch Erich Meuthen, Selbstüberredung, Freiburg 1994; Christian Schorno, Autokommunikation, Tübingen 2004; Christian Schorno/Olaf Kramer, Selbstüberredung, in: Historisches Wörterbuch der Rhetorik 8 (2007) 718–729; hier: 725–727. Zu Blumenberg vgl. auch unten Kapitel 5!

39 Anton Hügli, Überzeugen und Überreden. Über das Verhältnis von Philosophie und Rhetorik, in: Gert Ueding/Gregor Kalivoda (Hg.): Wege moderner Rhetorikforschung, Berlin/Boston 2014, 11–30; hier: 23; vgl. auch 17[15].

40 Hügli, Überzeugen und Überreden, 17.

möglicherweise verbergenden Gründe könnten die oben bereits im Zusammenhang mit Augustins Instrumentalisierung der Rhetorik genannten Gründe sein. Doch Hügli meint andere; er meint nicht ein begründungsimmanentes-Nicht-weiter-Kommen, weil sich argumentative Begründungsschritte in einen infiniten Begründungs regress verlaufen könnten. Hügel meint auch nicht die notorischen „Überzeugungsverweigerer" wie „Sophisten", „Bullshitter" oder „Universal-Skeptiker"[41]. Ihn interessieren allein Situationen, die entstehen, wenn „eine Kluft" sich öffnet in unseren Überzeugungen; eine Kluft, die – und jetzt kommt ein hoch irritierender Begriff – nur noch mit einem „*mutigen Sprung* von der einen auf die andere Seite" überwunden werden kann. Die vermutlich von Kierkegaard inspirierte „Sprung"-Metapher hat es in sich: Welche Überredungsmittel könnten denn zu einem „Sprung" über die „Kluft" divergierender Überzeugungen hinweghelfen? Mir fallen da schon einige ein, doch die werben nicht für überzeugungsbedingte Zustimmung, sondern für ein mehr oder weniger widerwilliges Nachgeben – aus welchen der obengenannten Motiven auch immer. Natürlich gibt es solch widerwilliges Nachgeben gegenüber Überredungsstrategien; bei der noch gut erinnerlichen SPD-Abstimmung über den Koalitionsvertrag haben viele (besonders Jusos) zugestimmt, obwohl sie vom Vertrag nicht überzeugt waren. „Nichtüberzeugte Zustimmung" kann man das in Anlehnung an die obengenannte Luhmann-Formulierung nennen, um Zustimmungsmotive berücksichtigen zu können, die nicht primär geltungsbezogener Natur sind (in diesem Fall die Vernünftigkeit des Vertrags betreffend), aber Entscheidungs- wie Zustimmungsprozesse erfolgreich beeinflussen können. Genauer freilich müsste es heißen, dass in diesen Fällen andere, z. B. höherrangige Zustimmungskriterien ins Spiel kommen, die im konkreten Fallbeispiel etwa mit Fragen wie diesen ansprechbar wurden: Welche Folgen wird ein Nein zum Koalitionsvertrag für den Zusammenhalt der Partei und ihr Verhältnis zur Führung haben, oder wie wird die Bevölkerung auf eine Weigerung der Partei reagieren, politische Verantwortung zu übernehmen usw. Diese und andere mögliche Zustimmungskriterien sind ja nicht schlichtweg Irrationalismen, die sich nicht argumentativ überzeugend verteidigen ließen. Es bleibt also dabei: Es kann rational begründete nichtüberzeugte Zustimmungen geben; was es aber definitiv nicht geben kann, sind überredungsbedingte Überzeugungen. Was es aber nicht nur gelegentlich geben kann, sondern was sich in jedem Überzeugungsprozess beobachten lässt, ist, dass sich die Überzeugungsarbeit auch auf bloß *subsidiär wirksame* Überzeugungsfaktoren stützt wie personale Ausstrahlung, Attraktivität, Charisma usw., die alles, was jemand sagt, ebenso beeinflussen wie stilistische Redekompetenz, situative Stimmung etc. Oesterreich schlägt vor, diese prinzipiell *multifaktoriellen* Bedingungen möglicher Überzeugungskraft in die drei Pithanologie-Bereiche „Pragmatologie",

---

[41] Hügli, Überzeugen und Überreden, 18f.

„Pathelogie" und „Ethologie" aufzuteilen.⁴² Ich würde noch „Lexikologie" ergänzen in Anlehnung an Aristoteles' *Rhetorik* 1403–1406.⁴³

Was Hügli überredungsmotivierte „Sprünge" bzw. „unvermeidliche Einbruchstellen des Überredens [sc. in die Überzeugungsarbeit]"⁴⁴ nennt, ließe sich also weit plausibler als Funktion der e. g. bloß subsidiär wirksamen Überzeugungsfaktoren identifizieren, die in jedem Redeakt aktiviert werden, besonders aber in dem auch von Hügli zitierten Sellarschen bzw. Brandomschen „Raum der Gründe" (2000), in dem argumentativ für Überzeugungen geworben wird, über deren Wahrheits-, Richtigkeits- oder allgemein: über deren Vernünftigkeitsanspruch – so Habermas' klassisches Definitionsangebot – „nicht mit zwingender Beweisführung entschieden werden kann". Das heißt für Habermas freilich nicht, dass solches Entscheiden nicht „rational" sein könnte; es handelt sich nur um eine spezifische Entscheidungsrationalität, die im e. g. „Raum der Gründe" gilt, die nämlich „weder theoretisch zwingend noch bloß arbiträr ausfällt", sondern „durch überzeugende Rede motiviert ist", d. h. durch den „zwanglosen Zwang" nur vergleichsweise „besserer Argumente"⁴⁵. In diesen „Raum der Gründe" kommt man zwar nicht mithilfe von „mutigen Sprüngen"; dennoch wird dieser Raum immer wichtiger, wenn die These Blumenbergs gilt, dass es – zumindest heute angesichts notorischen „Evidenzmangels" in allen Lebensbereichen⁴⁶ – „keine Wahrheit [sc. mehr] gibt, die für sich selbst stehen könnte, nicht hilfsbedürftig wäre", was bei Blumenberg genauerhin meint: *die nicht auf Rhetorik angewiesen wäre* als dem oben bereits genannten „vernünftigem Arrangement mit der Vorläufigkeit der Vernunft"⁴⁷.

Hüglis Hoffnung, mit seiner Idee einer zur Überzeugung motivierenden Überredung „im Umkreis der durch Blumenberg und Perelman inaugurierten ‚Wiederkehr der Rhetorik' sicher auf breite Zustimmung zu stoßen"⁴⁸, wird sich ebenso sicher nicht erfüllen; denn weder Blumenberg noch Perelman verstehen Rhetorik als „Zuflucht(sort)" für Problemlagen, in denen es für mögliche Problemlösungen „schlicht

---

42 Peter L. Oesterreich, Pithanologie. Fundamentalrhetorische Überlegungen zur Aktualität der rhetorischen Glaubenslehre des Aristoteles, in: Martin Fritz/Regina Fritz (Hg.), Sprachen des Glaubens, Stuttgart 2013, 36–52; hier: 41–43.
43 Vgl. Kopperschmidt, Wir sind nicht auf der Welt, um zu schweigen, 303–305.
44 Hügli, Überzeugen und Überreden, 17.
45 Habermas, Der Universalitätsanspruch, 267. Vgl. Jürgen Habermas, Wahrheit und Rechtfertigung, Frankfurt am Main 1999, 256–258, und dens., Ach, Europa, 147–149. „Kein einziges Argument ist zwingend", so Chaim Perelman, Das Reich der Rhetorik, München 1980, 141; vgl. 16 und 18!
46 Ablesbar u. a. an der ständigen Neuproblematisierung politisch entschiedener Problemlagen, wie etwa in der neuerlichen Abtreibungsdebatte (zum § 219a StGB); vgl. allgemein zur „Neuen Unübersichtlichkeit" Jürgen Habermas, Die Neue Unübersichtlichkeit, Frankfurt am Main 1985, besonders 141–143.
47 Blumenberg, Wirklichkeiten, 130.
48 Hügli, Überzeugen und Überreden, 17¹⁴.

an Gründen fehlt"⁴⁹, sondern in denen die durchaus möglichen Argumente nur nicht „theoretisch zwingend" zu machen sind. Dadurch fallen aber Entscheidungen, die sich auf solche Argumente stützen müssen, „nicht [sc. schon] bloß arbiträr aus", sondern sie verlangen nur nach zusätzlichen subsidiären Zustimmungsfaktoren, die ihre bloß bedingte Überzeugungskraft multifaktoriell kompensieren sollen. Die Theorie dieser Kompensation heißt seit der Antike Rhetorik, die allerdings philosophisch so lange despektierlich bleiben musste, als die Philosophie einen Gewissheitsoptimismus pflegen konnte, der „weder das Bedürfnis nach noch die Möglichkeit" dieser Kompensationstheorie zuließ.⁵⁰ Erst als „die von Platon gesetzte Feindschaft zwischen Philosophie und Rhetorik *in* (!) der Philosophie selbst *gegen* (!) die Philosophie entschieden [sc. wurde]"⁵¹, konnte Rhetorik aus der Schmuddelecke einer theorielosen Sozialtechnologie geholt werden, in die sie heute eine „schwarze Rhetorik" wieder zurückzuholen versucht.⁵²

Statt den kaum kompatiblen Rhetorik-Interessen von Hügli einerseits und Blumenberg bzw. Perelman andererseits hier weiter nachzugehen, möchte ich lieber Hüglis Hinweis auf Blumenberg und Perelman nutzen, um nach dem parasitären, didaktischen und paradoxen Ineinander von Überzeugung und Überredung zunächst (in Kapitel 4) mit Hilfe von Perelman auf eine weitere, nämlich *geltungstheoretische* Beziehungsvariante zwischen Überzeugung/Überredung aufmerksam zu machen, und dann später (Kapitel 5) noch kurz die auffällige und erklärungsbedürftige Nichtexistenz dieser lexikalisierten Beziehung bei Blumenberg zu behandeln, dem wir auf gut 30 Reclam-Seiten komprimiert das m. E. Substanziellste verdanken, was man über die neue philosophische Dignität der Rhetorik sagen kann.⁵³

4 Das geltungstheoretische Ineinander von Überzeugung und Überredung

Diese von Perelman (zusammen mit Olbrechts-Tyteca) 1958 in ihrer *La nouvelle rhétorique. Traité de l'argumentation* erstmals diskursiv eingeführte geltungstheore-

---

49 Hügli, Überzeugen und Überreden, 17¹⁴.
50 Blumenberg, Wirklichkeiten, 124f.
51 Blumenberg, Wirklichkeiten, 105.
52 Vgl. etwa freche Titel wie: Gloria Beck, Verbotene Rhetorik. Die Kunst der skrupellosen Manipulation, Frankfurt am Main 2005, oder Karsten Bredemeier, Schwarze Rhetorik. Zürich 2002. Selbst die ZEIT-AKADEMIE verspricht in ihren Video-DVDs *Rhetorik* bzw. *Überzeugend kommunizieren* „wertvolle Tipps" bzw. „hilfreiche Tricks [!] für ... kommunikatives Überzeugen". Vgl. zur Unterscheidung Roland Barthes' zwischen „rhétorique noire/blanche": Michel Meyer, Questions de rhétorique, Paris 1993, 41–43.
53 Vgl. Kopperschmidt, Wir sind nicht auf der Welt, um zu schweigen, Kapitel 5.

tische Beziehungsdimension zwischen Überzeugung und Überredung[54] verdankt der belgische Philosoph freilich einem Autor, dessen obengenannte Rhetorikrepugnanz (auch wieder eine Oesterreich-Begriffskreation) solche Anleihen zunächst schwer nachvollziehbar macht. Doch was Perelman an Kant interessierte, war natürlich nicht dessen obengenanntes rigides Rhetorikverdikt, sondern eine kategoriale Unterscheidung, die Kant für den Begriff des „Fürwahrhaltens" in der *Kritik der reinen Vernunft* (1781/1974, 687f.) vorschlug, indem er „Überredung" mittels einer differenzierenden Annäherung an „Überzeugung" in einer Beziehungsstruktur verortete, deren geltungstheoretischer Charakter von bloßer Überlistungsabsicht nicht mehr zu reden erlaubte. Dabei hatte Kant natürlich überhaupt nicht an Rhetorik gedacht, die blieb auch weiterhin „gar keiner Achtung würdig". Es war der belgische Philosoph Chaim Perelman, der Kants geltungstheoretische Unterscheidung zwischen „Überzeugung"/"Überredung" für die von ihm zufällig entdeckte Rhetorik adoptierte, um innerphilosophische (!) Geltungsprobleme zu lösen.[55] Rhetorik für philosophische Geltungsfragen zu interessieren, setzte natürlich voraus, hinter der figuralästhetischen Schrumpfgestalt von Rhetorik, als welche Perelman sie zunächst kennengelernt hatte,[56] ein philosophisch hochattraktives, weil modernitätskompatibles Geltungsprinzip zu vermuten, das Wahrheit, Richtigkeit bzw. Geltung allgemein als zustimmungsabhängige Kategorie zu verstehen erlaubte, die man nur noch mit dem Universalisierungsprinzip verknüpfen musste, um ihren inhärenten Vernunftanspruch einlösen zu können. Genau um dieses Universalisierungsprinzip und seine Methodisierung ging es ja Kant bei seiner Unterscheidung zwischen „Überzeugung" und „Überredung", und eben darum ging es ja auch Perelman bei seiner rhetorischen Adoption der Kantschen Unterscheidung für die Methodisierung seiner *prozeduralen* Geltungstheorie. „Prozedural" muss sie sein, sobald sich die Vernünftigkeit eines Geltungsanspruchs nicht mehr an seiner materialen Übereinstimmung mit objektivierbaren Gewissheitsevidenzen ablesen ließ, sondern nur noch an der Universalisierungschance seiner Zustimmungsprozedur.[57] Das gemeinte Kant-Zitat lautet:

> Der Probierstein des Fürwahrhaltens, ob es Überzeugung oder bloße Überredung sei, ist also äußerlich, die Möglichkeit, dasselbe mitzuteilen und das Fürwahrhalten für jedes Menschen Vernunft gültig zu befinden; denn alsdenn ist wenigstens die Vermutung, der Grund der Einstimmung aller Urteile, ungeachtet der Verschiedenheit der Subjekte unter einander, werde auf

---

54 Seit der 3. Auflage (1970) sind Ober- und Untertitel miteinander vertauscht. Ich habe mich bei der Herausgabe der deutschen Übersetzung dieses Werkes (2004) für den alten Titel *Neue Rhetorik* entschieden.
55 Vgl. Josef Kopperschmidt, Die Neue Rhetorik. Studien zu Chaim Perelman, München 2006, Kapitel 6.
56 Vgl. Kopperschmidt, Die Neue Rhetorik, 9–11.
57 Vgl. Kopperschmidt, Die Neue Rhetorik, 239–241 (auch zu Habermas' prozeduralem Geltungs- und Vernunftbegriff).

dem gemeinschaftlichen Grunde, nämlich dem Objekte, beruhen, mit welchem sie daher alle zusammenstimmen und dadurch die Wahrheit des Urteils beweisen werden.[58]

Die rhetorische Adoption dieser geltungstheoretischen Differenzierung zwischen „Überzeugung" und „Überredung" durch Perelman lautet:

> Wir schlagen also vor, eine Argumentation überredend (persuasive) zu nennen, wenn sie nur bei einer partikulären Hörerschaft (auditoire particulier) gelten soll, und sie überzeugend (convaincre) zu nennen, wenn sie mit dem Geltungsanspruch auf Zustimmung bei allen vernünftigen Wesen (auditoire universel) verbunden ist.[59]

Erkennbar ist Kants „Probierstein" bei Perelman methodisch transformiert in ein Zustimmungsverfahren, das nach dem Ausmaß seiner Universalisierungschance zwischen „Überzeugung" und „Überredung" und damit zwischen geltungsbezogenen Vernünftigkeitsgraden zu unterscheiden erlaubt.

So innovativ diese geltungstheoretische Fokussierung des philosophischen Interesses an Rhetorik und ihrem Zustimmungsprinzip auch unstrittig ist, ihre Problematik zeigt sich, sobald man fragt, wie denn die ingeniöse Idee eines „universalen Publikums" operationalisiert werden soll; denn Publika sind generell immer partikulär, was den Universalisierungsanspruch leicht doch wieder zu einer bloßen Fiktion werden lässt. Perelman schlägt als mögliche Problemlösung vor, „Inkarnationen des universalen Publikums" in Gestalt von „partikularen Publika" zuzulassen, die zwar nicht empirisch, wohl aber funktional universale Publika repräsentieren und so deren Vernunftanspruch *vikarisch* einlösen können, was selbst in monologischer Deliberation nach Perelman möglich sein soll.[60]

Ich halte diesen Problemlösungsversuch mithilfe des Inkarnationstheorems für nicht sehr gelungen, weil er den Begriff „Überredung" doppeldeutig macht, insofern er geltungstheoretisch sowohl als Gegenbegriff *zu* „Überzeugung" fungiert wie als Inkarnationsform *von* Überzeugung, was ein in der Tat „merkwürdiges Ineinander von Überzeugung und Überredung" erzeugt. Ich habe daher andernorts eine alternative Problemlösung vorgeschlagen, die Habermas für die gleiche Problemlage empfohlen hat: Statt die Idee der Universalität wie Perelman *personal* zu definieren, bietet er eine *strukturelle* Deutung an, was eine kommunikative Binnenstruktur für Diskurse einklagt, deren strukturelle Offenheit (= „Transzendenz von innen") alle von einem Problem Betroffenen potentiell zu Beteiligten macht, so dass eine solchermaßen gelungene Übereinstimmung als vernünftig gelten darf.[61] Vor dem Fik-

---

58 Immanuel Kant, Kritik der reinen Vernunft, in: ders., Werke, Band 3 (1974), 688.
59 Chaim Perelman/Lucie Olbrechts-Tyteca, Die Neue Rhetorik. Eine Abhandlung über das Argumentieren, 2 Bände, Stuttgart 2004 (ursprünglich 1958), Band 1, 37.
60 Vgl. Perelman/Olbrechts-Tyteca, Die Neue Rhetorik, 41–60.
61 Vgl., zum Theorievergleich Kopperschmidt, Die Neue Rhetorik, 265–267, und dens., Heidegger über Rhetorik, 26–28. Zu „Transzendenz von innen" auch Jürgen Habermas, Zu Horkheimers Satz

tionalitätsverdacht ist ein solcher Universalitätsanspruch geschützt, weil die strukturelle Offenheit jeweils empirisch überprüfbar ist und nicht wie bei Perelman schon von Universalitätsinkarnationen befriedigt werden kann, die bloß „Konstruktionen" des jeweils Redenden sind.[62]

Verknüpfen lässt sich dieser Habermas-Vorschlag außerdem recht gut mit einer Idee von Karl-Otto Apel, der ebenso wie auch Habermas explizit auf Perelman Bezug nimmt, um sowohl die Problemverwandtschaft ihrer Fragestellung zu betonen wie die Eigensinnigkeit ihrer jeweiligen Problemlösungen. Apel geht sogar so weit, Perelmans argumentations-theoretischen Rahmen seiner „Neuen Rhetorik" vorschlagsweise durch den „Rahmen einer transzendentalen Pragmatik der Rede" zu ersetzen und in ihm die „Rhetorik der Überzeugung" in Abgrenzung zur „Rhetorik einer bloßen Überredung" zu rekonstruieren.[63] Die Pointe dieser Idee besteht darin, dass das

> Ineinander von Überzeugung und Überredung ... als Reflex des dialektischen Widerspruchs zwischen der *immer schon* antizipierten idealen Kommunikationsgemeinschaft und der *immer noch* ... anzusprechenden realen Kommunikationsgemeinschaft durchschaut [sc. werden kann].

„Als Reflex" insofern, als jede Überzeugungsarbeit „von den hier und jetzt akzeptierten Prämissen ... einer realen Kommunikationsgemeinschaft ... ausgehen [sc. muss]", zugleich aber auch „immer schon" die Bedingungen einer „idealen Kommunikationsgemeinschaft" – „ideale Sprechsituation" hieß das beim frühen Habermas – als eingelöst antizipieren *muss*, soll Kommunikation überhaupt möglich sein. Dieses geltungstheoretische Ineinander von Überzeugung und Überredung bemüht – noch einmal sei es gesagt – keine oben bereits abgewiesenen weltfremden Idealismen, sondern ist transzendentaler Natur: Damit sind Ermöglichungsbedingungen jeder Kommunikation benannt, die so „notwendig" sind, dass selbst ihr parasitärer Missbrauch sie kontrafaktisch bestätigen muss und sie damit zum „objektiven Maßstab der Bewertung" und Kritik macht.[64]

‚Einen unbedingten Sinn zu retten ohne Gott, ist eitel', in: ders., Texte und Kontexte, Frankfurt am Main 1992, 110–126; hier: 123–125; dort auch der Exkurs *Transzendenz ins Diesseits*, womit ein „nachmetaphysisches Denken" gemeint ist, das „sich von Religion dadurch unterscheidet, dass es den Sinn des Unbedingten rettet ohne Rekurs auf Gott oder ein Absolutes" (125).
62 Perelman/Olbrechts-Tyteca, Die Neue Rhetorik, 25–27.
63 Apel, Transformation der Philosophie, Band 2, 65f.
64 Habermas, Ach, Europa, 151. Vgl. die gleiche These nur in anderer, nämlich kooperationstheoretischer Terminologie bei Michael Tomasello, Warum wir kooperieren, Berlin 2010, 31: „Wenn die Menschen nicht davon ausgingen, dass sie sich auf die Hilfsbereitschaft anderer verlassen könnten, würden Lügen gar nicht erst funktionieren." Zur „Lüge" s. neben Arendt, Wahrheit und Lüge, auch: Günther Bien/Rolf Denker, Lüge, in: Historisches Wörterbuch der Philosophie 5 (1980) 533–545.

5 Die Aufweichung des Ineinanders von Überzeugung und Überredung

Den Begriff „Aufweichung" entleihe ich Habermas' Laudatio auf Richard Rorty, den er zwar rühmend abgrenzt von „irrlichternden Philosophy-Entertainern", dessen zitationsanfälliges Ausspielen von Demokratie gegen Philosophie („Der Vorrang der Demokratie vor der Philosophie"[65]) aber doch an dem „Entzücken am Schock der Deflationierung" (so Habermas' Laudatio-Titel) nicht ganz unschuldig ist, mit dem Rorty auch hierzulande rechnen kann.[66] Habermas gönnt ihm diese Resonanz,[67] wie er auch Rortys These, dass „es eine Überzeugung, die schlechthin gerechtfertigt oder ein für alle Mal begründet wäre, *nicht gibt*"[68], nicht nur teilt, sondern sie mit seiner oben zitierten (Kapitel 2) Definition von „überzeugender Rede" sogar differenziert, indem er „überzeugend" als spezifische Rationalitätsform sowohl von „zwingender Beweisführung" wie von „bloß arbiträr" unterscheidet. Doch dass die von Rorty explizit favorisierte „Aufweichung des Gegensatzes von ... Überzeugen und Überreden" *nur* etwas „Befreiendes" hätte, insofern sie den heimlichen Platonismus dieses Gegensatzes zugunsten „neuer Kontingenzspielräume" forsch aufkündigt,[69] das scheint Habermas dann doch eine zu einseitige Reaktion auf die in der Tat „dilemmatische" Problemlage zu sein, in die jede nachontologische Geltungstheorie mit Blick auf Wahrheitsansprüche gerät: Diese Problemlage besteht nämlich darin, dass Wahrheitsansprüche – anders als normative Richtigkeitsansprüche[70] – ihrem Geltungssinn entsprechend zwar eine *rechtfertigungstranszendente* Objektivität einklagen, dass sie diese aber methodisch nur *rechtfertigungsimmanent* einlösen können.[71] Diese Spannung zwischen Wahrheit als *objektivistischem Geltungssinn* und Wahrheit als *rechtfertigungsabhängigem Geltungsanspruch* ist nach Habermas prinzipiell nicht aufhebbar, aber deshalb auch nicht schon einfach ausblendbar, indem man mit Rorty die Unterscheidung zwischen „strategischem

---

65 Rorty, Solidarität und Objektivität, 82–84.
66 Habermas, Ach, Europa, 21.
67 Die hat Rorty besonders bei Knape, Persuasion, 889, gefunden, der ihn ausgiebig verwendet. Zum „pragmatistischen Wahrheitsbegriff" vgl. Rorty, Solidarität und Objektivität, 11–13.
68 Rorty, Solidarität und Objektivität, 20.
69 So besonders in: Richard Rorty, Überreden ist gut. Ein Gespräch mit Richard Rorty, in: Philosophie und Zukunft. Essays, Frankfurt am Main 2001, 161–190; hier: 162. Das ist nicht ganz plausibel, weil Rorty die der Habermas'schen Unterscheidung zugrundeliegende Differenz zwischen „strategisch" und „nicht-strategisch" seinerseits nur mit anderen Worten reformuliert, wenn er – neben der Differenzierung zwischen „guten und schlechten Argumenten" (= plausibel/nicht plausibel) – auch zwischen „aufrichtigen und nicht aufrichtigen Argumenten" bzw. „Überredungsversuchen" zu unterscheiden empfiehlt (168).
70 Habermas, Wahrheit und Rechtfertigung, 271–273.
71 Vgl. Habermas, Wahrheit und Rechtfertigung, 48–50 und 246–248.

und nicht-strategischem Sprachgebrauch" pragmatistisch aufgibt. Damit „beraubt man sich" nämlich – und dieser Vorwurf trifft nicht nur für Rorty zu – „der begrifflichen Mittel, um den intuitiven Unterscheidungen zwischen Überzeugen und Überreden, zwischen der Motivierung durch Gründe und kausaler Einflussnahme, zwischen Lernen und Indoktrination gerecht zu werden".[72] Habermas' Versuch, den spezifischen Sinngehalt von Wahrheit mithilfe eines nicht materialen, sondern „prozeduralen" Geltungsbegriffs zu retten, indem dieser Sinngehalt als kritischer Vorbehalt gegenüber jedem definitiven Geltungsanspruch wirksam bleibt, ist erkennbar ein Versuch, Objektivität in ein methodisches Verfahren operational übersetzbar zu machen.[73]

Von einer vergleichbaren „Aufweichung des Gegensatzes zwischen Überzeugen und Überreden" lässt sich im Fall von Blumenberg nur bedingt sprechen, weil Blumenberg auf den von mir hochgerühmten 30 Seiten seines Rhetorik-Essays das bisher erwähnte „Ineinander" oder gar den Gegensatz von „Überzeugung und Überredung" schlicht übergeht und sogar den Begriff „überzeugen" zugunsten von „überreden" meidet[74] – und das sogar in einem seiner fast definitorischen Schlüsselsätze, der Rhetorik mit „Zustimmung als [sc. dem] *auf Widerruf erlangten Resultat der Überredung* [!]" bestimmt.[75] Noch lieber freilich spricht Blumenberg von „Selbstüberredung", von der er behauptet, dass sie *„aller Rhetorik zugrundeliege"*[76]! Diese Auffälligkeit ist erklärungsbedürftig und führt doch wieder zu einer Annäherung Blumenbergs an Rorty und dessen Plädoyer für eine überredungsbezogene bzw. besser: für eine bereits mit Überredung befriedigbare Rhetoriktheorie.[77] Dass Rhetorik mit Überredung bereits zufrieden sein muss, ergibt sich eigentlich schon aus dem eingangs zitierten Blumenberg-Zitat, dass nämlich jede erfolgreiche Zustimmung ein nur „auf Widerruf erzieltes Resultat" meint, insofern es für ständige Revision offen bleiben muss, was mit „Überredung" oder mit „Selbstüberredung" terminologisch exakter gekennzeichnet werden kann als mit „Überzeugung", deren weit emphatischerer Charakter lebenspraktisch verortete Zustimmungsakte kennzeichnet.[78] Gleichsinnig heißt es darum auch bei Wittgenstein, dass „am Ende der Gründe die Überredung steht"[79]. Diese Einsicht lässt sich auf Rhetorik und ihr Verständnis bei Blumenberg unschwer applizieren, wenn denn gilt, was nach Blumenberg „der

---

72 Habermas, Wahrheit und Rechtfertigung, 270.
73 Vgl. Kopperschmidt, Wir sind nicht auf der Welt, um zu schweigen, Kapitel 6.4.
74 „Überzeugung" nur 1 x als Zitat und 1 x als Kompositum (Blumenberg, Wirklichkeiten, 119 und 132).
75 Blumenberg, Wirklichkeiten, 112; vgl. 119 „Zustimmung muss das Ziel der Überredung sein".
76 Blumenberg, Wirklichkeiten, 135; vgl. 119 und 128.
77 So ließe sich auch der etwas aenigmatisch klingende Beitragstitel von Rorty *Überreden ist gut* interpretierend übersetzen (ders., Überreden ist gut, 161–163).
78 Darum gibt es zwar den Begriff „Überzeugungstäter", nicht aber „Überredungstäter".
79 Ludwig Wittgenstein, Über Gewissheit, Frankfurt am Main 1971, Nr. 612.

Hauptsatz aller Rhetorik" ist, nämlich „das Prinzip des unzureichenden Grundes"[80]. Damit ist kein „Verzicht auf Gründe" gemeint, sondern damit wird auf einen für Rhetorik zentralen „Begründungsbereich" namens „Lebenswelt" hingewiesen, in dem „Unzureichendes rationaler sein kann als das Insistieren auf einer ‚wissenschaftlichen' Prozedur"[81]. Man mag das mit Blumenberg ein „Armutszeugnis" der Rhetorik nennen[82] oder – so mein Begriffsvorschlag – „Verlegenheitsrhetorik"; doch zugleich bestätigt dieses „Armutszeugnis" der Rhetorik ihre Omnipräsenz, die wir in unserer „hochgradig artifiziellen Umweltwirklichkeit" nur nicht mehr bemerken, „weil sie schon allgegenwärtig ist", was meint: „Wirklichkeit hat [sc. längst] keinen Appellationswert mehr, weil sie ihrerseits Resultat künstlicher Prozesse ist"[83]. Das könnte man Kantsche Erkenntnistheorie in rhetorischer Übersetzung nennen und in lockerer Anlehnung an Gustav Gerber Rhetorik zu einer „Kritik der unreinen Vernunft" machen.[84] Angesichts der „rhetorischen Tinktur [alles] Natürlichen"[85] wäre die Insistenz auf eine Unterscheidung zwischen „Überzeugung" und „Überredung" mithin kontraintuitiv, weil sie den Verdacht nähren könnte, dass es neben der bloßen Überredungschance doch noch substanziellere, gar evidenzbasierte Überzeugungsressourcen gäbe. Die aber gibt es bei Wahrheitsfragen nicht. Das nennt Blumenberg den „Verzicht, der aller Rhetorik zugrundeliegt", und diese Verzichtsleistung hat Rhetorik nach Blumenberg der Philosophie voraus[86] und damit das Wissen, dass „es keine Wahrheit gibt, die für sich selbst stehen könnte, nicht hilfsbedürftig wäre, im Grenzfall sprachlos"[87]. Dieses Wissen öffnet aber zugleich der Rhetorik ein breites Einfallstor für einschlägige Hilfsangebote, die objektive Wahrheitsansprüche nicht bloß additiv wirksam machen wollen (wie in der Konzessionsrhetorik), sondern die alle Zustimmungsressourcen (materiale, personale, emotionale, situative und sprachästhetische) systematisch aktivieren, um Aussagen anschlussfähig und damit zustimmungsfähig zu machen.[88] Nach Blumenberg steckt

---

80 Blumenberg, Wirklichkeiten, 124.
81 Blumenberg, Wirklichkeiten, 124. Ähnlich warnt Habermas mit Bezug auf Aristoteles und Vico davor, die Strenge der Theorie nur um den Preis eines verlorenen Zugangs zur Praxis einzuhandeln (Jürgen Habermas, Strukturwandel der Öffentlichkeit, Neuwied/Berlin 1969, 49 und 18).
82 Blumenberg, Wirklichkeiten, 130.
83 Blumenberg, Wirklichkeiten, 133.
84 Kopperschmidt, Wir sind nicht auf der Welt, um zu schweigen, Kapitel 6.4.
85 Blumenberg, Wirklichkeiten, 133.
86 Blumenberg, Wirklichkeiten, 112.
87 Hans Blumenberg, Paradigmen zu einer Metaphorologie, Frankfurt am Main 1997, 164. Deshalb gilt für Blumenberg „Belebung von Rhetorik ... [sc. als] ein Merkmal bestimmter Resignationen". Vgl. auch die Einleitung zu Blumenberg, Wirklichkeiten, 4f.: „In aller Rhetorik steckt die Gefahr der Selbstüberredung", verständlich „als Verhalten angesichts von Ungeduld" aufgrund „uneingelöster, vielleicht uneinlösbarer Ansprüche an die Philosophie", wenn sie mit „ihrer Rhetorik ... Erfüllungen suggeriert".
88 Vgl. Kopperschmidt, Wir sind nicht auf der Welt, um zu schweigen, Kapitel 11.

mithin in jeder Überzeugung ebenso viel Überredung wie in jeder gelungenen Überredung erfolgreich prätendierte Überzeugungsabsicht steckt (oben Kapitel 2).

6 Abschluss

Nach den skizzierten vier Varianten des „merkwürdigen Ineinanders von Überzeugung und Überredung" sei abschließend nur angemerkt, dass mir die bereits reichlich gerühmte Habermas-Variante immer noch am besten gefällt, weil ihr Differenzierungsgrad alle anderen Varianten einzuschließen erlaubt. Sie wahrt nämlich einmal den jeweiligen Eigensinn von „überzeugen" und „überreden", dessen semantische Differenzierung die Sprache ja nicht willkürlich erfunden hat. Zum anderen nötigt sie, „überzeugen" selbst von „zwingender" Beweiskraft zu unterscheiden, ohne eine überzeugte Zustimmung als „bloß arbiträr" entwerten zu müssen. Und selbst Blumenbergs Scheu, „überzeugen" und „überreden" zur wechselseitigen Profilierung zu nutzen, weshalb er lieber vom „Rest" spricht, „der aller Rhetorik vom teleologischen Wert (consensus) als einer Bürgschaft der Natur noch geblieben ist" und der sich mit „der Konsistenz des Hingenommenen" (!) bereits zufrieden gibt[89] – selbst diese Scheu lässt sich mit dem „Fallibilitätsvorbehalt" plausibilisieren, der dem Habermas'schen Überzeugungsbegriff inhärent ist und sich für seine rhetoriktheoretische Rezeption gewinnbringend andient;[90] nämlich für die Methodisierung eines nachmetaphysischen Geltungsbegriffs, der nach Habermas darauf beharrt, „dass kein Geltungsanspruch kognitiv Bestand haben kann, der nicht vor dem Forum der begründenden Rede gerechtfertigt ist"[91].

---

[89] Blumenberg, Wirklichkeiten, 119.
[90] Habermas, Wahrheit und Rechtfertigung, 53 und 49[57] sowie 315.
[91] Habermas, Zu Horkheimers Satz, 126.

Olaf Kramer
Die Plausibilisierung möglicher Welten als rhetorischer Akt

1 Einleitung

Nach Elena Esposito ist „die reale Realität ... eigentlich notorisch unrealistisch".[1] Sie ist kontingent, immer wieder passiert das Zufällige und das eigentlich ganz und gar Unwahrscheinliche. Der Orator, dessen Expertise laut Aristoteles bekanntlich darin besteht, in jedem Fall das Überzeugende (*pithanon*) erkennen zu können,[2] hält dieser Kontingenz Plausibilität und Wahrscheinlichkeit entgegen. Das verbindet ihn mit dem Dichter. Im 9. Kapitel der *Poetik* heißt es bei Aristoteles nämlich, „daß es nicht Aufgabe des Dichters ist mitzuteilen, was wirklich geschehen ist, sondern vielmehr was geschehen könnte, d. h. das nach den Regeln der Wahrscheinlichkeit (*eikos*) oder Notwendigkeit Mögliche (*dunaton*)."[3] Wie Gerrit Kloss in seiner stringenten Interpretation von Kapitel 9 der *Poetik* hat zeigen können, liegt somit aber ein Widerspruch zu 1451b vor. Aristoteles sagt hier nämlich mit Blick auf den Tragödiendichter, der häufig Namen von Personen verwendet, die wirklich gelebt haben: „... nun glauben wir dem, was nicht wirklich geschehen ist, nicht ohne weiteres, daß es möglich sei, während im Falle des wirklich Geschehenen offenkundig ist, daß es möglich ist – es wäre ja nicht geschehen, wenn es unmöglich wäre ..."[4] Hiernach soll sich der Dichter besser – so hat es doch den Anschein – an das wirklich Geschehene halten, an die realisierte Möglichkeit. Man kann das Ansinnen, das Aristoteles umtreibt, wenn er darauf hinweist, dass wir dem wirklich Geschehenen eher glauben, als dem, was nicht geschehen ist, gut mit Hilfe der Theorie von Elena Esposito erklären: Innerhalb einer literarischen Fiktion und wohl auch in einer Rede ist es eine Herausforderung, Plausibilität zu erzeugen, das aber fällt bei wirklichen Geschehnissen leichter, sie tragen nämlich eine persuasive Kraft in sich selbst und beglaubigen jederzeit dasjenige, *quod erat demonstrandum*. Die Herausforderung, die der Dichter meistern muss, ist jedoch die durchgängige strategische Fiktionalisierung, die der Realität eine fiktive Welt entgegensetzt, Realität in einer Weise dupliziert, dass die fiktive Welt eine epistemische Funktion erfüllt:

---

[1] Elena Esposito, Die Fiktion der wahrscheinlichen Realität, übersetzt von Nicole Reinhardt, Frankfurt am Main 2007, 77f.
[2] Vgl. Arist. rhet. 1355b.
[3] Arist. poet. 1451a (Übersetzung: Manfred Fuhrmann).
[4] Arist. poet. 1451b (Übersetzung: Manfred Fuhrmann).

> Selbst wenn in einer Tragödie tatsächlich Geschehenes dargestellt wird, so ist sie doch mehr als eine Versifizierung historischen Materials und ihr Dichter, der ja Nachahmer von Handlungen ist, mehr als nur ein Historiker, der seinen Stoff in Verse kleidet.[5]

Der Dichter muss auch die Überführung von Realität in Fiktion adressaten- und mediengerecht umsetzen, darauf zielen seine Strategien der Wahrscheinlichkeitsvermittlung. Wayne C. Booth formuliert das folgendermaßen: „The accurate transcription of actuality does not necessarily produce a work of any real truth or enduring literary value."[6]

Wie ein nicht kunstgemäßer Beweis erst wirkt, wenn er einen rhetorischen Rahmen erhält, so gilt das auch für die Realitätseinsprengsel und Bezugnahmen auf Reales. Auch wenn der Dichter also Realität in den Fiktionsmodus überführt, handelt er als Dichter, vollzieht einen Akt des Fingierens, der für Aristoteles hinter der Mimesis steht. Es kann durchaus der Fall sein, „daß von dem wirklich Geschehenen manches so beschaffen ist, daß es nach der Wahrscheinlichkeit geschehen könnte",[7] das aber muss der Dichter beurteilen. Er muss Reales *und* Imaginäres wahrscheinlich erscheinen lassen, denn „im Hinblick auf diese Beschaffenheit ist er Dichter derartiger Geschehnisse".[8] Für Aristoteles gilt: „Nur in der Einschätzung und Gestaltung des Wahrscheinlichen, nicht in der doch recht einfachen Auffindung des Möglichen kann die anspruchsvolle Hauptaufgabe des Dichters liegen."[9] Damit aber rückt der Dichter nahe an den Rhetoriker heran.

Allerdings tut sich nun für Kloss ein starker Widerspruch auf: Wie soll Realität in der Lage sein, Fiktion zu legitimieren, wenn sie selbst eine dichterische Überarbeitung braucht, um in ihrem Wahrscheinlichkeitscharakter hervorzutreten? Bewegen wir uns damit nicht in einem Zirkelschluss? Offensichtlich hängt alles am Möglichkeitsbegriff, den Kloss im Sinne „lebensweltlicher Verwirklichung denkbarer Ereignisse"[10] interpretiert. Mit dieser Erklärung wird das Zitat vom Beginn des 9. Kapitels verständlich. Der Dichter hat das Mögliche zu wählen und dieses im Sinne der Notwendigkeit und Wahrscheinlichkeit auszugestalten.[11] Das ist nun aber ein ganz anderer Möglichkeitsbegriff als innerhalb der Theorie möglicher Welten, weil Aristoteles Möglichkeit an die Realisierbarkeit in der Lebenswelt klammert. In der *Ersten Analytik* ist das deutlich zu greifen:

---

5 Gerrit Kloss, Möglichkeit und Wahrscheinlichkeit im 9. Kapitel der Aristotelischen Poetik, in: Rheinisches Museum 146 (2003) 160–183; hier: 164.
6 Wayne C. Booth, The Rhetoric of Fiction, 2. Auflage, Chicago 1983, 41.
7 Arist. poet. 1451b (Übersetzung: Manfred Fuhrmann).
8 Arist. poet. 1451b (Übersetzung: Manfred Fuhrmann).
9 Kloss, Möglichkeit und Wahrscheinlichkeit, 173.
10 Kloss, Möglichkeit und Wahrscheinlichkeit, 172.
11 Vgl. Kloss, Möglichkeit und Wahrscheinlichkeit, 175.

> Zeitabhängig sind für Aristoteles wie die Stoiker insbesondere die Modalaussagen selbst: Ein künftiges Ereignis, z. B. daß es morgen regnet, ist jetzt möglich; ist es aber eingetreten, so ist es notwendig, und tritt es nicht ein, so ist es nach seinem Ausbleiben unmöglich.[12]

In der Neuzeit ist eine solche Vorstellung von Möglichkeit vor allem mit Alexius Meinong in Verbindung zu bringen, er spricht von objektiver Möglichkeit, die er von Wahrscheinlichkeit abgegrenzt.[13] Bei Aristoteles soll sich der Dichter auf solche realisierbaren Möglichkeiten beziehen und diese durch Fiktion als wahrscheinlich erscheinen lassen bzw. realisierte Möglichkeiten, also aktuale Ereignisse, heranziehen und im Akt des Fingierens so bearbeiten, dass sie realistisch erscheinen; in diesem Sinne kann Realität Fiktion legitimieren. In der aristotelischen *Poetik* ist kein in der Schwebe befindliches modernes Möglichkeitsmodell im Sinne der Theorie möglicher Welten zu finden, Möglichkeit wird von ihm wesentlich enger definiert. Dafür hat Aristoteles deutlich herausgearbeitet, dass Fiktionalisierung die Aufgabe des Dichters ist; und er sieht auch schon die Verbindung zur Rhetorik, die sich über die Verwendung der Begriffe *pithanon* und *eikos* in *Rhetorik* und *Poetik* erschließen lässt: Sowohl Dichter als auch Redner müssen ihr Material so aufbereiten, dass es dem Adressaten wahrscheinlich oder zumindest plausibel erscheint. Deutlich bleibt Aristoteles dabei seinem mimetischen Konzept treu. Der Dichter soll sich an realistische und aktualisierte Möglichkeiten halten oder an das Notwendige, das die höchste Form der Aktualisierung von Möglichkeit ist.

Die literaturwissenschaftliche Adaption modallogischer Betrachtungsweisen verschiebt demgegenüber deutlich die Perspektive: Fiktionalisierung wird zu einem Versuch, Imaginäres als wahrscheinlich oder plausibel erscheinen zu lassen unabhängig von seiner Aktualisierung; ja der Akt des Fingierens, der einer Fiktion zu Grunde liegt, bringt das Mögliche überhaupt erst hervor, erzeugt selbst eine mögliche Welt. Diese Konzeption harmoniert nicht mit den ontologischen Prämissen von Aristoteles und mit dessen Mimesis-Theorie, lässt sich jedoch durchaus mit dem Gedanken verbinden, dass der Dichter die Aufgabe hat, Ereignisse als wahrscheinlich erscheinen zu lassen. Insofern der Dichter die Wahrscheinlichkeit einer Sache kommunikativ erweisen soll, wird er aus Sicht der modernen Modallogik ihre Möglichkeit behaupten, sie ist also nicht vorausgesetzt, sondern wird erst kommunikativ erzeugt. In der Moderne haben sich die bloße Möglichkeit und die Wahrscheinlichkeit von der Erwartung emanzipiert, dass Wahrscheinlichkeit, ein – wie es im Lateinischen dann heißt – *verisimile* sei, also der Wahrheit ähnlich. Für Aristoteles stand

---

12 Franz von Kutschera, Zwei modallogische Argumente für den Determinismus: Aristoteles und Diodor, in: Erkenntnis 24 (1986) 203–217; hier: 203. Zur Definition der Möglichkeit bei Aristoteles vgl. Arist. anal. prior. 32a.
13 Vgl. Alexius Meinong, Über Möglichkeit und Wahrscheinlichkeit. Beiträge zur Gegenstandstheorie und Erkenntnistheorie, Leipzig 1915, 35; auch Arkadiusz Chrudzimski, Gegenstandstheorie und Theorie der Intentionalität bei Alexius Meinong, Dordrecht 2007, 220–222.

nämlich fest, dass sowohl der Dichter als auch der Redner auf diese Wahrheit zielen, wenn sie auf Wahrscheinlichkeiten verweisen.

Wenn wir die Überlegungen von Aristoteles vom Drama auf narrative Formen übertragen, was möglich scheint, da er nicht nur eine Theorie des Dramas, sondern eine Theorie der Fiktion vor Augen hat, sind – der Terminologie von Genette folgend – *histoire* und *narration* für den Dichter größere Herausforderungen als die ästhetische Oberflächenstruktur eines Textes.[14] Es geht Aristoteles um Motivierung von Geschehnissen, die Gestaltung der Perspektive in Bezug auf den Adressaten, die auch beim Versuch, eine mögliche Welt zu erschaffen, als eigentliche Herausforderung gilt.[15] In dieser Hinsicht ist die Aristotelische *Poetik* hoch aktuell auch für die Theorie möglicher Welten und deren literaturwissenschaftlichen Adaption.

2 Persuasion als Plausibilisierung möglicher Welten

Für Aristoteles liegt in der Beschäftigung mit dem Wahrscheinlichen eine Verbindung von Poetik und Rhetorik. Wenn wir den Vorgang der Persuasion probeweise mit Hilfe der *possible worlds theory* analysieren, kann man sich fragen, ob nicht Persuasion die Plausibilisierung einer möglichen Welt sei und das Ziel verfolge, eine mögliche Welt zu entwerfen und als wahrscheinlich auszuweisen. Beim Vorgang der Persuasion etabliert der Orator seine Sicht der Dinge, folgt seinem Certum und muss sein Telos in einer Weise kommunikativ umsetzen, die anschlussfähig für die Adressaten ist, sonst wird es nicht zum mentalen Wechsel von A nach B kommen.[16] Damit aber etabliert er eine mögliche Sicht der Dinge und kreiert nach modallogischer Vorstellung eine mögliche Welt. In diesem Sinne lässt sich also argumentieren, dass rhetorische Persuasion grundsätzlich als Versuch zu fassen ist, eine mögliche Welt zu plausibilisieren und bei den Adressaten gegen Widerstände als wahrscheinlichen Weltentwurf zu etablieren. Das schließt an neuere Beobachtungen der Kognitionsforschung an: „Auch im Alltag, wenn wir unsere Handlungsmöglichkeiten abwägen oder Pläne schmieden ..., sind modale Überlegungen relevant",[17] so Catrin Misselhorn in ihrer Arbeit *Wirkliche Möglichkeiten – Mögliche Wirklichkeiten*. Ein erster Anstoß für eine rhetorische Wende der Theorie möglicher

---

14 Vgl. Gérard Genette, Die Erzählung, übersetzt von Andreas Knop, München 1994, 16.
15 Vgl. Matias Martinez/Michael Scheffel, Einführung in die Erzähltheorie, 8. Auflage, München 2009, 117–119, sowie Wolf Schmid, Elemente der Narratologie, 2., verbesserte Auflage, Berlin/New York 2008, Kapitel III.
16 Vgl. Joachim Knape, Persuasion, in: Historisches Wörterbuch der Rhetorik 6 (2003) 874–907.
17 Catrin Misselhorn, Wirkliche Möglichkeiten – Mögliche Wirklichkeiten. Grundriss einer Theorie modaler Rechtfertigung, Paderborn 2005, 11.

Welten kam von Javier Kalhart, der den philosophischen Sinn der Theorie möglicher Welten bezweifelt, weil sie für ihn modale Aussagen nicht richtig erklären kann. Gerade für eine Anwendung auf die Rhetorik findet er die Theorie möglicher Welten aber nützlich: „possible worlds can be *rhetorically* useful: they can provide a vivid and colourful way of expressing modal claims."[18] Mögliche Welten scheinen für ihn lebendige Beispiele zu liefern, durch Anschaulichkeit zu überzeugen, was rhetorisch sehr wirksam sein kann. Hier soll freilich über Kalhart noch hinausgegangen werden, da mögliche Welten mehr sind als illustrative Beispiele, sie vielmehr eine Erkenntnisfunktion erfüllen.

Bei der Gerichtsrede, im *genus iudiciale* also, ist der Verweis des Redners auf eine mögliche Welt besonders gut greifbar und anschlussfähig an die bisherige Diskussion über die Funktion möglicher Welten in literarischen Kontexten. Zunächst scheint unzweifelhaft, dass in der Sachdarstellung (*narratio*) ein Fall narrativ entfaltet wird, sei es als Darstellung eines realen Geschehens oder als eine plausible Fiktion. Anklage und Verteidigung stellen mögliche Abläufe der Tat vor und versuchen jeweils ihre Sichtweise als die gültige zu präsentieren. Aber sobald sichere Erkenntnisse über die Tat fehlen, werden Möglichkeiten angesprochen, mögliche Welten apostrophiert. Auch alle wahrscheinlichen Argumente zur Beurteilung des Falls sind Entwürfe möglicher Sichtweisen dieses Falls. Das argumentative Hin und Her zwischen Anklage und Verteidigung ist ein Hin und Her modaler Aussagen: Möglich, dass es sich um einen Mord handelt, ebenso möglich, dass es nur ein Totschlag war – Anklage und Verteidigung stehen vor der Herausforderung, ihre modalen Aussage zu plausibilisieren, genau darin geht Argumentation auf.

Auch die politische Rede, in der über Zukünftiges gesprochen wird, oszilliert um modale Aussagen und entwirft eine mögliche Welt, da sich die Zukunft als Thema der politischen Rede eben nur im modalen Modus verhandeln lässt. Wie anders soll man über Zukünftiges nachdenken als durch modale Aussagen, die jeweils eine mögliche Welt definieren? Die Argumentation läuft wiederum darauf hinaus, diese möglichen Welten als überzeugende Entwürfe zu kennzeichnen, und das geschieht, indem man Zugangsrelationen durch deduktive und induktive Argumente sichert, der Welt durch sprachliche Strategien wie einer evidenten Darstellung Anschaulichkeit verleiht usw. Der gleiche Fall liegt beim *genus demonstrativum* vor, das eine mögliche Sicht auf eine Sache nicht nur mit Mitteln der *narratio* herausstellt, sondern in allen seinen Teilen modale Aussagen trifft. Die auf die Gegenwart bezogene Epideiktik, in der die rhetorischen Mittel zu einem ästhetischen Selbstzweck werden,[19] liefert ja keine Reden, die Realität abbilden, sondern will eine mögliche

---

18 Javier Kalhat, Primitive Modality and Possible Worlds, in: Philosophy 83 (2008) 497–517; hier: 514.
19 Vgl. Eberhard Ostermann, Die Authentizität des Ästhetischen. Studien zur ästhetischen Transformation der Rhetorik, München 2002.

Sichtweise eines Menschen oder einer Sache vorstellen und entwirft somit eine mögliche Welt. Da die Sache meist unstrittig ist, kommt es hier jedoch weniger darauf an, Zugangsrelationen zu definieren und zu sichern. Gerade dadurch entsteht der Freiraum für die ästhetische Ausgestaltung der möglichen Welt. Insofern es in der Rhetorik nicht nur um die rationale Überzeugung des Adressaten geht, sondern auch die emotionale Einstellung eines Adressaten für den Persuasionserfolg wichtig ist, muss es nicht nur bei dem Entwurf einer möglichen Welt als eine Art Erklärungsmodell bleiben. Für den rednerischen Erfolg kann es auch durchaus ein Ziel sein, immersive Momente auszulösen, den Adressaten eine mögliche Sicht der Dinge als hochplausible virtuelle Realität zu erschließen.

Man sollte sich mit Blick auf die Rede übrigens nicht an dem Begriff „Welt" stoßen und zweifeln, ob nun eine Gerichtsrede, die vergangene Ereignisse behandelt, und die politische Rede, die sich mit der Zukunft beschäftigt, oder die epideiktische Rede, die etwas vergegenwärtigt, wirklich eine „Welt" erschaffen. Eine mögliche Welt ist nach modallogischer Auffassung lediglich ein Modell dafür, wie die Wirklichkeit sein könnte. Ein solches Modell entsteht schon als Bezugspunkt einer einzelnen modalen Aussage, muss also nicht komplex ausgestaltet sein. Der Satz „Wenn Schröder die Wahl gewonnen hätte, wäre er heute noch Bundeskanzler" eröffnet aus Sicht der Modallogik den Bezug zu einer möglichen Welt, wie schon an Hand der Miniwelten erläutert wurde.[20]

Knapes Theorie der Textgesten, in der er 1.) Instruktion, 2.) den Aufbau von Geltungsansprüchen und 3.) die Evaluation durch den Autor unterscheidet, lässt sich gut mit der These verbinden, dass Argumentation die Etablierung möglicher Welten im modallogischen Sinne bedeutet.[21] Indem der Autor „die spezifische Derartigkeit einer Sache"[22] konstruiert (Instruktion), definiert er die ontologischen Zugangsrelationen zu einer möglichen Welt. Die Geltungsansprüche, die die Gültigkeit der Sache zum Thema machen, betreffen die epistemologischen Zugangsrelationen. Es wird ein System des Wissens etabliert, das auf sicheres Wissen und anerkannte Meinungen bezogen ist, wobei die Rhetorik dieses System des Wissens bekanntlich seit jeher sozial definiert. Sobald sicheres Wissen nicht verfügbar ist, wird nach sozialer Gültigkeit bei den meisten oder denjenigen, die über besondere Einsichten verfügen, gefragt. Die Evaluation einer Sache durch den Orator, sein Versuch, Werturteile und Affekte zu etablieren schließlich, lässt sich modallogisch als ein Versuch beschreiben, die axiologischen Zugangsrelationen zu definieren.

---

[20] Vgl. Teun A. van Dijk, Text and Context. Explorations in the Semantics and Pragmatics of Discourse, London/New York 1977, 29; auch bei Kripke sind die Bedingungen zurückhaltend definiert, er spricht von sogenannten „Miniwelten" (Saul A. Kripke, Name und Notwendigkeit, übersetzt von Ursula Wolf, Frankfurt am Main 1981 [ursprünglich 1972], 24–26).
[21] Vgl. Joachim Knape, Was ist Rhetorik?, Stuttgart 2000, 120.
[22] Knape, Was ist Rhetorik?, 121.

Auch in den pragmatischen Kommunikationskontexten, auf die Rhetorik bezogen, kann man also die Theorie möglicher Welten als Erklärungsmodell heranziehen und ihre Kategorien anwenden. Gerade die Frage nach Zugangsrelationen kann Licht auf rhetorische Probleme werfen. Wenn der Redner eine mögliche Welt konstruiert, ist es seine Aufgabe, Zugangsrelationen zu wahren und zu finden, sonst ist die Rede für seine Adressaten nicht anschlussfähig, hat kein identifikatorisches Potential. In der Rhetorik werden diese Probleme in der *aptum*-Theorie oder auch bei der Auseinandersetzung mit den *endoxa* diskutiert, die ontologische, epistemologische und axiologische Zugangsrelationen berühren. Nach den Zugangsrelationen einer möglichen Welt zu fragen, ist daher zentral, um ein „projektives Adressaten- und Instrumentariumskalkül"[23] entwickeln zu können. Weiterhin kann man auch über die Saturation des Textes sprechen und sich fragen, inwieweit eine Rede ihre Zuhörer direkt lenkt oder inwieweit der Adressat durch geringe Saturation und Offenheit angeregt wird, nach dem *principle of minimal departure* zu ergänzen, um ihm das Gefühl zu vermitteln, er sei eben wirklich freiwillig überzeugt und nicht durch Zwang überredet worden. Knapes These der „weitgehenden Parallelität der Einrichtung menschlichen Denkens sowie Erfahrungen und Konstruktionsweisen aller Beteiligten"[24] geht in diese Richtung. Der topische und der rhetorische Beweis, die aus wahrscheinlichen Prämissen logisch zwingende Schlüsse ableiten bzw. den Folgerungszusammenhang lediglich als wahrscheinlich ausweisen,[25] schaffen einen Freiraum für die Konstitution einer möglichen Welt im Modus der Rede. Solche Argumente kommen ständig vor, sei es, weil sichere Erkenntnis nicht erreichbar ist, sei es, weil die affektive Gestimmtheit der Adressaten die Aufnahme eines komplexen Arguments nicht zulässt.

Schließlich kann man auch die Idee der Realitätsverdoppelung aus der Systemtheorie aufnehmen, um das Verhältnis der Rede zur Realität zu erläutern. Die mögliche Welt, die eine Rede erzeugt, ist ein ausschnittweises Doppel der Realität, mit der *actual world* auf das engste verbunden und wirkt auf sie ein, ganz so wie jede Fiktion.[26] Dabei ist diese mögliche Welt, die durch die Rede evoziert wird, re-

---

23 Knape, Was ist Rhetorik?, 55.
24 Knape, Was ist Rhetorik?, 55.
25 Vgl. Temilo van Zantwijk, Wahrscheinlichkeit, Wahrheit, in: Historisches Wörterbuch der Rhetorik 9 (2009) 1285–1340; hier: 1291.
26 Es ist nur ein etymologisches Argument, insofern nicht beweiskräftig, aber doch ein interessanter Zufall, dass Cicero und auch der *Auctor ad Herennium* das *argumentum* als einen Status der Fiktionalität zwischen Fabel und *historia* einordnen und im poetologischen Diskurs einen genuin rhetorischen Begriff einfügen, der den Sinn von Fiktion aus systemtheoretischer Sicht aufscheinen lässt, nämlich argumentativen Wert bezogen auf die Realität zu haben. Vgl. Cic. inv. 1, 27; Auct. ad Her. 1, 8, 12 sowie Quint. 4, 2, 19. Zur Vielschichtigkeit und Entwicklung des *argumentum*-Begriffs siehe Simon Wolf, Argumentum, in: Historisches Wörterbuch der Rhetorik 10 (2012) 51–129, sowie William Nelson, Fact or Fiction. The Dilemma of the Renaissance Storyteller, Cambridge/Mass. 1973, 5.

duktionistisch, durch eine spezifische Perspektive gekennzeichnet und persuasiv ausgerichtet. Sie reduziert als Gliederung innerhalb der Realität Komplexität und Kontingenz. Somit stellt sich die Abgrenzung zwischen Rhetorik und Poetik so dar, dass der Anspruch des Orators ein spezifischer ist, er will die mögliche Welt als ein zutreffendes Doppel der Realität etablieren, der Dichter hingegen bleibt hier bescheidener, er begnügt sich damit, eine Möglichkeit vor Augen zu führen. Was der Orator also „letztendlich im Bewusstsein seiner Kommunikationspartner zu implementieren"[27] versucht, ist eine mögliche Welt, die real erscheinen soll, weshalb sie die technischen Mittel, die sie erzeugt, dissimuliert.

3 Situativer Abstand und rhetorische Simulation

Virtuelle Realitäten und eine Vielzahl paralleler Weltentwürfe hat man häufig als eine Signatur der Moderne (oder Postmoderne) betrachtet. Schon mit der Verbreitung der Schrift verliert Rede aber ihren direkt-situativen Charakter, und die Technik der Rhetorik scheint darauf zu zielen, den situativen Abstand des Orators zu kompensieren. Mit dem Aufkommen der Schrift müssen ein Autor und auch der Orator als ein strategisch denkender Autor auf die Situation reflektieren und in der Vorbereitung auf einen in der Zukunft liegenden Kommunikationsakt eine mögliche Welt entwerfen, die während des Kommunikationsakts als plausibel aufscheinen soll. Die antike Rhetorik ist ja zum Großteil eine Anleitung zur Vorbereitung von Reden, nicht eine Theorie der freien Rede, insofern spielt die prospektive Entwicklung eines Kalküls in ihr eine zentrale Rolle. Es geht darum, die Plausibilität von Argumenten im Vorhinein auszuloten. Die Verschriftlichung von Rede hat zwar die Fortentwicklung der Rhetorik als Disziplin überhaupt erst möglich gemacht,[28] denn ohne Schrift keine ausdefinierte *ars* und letztlich auch keine rein eloquenz-rhetorischen Modelle. Eine Rede vor dem Vortrag zu schreiben aber heißt, so Elena Esposito, dass

> ein neuer „Kontext" ... rhetorisch geschaffen [wird], in welchem der Kontext der Mitteilung und der Kontext des Verstehens, die von der Schrift raumzeitlich getrennt worden sind, wieder annähernd übereinstimmen. Der Zuhörer bezieht sich auf diesen neuen, generalisierten Zusammenhang und übernimmt die Haltung der Beobachter erster Ordnung, also derjenigen, die die Welt und nicht die Perspektiven der anderen Beobachter beobachten. In dieser von den Beob-

---

27 Knape, Was ist Rhetorik?, 46f.
28 Vgl. Elena Esposito, Macht als Persuasion oder Kritik der Macht, in: Rudolf Maresch/Niels Werber (Hg.), Kommunikation – Medien – Macht, Frankfurt am Main 1999, 83–107; hier: 86; dazu auch Eric Havelock, The Muses Learn to Write. Reflections on Orality and Literacy from Antiquity to the Present, New Haven/London 1986.

achtern erster Ordnung verbreiteten Welt findet er implizit Angaben über das von ihm zu befolgende Verhalten: Angaben persuasiver und nicht kritischer Art.[29]

Indem der Orator den Kontext oder wie man besser sagen sollte: die Situation der Rede prospektiv berücksichtigen muss, gerät er in Konstruktionen und modales Denken hinein, kreiert also aus Sicht der Modallogik notwendig eine mögliche Welt, um sein kommunikatives Anliegen realisieren zu können. Denn ihm bleibt nichts anderes übrig, als zu spekulieren, wie sich die Situation möglicherweise darstellen könnte. Spätestens „mit dem Buchdruck werden aber Mitteilungssituation und Verstehenssituation völlig abgekoppelt".[30] Die Überwindung dieser Distanz wird zu einer rhetorischen Herausforderung. Rhetorik beruht auf der „Stiftung von Einheit von Orator und Adressat", im Fall der Persuasion akzeptiert der Adressat den Weltentwurf des Orators und handelt so, als ob die dargestellte Möglichkeit eine Realität sei, es kommt, wie Esposito das nennt, zu „akritischer Immersion".[31] Das meint den Eintritt des Adressaten in eine vom Orator dargebotene mögliche Welt. Insofern ist die Plausibilisierung möglicher Welten ein durch und durch rhetorisches Problem: Die Frage, wie der Akt des Fingierens gelingen kann, der hinter einer möglichen Welt steht, beschäftigt den Redner, lange bevor er durch seine Argumente mögliche Welten apostrophiert.

Die Konstruktion einer möglichen Welt durch Fiktion beruht auf der rhetorischen Plausibilisierung von Möglichkeit auf ontologischer, epistemischer und axiologischer Ebene. Man kann „Fiktionen als Bedingungen für das Herstellen von Welten, deren Realitätscharakter wiederum nicht zu bezweifeln ist",[32] auffassen; die möglichen Welten, die auf diese Weise entstehen, sind freilich nur virtuell, also ohne physische Realität, trotzdem reagieren Adressaten auf eine virtuelle Realität – unter der Bedingung also, dass die Fiktion immersive Wirkungen erzeugen kann – so, als sei diese virtuelle Realität real. Offensichtlich kann eine Fiktion Realität erfolgreich simulieren. Eine Abschiedsszene in einem Roman kann den Leser ebenso zu Tränen rühren wie ein wirklicher Abschied. Aber warum ist das so? Wer von einem Roman zu Tränen gerührt wird, ist sich durchaus bewusst, dass er ja nur einen Roman liest, trotzdem muss er weinen. Seit Platon gelten „Sophisten als Ahnherren der Simulation",[33] er konfrontierte sie mit dem Vorwurf, *doxa* an die Stelle sicherer Erkenntnis zu setzen, und kritisierte die *eidola legomena*,[34] die sie verbrei-

---

29 Esposito, Macht als Persuasion, 88.
30 Elena Esposito, Illusion und Virtualität. Kommunikative Veränderungen der Fiktion, in: Werner Rammert (Hg.), Soziologie und künstliche Intelligenz. Produkte und Probleme einer Hochtechnologie, Frankfurt am Main/New York 1995, 187–216; hier: 198.
31 Esposito, Macht als Persuasion, 88.
32 Wolfgang Iser, Fingieren als anthropologische Dimension der Literatur, Konstanz 1990, 7.
33 Norbert Bolz, Eine kurze Geschichte des Scheins, 2., unveränderte Auflage, München 1992, 17.
34 Vgl. Plat. soph. 234c.

ten, also die Trugbilder, mit denen sie das Ohr verführen. Wenn man von solchen Bedenken absieht, die sich aus Platons erkenntnistheoretischem Optimismus speisen, kann man Simulation auch anders sehen, nämlich als eine faszinierende Eigenschaft semiotischer Konstruktionen. In der *Helena*-Rede wird diese Seite der Simulation von Gorgias hervorgehoben: „Die Rede [sc. *logos*] ist eine große Bewirkerin, die mit dem kleinsten und unscheinbarsten Körper göttliche Werke vollbringt. Denn sie vermag sowohl Furcht zu beenden, Trauer zu nehmen, Freude zu bereiten und Mitleid zu vergrößern."[35] Die Sprachzeichen als „kleine Körper" sind in der Lage, simulativ zu wirken. Das mag für Platon eine Gefahr sein, weshalb er bekanntlich die Dichter aus seinem idealen Staat verbannt, aber es ist zugleich ein Faszinosum. Bei diesem Faszinosum also – ausdrücklich nicht bei der erkenntnistheoretisch motivierten Simulationskritik Platons – sollen unsere Überlegungen zur Simulation ihren Anfang nehmen.

Gelegentlich schreibt man Aristoteles einen positiven Simulationsbegriff zu und hält Simulation für eine der möglichen Übersetzungen für Mimesis.[36] Diese Übersetzung ist zwar insofern gerechtfertigt, als Mimesis sicher mehr bedeutet als die Abbildung äußerer Realität, sonst hätte Aristoteles den Prozess der Fiktionalisierung nicht als einen Prozess der Herstellung von Wahrscheinlichkeit beschreiben müssen. Er bleibt aber bei der These einer „strukturellen Analogie zwischen natürlichen, auf die Verwirklichung eines Werdeziels ausgerichteten Entstehungsprozessen und ‚technischen' Herstellungsvorgängen oder nutzerorientierten Handlungen."[37] Für Aristoteles beruht Simulation nicht allein auf der Wirkung der Zeichen, nicht auf der Art und Weise, wie sie Sinn und Bedeutung transportieren, sondern auf einer strukturalen Analogie zwischen Kunstwerk und Natur. Mimesis ist, wie wir gesehen haben, eher von der realisierten Möglichkeit her gedacht als von semiotischen Prozessen. Zentral ist eher die Wahrung der Zugangsrelationen als die Konstruktion einer möglichen Welt und die Pluralität möglicher Welten, die sich durch Simulation erzeugen lässt.

Cicero und Quintilian behandeln die Begriffe *simulatio* und *dissimulatio* meist im Kontext, denn wer Absichten unkenntlich macht und zu verbergen sucht (*dissi-*

---

35 Gorgias, Enkomion auf Helena, in: Die Sophisten. Ausgewählte Texte, griechisch/deutsch, herausgegeben und übersetzt von Thomas Schirren und Thomas Zinsmaier, Stuttgart 2003, 78–89; hier: 83.
36 Vgl. Hermann Koller, Die Mimesis in der Antike. Nachahmung – Darstellung – Ausdruck, Bern 1954, 116. Koller hebt jedoch den Ursprung des Begriffs in Bezug auf den Tanz hervor, so dass auch Darstellung und Ausdruck für ihn zum Mimesis-Begriff gehören, die wiederum ganz andere Konnotationen mit sich tragen als der Simulationsbegriff. Zugleich geht Koller in seiner Zurückweisung des Nachahmungsgedankens sicher zu weit. Vgl. James Tate, Review of H. Koller ‚Die Mimesis in der Antike. Nachahmung – Darstellung –Ausdruck', in: The Classical Review 5 (1955) 258–260.
37 Vgl. Anne Eusterschulte, Mimesis, in: Historisches Wörterbuch der Rhetorik 5 (2001) 1232–1294; hier: 1240.

mulatio), der wird zumeist auch unter Vorspiegelung von Gründen agieren oder versuchen, seine Gründe zu plausibilisieren (*simulatio*). Moralisch mag das problematisch erscheinen, kommunikativ als Verstoß gegen die Grice'schen Maximen zu werten sein – und Cicero beschäftigen solche moralischen Fragen in *De officiis* durchaus, wo er das Beispiel einer durch Vortäuschung (*simulatio*) von Liebe erschlichenen Erbschaft diskutiert.[38] Aber in *De oratore* streicht er moralisch eher indifferent die Leistungsfähigkeit der Verstellung heraus, die „besonders tückisch in das Herz der Menschen schleicht"[39] und den Redner an sein Ziel führen kann. Quintilian hält diese Art der Täuschung besonders vor Gericht für ein probates Mittel.[40] Beide betonen also die konstruktive Leistung der Simulation.

Simulatio wird in der Rhetorik häufig mit Ironie übersetzt.[41] Ein ironisches Sprechen aber ist nichts anderes als ein Heraustreten aus der pragmatischen Sprechweise, eine basale „Illusionstechnik".[42] Ein ironisches Sprechen ist die Ausnahme der Simulation, die sich gewissermaßen selbst nicht ernst nimmt. Die Regel ist vielmehr, dass durch Simulation eine Fiktion als plausibler Gedanke etabliert wird. Quintilian hat diesen kommunikativen Zusammenhang gesehen, denn er denkt bei Simulation eben nicht nur an ironische Verstellung, sondern an das gezielte Fingieren von Emotionen:

> Die Figuren nun, die zur Steigerung der Gefühlswirkungen passen, beruhen meist auf Verstellung. Denn wir stellen uns, als ob wir zürnten, uns freuten, fürchteten, wunderten, Schmerz empfänden, erbittert seien, etwa wünschten und dergleichen mehr.[43]

Er nennt als Beispiele zunächst kurze Exklamationen, die nicht zu den Redefiguren gehören, wenn sie wahr sind; „sind sie dagegen verstellt und künstlich gebildet, so muß man sie ohne jeden Zweifel für Figuren halten".[44] So kommen wir von der Ironie zur Möglichkeit des Fingierens, zur Illusion, die sich mit Hilfe semiotischer Mittel erzeugen lässt. Simulation zielt auf eine Minimierung der Differenz zur Realität,[45] behauptet Gottfried Boehm, der sich mit dem Simulationsproblem in der Bildtheorie beschäftigt. Aber Simulation ist nicht erfolgreich durch Annäherung an die Realität,

---

38 Vgl. Cic. off. 3, 74.
39 Cic. de or. 3, 203 (Übersetzung: Harald Merklin).
40 Vgl. Quint. 6, 3, 86–88 (Übersetzung: Helmut Rahn).
41 Vgl. Oliver Bettrich/Jutta Krautter, Simulatio, in: Historisches Wörterbuch der Rhetorik 8 (2007) 919–922; hier: 919f.
42 Sibylle Krämer, Vom Trugbild zum Topos. Über fiktive Realitäten, in: Stefan Idlhaut/Florian Rötzer/Elisabeth Schweeger (Hg.), Illusion und Simulation. Begegnung mit der Realität, Ostfildern 1995, 130–137; hier: 130.
43 Quint. 9, 2, 26 (Übersetzung: Helmut Rahn).
44 Quint. 9, 2, 26 (Übersetzung: Helmut Rahn).
45 Vgl. Gottfried Boehm, Wie Bilder Sinn erzeugen. Die Macht des Zeigens, 2. Auflage, Berlin 2008, 115.

sondern durch die Annäherung an die Wahrnehmungsweise des Adressaten. Das meint Karlheinz Stierle, wenn er von der „Doppelnatur des *fingere*, ein Werk zu erschaffen und vermittels seiner ein Imaginäres freizusetzen",[46] spricht. Noch ein weiteres Argument aus der Bildforschung: Für Holger van den Boom ist „Simulation ... der Wirklichkeit ... überlegen, nämlich dort, wo sie ‚vergrößert', ‚heraushebt', ‚übertreibt', ‚verdeutlicht' (Zeitlupe, Zeitraffer, Überblendungen usw.)."[47] Es geht also wiederum nicht um den Realitätsbezug der Simulation, sondern um die Optimierung der Wirkung auf den Adressaten, bei der zwar Zugangsrelationen eine Rolle spielen, aber auch die rhetorische Steigerung der Wirkung, durch die sich Fiktion gegenüber der Realität hervortun kann.

Als expositorisches Beispiel für dieses Verständnis von Simulation können Ovids *Metamorphosen* gelten. Hier lässt sich das gesamte Bedeutungspanorama des lateinischen Begriffs *fingere* ablesen, in dem die griechischen Begriffe *mimesis* und *poiesis* amalgamiert werden.[48] Er trennt begrifflich nicht zwischen dem Hervorbringen virtueller Erfahrungsräume, psychischer Wunschträume und der Wirkung rednerischer Überzeugungsakte. Die Schaffung der Welt, die am Anfang der *Metamorphosen* steht, wird genauso als Akt des *fingere* gesehen wie die Phantasie von Tereus, Philomele zu begehren, ebenso wie die Täuschung, der Narziss beim Blick ins Wasser erliegt, sowie die Wirkung täuschender Rede: *ficta loqui*.[49] Ob nun eine literarische Fiktion erschaffen wird, eine Phantasie ausgestaltet wird, Narziss dem Trugbild erliegt oder jemand überredet wird, immer haben wir es mit einem Akt des Fingierens und erfolgreicher Simulation zu tun.

„Dissimulieren", so Baudrillard, „heißt fingieren, etwas, das man hat, nicht zu haben. Simulieren heißt fingieren, etwas zu haben, was man nicht hat."[50] Hinter Simulation und Dissimulation steht also ein bewusster Akt des Fingierens, der auf die Optimierung der Wirkung beim Adressaten zielt. Die Behauptung Baudrillards, dass in der Moderne ein Schritt hinter die Simulation gar nicht mehr möglich ist, geht jedoch zu weit. Die reale Welt ist vielmehr, wie Zipfel ausführt, ein Reservoir, mit dem man die fiktiven Welten beleben und auffüllen kann, ja aus argumentativen und wahrnehmungspsychologischen Gründen sogar auffüllen muss.[51] Simulation ist nicht gegen, sondern nur mit Hilfe der Realität möglich. Während Fiktion auf den gesamten kommunikativen Prozess, in dem eine mögliche Welt erzeugt

---

46 Karlheinz Stierle, Fiktion, in: Ästhetische Grundbegriffe 2 (2000) 380–428, hier: 396.
47 Holger van den Boom, Vom Modell zur Simulation – Die Zukunft des Designprozesses, in: Angela Schönberger (Hg.), Simulation und Wirklichkeit, Köln 1988, 13–40; hier: 35.
48 Vgl. Stierle, Fiktion, 381.
49 Vgl. Ov. met. 1, 771. Vgl. Stierle, Fiktion, 381–386.
50 Jean Baudrillard, Die Agonie des Realen, übersetzt von Lothar Kurzawa und Volker Schaefer, Berlin 1978, 10.
51 Vgl. Frank Zipfel, Fiktion, Fiktivität, Fiktionalität. Analysen zur Fiktion in der Literatur und zum Fiktionsbegriff in der Literaturwissenschaft, Berlin 2001, 90.

wird, verweist, beschreibt Simulation ein kommunikatives Verfahren, das dabei Anwendung findet.

Nach Kripke ist eine „mögliche Welt ... durch die deskriptiven Bedingungen, die wir mit ihr verbinden",[52] gegeben. Simulieren heißt, diese deskriptiven Bedingungen kommunikativ zu definieren. Mögliche Welten sind nämlich „nicht wie ferne Planeten", die man durch kraftvolle Teleskope entdecken kann.[53] Simulation ist vielmehr die semiotische Umsetzung dessen, was Iser den „Akt des Fingierens" nennt. Schon Horaz hat dabei die Anpassung an den Adressaten als ein Grundprinzip der Simulation verstanden. Die Illusionswirkung werde nicht so sehr dadurch erhöht, dass der Künstler die Wirklichkeit zum Maßstab mache, sondern vielmehr dadurch, dass er ihn auf die Wirkung beim Adressaten hin optimiere. Insofern lautet nach Christoph Martin Wieland für Horaz ein Grundgesetz der Fiktion: „Je weiter sich die Phantasie von der Wahrheit entfernt, desto stärker sei die Täuschung".[54] Kunst kann von der Realität in vielerlei Weise abweichen, ihre Wirkung erreicht sie, indem sie Erfahrungsmöglichkeiten für den Adressaten eröffnet. So können epistemologische, ontologische, axiologische Zugangsrelationen durchaus verletzt werden, ohne dass das die Fiktionswirkung beeinträchtigt, was nicht heißt, dass ein Kunstwerk diese vollends suspendieren kann. Bereits Wolfgang Isers Fiktionstheorie, die das Gelingen von Kommunikationsakten zur Erzeugung von Fiktion rezipientenseitig begründet, setzt genau hier an. Überhaupt ist ja das Realismus-Prinzip, das häufig mit Mimesis verbunden wird, alles andere als eindeutig:

> Selbst wenn der nachzuahmende Gegenstand als Natur bezeichnet wurde, so war diese bald identisch mit einer aristotelisch verstandenen ‚morphe', bald mit den Werken der Alten, bald mit der menschlichen Natur und bald mit moralischen Verhaltensnormen.[55]

Das hat nun weitreichende Konsequenzen, bedeutet nämlich „nichts weniger, als daß der Gegenstand immer im Zustand einer latenten Simulation anwesend ist."[56] Nur durch Simulation wird der Gegenstand in einem kommunikativen Kontext nämlich „funktionsgerecht".[57] Für Iser läuft Fingieren auf „verhüllendes Entschleiern" hinaus, durch das Literatur einen ekstatischen Zustand auszulösen vermag.[58] Wieder einmal haben wir hier die Doppelung von Simulation und Dissimulation. Damit

---

[52] Kripke, Name und Notwendigkeit, 54.
[53] Kripke, Name und Notwendigkeit, 23.
[54] So die recht freie Horaz-Übersetzung Wielands, vgl. Horaz, Briefe des Horaz, übersetzt von Christoph Martin Wieland, in: Christoph Martin Wieland, Werke, Band 9, herausgegeben von Manfred Fuhrmann, Frankfurt am Main 1986, 544.
[55] Wolfgang Iser, Mimesis – Emergenz, in: Andreas Kablitz/Gerhard Neumann (Hg.), Mimesis und Simulation, Freiburg im Breisgau 1998, 669–684; hier: 670.
[56] Iser, Mimesis – Emergenz, 674.
[57] Iser, Mimesis – Emergenz, 674.
[58] Iser, Fingieren, 16.

eine Simulation wirkt, am Ende gar immersive Wirkungen auslösen kann, sollte sie eben nicht als ein bloß semiotisches Verfahren inszeniert werden, insbesondere nicht unter normalkommunikativen Bedingungen, aber auch dann nicht, wenn eine literarische Fiktion auf Immersion aus ist. Selbst Aristoteles, dessen Simulationsbegriff ja eher von der Nachbildung der Realität ausgeht, schien an der Notwendigkeit der Dissimulation kaum Zweifel zu haben:

> Daher muß der Redner unauffällig ans Werk gehen und keinen gekünstelten, sondern einen natürlichen Eindruck erwecken. Dies nämlich überzeugt, jenes bewirkt das Gegenteil, denn die Leute fühlen sich betrogen, wenn man heimlich etwas gegen sie im Schilde führt, ähnlich wie wenn Wein gepanscht wird ...[59]

---

59 Arist. rhet. 1404b (Übersetzung: Christof Rapp).

Gert Ueding
„Bringt die Lüge nicht auf die Spur der Wahrheit?" Einige philosophische und rhetorische Wahrheiten über die Lüge

Daß Sie lügen, dieser Vorwurf ist Dichtern und Rednern gleicherweise gemacht worden, in der Regel auch von denselben Autoren: von Philosophen zumal, aber auch von Kirchenvätern, in der Moderne von Wissenschaftlern, die sich als exakt definieren. Die Dichter konnten damit zumeist gut leben, das Erfreuen und Bewegen (*delectare* und *movere*) blieb ihnen allemal und nützen (*prodesse*) konnten sie auch auf dem Wege scheinhafter Vorspiegelung, insofern das Lügen und dessen Folgen ein lehrreiches Thema von Komödie und Tragödie gleichermaßen blieb.

Aber für die Rhetorik ging es um's Ganze, da ihrem Selbstverständnis als die Wissenschaft, auf überzeugende Weise gut von Gutem zu reden, mit dieser Beschuldigung pauschal widersprochen wurde. Platon war, wie bekannt, ihr erster prominenter Vertreter und die spitzfindigste (um nicht zu sagen: sophistische) Begründung gab er in den Dialogen *Gorgias* und *Sophistes*, unbeschadet der Tatsache, daß Sokrates den Alten selber als Vertreter sophistischer Redekunst galt, wie man sehr schön Xenophons Dialogen entnehmen kann. Den platonischen Sokrates hinderte das natürlich nicht, die Rhetorik generell unter Lügenverdacht zu stellen, sie als Schattenbild eines Teils der Staatskunst sogar böse zu nennen.[1] Sie sei dem Bürger bloß gefällig, spreche dem Volke nach dem Munde, gebe den Schein für Wahrheit aus[2] und stütze sich auf bloße Meinungen, noch dazu in trügerischer Absicht.[3]

Diese Vorwürfe sind jahrhundertelang durch die antirhetorische Literatur Europas gewandert, wurden oft wörtlich, wie z.B. von Immanuel Kant in der *Kritik der Urteilskraft*,[4] übernommen oder nur geringfügig variiert. Jeden Leser des *Gorgias* oder des *Sophistes* muß es erstaunen, daß Platon aber seinerseits den Grundriss einer Rhetorik formuliert, die nun alle die fundamentalen Mängel nicht besitzen soll, die er vorher kritisiert hat. Es gelingt ihm durch einen Trick und durch die Depotenzierung der Redekunst. Wer die Wahrheit suche, sei bei der Philosophie an der einzig richtigen Adresse, da sie „die wahre Beschaffenheit eines jeden Dinges"[5] erkennen könne. Für die lehrende Vermittlung des „Gerechten, Schönen und Guten"[6] wäre dann die Rhetorik gut genug, die damit in didaktischer Funktion aufgeht.

---

1 Vgl. Plat. Gorg. 463b–e.
2 Vgl. Plat. soph. 233b–e.
3 Vgl. Plat. soph. 267a–d.
4 Vgl. Immanuel Kant, Kritik der Urteilskraft, Hamburg 1959, 183–185.
5 Plat. Phaidr. 277b.
6 Plat. Phaidr. 278a.

Adorno hat diesen Trick als eine Selbsttäuschung der Philosophie offengelegt, und zwar schon in den 60er Jahren des 20. Jahrhunderts, als die Wiederentdeckung der Rhetorik erst zaghaft begonnen hatte. Er schreibt in seiner *Negativen Dialektik:*

> Durch die sei's offenbare, sei's latente Gebundenheit an Texte gesteht die Philosophie ein, was sie unterm Ideal der Methode vergebens ableugnet, ihr sprachliches Wesen. In ihrer neueren Geschichte ist es, analog der Tradition [sc. nach Platon und seinen Anhängern], verfemt worden als Rhetorik. Abgesprengt und zum Mittel der Wirkung degradiert, war es Träger der Lüge in der Philosophie.[7]

Nun, es gab Ausnahmen, und gerade sie gehören in den Rahmen meines Themas. Die früheste und, was ihre historische Wirksamkeit als Gegenbewegung gegen Platon betrifft, auch die bedeutendste Ausnahme repräsentiert die *Rhetorik* seines Schülers Aristoteles. Der rettete die rhetorische Disziplin nun nicht, wie Adorno vorschlägt, geradewegs über die Abhängigkeit der Philosophie von Sprache, sondern über den ihr eigenen Gegenstandsbereich:

> Sie beschäftigt sich aber mit solchen Dingen, welche Gegenstand unserer Beratung sind, für die wir aber keine systematischen Wissenschaften besitzen, und vor solchen Zuhörern, die nicht in der Lage sind, vielerlei mit einem Blick zusammenzufassen und weitreichende logische Schlüsse zu ziehen. Aber wir beraten nur über solche Dinge, welche sich allem Anschein nach auf zweierlei Weise verhalten können: Denn über das, was nicht anders sein, werden oder sich verhalten kann, beratschlagt niemand, sofern er annimmt, daß es sich so verhält: das bringt ja nichts mehr ein.[8]

Das ist der erfrischend praktische Blick, der Aristoteles so auszeichnet, weil er in keine praktizistische Verengung führt, sondern das ganze weite Problemfeld des menschlichen Handelns für das Denken, die theoretische Reflexion zugänglich macht. Auf diese Weise wird die Rhetorik zu dem Vermögen „bei jedem Gegenstand das möglicherweise Glaubenerweckende zu erkennen" und öffentlich zu vertreten.[9]

Ist damit aber auch jener Lügenverdacht abgewendet, den Platon so entschieden erhob? Keineswegs, ja man könnte sogar auf die Idee kommen, daß er an Brisanz zugenommen hat. Die Formulierung („das möglicherweise Glaubenerweckende") ist doch, sagen wir es etwas flapsig: watteweich, zumindest aber vorsichtig. Intersubjektive Gültigkeit erscheint danach für rhetorische Aussagen zumindest zweifelhaft. Aristoteles musste eine Möglichkeit finden, sie verbindlich zu machen. Das war nach der sophistischen Aufklärung schwierig geworden, die Götter konnte man dafür nicht mehr aus dem philosophischen Maschinenboden holen. „Von den Göttern vermag ich nichts festzustellen, weder, daß es sie gibt, noch, was für eine

---

[7] Theodor W. Adorno, Negative Dialektik, Frankfurt am Main 1970, 65.
[8] Arist. rhet. 1357a.
[9] Arist. rhet. 1355b.

Gestalt sie haben."[10] Das ist Protagoras, der bedeutendste Theoretiker der Rhetorik vor Aristoteles. Und er ist auch vor der daraus folgenden Konsequenz nicht zurückgeschreckt, daß nämlich in allen Fragen des Wissens keine andere Instanz zu entscheiden hat als der Mensch selber, er ist der Maßstab jeder Erkenntnis – so der Sinn des vielbesprochenen *Homo-mensura*-Satzes.[11]

Die platonischen Rückzugsgefechte (Wahrheit kommt allein den Ideen zu) waren für Aristoteles nicht mehr als eben das. Er sah sie als Verlegenheit, und aus dieser Verlegenheit heraus gelang ihm eine großartige Entdeckung. In einem ersten Schritt erklärte er für die Allgemeingültigkeit rhetorischer Aussagen die Adressaten (die Polisbürger) für zuständig, kehrte also das bisherige Schema um, das darin bestand, die Beweislast nach außen (an die Götter oder die Ideen) zu delegieren. Zweitens gewann er durch diese Umkehrung ein zuverlässiges Instrument der Überzeugung. Lassen wir ihn selber sprechen. Wann nämlich, so befragt er die Erfahrung, erscheint ihnen, den Adressaten, eine Aussage überzeugender, wahrscheinlicher als eine andere? Das ist dann der Fall, wenn sie sich auf jene Sätze bezieht, „die Allen oder den Meisten oder den Weisen wahr scheinen, und auch von den Weisen entweder Allen oder den Meisten oder den Bekanntesten und Angesehensten."[12] In dieser Form setzt Aristoteles seine bis heute virulente Entdeckung an den Anfang der *Topik*, der Schrift also, in der er die rhetorischen Schlussverfahren untersucht. Mit anderer Wendung werden wir ihr nochmals begegnen, in politischem Zusammenhang nämlich, wo auch die fragwürdige Seite dieses auf Konsens beruhenden Gültigkeitsprinzips diskutiert und einer wiederum überraschenden Lösung zugeführt wird.

Für den gegenwärtigen Zusammenhang wird eine anthropologische Annahme wichtig. Aristoteles bindet nämlich den Sinn für das „Wahre und Gerechte" an die Natur, wenn er sagt, sie (das Wahre und Gerechte) seien von Natur aus stärker als das Gegenteil,[13] womit er die dem Menschen eigentümliche Natur in ihrem Zusammenhang von Körper und Geist, *physis* und *logos*, meint.[14] Auch an dieser Stelle nimmt Aristoteles Gedanken der vorplatonischen und sophistischen Anthropologie auf, in der Bildung und Erziehung als eine in der Linie der Naturanlage liegende Vervollkommnung, nicht etwa Entfremdung gefasst wurden. Ich zitiere als ein Beispiel ein Diktum Demokrits: „Natur und Erziehung sind etwas Ähnliches. Denn die Erziehung formt zuvor den Menschen um, aber durch diese Umformung schafft sie Natur."[15] So erhalten wir den Grund für die Überzeugungskraft alles Natürlichen,

---

10 Zitiert nach: Wilhelm Capelle, Die Vorsokratiker, Stuttgart 1963, 333.
11 Capelle, Die Vorsokratiker, 327.
12 Arist. top. 100b.
13 Vgl. Arist. rhet. 1355a.
14 Vgl. Arist. rhet. 1355b.
15 Zitiert nach: Hermann Diels/Walther Kranz (Hg.), Die Fragmente der Vorsokratiker, 3 Bände, Berlin 1951, Band 2, 68 (B 33).

dafür also, daß die Natur zum Beweistopos für alle möglichen Zweifelsfragen bis in politische Werbung und Propaganda unserer Gegenwart werden konnte, und ihr Gegenteil, die Unnatur, das Gemachte, Gefertigte, Technische sich mit geringerer Überzeugungskraft begnügen mußte.

Daß es in der Rhetorik dann gerade das pragmatische Herstellen im Vollzug der Regeln, also die *ars* ist, die dem Adressaten eine Sache zur natürlichen macht, kommt in dem paradoxen Grundsatz zum Ausdruck: *ars est artem celare*. Er ist viel älter als seine lateinische Formulierung. So versteht es sich für Aristoteles, daß die *Techne*, also die Kunstfertigkeit nach der Natur sich richtet und zusammen mit entsprechender Bildung (*paideía*) „nur die Lücken ausfüllen soll, welche die Natur noch gelassen hat."[16] Wir dürfen uns das ruhig wie bei einem Bilde vorstellen, in dem die Kunst das, was noch fehlt, ganz natürlich einträgt. Oder auf die Rede bezogen: „Daher ist es erforderlich, die Kunstfertigkeit anzuwenden, ohne daß man es merkt und die Rede nicht als verfertigt, sondern als natürlich erscheinen zu lassen – dies nämlich macht sie glaubwürdig ..."[17] Und dann folgt an dieser Stelle noch eine Ergänzung, die für meine weitere Gedankenführung wichtig werden wird. Wenn die Technik der Herstellung – hier dürfen wir den Ausdruck „Technik" verwenden, weil er in diesem Kontext schon die Bedeutung annimmt, die uns heute geläufig ist –, wenn also die Technik sichtbar, vielleicht dominierend erscheint, dann macht das die Rede unglaubwürdig, „denn die Zuhörer nehmen wie gegen jemanden, der etwas im Schilde führt, Anstoß daran ..."[18]

Nun müssen wir diesen Schein der Natürlichkeit, der durch das Verbergen der Kunst zustande kommt, jetzt aber nicht als eine Lüge bezeichnen, da ja täuschende Absicht dahinter steht und der Redner sich dessen sehr wohl bewusst ist? Ich komme jetzt zu einem weiteren und zwar höchst wichtigen Diskussionspunkt. Dem Redner geht es nicht um wahre Erkenntnis, sondern um glaubwürdige, überzeugende Wirkung. Indem er – um es an den *partes orationis* zu illustrieren – dem natürlichen Redeaufbau folgt und z. B. die Einleitung nicht mitten in die Argumentation oder die *peroratio*, die Schlussrede, an den Anfang stellt, auch in seinem Redefortgang keine Stockungen oder Umkehrungen zulässt, weil die Natur keine Sprünge kennt, bewirkt er eine Glaubhaftigkeit, die für den Adressaten überzeugungskräftiger ist als das Abweichen vom natürlichen Gang der Rede. Die bleibt aber, wie sehr auch immer sie sich an der Natur orientieren mag, Sprachwerk; niemals kann ihr gelingen, was man an Zeuxis rühmte, der auf einem Bilde die Weintrauben so natürlich gemalt hatte, daß lebendige Tauben danach pickten – was Hegel zu der treffenden Bemerkung veranlasste: „anstatt Kunstwerke zu loben, weil sie sogar Tauben ...

---

[16] Arist. pol. 1337a.
[17] Arist. rhet. 1404b.
[18] Arist. rhet. 1404b.

getäuscht, gerade nur die zu tadeln sind, welche ... nur eine so niedrige Wirkung ... als das Letzte und Höchste zu prädizieren wissen"[19].

Ich wiederhole es: indem die Rede Sprachwerk ist, kann ihre Wirkung auch nicht über die der Sprache mögliche hinausgehen. Adornos philosophiekritische Bemerkung zielte schon in diese Richtung. Deren Quintessenz war schon sehr früh rhetorischer Gemeinbesitz. Eines der ersten Zeugnisse stammt von dem völlig zu Unrecht von Platon verlästerten Gorgias aus Leontinoi: „Denn was man sah, wie sollte man dies durch Rede aussprechen? ... Und es spricht, wer spricht – aber nicht eine Farbe und auch kein Ding."[20] Diese Stelle aus dem Fragment *Über das Nichtseiende* ist auch deshalb interessant, weil sie wohl die Sprachtheorie des frühen Nietzsche mit inspiriert, vielleicht angestoßen hat. Bei Worten komme es „nie auf die Wahrheit an"[21], ist ja seine These. Dann folgt die Begründung: „Ein Nervenreiz wird zuerst übertragen in ein Bild! Erste Metapher. Das Bild wieder nachgeformt in einen Laut! Zweite Metapher."[22] In Metaphern formt Sprache aber nichts anderes als Eindrücke nach. „Nicht die Dinge treten ins Bewusstsein", so lautet an anderer Stelle das konzise Resümee ganz nach Gorgias' Vorgabe, „sondern die Art, wie wir zu ihnen stehen"[23]. Oder mit anderen Worten: unsere Meinung über sie.

Womit ich nach einem kleinen Umweg wieder bei der Hauptsache gelandet bin. Denn die Rhetorik hat es mit Meinungen zu tun, nicht mit Wissen, das ist schon in der Definition enthalten, die ich anfangs ausführlich zitierte, und in der Aristoteles hervorhob, daß nämlich von rhetorischem Belang „nur solche Dinge sind, welche sich allem Anschein nach auf zweierlei Weise verhalten können".[24] Ohne daß er es nach Philosophenweise ausdrücklich hervorhebt, vernehmen wir im Hintergrund Protagoras, der das nicht anders gesehen und kaum anders formuliert hatte, daß sich nämlich die Rhetorik mit Themen beschäftige, über die man mit gleichem Rechte nach beiden Seiten (also in einander entgegengesetztem Sinne) disputieren könne.[25] Das hier jeweils zugrunde gelegte Modell scheint mir das der Gerichtsrede zu sein, die als Gattung auch historisch am Anfang der Redekunst steht. Die Vielfalt gleichberechtigt nebeneinander bestehender Meinungen ist ihr Lebenselement, und

---

19 Georg W. F. Hegel, Ästhetik, herausgegeben von Friedrich Bassenge, 2 Bände, Frankfurt am Main 1965, Band 1, 52.
20 Zitiert nach: Reden, Fragmente und Testimonien, herausgegeben und übersetzt von Thomas Buchheim, Hamburg 1989, 51.
21 Friedrich Nietzsche, Ueber Wahrheit und Luege im außermoralischen Sinne, in: ders., Kritische Studienausgaben in 15 Bänden, München 1999, Band 1, 879.
22 Nietzsche, Ueber Wahrheit, 879f.
23 Friedrich Nietzsche, Werke. Großoktavausgabe in 19 Bänden, Leipzig 1894-1926, Band 18, 249. Einen sehr guten Überblick über Nietzsches Gedankenentwicklung gibt: Josef Kopperschmidt, Nietzsches Entdeckung der Rhetorik, in: ders./Helmut Schanze, Nietzsche oder „Die Sprache ist Rhetorik", München 1994, 39-41.
24 Arist. rhet. 1357a.
25 Vgl. Capelle, Die Vorsokratiker, 326.

es ist von entscheidender Bedeutung, daß jede nur eine Vermutung vorschlägt oder eine Widerlegung hervorbringt, die bessere oder treffendere Alternative sich aber nicht von selber zeigt. Im Gerichtsverfahren schlägt sich musterhaft und übersichtlich nieder, was den Normalfall unseres Lebensvollzugs in allen öffentlichen und privaten Angelegenheiten ausmacht. Auch die Wissenschaften sind da nicht ausgenommen. Der von Thomas S. Kuhn in seiner Untersuchung wissenschaftlicher Revolutionen so genannte „Paradigmenwechsel" verweist auf die bloße Wahrheitsähnlichkeit und Zustimmungsabhängigkeit sogar naturwissenschaftlicher Theorien. Es liegt in dem wissenschaftsgeschichtlichen Kontext, in dem wir uns hier bewegen, nahe, an die Auseinandersetzung zwischen Goethe und Newton zu erinnern oder daran, daß sowohl die Korpuskel- wie die Wellentheorie des Lichts jeweils plausible Erklärungen liefern. Auch für Meinungsdivergenzen dieser Art hatte übrigens Protagoras Aufschluss gegeben, der ganz modern anmutet. Im Stoff der Materie selber liege der Grund, sie sei (und hier ist Heraklit nicht weit) ständig „im Fluß begriffen", so daß verschiedene Zustände dicht nebeneinander existieren. „Die Menschen", so vermutete er, „erfaßten bald das eine, bald das andere [sc. davon], entsprechend ihren eigenen verschiedenen Zuständen."[26]

Das ist ersichtlich ein unsicherer Boden, dessen weiterer Erkundung sich ein ganzer Seitenzweig der Rhetorik (die Wissenschaftsrhetorik) widmet. Ich möchte unsere Aufmerksamkeit aber auf die eigentümlichen Merkmale der Meinung zurücklenken, die der Lüge Vorschub leisten. Ein Zusammenhang, den der Meinungsschatz der Sprichwörter öfter herstellt: „Der Meyner und der Lügner sind zwey Brüder."[27] Die Meinung, *doxa* nannten sie die Griechen, kann, um es nochmals zu betonen, nur zu wahrscheinlichen Schlüssen kommen. Deswegen sind gleichberechtigte Meinungen möglich, die ein evidentes Urteil ausschließen würde. Das scheint eine negative Bestimmung und führt uns doch auf eine positive Spur: die Meinung ist offen, sozusagen durchlässig, sie zieht Gegenmeinungen heran, provoziert sie auch, muss auf jeden Fall immer mit ihnen rechnen, weil ihr die eigene Relativität innewohnt. Unser Sprachgebrauch ist in diesem Falle ein guter Wegweiser. Wir reden davon, daß sich die öffentliche Meinung im Fluss befinde, daß wir unter den gegebenen Verhältnissen diese oder jene Meinung favorisieren oder daß jeder halt seine eigene Meinung habe. „Alles Meinen", so fasst Ernst Bloch ihr wichtigstes Merkmal in einem Satz zusammen, „schießt über das Feste hinaus, worin es sich gerade befindet."[28] Diese Deutung schlägt vor, das Meinen als produktiven

---

26 Capelle, Die Vorsokratiker, 330f.
27 Vgl. dazu: Die Weisheit auf der Gasse, oder: Sinn und Geist deutscher Sprichwörter, gesammelt von Johann M. Sailer, Augsburg 1810 (Nachdruck: Nördlingen 1987).
28 Ernst Bloch, Logos der Materie. Eine Logik im Werden. Aus dem Nachlass 1923-1949, herausgegeben von Gerardo Cunico, Frankfurt am Main 2000, 387.

Denkvorgang zu betrachten, prozesshaft auf Verbesserung, Bereicherung, Vermehrung durch andere, gerade gegenteilige Meinungen angelegt.

Ich glaube, daß die klassischen Autoren nichts anderes im Sinne hatten, wenn sie von Meinung sprachen. Als ein Beispiel zitiere ich Cicero, und zwar aus dem 2. Buch von *De oratore*, in dem immer wieder aus der Gerichtsrede heraus allgemeine Folgerungen gezogen werden. Der Autor läßt Antonius ausführen:

> Die ganze Tätigkeit des Redners gründet sich auf Meinungen [sc. opiniones] und nicht auf Wissen [sc. scientia]. Denn einmal reden wir vor einem Publikum, das nicht Bescheid weiß, und zum anderen sprechen wir von Dingen, die wir selbst nicht wissen. Darum empfinden und urteilen die Zuhörer in denselben Angelegenheiten einmal so und einmal so, und wir verorten häufig gegensätzliche Standpunkte, nicht nur in der Weise, daß zuweilen Crassus gegen mich spricht und ich gegen Crassus, wobei zwangsläufig einer von uns etwas Falsches sagt, sondern auch so, daß jeder von uns beiden in derselben Frage bald die, bald jene Auffassung vertritt, obwohl unmöglich mehr als eine wahr sein kann. So, wie es einer solchen Sache angemessen ist, die sich auf Täuschung gründet, die nicht oft zu einem Wissen vordringt und die es auf Meinungen des Publikums, oft auch auf seine Irreführung abgesehen hat, so will ich also reden ...[29]

Was ich da von Cicero so ausführlich zitiert habe, könnte nun jede Denunziation aus Platonischem Geiste bestätigen, und Cicero scheint es geradezu darauf angelegt zu haben. Liest man aber genau, so faßt auch er an dieser Stelle das Meinen als ein dialektisches Fortschreiten durch Widersprüche auf. Dazu ist freilich eine Voraussetzung nötig, über die schon in der Antike viel diskutiert wurde. Meinung und Gegenmeinung (um den Pluralismus der Meinungen modellhaft zu vereinfachen) müssen sich nämlich in einem Verhältnis zueinander befinden, welches das Konkurrieren überhaupt fruchtbar macht und einen Fortschritt in der Lösung eines, sagen wir juristischen oder politischen Problems bringt. Sie müssen sich, um es mit einer uns geläufigen Metapher zu sagen, auf Augenhöhe begegnen, und das ist oftmals nicht von vornherein gegeben. So befindet sich nicht nur der Redner im Nachteil, der eine sehr viel schwächere Meinung vertritt als sein Gegner, weil er z. B. die herrschende Gesetzesauslegung gegen sich hat oder der im Publikum herrschenden Meinung entgegen treten muß. Auch die Problemlösung selber gerät in Gefahr, nicht zum optimalen Ergebnis zu finden.

Protagoras, der darüber nachgedacht hatte, verlangte daher vom Redner eine eigene Kunstfertigkeit, nämlich „die schwächere Sache zur stärkeren"[30] machen zu können. Damit war eine Debatte entfacht, über deren Heftigkeit sogar ihr an Widerworte gewohnter Urheber wohl selber verwundert war. Denn hieraus resultiere doch, so lautete ein gewichtiges Widerwort, „daß die Menschen mit Recht das Anerbieten des Protagoras unwillig zurückweisen; denn es ist Lüge ..."[31] Die Invektive

---

29 Cic. de orat. 2, 11, 30.
30 Capelle, Die Vorsokratiker, 325.
31 Arist. rhet. 1402a.

stammt ausgerechnet von Aristoteles, der schon ganz zu Beginn seiner *Rhetorik* doch so unmissverständlich forderte: „Weiterhin muß man in der Lage sein, eine gegenteilige Ansicht [sc. *doxa*] überzeugend darzulegen ..."[32] Bleibt zu fragen, wie das gelingen soll, wenn nicht derjenige, der die schlechtesten Karten hat, sie so einsetzt, daß sie dennoch das gegnerische Blatt zu übertrumpfen vermögen?

Sehen wir uns aber die Verhältnisse an drei Beispielen an. Die beiden ersten entnehme ich Manfred Fuhrmanns Analyse von Ciceros prozesstaktischem Geschick.[33] Die früheste Rede Ciceros, die uns überliefert ist, behandelt einen zivilrechtlichen Streitfall, und zwar *Pro Quinctio*. Es geht um Erbschaftsangelegenheiten ziemlich komplizierter Natur, und Cicero benutzt deren Schwierigkeit, indem er vorgibt, sie sachlich klären zu wollen, zu anderen Zwecken; mit Fuhrmanns Worten:

> Die Zuhörer sollen einen bestimmten, durchaus negativen Eindruck vom Charakter des Gegners, des Naevius, gewinnen. Ciceros taktischer Plan bestand ... offenbar darin, dem Gericht zunächst dieses negative Charakterbild zu suggerieren, um sich dann erst den für den konkreten Rechtsfall wichtigen Argumenten zuzuwenden.[34]

Wir dürfen das durchaus als bewusstes Täuschungsmanöver nehmen, ebenso wie das zweite Beispiel, das ein noch extremeres Vorgehen zeigt. Es ist eine der berühmtesten Reden Ciceros: *Pro Milone*, d. h. gehalten für einen Mann, den zu verteidigen den schwierigsten Vertretbarkeitsgrad bedeutete. Die äußeren Umstände waren höchst prekär, die Republik rückte ihrem Untergang immer näher, Bandenkämpfe waren im Jahr 52 vor Christus längst an der Tagesordnung in Rom. Milo und Clodius waren konkurrierende Bandenführer, die sich auf offener Straße befehdeten. Bei einem ihrer Gefechte blieb Clodius auf der Strecke, und Milo wurde des Mordes an ihm angeklagt. Erschwerend kam für Cicero hinzu, daß Clodius, wie jedermann wusste, auch sein Erzfeind gewesen war. Wörtlich beschreibt Fuhrmann Ciceros Vorgehen nun weiter:

> Der Vorwurf [sc. Clodius erschlagen zu haben] bestand zu Recht, und der Einwand des Verteidigers, Milo habe in Notwehr gehandelt, ließ sich, wie zuverlässig überliefert ist, mit dem tatsächlichen Ablauf des Geschehens nicht in Einklang bringen. Die taktischen Kunstgriffe, mit denen Cicero der heillosen Lage zu begegnen suchte, laufen auf zweierlei heraus. Er gab ein entstelltes Bild vom Sachverhalt und war umso mehr darauf bedacht, für Stimmigkeit innerhalb der Rede, zwischen Sachverhaltsschilderung und Beweisführung, zu sorgen; er suchte die Schwächen der rechtlichen Argumentation durch eine politische Deutung des Falles zu überspielen, die er als extra causam befindlich [etwa: über den rechtlichen Aspekt der Sache hinausführend] ausgab ...[35]

---

32 Arist. rhet. 1355a.
33 Vgl. Manfred Fuhrman, Redekunst am Beispiel Ciceros, Stuttgart 1997.
34 Fuhrmann, Redekunst, 57.
35 Fuhrmann, Redekunst, 69.

Das dritte Beispiel liefert die 4. Catilinarische Rede, eine politische Rede also, die Cicero vor dem Senat am 5. Dezember 63 vor Christus gehalten hat. Sie galt der Frage, was nun mit den in Rom verhafteten Verschwörern zu geschehen habe. Zwei Anträge lagen vor: Caesar plädierte für Verbannung, Iunius Silanus, der schon gewählte nächste Konsul, für die Todesstrafe. Der noch amtierende Konsul Cicero legt vor den „versammelten Vätern", also den Senatoren, die Anträge scheinbar unparteiisch dar, malt dann aber wie in einer Vision die von den Vaterlandsverrätern beabsichtigte Zerstörung des Staats und den Untergang Roms höchst drastisch aus mit den Mitteln des *ad oculos ponere*, des Vor-Augen-Stellens: die brennende Stadt, die gemetzelten Bürger, die geschändeten Frauen, Kinder, Priesterinnen.[36] Die große Mehrheit der Senatoren entschied sich für die Todesstrafe.

Das sind auf Anhieb höchst irritierende Beispiele und man könnte sie leicht vermehren. Sie haben wesentlich zu dem negativen Charakterbild beigetragen, das Cicero zumal in der deutschen Geschichtsschreibung des 19. Jahrhunderts verpasst wurde. Eines Jahrhunderts freilich, das von der Rhetorik kaum noch mehr als die Figurenlehre und vielleicht den Redeaufbau (*dispositio*) wusste. Die dialektischen Anteile (Topik) hatte schon in der Renaissance die Philosophie sich angeeignet. Das geschieht auch im 19. Jahrhundert, ist aber bis heute noch nicht ausreichend gewürdigt worden.

Ciceros rhetorisches Vorgehen ist dabei einer doppelten Auslegung fähig. Moralisch zunächst, im Sinne des ersten und wohl wirkungsmächtigsten Lügentheoretikers Augustinus, der bekanntlich vor seiner Bekehrung ein berühmter Rhetor gewesen war und sich als Redelehrer betätigt hatte. Lüge hat Augustinus definiert als „eine bewußt unwahre, mit der Absicht zu täuschen gemachte Aussage"[37]. Eine zweite Auffassung von Ciceros persuasiven Verfahren geht von der rhetorischen Wirkung aus, die – besonders extrem im Streitfalle – die widersprechende Meinung im Interesse eines optimalen Ergebnisses zur Geltung bringt. Das persuasive Prinzip hatte Protagoras, hatte auch Aristoteles beschrieben. Im 19. Jahrhundert, so meine These – bemächtigt sich seiner auf eigenartige Weise Hegels Philosophie, des näheren seine Dialektik. Ich denke, daß ich ihr folgend, die rhetorische Situation genauer als bisher möglich beschreiben kann. Auch sie ist ja dadurch charakterisiert, daß keine Bestimmung schon endgültig genannt werden kann und das unmittelbar jeweils Angenommene, so Hegel, „nichts Festes, nichts an und für sich ist."[38] Da „Meinung", enthält dieses zunächst bloß Angenommene die eigene Vorläufigkeit und das anders Meinende, gegenteilig Meinende schon in sich. Zugespitzt formu-

---

36 Vgl. Cicero, Die Politischen Reden. Lateinisch und Deutsch, herausgegeben und übersetzt von Manfred Fuhrmann, 3 Bände, München 1993, Band 1, 477–479.
37 Augustinus, Die Lüge und gegen die Lüge, übersetzt von Paul Keseling, Würzburg 1953, 7.
38 Georg W. F. Hegel, Vorlesungen über die Geschichte der Philosophie, in: ders., Werke in 20 Bänden herausgegeben von Eva Moldenhauer und Karl Markus Michel, Frankfurt am Main 1969, Band 2, 395.

liert, es ist Spruch und Widerspruch in einem, jedoch nicht um des artistischen Spieles, sondern um der bestmöglichen Lösung eines Problems willen, ob es sich nun um ein juristisches oder politisches Problem handelt. In einem seiner schönen Gleichnisse hat Hegel den Widerspruch auch als Verstellung des Geistes, seines versteckten Wühlens sogar geschildert:

> Bisweilen erscheint dieser Geist nicht offenbar, sondern treibt sich, wie die Franzosen sagen, sous terre herum. Hamlet sagt vom Geiste, der ihn bald hier-, bald dorthin ruft: du bist mir ein wackerer Maulwurf, denn der Geist gräbt oft wie ein Maulwurf unter der Erde fort und vollendet sein Werk. Wo aber das Prinzip der Freiheit sich erhebt, da tritt Unruhe, ein Treiben nach außen, ein Erschaffen des Gegenstandes ein, an dem der Geist sich zu zerarbeiten hat.[39]

Hegels Diktum von der „List der Vernunft"[40] hat es sogar zum geflügelten Wort gebracht. Ich will mich nun nicht in eine Diskussion der Hegelschen Geschichtsdialektik vertiefen und verlieren, nur soviel festhalten, dass mit Hegel der Geist des Widerspruchs auf eine Art gedacht wird, wie ihn sich die Rhetorik seit Protagoras dienstbar gemacht hat. Und dies durchaus schon in einem bewusst außermoralischen Verständnis, das aber nicht etwa auf eine Herrschaft der Lüge abzielt, sondern deren unterirdisch wirkende Kraft ausnützt. Gleich jenem Gesellen, „der", wie es im Prolog im Himmel des Faust-Dramas heißt, als habe Hegel ihn diktiert, „reizt und wirkt und muß als Teufel schaffen."[41] Derart erscheint auch die Lüge eingesetzt, um für offene Fragen oder strittige Probleme ein bestmögliches Ergebnis zu erzielen. Sie wird zum Mitproduzenten des Wahrscheinlichen und arbeitet dann an ihrer eigenen Aufhebung. Denn sie hilft, das, was noch dunkel und verworren ist, zur Klarheit zu führen, um es noch einmal in der Sprache des Goethe-Stücks zu sagen.[42]

Es gibt auch bei einem anderen uns zeitlich näher liegenden Philosophen eine Stelle, die wie eine Erläuterung unseres Themas auf erzählerische Weise, also nach rhetorischem Gesichtspunkt wirkt. Ich meine Camus' *La Chute* (*Der Fall*), und zwar des näheren den Beginn des letzten Kapitels, in dem der „Buß-Richter" Clamence seinem Zufallsbekannten aus dem „Mexico-City" erzählt, wie er zum Papst gewählt wurde:

> Sehen Sie, ein Bekannter von mir pflegte die Menschen in drei Gruppen einzuteilen: die einen möchten lieber nichts zu verbergen haben als lügen müssen; die anderen möchten lieber lügen als nichts zu verbergen haben; und die Dritten schließlich lieben das Lügen und das Verbergen gleichermaßen. Ich überlasse es Ihnen, die Kategorie zu wählen, in die ich am besten passe. Was tut's übrigens? Bringen die Lügen einen nicht letzten Endes auf die Spur der Wahrheit? Und zielen meine Geschichten, die wahren so gut wie die unwahren, nicht alle auf den gleichen Effekt ab, haben sie nicht alle den gleichen Sinn? Was hat es da zu besagen, ob ich sie er-

---

39 Georg W. F. Hegel, Werke. Gesamtausgabe 1832-1845, Band 9, 73.
40 Hegel, Werke in 20 Bänden, Band 6, 452.
41 Johann W. Goethe, Sämtliche Werke, Zürich 1977, Band 5, 152.
42 Goethe, Sämtliche Werke, 151.

lebt oder erfunden habe, wenn sie doch in beiden Fällen für das bezeichnend sind, was ich war und was ich bin? Man durchschaut den Lügner manchmal besser als einen, der die Wahrheit spricht. Die Wahrheit blendet wie grelles Licht: Wohingegen die Lüge ein milder Dämmerschein ist, der jedem Ding Relief verleiht. Nun, ob Sie es glauben oder nicht, ich wurde in einem Gefangenenlager zum Papst gewählt.[43]

Wenn Camus seinen Protagonisten an dieser Stelle die Lüge als eine Art Ferment der Wahrheit begreifen lässt, so befindet er sich offensichtlich im Einklang mit einer bis in ihre Anfänge zurückreichenden rhetorischen Tradition, die gelegentlich verschüttet, von der Philosophie denunziert, aber nie ganz unwirksam geblieben ist. Als rhetorische Kunst betrachtet und im *artem-celare*-Prinzip aufgehoben, vermag sie zwar im evidenten und logischen Sinne nicht Wahrheit zu produzieren, denn die ist, mit Lessings Wort, nur bei Gott allein[44], auf jeden Fall allem menschlichen Wissen unzugänglich. Doch entfaltet sie, wie die Cicero-Beispiele zeigen sollten, ihre strategische Wirksamkeit im Prozeß der Meinungsbildung. Insofern auch ihr, wie absolut sie immer auftreten mag, allein der Status einer Meinung zukommt, provoziert sie notwendig Gegenmeinungen und das umso energischer, je deutlicher ihre eigentliche Absicht der Täuschung sukzessive hervortritt.

Da zuletzt alle rhetorische Anstrengung dem Ziel gelingenden Lebens in politischer Gemeinschaft (der Polis nach aristotelischem Verständnis) dient und nur unter dieser Voraussetzung auch berechtigterweise aus der Zustimmung der Adressaten den Prüfstein ihrer Sätze und Urteile beziehen kann, hat die allein dem individuellen Vorteil dienende Lüge in der Tat nur kurze Beine und scheitert, wie vollkommen ihre egoistische Absicht auch immer kaschiert wurde. Doch muß man hier wohl noch kritisch fragen, ob dieses Resümee nicht im schlechten Sinne idealistisch, also abstrakt, mindestens realitätsfern und somit uneinlösbar bleibt. Tatsächlich gewinnt es praktische Plausibilität erst im Kontext eines Rhetorik-Begriffs, der nicht zu jeder Zeit und unter allen Bedingungen auch gegeben war und ist. Daher gilt es, sich daran zu erinnern, daß die Rhetorik ein Kind demokratischer Verhältnisse ist und auch Aristoteles sie so gesehen hat: im Kontext seiner *Politik* und ihrer Lehre von der besten Staatsverfassung (eine „authentische bürgerliche Verfassung" hat Sternberger sie genannt[45]). Der alte Topos von der Zusammengehörigkeit von Rhetorik und Republik gewinnt in meiner Fragestellung neue und, denke ich, tiefere Bedeutung. Er verweist die Rhetorik auf die Praxis, in der Redner-Interesse und Adressaten- Interesse übereinkommen: auf das Herausprozessieren der bestmöglichen Handlungsmaxime durch die argumentative Prüfung der Optionen von allen Seiten.

---

43 Albert Camus, Der Fall, Reinbek 2012, 99f.
44 Vgl. Gotthold Ephraim Lessing, Werke, München 1979, Band 8, 32f.
45 Dolf Sternberger, Drei Wurzeln der Politik, 2 Bände, Frankfurt am Main 1978, Band 1, 156.

Eben das ist mit einem der wichtigsten rhetorischen Prinzipien gemeint, dem Prinzip des *disputare in utramque partem*, in dem, und darin liegt seine Stärke, sogar noch die betrügerische Lüge dazu gebracht werden kann, als Kunstmittel zur Produktion ihres Gegenteils und damit zu ihrer Aufhebung zu wirken. Als Beispiel diente mir Cicero, ich hätte auch Sokrates, sogar den Platonischen Sokrates nehmen können, der sich ständig seinen Gesprächspartnern in täuschender Absicht nähert, nämlich nichts oder weniger oder Falsches zu wissen, und daher vorgeblich ihrer Belehrung bedürfe. Man hat ihn mit seinen höheren pädagogischen Zwecken moralisch entlasten wollen. Dessen bedarf es nicht. Gibt es einen größeren Triumph über die Lüge als sie „zum Moment der treibenden Dissonanz"[46] des Denkens, Redens und sogar Handelns zu machen und derart gegen den Stillstand menschlicher Tätigkeit, ihr Erschlaffen und damit gegen das Einfrieren der Geschichte einzuspannen? Die praktische Voraussetzung liegt freilich außerhalb rhetorischer Kompetenz: in der demokratischen Verfassung des Staates und den ihr entsprechenden Institutionen.

---

[46] Ernst Bloch, Subjekt-Objekt. Erläuterungen zu Hegel, Frankfurt am Main 1962, 93.

Renate Jost
Exegetische Notizen zur Pithanologie an einem Beispiel aus dem Buch *Exodus*

1   Einleitung

Peter L. Oestereich hat in seinem Artikel *Credibilität. Einige Thesen zu Rhetorik, Religion und Wissenschaft*[1] zwischen ethologischer, pragmatologischer und pathologischer Credibilität unterschieden. Um die Macht religiöser Rede in biblischen Texten zu verstehen, möchte ich das Arsenal rhetorischer Beglaubigungsmittel in meiner folgenden kleinen exegetischen Notiz noch etwas erweitern, nämlich um den Modus der Beglaubigung religiöser Rede durch nonverbale, wirkmächtige Zeichenhandlungen.

Zunächst kann hinsichtlich der Beglaubigung religiöser Rede zwischen verbalen und nonverbalen Zeichen unterschieden werden. Zu letzteren gehören wirkmächtige Zeichen und Wunder sowie Magie. Die prophetischen Handlungen, welche diese supranaturalen Anzeichen göttlicher Macht hervorrufen, werden in der Exegese der Hebräischen Bibel oft „Zeichenhandlungen" genannt. Handelt es sich dabei um Zeichenhandlungen, welche übernatürliche Anzeichen göttlicher Macht nur scheinbar hervorrufen, kann von falscher Magie gesprochen werden. Worte stiften Wirklichkeit. Während die absolute Wortmagie in *Genesis* 1, 1 zu einer *creatio ex nihilo* führt, handelt es sich bei dieser Magie um performative Zeichenhandlungen, welche ihre Wunderwirkung bereits innerhalb der geschaffenen Natur und Lebenswelt vollbringen.

In welcher Weise Magie, Zeichen, Zeichenhandlungen und Wunder in biblischen Erzählungen zur Credibilität beitragen, möchte kurz an einer Geschichte aus dem Buch *Exodus* erläutern.

Das Buch *Exodus* hat bis in die Gegenwart in Literatur und Film erstaunlich nachgewirkt, unter anderem in der Befreiungstheologie, der Feministischen Theologie, auch in Mary Dalys Exodus aus dem Patriarchat, in Filmen aus jüdischer Perspektive: *Exodus* [1960], *Prinz von Ägypten* [1998], *Götter und Könige* [2014].

Der griechisch-lateinische Name betont die Rettungsgeschichte, das Buch ist aus Texten unterschiedlicher Gattungen – neben Erzählungen u. a. auch Gesetzescorpora – zusammengesetzt. In einer erzählenden Schicht wird das Schicksal von vor

---

[1] Vgl. Peter L. Oesterreich, Credibilität. Einige Thesen zu Rhetorik, Religion und Wissenschaft, in: Rhetorik. Ein internationales Jahrbuch 34 (2015) 1–11.

https://doi.org/10.1515/9783110669862-007

Hunger aus ihrem Land geflohenen Flüchtlingen berichtet, die von den ägyptischen Landesherren zu harter Sklavenarbeit missbraucht werden. Ihr Retter Mose, der ausgerechnet von der Tochter Pharaos am Leben erhalten wird (Ex 1–2), muss aus Ägypten fliehen, gründet in Midian eine Familie und hat dort, am Wüstenberg Sinai/Horeb, eine Gotteserscheinung, in der ihm Rückkehr und Rettungstat aufgetragen werden (Ex 3–4). In schwierigen und wunderbaren Verhandlungen mit Pharao (Ex 5,1–12,36) erreichen Mose und sein Bruder Aaron Israels Freilassung und Flucht. Sowohl die spätere Fluchtgemeinde als auch der Pharao sollen davon überzeugt werden, die Größe der sich im Prozess entwickelnden Gottheit zu erkennen. Um einige Notizen zu diesem Überzeugungsprozess in *Exodus* 3, 1–12, 36 soll es hier gehen.

2 Credibilität und Beauftragung

Schon bei Berufung und Beauftragung Moses und Aarons spielen für die Credibilität der G*ttheit wirkmächtige, nonverbale Zeichen eine Rolle: Nach der Beauftragung Moses, das Volk unter dem Vorwand, ein Fest zu Ehren JHWHs feiern zu wollen, in ein Land zu führen, in dem „Milch und Honig fließen", zweifelt Mose daran, dass das Volk ihm glauben werde, dass ihm JHWH erschienen sei (Ex 4, 1). JHWH beglaubigt daraufhin seine Rede durch drei nonverbale Zeichen, die Mose helfen sollen, das Volk zu überzeugen: durch einen Stab, der sich in eine Schlange verwandeln kann (Ex 4, 2–4), durch einen schneeweißen Ausschlag, der entsteht und wieder verschwindet, indem Mose seine Hand in sein Gewand steckt (Ex 4, 6–7), und schließlich durch die Verwandlung von Nilwasser in Blut.

Dennoch weigert sich Mose weiterhin mit dem Hinweis auf seine mangelnden rhetorischen Fähigkeiten (Ex 4, 10–13), den Auftrag auszuführen. Ist es schon selten genug, dass Personen unmittelbar von JHWH berufen werden, so ist die Antwort JHWHs auf diesen Einwand ungewöhnlich: Mose soll für seinen Bruder Aaron zum G*tt werden (Ex 4, 16), und Aaron soll für ihn sprechen (Ex 4, 15–16). Auf diese Weise kann Mose Pharao, der ebenfalls als Gottheit auftritt, ebenbürtig gegenübertreten.

Nach der Rückkehr Moses nach Midian, dem Abschied von seinem Schwiegervater Jitro und dem Weggang von Mose mit Frau und Kindern erscheint JHWH Mose erneut. In der nun folgenden Rede wird schon auf den Ausgang der langwierigen Verhandlungen hingewiesen: Mit dem Hinweis darauf, dass Israel JHWHs Kind sei, erklärt JHWH, den Pharao so starrsinnig zu machen, dass JHWH schließlich dem Pharao ein Angebot macht, das dieser nicht ausschlagen könne: JHWH tötet Pharaos erstgeborenen Sohn (Ex 4, 22–23).

Um die Glaubwürdigkeit dieser Aussage zu unterstreichen, folgt eine archaisch anmutende Erzählung (Ex 4, 24–26). JHWH erscheint im Nachtlager, um „ihn" (Ex 4,

24) zu töten. Bewusst lässt die kurze Erzählung offen, wer damit gemeint sei: Der erstgeborene Sohn Moses oder Mose selbst. In jedem Fall ist es Zippora, die durch die Beschneidung ihres Sohnes zur Retterin wird. Diese „Zeichenhandlung" verweist auf zukünftige Ereignisse: JHWH, der über Leben und Tod bestimmt, wird die männliche Erstgeburt der Ägypter töten. Die Israeliten werden durch die Beschneidung, Zeichen ihres Bundes, verschont werden.

Anschließend wird Aaron von JHWH in die Wüste geschickt, wo er seinem Bruder Mose begegnet. Beiden gelingt es, das Volk durch Worte und Zeichen vorerst von JHWHs Rettungsabsicht zu überzeugen.

3 Keine Credibilität beim Pharao allein durch Worte

Die Reden Moses und Aarons vor dem Pharao lassen sich in unterschiedliche Abschnitte einteilen, die gleichzeitig Steigerung sind und zu einer Zuspitzung der Situation führen. Im ersten Abschnitt (Ex 5, 1–5) versuchen Mose und Aaron, den Pharao nur durch Worte zu überzeugen, das Volk ziehen zu lassen, um für JHWH in der Wüste ein Fest zu feiern (Ex 5, 1) und so vor weiterem Schaden bewahrt zu werden (Ex 5, 3).

Die Antwort des Pharaos besteht zunächst in Worten, mit denen er klarstellt, nicht im Machtbereich dieses ihm fremden G*ttes zu stehen, sie nicht ziehen zu lassen. Anschließend beglaubigt er seine Rede durch eine Handlung, indem er die Fron des Volkes verstärkt und dadurch die Glaubwürdigkeit des JHWHs, in dessen Namen Mose und Aaron gesprochen haben, beim Volk, das befreit werden soll, erschüttert.

Mose gibt die Klage des Volkes an JHWH weiter. In einer weiteren Offenbarung (Ex 6, 1–3) bezeichnet sich JHWH als El Schaddaj (Ex 6, 3), als allmächtige, zerstörerische und nährende Kraft, und wiederholt seinen Auftrag an Mose in abgewandelter Form. Wieder wendet dieser ein, rhetorisch unfähig zu sein, und erhält die gleiche Antwort, wie schon in Ex 4, 15–16: Mose soll für Aaron zum G*tt werden, und Aaron soll für ihn sprechen. Was das heißt, wird nun im Unterschied zu Ex 4, 15–16 erläutert: Aaron wird sein Prophet sein (Ex 7, 1). Es handelt sich damit um eine Steigerung von Moses Macht. Eine weitere Steigerung kann in dem Hinweis auf das hohe Alter der Protagonisten (Ex 7, 7) und den nun folgenden Reden, die durch wirkmächtige Zeichen, die im fortschreitenden Prozess der Erzählung immer gewaltiger werden, gesehen werden.

Die folgenden Abschnitte werden in der exegetischen Literatur seit langem als „Plagenerzählung" (Ex 7, 14–11, 10) bezeichnet. Die meisten der von JHWH geschickten Plagen werden mit Zeichenhandlungen verbunden. Folgender Ablauf wiederholt sich neun Mal: Die Zeichen bzw. Plagen werden zunächst von JHWH

Mose angekündigt, jeweils durch Mose und Aaron an den Pharao weitergegeben, der zunächst erlaubt, das Volk ziehen zu lassen, dies aber dann wieder zurücknimmt. Begründet wird sein Handeln zunächst damit, dass der Pharao sein Herz verhärtet habe (Ex 8, 11) bzw. in einer weiteren Steigerung, dass JHWH das Herz Pharaos verhärtet habe (Ex 9, 12).

4 Keine Credibilität durch Zeichen und Wunder, die auch die ägyptischen Magier bewirken können

Für das erste Zeichen wird Aaron aufgefordert, durch Berührung aller Wasserstellen mit dem Stab, der zuvor in eine Schlange verwandelt wurde, das Wasser in Blut zu verwandeln (Ex 7, 14–24). Bei der zweiten Plage kommen die Frösche aus dem Wasser, nachdem Aaron seine Hand mit diesem Stab über die Gewässer Ägyptens ausgestreckt hat (Ex 8, 1–2). Die ersten beiden Zeichen – das Wasser des Nils in Blut verwandeln, Frösche, die aus Flüssen, Kanälen und Teichen kommen und das ganze Land bedecken – können auch von den Zauberern und Magiern der Ägypter vollbracht werden (Ex 7, 22; 8, 3; vgl. 7, 11f.). Sie können nicht überzeugen. Das Herz Pharaos bleibt starrsinnig, und die Plagen werden wieder zurückgenommen.

5 Keine Credibilität durch weitere Plagen und Zeichenhandlungen

Die nachfolgenden drei Plagen sind Stechmücken (Ex 8, 12–15), Ungeziefer, das sich in den Häusern und Palästen festsetzt (Ex 8, 16–28), und eine Viehpest, von der nur die ägyptischen Tiere betroffen werden, die dadurch sterben (Ex 9, 1–7). Bei diesen Zeichen der Machtdemonstration versagt die Kunst der ägyptischen Magier. Bei der dritten Plage schlägt Aaron mit dem Stab den Staub der Erde, bevor die Stechmücken kommen (Ex 8, 12–13); Plage vier, Ungeziefer, und fünf, Viehpest, kommen ohne Zeichenhandlung aus.

Umso eindrücklicher ist die Zeichenhandlung bei der sechsten Plage, den aufbrechenden Geschwüren (Ex 9, 8–10):[2] Mose und Aaron werden aufgefordert, ihre Hände mit Ofenruß zu füllen und diesen vor den Augen des Pharao himmelwärts zu werfen (Ex 9, 8).

---

2 Vgl. zu den Einzelheiten der Übersetzung: Helmut Utzschneider/Wolfgang Oswald, Exodus 1–15 (= Internationaler Exegetischer Kommentar zum Alten Testament), Stuttgart 2013, 219.

Für die siebte Plage wird Mose aufgefordert, seine Hand gegen den Himmel zu strecken, um den Hagel kommen zu lassen (Ex 9, 22); für die achte Plage streckt Mose seine Hand aus über das Land Ägypten, um die Heuschrecken kommen zu lassen (Ex 10, 12); und um die neunte Plage, Finsternis, über das Land Ägypten kommen zu lassen, soll Mose wiederum seine Hand gegen den Himmel strecken (Ex 10, 21).

6 Credibilität JHWHs durch die Tötung der Erstgeburt

Die Ankündigung der zehnten und letzten Plage (Ex 11, 1–10) übertrifft alles, was zuvor gesagt wurde: JHWH wird um Mitternacht durch das Land ziehen und sämtliche männliche Erstgeborenen töten, von der obersten Hierarchie des ägyptisch-pharaonischen Kyriarchats angefangen bis zur untersten Sklavin, nämlich der Sklavin, die hinter den Mahlsteinen hockt. Der Pharao hat seine vorherrschende Stellung verloren. Es wird unterschiedslos alle treffen, selbst das Vieh (Ex 11, 7). Diese „Egalisierung" des Todes erscheint erst recht auf dem Hintergrund der ägyptischen Königsideologie anstößig: Hiernach vollzieht der Pharao nach seinem Tod einen „Himmelsaufstieg in die Welt der Götter"[3]. Es findet also nicht nur eine Egalisierung, sondern auch eine völlige „Vermenschlichung", ja, sogar „Verweiblichung" Pharaos statt, der auf eine Stufe mit der niedrigsten Sklavin gestellt wird. Eine größere Entmachtung und Erniedrigung als die Feminisierung auf der niedrigsten Stufe ist in einer kyriarchalen Welt kaum vorstellbar.

Diese letzte, brutale Plage trifft nur das ägyptische Volk. Die Menschen Israels, zu denen auch ihr Vieh gehört (Ex 11, 7), werden verschont werden. Auch dies geschieht nicht allein durch das Wort, sondern wiederum durch eine Zeichenhandlung, die ätiologisch mit der Einsetzung des Passa-Mazzot-Fests verbunden wird: Ein makelloses, männliches Tier, Schaf oder Ziege, soll geschlachtet werden, und das Blut an den Häusern soll ein „Zeichen" des Schutzes sein an den Häusern der Gemeinde (Ex 12, 13). Erst nachdem auch die Ankündigung dieser Tat durch eine wirkmächtige Zeichenhandlung beglaubigt wird und sämtliche erstgeborenen Söhne der Ägypter, selbst die der Gefangenen und die Erstgeburt des Viehs, um Mitternacht sterben (Ex 12, 29), ruft Pharao Mose und Aaron ein letztes Mal zu sich und lässt sie ziehen.

---

3 Vgl. Utzschneider/Oswald, Exodus 1–15, 238.

7 Fazit

Nach dem Duktus der Erzählung wäre also der Exodus, d. h. die Befreiung Israels aus der unterdrückenden Hand der Ägypter, ohne die durch nonverbale Zeichenhandlungen hervorgerufenen, beglaubigenden Wunderwirkungen nicht möglich gewesen. In diesem Zusammenhang ließe sich noch einmal zwischen Zeichenhandlungen, welche eine wunderbare Heilswirkung haben oder apotropäisch schützen, und denen, welche eine machtvolle Unheilswirkung hervorrufen, unterscheiden. In Moses Machtdemonstration gegen seinen Feind Pharao verleiht gerade diese furchterregende, grausame Seite spiritueller Macht seinen Worten ihre letztlich siegreiche Credibilität. Allein durchs Wort, ohne machtvolle Zeichen und Wunder, ist jedenfalls in der archaischen biblischen Welt des Alten Testament die Credibilität einer G*ttheit kaum vorstellbar.

Michael Pietsch
Die Kunst der Überzeugung: Propaganda und Rhetorik in der Rede des *rab šāqeh* (2 Kön 18, 17–36)

1 Einleitung

Das Wesen der Rhetorik kann im Anschluss an ihre bekannte Definition bei Aristoteles als *Pithanologie*, als die Kunstlehre der Überzeugung, beschrieben werden.[1] Wie Peter Oesterreich mit Recht herausgestellt hat, bezeichnet der aristotelische Begriff des Glaubhaften (πιθανόν) „die spezifische Differenz der Rhetorik zu allen anderen Künsten ... Das Pithanon bildet somit das eigentliche Definiens der Aristotelischen Rhetorikdefinition ... Hinblickend auf das Pithanon bildet die Erzeugung von interpersonal verbindlicher Credibilität die eigentliche Absicht der Rhetorik."[2] Die (öffentliche) Rede zielt auf die Zustimmung ihrer Adressaten ab. Dazu bedient sie sich einer gewissen Kunstfertigkeit (τέχνη), die neben einer plausiblen Darstellung des Gegenstandes, über den geredet wird, besonders die Relation zwischen dem Redner und seinen Adressaten berücksichtigt, die für den Erfolg der Argumentation ausschlaggebend ist. „So gibt es nach Aristoteles drei grundlegende Beglaubigungsquellen der Rede: erstens der *Charakter des Redners* (ἦθος), zweitens die *Stimmung* (πάθος) der Hörer und schließlich drittens die *Rede* (λόγος) *selbst.*"[3]

Diese drei Beglaubigungsmittel werden in der aristotelischen Rhetorik weiter systematisch entfaltet. In der Pragmatologie tritt die argumentative Schlüssigkeit der Rede in den Vordergrund, deren pithanologische Wirkung auf der deiktischen Funktion jeder artikulierten Rede beruht, mittels derer der in Rede stehende Gegenstand in seiner Eigenart vorgestellt wird. Dabei kommt dem endoxalen Anknüpfungsprinzip besondere Bedeutung zu. Die Rede knüpft an allgemeine Wissensbestände oder Überzeugungen an, „um ... dem von ihr vertretenen jeweiligen ‚Pragma' Geltung und Zustimmung zu verschaffen"[4]. Der Schluss vom Allgemeinen auf das Besondere kann unter spezifischen, auf den besonderen Gegenstand der Rede bezogenen oder unter generellen, verfahrenstechnischen Gesichtspunkten (τόποι) erfol-

---
1 Ἔστω δὴ ῥητορικὴ δύναμις ἕκαστον τοῦ θεωρῆσαι τὸ ἐνδεχόμενον πιθανόν (Arist. rhet. 1355b).
2 Peter L. Oesterreich, Pithanologie. Fundamentalrhetorische Überlegungen zur Aktualität der rhetorischen Glaubenslehre des Aristoteles, in: Martin Fritz/Regina Fritz (Hg.), Sprachen des Glaubens. Philosophische und theologische Perspektiven (= Theologische Akzente 7), Stuttgart 2013, 36–52; hier: 39f.
3 Oesterreich, Pithanologie, 40 (Hervorhebung im Original).
4 Oesterreich, Pithanologie, 42.

gen. Von letzteren können nochmals die universellen *topoi* unterschieden werden, der *topos* der Potentialität, der die Veränderbarkeit der Verhältnisse zum Ausdruck bringt, bzw. der Amplifikation, der perspektivischen Vergrößerung oder Verkleinerung, der eine Umwertung der Werte induziert.[5]

Die Pathelogie bedenkt den Umstand, dass die Stimmungen und Affekte, in denen sich die Adressaten einer Rede befinden, ihr Urteil über den dargebotenen Gegenstand entscheidend beeinflussen, „denn wir geben die Urteile nicht in gleicher Weise ab, wenn wir traurig und freudig sind oder wenn wir lieben und hassen"[6]. Daher soll der Redner die Affekte und Stimmungen seiner Adressaten angesichts des Gegenstands, der interpersonalen Konstellation und der Begleitumstände seiner Rede sorgfältig analysieren. Er kann vorhandene Stimmungen im Vortrag aufnehmen und verstärken bzw. mittels rhetorischer Imagination Affekte erzeugen, die seiner Absicht günstig sind. „Die Rhetorik des Aristoteles überlässt das Gestimmtsein der Hörer damit nicht dem Zufall, sondern macht es zum Gegenstand methodischer rednerischer Kunstfertigkeit."[7] Dabei ist jedoch zu beachten, dass das πάθος in der Rhetorik des Aristoteles kein individuelles Gefühl bezeichnet, „sondern das redeerzeugte Gestimmtsein des Menschen ... im interpersonalen Zusammenhang seines Gemeinwesens"[8]. Darin spiegelt sich nicht zuletzt der Öffentlichkeitsbezug der aristotelischen Rhetorik wider.

Über den Charakter oder das Ethos des Redners kann Aristoteles sogar behaupten, dass er die bedeutendste Überzeugungskraft besitzt, „denn wir glauben den Tugendhaften mehr und eher, zwar bei jeder Sache im Allgemeinen, besonders aber bei solchen Gegenständen, bei denen es nichts Genaues, sondern nur Zweifelhaftes gibt"[9]. Dafür ist jedoch weniger die soziale Stellung oder die moralische Qualität des Rhetors entscheidend, die der eigentlichen Rede vorausliegt, sondern der Eindruck von sich selbst, den der Redner bei den Adressaten im Vollzug der Rede hervorruft.[10] Das Rednerethos entsteht „aus der Fremdwahrnehmung ... des Redenden vonseiten der Hörer"[11]. Dafür spielen vor allem drei Gesichtspunkte eine Rolle: a) Versteht der Redner etwas von der Sache, über die er spricht, ist er einsichtsvoll? b) Sagt er, was er wirklich meint, ist er aufrichtig gegenüber den Adressaten? c) Vertritt er die Interessen der Angesprochenen, ist er ihnen wohlwollend gesinnt?[12] „Somit besitzt der

---

5 Vgl. Arist. rhet. 1391b.
6 Arist. rhet. 1356a.
7 Oesterreich, Pithanologie, 45.
8 Oesterreich, Pithanologie, 45.
9 Arist. rhet. 1356a.
10 „Rhetorikrelevant erweist sich in Hinsicht auf das Ethos ... sein genetischer und technisch erzeugbarer Anteil" (Oesterreich, Pithanologie, 46).
11 Oesterreich, Pithanologie, 47.
12 Vgl. Arist. rhet. 1378a.

Charakter des Redners insgesamt Glaubwürdigkeit, wenn er seine Sache versteht, aufrichtig ist und sich vollständig im Sinne der Hörerinteressen mitteilt."[13]

Ausgehend von der fundamentalrhetorischen und anthropologischen Einsicht, dass menschliche Überzeugungen auf rhetorisch induzierten Akten (inter-)subjektiver Identifikationsleistungen beruhen, die mittels logischer, affektiver und ethischer Beglaubigungsmittel erzeugt werden,[14] soll das pithanologische Rhetorikverständnis des Aristoteles im Folgenden herangezogen werden, um die argumentative Struktur und die diskursive Pragmatik der zweigeteilten Rede des *rab šāqeh* vor den Toren der belagerten Stadt Jerusalem in 2 Kön 18, 17–36 genauer zu analysieren und nach den Ursachen für den Misserfolg des assyrischen Unterhändlers zu fragen.[15] Dafür ist zuerst die rhetorische Disposition der Rede und ihr narratives *setting* zu rekonstruieren (2.), bevor in einem zweiten Schritt ihre pithanologische Qualität vor dem Hintergrund vergleichbarer altorientalischer Kriegsrhetorik untersucht werden soll (3.). Ihr Charakter als literarische Komposition macht es sodann nötig, ihre Funktion in der historiographischen Gesamtkonzeption der Erzählung in 2 Kön 18f. näher zu bestimmen (4.).

2 Die rhetorische Disposition der Rede des *rab šāqeh*

Die Rede des *rab šāqeh*, eines hohen assyrischen Beamten, der mit zivilen wie militärischen Aufgaben betraut war,[16] gehört gemäß der erzählten Welt des biblischen Narrativs in den Ereigniszusammenhang des dritten Feldzugs Sanheribs (704–681 vor Christus), den dieser im Jahr 701 vor Christus gegen eine Koalition südpalästinischer Vasallenstaaten unternahm, an der Hiskia von Juda federführend beteiligt

---

13 Oesterreich, Pithanologie, 47.
14 Vgl. Oesterreich, Pithanologie, 49f.
15 Der unbestrittene Tatbestand, dass die aristotelische Rhetorik als eine (sekundäre) Theorie des öffentlichen Rede*vollzugs* konzipiert ist, die biblischen Reden hingegen durchweg als originär *literarische* Bildungen gelesen werden müssen, spricht noch nicht gegen dieses Verfahren, insofern die aristotelischen Kriterien für die pithanologische Qualität einer Rede auch für die Analyse biblischer Redekompositionen aufschlussreich sein können. Auf den Beitrag, den die Berücksichtigung antiker Rhetorikkonzeptionen zur Analyse biblischer Rede- und Argumentationsstrukturen leisten kann, hat jüngst Davida Charney am Beispiel der Individualpsalmen nachdrücklich aufmerksam gemacht (vgl. Davida Charney, Persuading God. Rhetorical Studies of First-Person-Psalms [= Hebrew Bible Monographs 73], Sheffield 2015). Den Hinweis auf die Studien Charneys und weitere hilfreiche Anregungen verdanke ich dem Kollegen und Freund Friedhelm Hartenstein (München).
16 Vgl. William R. Gallagher, Sennacherib's Campaign to Judah. New Studies (= Studies in the History and Culture of the Ancient Near East 18), Leiden/Boston/Köln 1999, 165f.

war.¹⁷ Nachdem der Assyrer eine Vielzahl befestigter judäischer Siedlungen erobert hat,¹⁸ schickt er eine Gesandtschaft nach Jerusalem, die Kapitulationsverhandlungen mit Hiskia führen soll. Damit ist der dramaturgische Ort für die Rede des *rab šāqeh* bezeichnet. Ihr kommunikationspragmatischer „Sitz im Leben" ist die Situation der Belagerung einer befestigten Stadt, deren Verteidiger zur Aufgabe des Widerstands bewegt werden sollen. Die Argumentation greift auf stereotype Mittel propagandistischer Kriegsrhetorik zurück, ohne dass daraus jedoch auf eine vorgegebene „Gattung" der Belagerungsrede geschlossen werden muss.¹⁹ Die dreiköpfige Delegation des neuassyrischen Königs, zu der neben ihrem Sprecher, dem *rab šāqeh*, noch zwei weitere hochrangige Militärs gehören, trifft vor der Stadt, „am Kanal des oberen Teiches, der an der Straße zum Walkerfeld (lag)" (V. 17, vgl. Jes 7, 3), auf die Abgesandten Hiskias.²⁰

Die Rede selbst besitzt zwei Teile, die durch einen kurzen Dialog zwischen dem *rab šāqeh* und Eljakim, dem Wortführer der Gesandtschaft Hiskias, in V. 26f. unterbrochen werden. Diese Unterbrechung geht mit einem Adressatenwechsel einher. War der erste Teil der Rede an Hiskia gerichtet (V. 19–25), so wendet sich der Assyrer im zweiten Teil an das (Kriegs-)Volk, das der Szene auf der Stadtmauer beiwohnt (V. 28–35). Man hat daher häufig von zwei Reden des *rab šāqeh* gesprochen, zumal

---

17 Die historischen Probleme hat zuletzt Erasmus Gaß, Im Strudel der assyrischen Krise (2. Könige 18–19). Ein Beispiel biblischer Geschichtsdeutung (= Biblisch-Theologische Studien 166), Neukirchen-Vluyn 2016, 91–153, eingehend diskutiert.
18 In den Annalen Sanheribs ist von 46 befestigten Städten und zahllosen kleineren Ortslagen in deren Umgebung die Rede, die der König erobert haben will (Rassam-Zylinder 49, vgl. A. Kirk Grayson/Jamie Novotny, The Royal Inscriptions of Sennacherib, King of Assyria [704–681 BC], Part 1 [= The Royal Inscriptions of the Neo-Assyrian Period 3/1], Winona Lake 2012, 65).
19 Ehud Ben Zvi, Who Wrote the Speech of Rabshakeh and When?, in: Journal of Biblical Literature 109 (1990) 79–92; hier: 81, hat aus einem Vergleich der Rede des *rab šāqeh* mit Reden bei Flavius Josephus (vgl. Bell. Jud. 6.2.1, § 96–110; 6.6.2, § 327–350) und Beispielen neuzeitlicher Kriegspropaganda die Existenz einer Gattung „besieger's speech" erschlossen „characterized by a specific setting (either real or literary), by an identifiable intention, and by the recurrence of certain literary elements". Zugunsten dieser Annahme kann darauf verwiesen werden, dass aus Ägypten, Mesopotamien und Griechenland zahlreiche literarische (und ikonographische?) Belege existieren, die den Brauch von diplomatischen Unterhandlungen im Fall einer Belagerung bestätigen (vgl. Peter Höffken, Die Rede des Rabsake vor Jerusalem [2 Kön. xviii / Jes. xxxvi] im Kontext anderer Kapitulationsforderungen, in: Vetus Testamentum 58 [2008] 44–55). Ein gemeinsames Formschema, das die Rede von einer spezifischen literarischen Gattung rechtfertigen würde, ist jedoch nicht erkennbar.
20 Die Ortsangabe setzt bei den Erstadressaten eine genaue Kenntnis der Topographie Jerusalems voraus, ohne dass es bisher gelungen wäre, die Stelle sicher zu lokalisieren (vgl. Mordechai Cogan/Hayim Tadmor, II Kings. A New Translation with Introduction and Commentary [= The Anchor Bible 11], New York 1988, 230). Mindestens für die Parallelüberlieferung in Jes 36, 3 kann erwogen werden, ob mittels der Ortsangabe eine intertextuelle Referenz auf Jes 7, 3 beabsichtigt ist, so dass die Rede des *rab šāqeh* vor dem Hintergrund der Mahnung des Propheten Jesaja zu hören wäre, der Ahas, den Vater Hiskias, vor jeglichem Bündnis mit den Assyrern gewarnt und ihn zum Vertrauen auf Jhwh aufgefordert hatte.

die Argumentation im zweiten Redeteil gegenüber dem ersten signifikant abweicht.[21] Dabei wird jedoch meist übersehen, dass der Gedankengang des zweiten Teils die Argumentation des ersten zwingend voraussetzt und weiterführt. Stehen im ersten Redeteil pragmatologische Gesichtspunkte im Vordergrund, so liegt der Akzent im zweiten Abschnitt auf der interpersonalen Relation zwischen dem Sprecher und seinen Adressaten. Die Rede muss also als kompositorische Einheit begriffen werden.[22] Dafür spricht nicht zuletzt der Umstand, dass das Ersuchen der Jerusalemer Delegation, der *rab šāqeh* möge Aramäisch mit ihnen sprechen, das in den westlichen Provinzen des assyrischen Herrschaftsgebietes als Verwaltungssprache in Gebrauch war, statt – weiter – auf Judäisch (= Hebräisch) zu reden, voraussetzt, dass das anwesende (Kriegs-)Volk bereits den ersten Redeteil mitgehört hat. Der Adressatenwechsel markiert mithin einen Wechsel in der Sprech*perspektive*, jedoch keine Einleitung einer neuen, selbstständigen Rede.

Die rhetorische Struktur des ersten Redeteils erscheint auf den ersten Blick teilweise undurchsichtig. Dies liegt vor allem an der gestörten Phorik in V. 22–25, so dass unklar bleibt, wer hier zu wem spricht.[23] Vielleicht kann die Berücksichtigung der unterschiedlichen Kommunikationsebenen der Rede etwas Licht in das Dunkel bringen.[24] Auf der ersten Kommunikationsebene wendet sich der *rab šāqeh* an die Abgesandten des judäischen Königshofes und fordert sie auf, Hiskia eine Nachricht zu überbringen (K_1, V. 19a*). Die zweite Kommunikationsebene konstituiert sich durch das Gegenüber der Gesandtschaft Hiskias und des Königs selbst. Sie besteht im Wortlaut lediglich aus der Zitations- bzw. Botenformel (K_2, V. 19b*), mit der das Wort des assyrischen Großkönigs eingeführt wird. Dieses ist an Hiskia adressiert und wird in V. 19b–21* mitgeteilt (K_3). In die Nachricht des Assyrers ist schließlich

---

21 Vgl. Ernst Würthwein, Die Bücher der Könige. 1. Kön. 17–2. Kön. 25 (= Das Alte Testament Deutsch 11/2), Göttingen 1984, 418f. In 2 Kön 19, 10–13 ist noch eine weitere Botschaft des assyrischen Königs an Hiskia überliefert, die jedoch von einer zweiten Gesandtschaft überbracht wird, deren Mitglieder nicht namentlich identifiziert werden. Die Nachricht, in der Hiskia erneut zur Kapitulation aufgefordert wird, ergeht in Schriftform (vgl. V. 14) und nimmt verschiedentlich auf die Rede des *rab šāqeh* Bezug, variiert deren Argumentation jedoch erkennbar und setzt narratologisch den Sieg der Assyrer über den ägyptisch-kuschitischen Heeresverband voraus, der die assyrischen Truppen zunächst zum Abzug von Jerusalem bewogen hatte (vgl. V. 8f.).
22 Darin liegt ein weiterer Hinweis darauf, dass die Rede des *rab šāqeh* eine genuin *literarische Bildung* ist, die unlöslich mit der narratologischen Disposition der *res gestae* Hiskias in 2 Kön 18f. verbunden ist.
23 Vgl. Jerome T. Walsh, The Rab Šāqēh between Rhetoric and Redaction, in: Journal of Biblical Literature 130 (2011) 263–279; hier: 265–268.
24 Vgl. Christof Hardmeier, Prophetie im Streit vor dem Untergang Judas. Erzählkommunikative Studien zur Entstehungssituation der Jesaja- und Jeremiaerzählungen in II Reg 18–20 und Jer 37–40 (= Beihefte zur Zeitschrift für die alttestamentliche Wissenschaft 187), Berlin/New York 1990, 330f. Die Ebene des Erzählers, der mit der Redeeinleitung zu Wort kommt (V. 19a*), bleibt bei der kommunikativen Analyse der Rede zunächst unberücksichtigt, spielt jedoch für ihre erzählpragmatische Funktion eine wichtige Rolle, auf die noch zurückzukommen sein wird.

ein (fiktives) Zitat Hiskias eingefügt, das die vierte und letzte Kommunikationsebene repräsentiert (K₄, V. 20a*).

> K₁   rab šāqeh (Sprecher) / Delegation Hiskias (Adressaten)
> K₂   Delegation Hiskias (Sprecher) / Hiskia (Adressat)
> K₃   König von Assyrien (Sprecher) / Hiskia (Adressat)
> K₄   Hiskia (Sprecher)[25]

In V. 22 wird die Ich-Rede fortgesetzt, so dass die Vermutung nahe liegt, als Sprecher sei weiterhin der assyrische König vorausgesetzt. Der Wechsel der Anredeform in den Plural (V. 22a*) könnte als Änderung der Sprechperspektive verstanden werden.[26] Die erzählkommunikative Analyse der voraufgehenden Verse spricht jedoch für die gegenläufige Annahme. Der Adressatenwechsel signalisiert eine Rückkehr zur ersten Kommunikationsebene (K₁), die durch das Gegenüber „ich (rab šāqeh) / ihr (Delegation Hiskias)" bestimmt ist.[27] Der rab šāqeh greift hier einen möglichen Einwand der Abgesandten des judäischen Königs auf, um ihn sogleich zu entkräften (V. 22b).

Mehr Schwierigkeiten bereitet der erneute Wechsel der Anrede in den Singular in V. 23f. In der Regel wird vermutet, dass hier wieder Hiskia angesprochen ist, der vom assyrischen Unterhändler zu einem „Wettstreit" aufgefordert wird. Der rab šāqeh würde sich dann direkt an Hiskia wenden und in erzählkommunikativer Hinsicht die Rolle der Gesandten des Königs übernehmen (K₂).[28] Alternativ wäre denkbar, dass der rab šāqeh in V. 23f. Eljakim, den Sprecher der judäischen Delegation (vgl. V. 26f.), anspricht, so dass die Rede auf der ersten Kommunikationsebene fort-

---

25 Der Adressat im Zitat Hiskias bleibt unmarkiert. Der Sache nach ist an ein Selbstgespräch bzw. einen inneren Entschluss des Königs zu denken. Bereits dieser Umstand belegt, dass es sich um ein fiktives Zitat handelt.
26 Vgl. Walsh, The Rab Šāqēh between Rhetoric and Redaction, 270f., der seine rhetorische Analyse des Textes jedoch mit einer fragwürdigen redaktionsgeschichtlichen Interpretation verbindet, die ihn dazu nötigt, zwischen V. 22a und V. 22b einen Sprecherwechsel vom assyrischen König zum rab šāqeh zu postulieren, ohne dass es dafür im Text einen zwingenden Grund gäbe (es sei denn, man wollte den Wechsel von der zweiten zur dritten Person maskulin Singular mit Blick auf Hiskia als solchen ansehen). In den Versionen (Septuaginta, Peschitta) und in der Parallelerzählung Jes 36, 7 wird die Anrede in der zweiten Person maskulin Singular in V. 22a fortgeführt, so dass die Sprecher-Adressaten-Konstellation der dritten Kommunikationsebene weiter besteht. Die Angleichung der Phorik dürfte jedoch auf eine sekundäre Harmonisierung zurückzuführen sein und kann keine textgeschichtliche Priorität beanspruchen.
27 Vgl. Hardmeier, Prophetie im Streit, 332.
28 Vgl. Hardmeier, Prophetie im Streit, 332; Walsh, The Rab Šāqēh between Rhetoric and Redaktion, 270f., der jedoch aus sachlichen Erwägungen in V. 23b ein unmarkiertes Zitat des assyrischen Großkönigs vermutet.

gesetzt würde.²⁹ Dagegen kann kaum der Sachgehalt der Aussage in V. 23f. angeführt werden, in denen der *rab šāqeh* in gleicher Weise als Repräsentant Sanheribs agiert wie Eljakim als Vertreter Hiskias. Schwierig bliebe in diesem Fall einzig der Rückgriff auf die Vertrauensaussage aus V. 21a in V. 24b, die dort auf Hiskia gemünzt ist und hier in Handlungseinheit mit dem König auf dessen höchsten Repräsentanten übertragen worden wäre. Die vorausgesetzte Situation der Verhandlungsführung durch Unterhändler schließt dies jedoch gerade nicht aus. Hatten die Worte des assyrischen Großkönigs an Hiskia dessen Hoffnung auf militärische Unterstützung seitens der Ägypter als illusorisch entlarvt, so macht der assyrische Heerführer gegenüber dem judäischen Hofbeamten klar, dass er nicht einmal über die nötige Truppenstärke verfügt, um die erhoffte ägyptische Waffenhilfe militärisch nutzen zu können.

Obwohl keine Anzeichen für einen Sprecherwechsel vorliegen, wird häufig vorausgesetzt, dass in V. 25 wieder der assyrische König zu Wort kommt, so dass hier ein Wechsel auf die dritte Kommunikationsebene (K_3) anzunehmen wäre.³⁰ In die Rede Sanheribs ist erneut ein Fremdzitat eingeschlossen (V. 25b), dieses Mal ein Wort Jhwhs an den assyrischen Großkönig, so dass sich die erzählkommunikative Struktur aus V. 19–21 in V. 22–25 wiederholen würde.³¹ Diese Auffassung beruht jedoch vor allem auf der Annahme, der Anspruch, Jhwh selbst habe den Assyrer zum Feldzug gegen „dieses Land" (= Juda) beauftragt, könne nur im Munde des Großkönigs selbst erhoben werden.³² Dies ist aber schon deshalb fragwürdig, weil der Gedanke, die Assyrer würden bei ihren Strafexpeditionen gegen aufrührerische Vasallen (auch) im Auftrag der jeweiligen Landesgötter handeln, in der neuassyrischen Herrschaftsideologie verbreitet und kein Grund ersichtlich ist, weshalb er von einem hohen Militärbeamten nicht übernommen worden sein sollte.³³ Mit der Identifikation des Sprechers als Sanherib geht in der Regel die Gleichsetzung des Adressaten mit Hiskia einher, der bereits in V. 23f. angesprochen gewesen sei. Ist letzteres schon nicht zweifelsfrei zu erweisen, so fällt auf, dass der Adressat in V. 25 unmarkiert bleibt. Inhaltlich nimmt der Vers die Argumentation aus V. 22 auf und führt sie weiter: Jhwhs Zorn über die Beseitigung seiner Kultstätten durch Hiskia habe ihn

---

29 Diese Möglichkeit gerät kaum in den Blick, weil erzählkommunikativ häufig nicht zwischen der direkten Anrede des *rab šāqeh* an Hiskia in V. 23f. und der durch die Boten vermittelten Anrede in V. 19a* unterschieden wird, obwohl diese Differenz in V. 19a als eigene Sprecher-Adressaten-Konstellation eingeführt worden ist. Der gleiche Einwand ist gegen die Auffassung zu erheben, Sanherib und sein Unterhändler seien in textstrategischer Hinsicht austauschbar und würden mit einer Stimme sprechen, so sehr dies in narratologischer Hinsicht zweifellos zutrifft.
30 Vgl. Hardmeier, Prophetie im Streit, 332; Walsh, The Rab Šāqēh between Rhetoric and Redaction, 270.
31 Vgl. Hardmeier, Prophetie im Streit, 332.
32 Vgl. Walsh, The Rab Šāqēh between Rhetoric and Redaction, 271²¹.
33 Vgl. Gallagher, Sennacherib's Campaign to Judah, 193–197.

veranlasst, das neuassyrische Heer zur Bestrafung Judas (und seines Königs) einzusetzen. Die Einführung dieses Arguments war aber in V. 22 mit einer Rückkehr auf die erste Kommunikationsebene verbunden, so dass die Vermutung nahe liegt, für V. 25 dieselbe Kommunikationsebene anzunehmen, zumal der Wortlaut nicht dagegen spricht.

Dann könnten V. 22–25 insgesamt als Auseinandersetzung zwischen dem *rab šāqeh* und Eljakim und seinen Begleitern gelesen werden, in der das Motiv der jahwistischen Legitimation des assyrischen Feldzugs gegen Juda in den Vordergrund tritt, das rahmend um den Aufweis der militärischen Ohnmacht der judäischen Streitkräfte gelegt ist. Unter dieser Voraussetzung wären auch die beiden Fremdzitate in V. 22a und V. 25b, die das Stück eröffnen bzw. beschließen, komplementär aufeinander zu beziehen: Das Vertrauen der Judäer in Jhwh wird durch dessen Aufforderung, das Land zu zerstören, *ad absurdum* geführt. Diese Deutung findet einen weiteren Anhalt an den makrosyntaktischen Signalen, durch die in V. 23 und V. 25, jeweils mit der emphatischen Partikel ʿ*attāh*, ein rhetorischer Neueinsatz markiert wird, so dass eine palindromische Struktur entsteht.[34]

    A   Vertrauen auf Jhwh (V. 22)
       B   Militärische Ohnmacht Judas (V. 23f.)
  A'   Beauftragung der Assyrer durch Jhwh (V. 25)

Der zweite Redeteil, in dem der *rab šāqeh* sich direkt an das (Kriegs-)Volk wendet (vgl. V. 28a),[35] führt eine neue Sprecher-Adressaten-Konstellation ein, setzt jedoch argumentativ den ersten Redeabschnitt fort. Der Umstand, dass der Assyrer seine Worte ohne eine vermittelnde Instanz an die Adressaten richten kann, hat eine Reduktion der Kommunikationsebenen in V. 28–35 zur Folge. Auf der ersten Ebene spricht der *rab šāqeh* unmittelbar zu den Bewohnern Jerusalems (K_1, *rab šāqeh* / Volk). Die zweite Sprecher-Adressaten-Konstellation wird durch den assyrischen Großkönig und das Volk repräsentiert (K_2, Sanherib / Volk), die dritte durch das Gegenüber Hiskias zum Volk (K_3, Hiskia / Volk). Das (Kriegs-)Volk ist also auf allen drei Kommunikationsebenen der Adressat der Rede. Ist die Adressatenseite eindeutig markiert, so trifft dies für die Sprecherseite nicht in gleichem Maße zu, woraus sich eine gewisse Unschärfe in der rhetorischen Disposition dieses Redeteils erklärt. Weithin unstritten ist die Unterscheidung zweier Hauptteile der Rede, die durch

---

[34] Die vorwiegend an thematischen Gesichtspunkten orientierte Strukturanalyse des ersten Redeteils bei Burke O. Long, 2 Kings (= The Forms of the Old Testament Literature 10), Grand Rapids 1991, 213, identifiziert eine doppelt wiederholte Argumentationslinie, die dem Schema ABA'B' folgt: Vertrauen auf Ägypten (V. 19–21 // V. 23f.). – Vertrauen auf Jhwh (V. 22 // V. 25).

[35] Der öffentliche Charakter des zweiten Redeteils wird durch die narrative Redeeinführung deutlich markiert, indem der *rab šāqeh* sich dem (Kriegs-)Volk auf der Stadtmauer eigens zuwendet und es „mit lauter Stimme" auf Judäisch anspricht (vgl. V. 26f.).

einen Höraufruf mit folgender Zitat- bzw. Botenformel im Munde des *rab šāqeh* eingeleitet werden (K₁, vgl. V. 28b–29a*; V. 31a.b*) und antithetisch aufeinander bezogen sind.[36] An den Höraufruf schließt sich jeweils das Zitat eines Wortes des neuassyrischen Königs an, dessen genaue Abgrenzung im zweiten Teil jedoch unsicher ist.

Das erste Wort Sanheribs rekapituliert stark verkürzt die Argumentation des ersten Redeteils: Weder Hiskia noch Jhwh werden Jerusalem aus der Gewalt des Assyrers retten. Das Vertrauensmotiv (*bṭḥ*, V. 30), das in der Adresse an Hiskia Leitwortfunktion besessen hat,[37] wird durch die Verbalwurzel *nāṣal* („retten", V. 29f.), das Leitwort des zweiten Redeteils, aufgenommen und weitergeführt. Die Adressaten haben keine Rettung zu erwarten. Die Ursachen dafür, die militärische Ohnmacht Hiskias und der tödliche Zorn Jhwhs, werden nicht nochmals erwähnt. Dies erklärt sich rhetorisch nur dann plausibel, wenn der Sprecher bei seinen Adressaten die Ausführungen des ersten Redeteils voraussetzen kann, was durch die szenische Struktur der Episode noch unterstrichen wird. Der zweite Höraufruf ist negativ formuliert („Hört nicht auf Hiskia ...", V. 31a) und bildet rhetorisch das Gegenstück zur Aufforderung des *rab šāqeh*, das Wort des Königs von Assyrien zu hören (vgl. V. 28b).[38] Dies wird einerseits durch den Umstand illustriert, dass der Vetitiv die Konsequenz formuliert, die aus der vorangegangenen Mahnung folgt, sich von Hiskia nicht über die wirklichen Machtverhältnisse täuschen zu lassen. Andererseits wird er mit einem weiteren Wort Sanheribs begründet, das die Adressaten zur Kapitulation auffordert, so dass sie (über-)leben (sprich: gerettet werden), statt sterben zu müssen (vgl. V. 31b–32a).

Unklar ist dagegen, ob die Wiederholung des Vetitivs in V. 32b die bestehende Sprecher-Adressaten-Konstellation fortsetzt oder ob die Rede hier wieder zur ersten Kommunikationsebene (K₁, *rab šāqeh* / Volk) zurückkehrt. Im ersten Fall gehörten auch V. 33–35 noch zum Zitat, und der gesamte zweite Redeteil bestünde aus zwei Worten des assyrischen Großkönigs an die Bewohner von Jerusalem, denen jeweils eine knappe Zitateinleitung durch den *rab šāqeh* vorangestellt ist. Dafür könnte sprechen, dass das Motiv der Täuschung in Verbindung mit der Hoffnung auf eine Rettung durch Jhwh bereits in V. 29f. im Munde Sanheribs begegnet, so dass dieser

---

36 Vgl. Long, 2 Kings, 214f., der in V. 28–35 die zweigliedrige, doppelte Struktur des ersten Redeteils nachgebildet findet (siehe oben Anm. 34), und Hardmeier, Prophetie im Streit, 356.
37 Die Wurzel *bṭḥ* kommt in V. 19–25 insgesamt 7-mal vor, davon 5-mal im Zitat des assyrischen Großkönigs in V. 19b–21 – mit Bezug auf Jhwh aber nur einmal in der kollektiven Selbstaussage der judäischen Gesandten (V. 22a).
38 Den Vetitiv in V. 31a noch zur Rede des Königs zu rechnen und lediglich für die Zitat- oder Botenformel, die ihn begründet, einen „Kurzwechsel" auf die erste Kommunikationsebene anzunehmen, wie es Hardmeier, Prophetie im Streit, 354, vorgeschlagen hat, besteht kein Anlass.

den Gedanken hier wieder aufnehmen und vertiefen würde.³⁹ Im anderen Fall wäre es der assyrische Unterhändler, der wie im ersten Redeteil nach der Übermittlung der königlichen Botschaft selbst das Wort ergreift und den Adressaten die Ausweglosigkeit ihrer Situation vor Augen stellt.⁴⁰ Wie immer man in dieser Frage urteilt, deutlich ist, dass mit dem Höraufruf in V. 32b ein neuer Abschnitt eröffnet wird,⁴¹ der mit dem verkürzten Zitat Hiskias aus V. 30 und dem Stichwort „retten" (5-mal in V. 32b–35) an den ersten anknüpft und gemeinsam mit ihm das Angebot Sanheribs rahmt, das Leben der Belagerten im Falle ihrer Kapitulation zu verschonen, so dass sich wiederum eine palindromische Struktur ergibt.

A   Jhwh wird *Jerusalem* nicht retten (*nṣl*, 3-mal), V. 29f.
  B   Sanherib verschont das Leben der Belagerten (Exil), V. 31–32a
A'   Jhwh wird *Jerusalem* nicht retten (*nṣl*, 5-mal), V. 32b–35

3   Rhetorik und Propaganda in der Rede des *rab šāqeh*

Die Rede des *rab šāqeh* ist in der jüngeren Forschung mehrfach auf ihre Nähe zur neuassyrischen Kriegspropaganda hin untersucht worden.⁴² Dabei konnte nachgewiesen werden, dass die Argumentation des assyrischen Unterhändlers tief in der sprachlichen Idiomatik und politischen Ideologie der neuassyrischen Herrschaftsrhetorik verwurzelt ist. Anders als in den meisten dieser Studien soll bei den folgenden Überlegungen das Augenmerk aber weniger auf das Problem der Historizität der Rede gerichtet werden als auf die rhetorischen Mittel, mit denen sie ihre Adressaten

---

39 Vgl. Hardmeier, Prophetie im Streit, 354f., der die beiden negativen Höraufrufe in V. 31a und V. 32b als pro-verbale Aufnahmen der beiden Vetitive in V. 29a und V. 30a interpretiert, die die dort eingeführten Argumentationslinien weiter entfalten.
40 Gegen diese Möglichkeit kann nicht eingewandt werden, dass sie „dazu zwingen würde", spätestens ab V. 34 „einen weiteren unvermittelten Übergang" auf die erste Kommunikationsebene anzunehmen (Hardmeier, Prophetie im Streit, 354), weil das Ich des Sprechers in V. 34f. nicht notwendig auf den neuassyrischen König bezogen werden muss.
41 Vgl. Hardmeier, Prophetie im Streit, 355. Dagegen hat Ben Zvi, Who Wrote the Speech, 87f., die inkludierende Funktion der beiden Vetitive in V. 31a und V. 32b betont und auf deren kohärenzbildende Funktion in V. 29–32 (4-mal *'al* + Jussiv) hingewiesen.
42 Vgl. u. a. Chaim Cohen, Neo-Assyrian Elements in the First Speech of the Biblical Rab-šāqê, in: Israel Oriental Studies 9 (1979) 32–48; Gallagher, Sennacherib's Campaign to Judah, 187–214, sowie Frederick Mario Fales, „To Speak Kindly to Him / Them" as Item of Assyrian Political Discourse, in: Mikko Luukko/Saana Svärd/Raija Mattila (Hg.), Of God(s), Trees, and Scholar. Neo-Assyrian and Related Studies in Honour of Simo Parpola, Helsinki 2009, 27–39; hier: 39[36].

in der „erzählten Welt" zu überzeugen versucht.[43] Dabei soll zunächst die innere Argumentationsstruktur der Rede selbst im Vordergrund stehen, bevor diese auf ihre erzählpragmatische Funktion in der Gesamterzählung von 2 Kön 18f. hin befragt wird. In einem ersten Schritt soll die Rede dagegen primär als *Figurenrede* der „erzählten Welt" betrachtet werden, in der die Perspektive des assyrischen Unterhändlers dominiert: Mit welchen Mitteln sucht der *rab šāqeh*, sein Gegenüber vom assyrischen Standpunkt zu überzeugen, und ist seine Argumentation in sich selbst plausibel? Um diese Fragen zu klären, soll auf die eingangs skizzierte Rhetorikkonzeption des Aristoteles zurückgegriffen werden, an dessen systematischer Dreiteilung der Beglaubigungsmittel in Pragmatologie, Pathelogie und Ethologie sich die vorliegende Darstellung orientiert.

3.1 Pragmatologie

Unter pragmatologischen Gesichtspunkten geht es vor allem um die thematische Stringenz und argumentative Schlüssigkeit der Rede, die für ihre Glaubwürdigkeit eine unverzichtbare Voraussetzung darstellt. Allerdings kommt es dabei nicht allein auf ihren objektiven Wahrheitsgehalt an, sondern auf ihre (inter-)subjektive Überzeugungskraft, um die Zustimmung der Adressaten zu gewinnen. Die Menschen glauben, was sie für wahr halten.[44]

Der Gegenstand der Rede des *rab šāqeh* ist der Aufweis der militärischen Überlegenheit der Assyrer, die jeden weiteren Widerstand der Jerusalemer Bevölkerung zwecklos erscheinen lassen muss. Diesem Ziel widmet sich besonders der erste Redeteil in V. 19–25, in dem der assyrische Unterhändler zunächst die politischen Voraussetzungen identifiziert, unter denen Hiskia seinen Aufstand begonnen hat, um diese sogleich wirkungsvoll zu entkräften. Mit dem Stilmittel der rhetorischen Frage, die den Adressaten die zwingende Logik der rhetorischen Argumentation vor Augen führen soll, entlarvt er die militärische Bündnispolitik Hiskias als verfehlt

---

[43] Auf den Umstand, dass die historische Plausibilität der „erzählten Welt" für sich noch keinen Rückschluss auf die Historizität des Berichteten erlaubt, hat bereits Ben Zvi, Who Wrote the Speech, 81f. mit Anm. 13, mit Recht hingewiesen. Die literarkritischen Probleme in 2 Kön 18, 17–36 hat zuletzt Gaß, Im Strudel der assyrischen Krise, 190–226, ausführlich diskutiert. Sie können hier zurückgestellt werden, doch sei wenigstens an die bedenkenswerte Mahnung von Hardmeier, Prophetie im Streit, 358, erinnert, dass viele redaktionsgeschichtliche Interpretationen der Rede des *rab šāqeh* darunter leiden, dass sie historische und literaturgeschichtliche Argumentationslinien bei der Suche nach den *ipsissima verba* unzulässig vermengen, ohne dass die rhetorische Disposition der Rede in ihrem Eigensinn zur Kenntnis genommen würde.
[44] Insofern muss die Einschätzung des Aristoteles, dass „wir am ehesten geneigt sind, das zu glauben, was bewiesen ist" (vgl. Arist. rhet. 1355a), präzisiert werden. Diese Präzisierung liegt jedoch ganz auf der Linie der aristotelischen Rhetorik, wenn diese das Ethos des Redners als das wichtigste Beglaubigungsmittel herausstellt (siehe oben Anm. 9).

(V. 19–21).⁴⁵ Wie andere rebellische Könige vor und nach Hiskia hat er auf einen mächtigen Verbündeten vertraut (*bṭḥ*!), mit dessen Hilfe er das assyrische Joch abschütteln wollte. Der Vorwurf gegenüber ihren Gegnern, sie hätten auf die eigene militärische Stärke, den Schutz ihrer befestigten Städte oder einen mächtigen Verbündeten vertraut (akk. *takālu*), gehört zum festen Inventar der Kriegsrhetorik der neuassyrischen Könige und steht im Gegensatz zu deren Vertrauen auf Assur, den Staatsgott der Assyrer.⁴⁶ Der *rab šāqeh* greift also einerseits die Idiomatik neuassyrischer Militärpropaganda auf, andererseits legt er mittels des Selbstzitats Hiskias (V. 20a) dessen militärische Strategie vor den Ohren der Angesprochenen offen⁴⁷ und erweist sich damit als intimer Kenner der politischen Verhältnisse.⁴⁸ Er weiß um die Zusage fremder Waffenhilfe, die Hiskia zum Schritt der Rebellion gegen Assyrien bewogen hat. Aber in der Wendung *dᵉbar śᵉpātajim*, mit der auf die judäischen Geheimverhandlungen mit Ägypten angespielt wird, klingt nach Ausweis des übrigen alttestamentlichen Sprachgebrauchs bereits die Brüchigkeit dieser Allianz an: Die versprochene Waffenhilfe ist nichts weiter als „leeres Gerede" (vgl. Prov 14, 26).⁴⁹

Dies wird durch eine zweite rhetorische Frage präzisiert (V. 20b), deren Beantwortung Ägypten als den Verbündeten Hiskias identifiziert und im gleichen Atemzug diskreditiert.⁵⁰ Das Bildwort vom zerbrochenen Rohrstab begegnet häufiger in der neuassyrischen Kriegsrhetorik und bezeichnet dort die militärische Unterwerfung der feindlichen Könige. „Thus a typical expression for defeating Assyria's enemies in the Neo-Assyrian annals is *kīma qanê ḫuṣṣuṣu*, to break (the enemy) like a

---

45 Das Stilmittel der rhetorischen Frage beteiligt die Adressaten „aktiv" am Argumentationsgang, so dass sie selbst die unvermeidlichen Schlüsse ziehen, die sie von der Sinnlosigkeit jedes weiteren Widerstands überzeugen sollen. Gleichzeitig eröffnet die Frageform jedoch immer die Möglichkeit einer gewissen Mehrdeutigkeit, auf die noch zurückzukommen sein wird.
46 Vgl. Cohen, Neo-Assyrian Elements, 31–41; Gallagher, Sennacherib's Campaign to Judah, 190, sowie Paul S. Evans, The Invasion of Sennacherib in the Book of Kings. A Source-Critical and Rhetorical Study of 2 Kings 18–19 (= Supplements to Vetus Testamentum 125), Leiden 2009, 117f.
47 Sowohl gegenüber Hiskia und seinem Beamtenapparat, als auch gegenüber dem (Kriegs-)Volk auf der Stadtmauer, die sämtlich um diese Koalition wissen, die Information also verifizieren können.
48 Das Nachrichtenwesen im neuassyrischen Herrschaftsbereich hat Peter Dubovský, Hezekiah and the Assyrian Spies. Reconstruction of the Neo-Assyrian Intelligence Services and its Significance for 2 Kings 18–19 (= Biblia et Orientalia 49), Rom 2006, ausführlich untersucht.
49 Darin erweist sich der Rhetor zum wiederholten Male als schriftgelehrter Judäer, der Hiskia quasi das Wort im Munde herumdreht, um dessen eigentliche Bedeutung offenzulegen. Diese schillernde Mehrdeutigkeit, die die Rede insgesamt charakterisiert, gehört zur narratologischen Strategie des *Erzählers*, der seine Figuren kunstvoll stilisiert und zueinander in Beziehung setzt. Die Unterscheidung zwischen *Figuren*rede und *Erzähler*rede, wie sie hier vorausgesetzt ist, hat vor diesem Hintergrund primär heuristische Funktion, um die unterschiedlichen Erzählperspektiven im Text schärfer herauszuarbeiten.
50 Der Gebrauch der Partikel *ʿattāh* (V. 20a. 21a) und des makrosyntaktischen Signalworts *hinneh* (V. 21a) signalisiert, dass hierauf das eigentliche Gewicht der rhetorischen Argumentation der Botenrede in V. 19–21 liegt.

reed!"⁵¹ Das Vertrauen auf Ägypten ist trügerisch, weil die Ägypter der militärischen Übermacht der Assyrer nichts entgegensetzen können. Im Gegenteil, wer auf ägyptische Unterstützung setzt, schadet sich selbst, wie jemand, der sich auf einen zerbrochenen Stab stützt und sich dabei selbst verletzt. Die Argumentation des Assyrers greift hier auf das endoxale Anknüpfungsprinzip zurück, indem er eine allgemein als gültig anerkannte Beobachtung aufnimmt, nämlich die Unmöglichkeit, sich auf einen abgebrochenen, spitzen Stock zu stützen, ohne sich selbst zu schaden, und diese auf die besondere Situation der Belagerten anwendet (V. 21b). Die logische Stringenz der Argumentation führt zwingend zur Anerkennung der militärischen Überlegenheit der Assyrer.⁵²

Im zweiten Abschnitt des ersten Redeteils geht der *rab šāqeh* auf einen möglichen Einwand seiner Adressaten ein, der die Kohärenz und Überzeugungskraft der bisherigen Gedankenführung infrage stellen könnte. Das Vertrauen Hiskias und seiner Repräsentanten ruhe nicht auf Ägypten, sondern auf Jhwh, dem Staats- und Dynastiegott der Davididen. Diesem Einwand, der den Abgesandten Hiskias in den Mund gelegt wird, begegnet der assyrische Unterhändler mit einer rhetorischen Frage, die auf eine zustimmende Antwort abzielt: War es nicht Hiskia, der die Kultstätten Jhwhs in Juda beseitigt und seine Verehrung auf Jerusalem beschränkt hat? Die Argumentation spielt auf die hiskianische Kultreform an, von der zuvor in 2 Kön 18, 4 berichtet worden war, und interpretiert sie als Sakrileg, das den Zorn der betroffenen Gottheit hervorruft, auf deren Schutz die Jerusalemer vertrauen. Der Redner verrät darin seine assyrische Perspektive, die den (lokalen) Herrscher als Patron der Kultstätten der jeweiligen Landesgötter betrachtet, der für deren Instandhaltung und Ausstattung verantwortlich ist, um den legitimen Kultvollzug zu gewährleisten.⁵³ Diesen Gedanken führt V. 25 weiter, wenn der Sprecher dort ein Jhwh-Wort

---

51 Cohen, Neo-Assyrian Elements, 42.
52 In den Begriffen der aristotelischen Erkenntnislehre liegt hier die argumentative Figur eines Enthymems, eines verkürzten Syllogismus' vor, der höchsten Stufe der logischen Beweisführung (vgl. Arist. rhet. 1355a).
53 Vgl. Victor (Avigdor) Hurowitz, I Have Built You an Exalted House. Temple Building in the Bible in Light of Mesopotamian and Northwest Semitic Writings (= Journal for the Study of the Old Testament Supplement Series 115), Sheffield 1992, 68–80. In den Bauinschriften der assyrischen Könige wird deren Engagement für die Kultstätte(n) der Götter häufig deren Verfall unter ihren Vorgängern gegenübergestellt, deren Herrschaft auf diese Weise negativ qualifiziert wird. Die Kritik an der Kultpolitik unterworfener Herrscher stellt jedoch kein wiederkehrendes Motiv in den assyrischen Königsinschriften dar. Der *rab šāqeh* bleibt eine *biblische* Figur, wenn auch im assyrischen Gewand. – Ob es eine Kultreform unter Hiskia historisch gegeben hat, ist für die rhetorische Analyse der Rede dagegen nicht entscheidend (vgl. die Diskussion des Problems bei Gaß, Im Strudel der assyrischen Krise, 58–84). Auch die Frage nach der literarischen Kohärenz des ersten Redeteils kann hier auf sich beruhen. Häufig werden V. 22 und V. 25 aufgrund ihrer intertextuellen Verbindungen mit prophetischen und deuteronomistischen Stücken als spätere Erweiterungen angesehen, sie fügen sich jedoch gut in die rhetorische Disposition der Rede ein (siehe oben Anm. 43).

zitiert, das den Aufmarsch der Assyrer als von Jhwh autorisierte Strafexpedition gegen Juda und Jerusalem legitimiert.[54] Damit tritt Jhwh auf die Seite der Assyrer und agiert selbst als Agressor gegen die belagerte Stadt. Der Einwand der Angesprochenen läuft somit ins Leere. Weder von Ägypten, noch von Jhwh haben sie Hilfe gegen die Assyrer zu erwarten. Sie sind auf sich allein gestellt.

Diesen letzten Aspekt thematisieren V. 23f., die wieder auf die politisch-militärische Ebene zurücklenken (vgl. V. 19–21).[55] Das rhetorische „Angebot" des *rab šāqeh*, er würde den judäischen Militärs zweitausend Kriegspferde zur Verfügung stellen, wenn diese genügend Reiter dafür bereitstellen könnten, unterstreicht die militärische Ohnmacht Judas, das zu keiner bewaffneten Konfrontation mit Assyrien in der Lage ist, nicht einmal mit fremder Waffenhilfe. In dem beißenden Spott, der hier anklingt, drückt sich zugleich das Wissen des Assyrers um die desaströse Lage des judäischen Restheeres aus (vgl. 2 Kön 18, 13–16), das nicht einmal im Stande wäre, einen assyrischen Provinzbeamten mit seiner örtlichen Schutztruppe zu vertreiben. In der Diffamierung des Feindes, die dessen militärische Potenz stark herabsetzt, verschränken sich pragmatologische und pathologische Aspekte der Rede, mit denen der Widerstandswille der Belagerten gebrochen werden soll. Bevor das Pathos der Rede genauer in den Blick genommen wird, bedarf es jedoch noch einer kürzeren, pragmatologischen Analyse des zweiten Redeteils.

Wie bereits angemerkt wurde, setzt der zweite Redeteil (V. 29–35), in dem der *rab šāqeh* die Bevölkerung der belagerten Stadt direkt anspricht, die Sachargumente, d. h. den Logos, des ersten Redeteils voraus. Das gilt besonders für das erste Zitat des neuassyrischen Königs, in dem dieser die Belagerten auffordert, ihre Loyalität zu Hiskia zu beenden und sich von ihm über die wirklichen Verhältnisse nicht täuschen zu lassen, ohne dass dies einer näheren Begründung bedürfte (vgl. V. 29f.). Ohnehin besitzt der zweite Redeteil stärker appellativen Charakter, wie schon aus der Vielzahl von Vetitiven bzw. Imperativen in V. 29–32 erhellt.[56]

---

54 Im Erzählduktus von 2 Kön 18f. könnte er sich dafür auf die erfolgreiche Unterwerfung der befestigten Städte in der Landschaft Juda durch Sanherib berufen, von der 2 Kön 18, 13f. berichten. – Das Motiv, dass die Assyrer im Namen der lokalen Götter gegen rebellische Untertanen vorgehen, kehrt vor allem in den Fluchreihen der neuassyrischen Loyalitätseide wieder, in denen die jeweiligen Landesgötter der Vasallenstaaten unter die Garanten des Eides gerechnet werden, die den Vasallen bei Vertragsbruch, d. h. bei Aufkündigung der Loyalität gegenüber dem assyrischen König, schwer bestrafen. In der Rede des *rab šāqeh* tritt dieser Aspekt jedoch zugunsten des kultpolitischen Arguments auffallend zurück, obwohl er zweifellos den historischen Anlass für den Feldzug Sanheribs gegeben hat. Das spricht wiederum für die literarische Stilisierung der Rede.

55 Dies wird sprachlich durch den Wechsel der Anredeform und den makrosyntaktischen Satzweiser *'attāh* signalisiert, inhaltlich durch den Rückgriff auf das Vertrauen auf ägyptische Unterstützung in V. 24b (vgl. V. 21a).

56 In V. 29–32 begegnen neben den vier Vetitiven (V. 29a. 30a. 31a. 32b) sechs Imperativformen (V. 28b. 31 [4-mal]. 32a) und ein Prohibitiv (V. 32a); im ersten Redeteil findet sich dagegen nur eine auslösende Verbalform in V. 23a (Imperativ).

Bündelt das erste Wort Sanheribs nochmals die Aussichtslosigkeit des Widerstands gegen den Assyrer, aus dessen Hand (= Macht) weder Hiskia noch Jhwh die Angesprochenen retten werden, so stellt das zweite Zitat des Königs ihnen die Vorteile einer Kapitulation vor Augen: Wenn die Jerusalemer ein Bündnis mit Sanherib schließen,[57] werden sie von den Erträgen ihres Besitzes leben können, bis sie in ein anderes Land umgesiedelt werden, das ihrer Heimat gleicht und in dem sie gut leben können, statt im Kampf gegen die Assyrer zu sterben.[58] Die *pax assyriaca*, die mit der Anerkennung der assyrischen Oberhoheit einhergeht, berge für die Adressaten keinen Schrecken, sondern die Möglichkeit von Wohlstand und Leben. Nicht einmal die bevorstehende Deportation ändere etwas daran.[59] Diese Idealisierung der *pax assyriaca*, die das Exil sprachlich in die Farben der Landgabe Jhwhs an Israel taucht,[60] stellt den assyrischen König als Wohltäter dar, der seinen Untertanen Fürsorge und Schutz angedeihen lässt, wie es der politischen Ideologie der neuassyrischen Herrscher entspricht. Die Adressaten haben die Wahl zwischen Leben und Tod.

Der letzte Abschnitt der Rede (V. 32b–35) lenkt noch einmal zum Beginn des zweiten Redeteils zurück und knüpft mit einer Reihe von rhetorischen Fragen, die gegenüber den Adressaten den Nachdruck der Argumentation noch einmal verstärken und sie zu einer abschließenden Stellungnahme auffordern, stilistisch an den ersten Redeteil an. Die irrige Hoffnung der Adressaten, Jhwh würde sie retten (V. 32b, vgl. V. 30b), wird durch eine Auflistung anderer Völker, deren Götter diese so wenig aus der Hand der Assyrer gerettet haben, wie Jhwh es tun wird, als Illusion entlarvt. Dabei zielt die Liste der Völkernamen in V. 34 auf die Erwähnung des benachbarten Samaria ab, dessen Untergang und Neubesiedlung bei den Angespro-

---

57 Dies dürfte die kontextuelle Bedeutung der singulären Wendung *ᶜᵃśû ʾittî bᵉrākāh* in V. 31b sein (vgl. zur Diskussion zuletzt Gaß, Im Strudel der assyrischen Krise, 214f.).
58 Der Wechsel zwischen der scharfen Warnung vor einem Widerstand gegen die Interessen Assyriens und einer werbenden Ansprache, die die Adressaten von den Vorteilen der Loyalität gegenüber dem assyrischen König überzeugen will, ist aus der Sprache der neuassyrischen Diplomatie bekannt (vgl. Fales, „To Speak Kindly to Him / Them", 35f.). Die Kompositionsstruktur des zweiten Redeteils besitzt zudem eine interessante Parallele in einem Brief des neuassyrischen Königs Assurbanipal an die Bewohner Babylons, in dem er die Adressaten dazu auffordert, seinem rebellischen Bruder Šamaš-šum-ukin, dem König von Babylon, ihre Gefolgschaft zu verweigern und dessen verleumderischen Reden kein Gehör zu schenken (ABL 301, vgl. Gallagher, Sennacherib's Campaign to Judah, 202–205).
59 Der Einwand, die Ankündigung der Deportation der Bevölkerung sei unter pithanologischen Gesichtspunkten nicht zielführend (vgl. Hans Wildberger, Die Rede des Rabsake, in: ders., Jahwe und sein Volk. Gesammelte Aufsätze zum Alten Testament, herausgegeben von Hans Heinrich Schmid/Odil Hannes Steck [= Theologische Bibliothek 66], München 1979, 285–297; hier: 290), ist mindestens aus der Sprecherperspektive des *rab šāqeh* unzutreffend, wie die Schilderungen der Vorzüge der Deportation in neuassyrischen Texten belegen (vgl. Gaß, Im Strudel der assyrischen Krise, 216f.). Der Redner bedient sich hier dem universellen *topos* der Amplifikation, der perspektivischen Vergrößerung, hier: der Hochschätzung des Lebens unter der *pax assyriaca*.
60 Vgl. Dominic Rudman, Is the Rabshakeh also Among the Prophets? A Rhetorical Study of 2 Kings XVIII 17–35, in: Vetus Testamentum 50 (2000) 100–110; hier: 106–108.

chenen keinem Zweifel unterlag.[61] Wie es aber Samaria ergangen ist, so wird es auch Jerusalem ergehen. Darin muss nicht zwingend eine Hybris des Assyrers anklingen,[62] sofern Jhwh ihn – in der Perspektive des Rhetors – selbst beauftragt hat, Juda und Jerusalem zu zerstören (vgl. V. 25) – wie er es zuvor mit Samaria getan hatte.[63] Die Argumentation des *rab šāqeh* zeigt nicht nur eine Vertrautheit mit neuassyrischer Kriegspropaganda, sondern in gleichem Maße mit der Theologie der biblischen Prophetenbücher und benutzt beides, um die Adressaten von der Sinnlosigkeit des Widerstands gegen Sanherib und seiner militärische Übermacht zu überzeugen. Die literarische Figur des assyrischen Unterhändlers erweist sich damit als eine ganz und gar „biblische" Konstruktion, in deren Rede assyrische wie prophetische Denk- und Sprachmuster kunstvoll ineinander verwoben sind.

3.2 Pathelogie

Die Stimmung der Adressaten, ihr Pathos, ist für die Aufnahme der Rede von hoher Bedeutung, so dass der Redner einerseits genau analysieren muss, in welcher Gemütsverfassung seine Zuhörer sich befinden bzw. welche Gefühle seine Rede bei ihnen hervorrufen könnte und welche Stimmungen günstig wären, um die Angesprochenen von seinem Anliegen zu überzeugen. Letztere muss er mit rhetorischen Mitteln zu verstärken bzw. zu erzeugen sich bemühen. Dazu bedarf es einer möglichst genauen Vorstellung von den kulturellen Normen und Werten der Adressaten und ihren Erwartungen bzw. Ängsten angesichts der aktuellen Situation und des Gegenstands, über den gesprochen werden soll.[64]

---

61 Vgl. Ben Zvi, Who Wrote the Speech, 88–91.
62 Nirgends in der Rede des *rab šāqeh* wird ausdrücklich gesagt, dass Jhwh Jerusalem nicht aus der Hand der Assyrer retten *könne* (im Unterschied zu Hiskia, vgl. V. 29b!). Wenn er selbst hinter den assyrischen Eroberungen steht (vgl. V. 25), kann jede Hoffnung auf ihn jedoch nur als fahrlässige Täuschung der Adressaten verstanden werden (vgl. V. 30. 32b). – Den gleichen Vorwurf erhebt das Jeremiabuch gegen jene hofprophetischen Kreise, die eine Errettung Jerusalems vor den babylonischen Truppen angekündigt haben (vgl. Jer 29, 8f.). „The Rabshakeh and Jeremiah at different times present a message which is essentially the same: they seek to encourage the people of Judah to accept exile and not to resist the imperial power (Assyria/Babylon) on the basis that its current hegemony, and its destruction of Jerusalem, is the work of Yahweh" (Rudman, Is the Rabshakeh also Among the Prophets?, 105f.). Die Rede des *rab šāqeh* nimmt nicht nur hier Anleihen bei der biblischen Unheilsprophetie.
63 Der Wortlaut in V. 34 setzt jedoch voraus, dass die Götter der nach Samaria deportierten Bevölkerung (vgl. 2 Kön 17, 24) dieses nicht vor dem Zugriff der Assyrer errettet haben (vgl. zum Problem Gaß, Im Strudel der assyrischen Krise, 212[243]). Drückt sich hier eine (späte) antisamarische Polemik aus oder hält die Formulierung bewusst die Möglichkeit des Einspruchs gegen die rhetorische Schlüssigkeit der Position des *rab šāqeh* offen?
64 „Die Pathelogie des Aristoteles erklärt die Entstehung von Stimmungen ... gesellschaftlich durch typische stimmungserzeugende äußere Konstellationen von Personen, Handlungen und Umstän-

Es ist seit langem aufgefallen, dass der *rab šāqeh* über eine höchst intime Kenntnis nicht nur der politischen und kultischen Verhältnisse in Juda und Jerusalem, sondern auch der religiösen Identitätsdiskurse verfügt, wie sie sich besonders in der prophetischen Literatur des Alten Testaments niedergeschlagen haben. Dies hat zu verschiedenen historischen und literaturgeschichtlichen Spekulationen Anlass gegeben, die jedoch in der Regel die rhetorische Funktion dieser intertextuellen Bezüge außer Acht lassen und die *genuin literarische Stilisierung* der Rede zu gering veranschlagen.[65] Gerade das „Wissen" des Redners um die religiösen Selbst- und Weltdeutungsmuster der Adressaten und sein „Spiel" mit diesem Wissen haben den Zweck, das Pathos der Adressaten (und das Ethos des Redners in deren Augen) zu seinen Gunsten zu beeinflussen.

Die Argumentation des *rab šāqeh* nimmt ihren Ausgangspunkt bei dem Gefühl der Selbstsicherheit der Zuhörer, zuerst des Königs und seiner höfischen Entourage (V. 19–25), das sie zum Aufstand gegen den assyrischen Großkönig bewogen hat. Diese Haltung kommt begrifflich in dem Leitwort *bṭḥ* („vertrauen") zur Sprache: „Auf welche Hoffnung (*biṭṭāḥôn*) hast du vertraut?" (V. 19b) In einem ersten Schritt wird der Grund dieses Vertrauens identifiziert und anschließend diskreditiert. Bereits das fiktive Selbstzitat Hiskias, das auf die Zusage militärischer Waffenhilfe aus Ägypten anspielt, entlarvt dieses Bündnis als „leeres Geschwätz" (*dᵉbar śᵉpātajim*, V. 20a).[66] Nicht nur weiß der Assyrer von den geheimen Koalitionsverhandlungen, er erschüttert das Vertrauen in den Bündnispartner noch weiter, indem er ihn mit einem bereits zerbrochenen Stab vergleicht, auf den sich keiner stützen kann, weil er von den Assyrern bereits besiegt ist. Obwohl die militärische Auseinandersetzung mit den Ägyptern nach dem Erzählverlauf in 2 Kön 18f. noch gar nicht stattgefunden hat, wird der Pharao rhetorisch als ein bereits besiegter Gegner behandelt,[67] um das

---

den. Diese allgemeine Konstitutionsanalyse der aristotelischen Pathologie analysiert dabei jede stimmungserzeugende Konstellation in Hinsicht auf drei Momente: erstens die spezifische Disposition des von einer Stimmung betroffenen selbst, zweitens der stimmungsauslösende interpersonale Gegenpart und drittens die Umstände, angesichts derer er in eine bestimmte Stimmung gerät" (Oesterreich, Pithanologie, 45).

65 Im Anschluss an rabbinische Traditionen (vgl. bSanh 60a) hat Hayim Tadmor, Rabshakeh, in: Encyclopedia Miqrait 7, Jerusalem 1976, 324, eine aramäische oder israelitische Herkunft des *rab šāqeh* vermutet. Darin ist ihm Cohen, Neo-Assyrian Elements, 47, gefolgt. Umgekehrt ist häufig die „biblische" Herkunft der Rede des assyrischen Unterhändlers betont worden (vgl. Brevard S. Childs, Isaiah and the Assyrian Crisis [= Studies in Biblical Theology 3], London 1967, 83–85). Auf die rhetorische Disposition der Rede haben zuerst Ben Zvi, Who Wrote the Speech, 80–91, und Hardmeier, Prophetie im Streit, 321–392, aufmerksam gemacht.

66 Vgl. Prov 14, 26 für den Gebrauch des Ausdrucks *dᵉbar śᵉpātajim* in dieser Bedeutung.

67 Dies könnte auf den ersten Blick die Überzeugungskraft der Rede schwächen, doch bedient sich der *rab šāqeh* hier des Stilmittels einer allgemeingültigen Sentenz, die ein generelles Urteil über die Nutzlosigkeit ägyptischer Waffenhilfe fällt, das sich im Erzählverlauf bestätigt (vgl. 2 Kön 19, 8f.). Bereits der Gebrauch der Afformativkonjugation (*bāṭaḥtā*, V. 19b), die einen abgeschlossenen Sach-

Pathos der Angesprochenen im Interesse des Redners zu beeinflussen, so dass Hiskia seinen Widerstand gegen die neuassyrischen Truppen aufgibt und kapituliert. Angesichts der militärischen Lage erzeugt die Rede des *rab šāqeh* bei den Adressaten ein Gefühl der Resignation, aristotelisch gesprochen: der Unlust zur fortgesetzten Rebellion.[68]

Diese Strategie wird in V. 22–25 weiter verfolgt. Der potenzielle Einwand im fiktiven Fremdzitat der judäischen Delegation, dass die Belagerten ihr Vertrauen nicht auf ein politisches Bündnis, sondern auf Jhwh, den Gott Jerusalems und der davidischen Monarchie, setzen (V. 22a), belegt nicht nur eine präzise Kenntnis der religiösen Symbolwelt des politischen Gegners, sondern nimmt das (prophetisch geschulte) religiöse Empfinden der Adressaten auf. Dabei verfolgt der Redner gerade nicht das Ziel, den judäischen Staats- und Dynastiegott zu depotenzieren, sondern im Gegenteil, ihn als Unterstützer der assyrischen Militäroperation zu erweisen. Die rhetorischen Fragen in V. 22b und V. 25a sollen die Adressaten veranlassen, selbst die unausweichliche Schlussfolgerung zu ziehen, dass ihr Vertrauen auf Jhwh unbegründet ist: Auf den Befehl Jhwhs hin ist Sanherib gegen Juda und Jerusalem in den Krieg gezogen (V. 25b), weil Hiskias Kultpolitik den Zorn Jhwhs erregt hat (V. 22b).[69] Nachdem der *rab šāqeh* das Vertrauen auf den ägyptischen Pharao und auf Jhwh, den Gott der Judäer, als illusorisch erwiesen hat, konfrontiert er sein Gegenüber mit der eigenen militärischen Ohnmacht und führt ihm die Ausweglosigkeit seiner Situation drastisch vor Augen (V. 23f.).[70]

Im zweiten Redeteil geht der Wechsel in der Anrede mit einem Wechsel der pathelogischen Strategie des *rab šāqeh* einher, aus dem auch der Wechsel der Leitwortstruktur erklärbar ist. Hatte der erste Redeteil das Ziel verfolgt, das Vertrauen der politischen Eliten in ihre Bündnispolitik bzw. auf Jhwh als Schutzgott Jerusalems zu erschüttern, so bemüht sich der zweite Redeteil darum, die Loyalität des

---

verhalt der Vergangenheit bezeichnet, könnte indizieren, dass das Vertrauen Hiskias auf Ägypten in den Augen des Rhetors von Anfang an unbegründet ist.

68 Vgl. Oesterreich, Pithanologie, 44f. – Der Streit um das Pithanon zwischen dem *rab šāqeh* und seinen Adressaten klingt bis in den Wortgebrauch hinein nach, wenn beachtet wird, dass die hebräische Wurzel *bṭḥ* in der griechischen Übersetzung des Abschnitts durchgängig mit einer Form des Stammes πειθ wiedergegeben wird.

69 Das Motiv der jahwistischen Beauftragung des neuassyrischen Königs zum militärischen Schlag gegen Juda und Jerusalem hat eine enge Parallele in der jesajanischen Prophetie (vgl. Jes 8, 5–8; 10, 5–11), ihre Begründung unterscheidet sich hingegen signifikant und ist auf den narrativen Horizont der *res gestae* des Königs Hiskia angewiesen (vgl. 2 Kön 18, 4).

70 Den Eindruck, den die Rede des *rab šāqeh* bei den Adressaten hinterlassen hat, deutet bereits deren Ansinnen an, der Assyrer möge auf Aramäisch, in der Sprache der Diplomaten, weiter zu ihnen sprechen, damit das Volk nicht beunruhigt werde (vgl. V. 26f.). Sie kommt ebenfalls im Gestus des Kleiderzerreißens zum Ausdruck sowie im Anlegen des *śāq*-Gewandes durch Hiskia (vgl. 2 Kön 18, 37b; 19, 1), die beide den Status der Selbstminderung angesichts einer tödlichen Krisensituation symbolisieren.

(Kriegs-)Volkes gegenüber ihrem König infrage zu stellen. Die Befürchtung der Abgesandten Hiskias, die öffentliche Rede des neuassyrischen Beamten könnte die Wehrkraft der belagerten Bevölkerung zersetzen (vgl. V. 26f.), spiegelt genau diese Absicht wider. An die Stelle der Vertrauensmotivik tritt nun der Wunsch nach Rettung, mit dem die Stimmung der Bevölkerung auf den Begriff gebracht wird (vgl. das Leitwort $nṣl$). Dabei verfolgt der Redner eine doppelte Strategie: Einerseits stellt er unmissverständlich klar, dass es keine Rettung für die Stadt geben wird (vgl. V. 29f. und V. 32b–35), andererseits versucht er, den Adressaten ihre Angst vor den Folgen der Unterwerfung und dem unvermeidlichen Schicksal der Deportation zu nehmen, indem er das Exil idealisiert.

Das künftige Geschick der Belagerten entscheidet sich daran, wem sie Gehör schenken: Hiskia oder dem König von Assur (vgl. das Leitwort $šmʿ$ in V. 28b, V. 31a und V. 32b). Wem gilt die Loyalität der Adressaten? Die Antwort auf diese Frage entscheidet über Leben und Tod. Leisten sie weiterhin Widerstand, werden sie sterben, kapitulieren sie dagegen, steht ihnen der Schutz der *pax assyriaca* offen. Der *rab šāqeh* appelliert an den Überlebenswillen des Volkes, seine Hoffnung auf Rettung. Diese Rettung kann ihnen Hiskia jedoch nicht gewähren; weder er selbst, noch Jhwh werden Jerusalem aus der Hand der Assyrer befreien. Die Versprechungen der politischen Eliten lassen die Bevölkerung über die wirklichen Machtverhältnisse im Unklaren. Hiskia „täuscht" ($nšʾ$) sie angesichts der tödlichen Gefahr, der sie sich gegenüber sehen.[71] Wie die Adressaten am Geschick Samarias ablesen können, wird Jhwh auch Jerusalem nicht aus der Hand der Assyrer retten (vgl. V. 33–35), denn er selbst hat den König von Assur geschickt, um Juda zu zerstören (vgl. V. 25).[72] Es ist nicht zwingend die Ohnmacht der Götter der Länder als vielmehr ihr Zorn, der verhindert, dass sie ihre Verehrer aus der Hand der Assyrer erretten. So war es mit Samaria, so ist es mit Jerusalem: Beide haben Jhwh erzürnt, weshalb er beide in die Hand des Königs von Assur gegeben hat.[73]

Aber selbst wenn die Hoffnung auf Rettung eine Illusion ist, so gibt es für die Adressaten dennoch keinen Grund, die Herrschaft Assyriens zu fürchten. Im Gegenteil, wenn die Bevölkerung kapituliert und ihre Loyalität zu Hiskia aufgibt, dann

---

[71] Der Vorwurf der „Täuschung" begegnet im Jeremiabuch gegenüber den höfischen Prophetenkreisen, die dem Volk im Namen Jhwhs die Rettung vor den babylonischen Truppen ankündigen (vgl. Jer 29, 8f.). Der *rab šāqeh* stellt Hiskia gewissermaßen diesen Propheten und ihrer politischen Theologie gleich und spricht ihm wie jenen die göttliche Legitimation ab (vgl. Rudman, Is the Rabshakeh also Among the Prophets?, 104–106; dagegen verbindet Hardmeier, Prophetie im Streit, 358–361, den Täuschungsvorwurf mit Jer 37, 7–9 und den politischen Diskursen im Jerusalem des Jahres 588 vor Christus).
[72] Der gleiche Gedanke liegt in Jes 10, 5–11 zugrunde.
[73] Vgl. die Ankündigung des Gerichts über Israel/Samaria in Jes 8, 1–4; Hos 10, 1–8; Am 9, 1–4 u. ö., das spätestens 720 vor Christus endgültig eingetroffen ist (vgl. Stefan Timm, Die Eroberung Samarias aus assyrisch-babylonischer Sicht, in: Welt des Orients 20/21 [1989/90] 62–82).

stellt ihnen der assyrische Unterhändler nicht nur ihr Überleben, sondern Wohlstand und Schutz in Aussicht. Statt sich von den eigenen Exkrementen in der belagerten Stadt ernähren zu müssen (V. 27), werden sie die Früchte ihrer eigenen Besitzungen essen und das Wasser aus ihren Zisternen trinken (vgl. V. 31). Zwar bleibt ihnen die Deportation nicht erspart – ein Schicksal, dessen die Adressaten am Beispiel Samarias selbst ansichtig geworden sind, aber das Land, in das sie gebracht werden, bietet ihnen die gleichen Lebensbedingungen wie ihre Heimat (V. 32).[74] Das Exil bedeutet in der Sicht des Assyrers keine Daseinsminderung, sondern die Möglichkeit zu einem „guten" Leben unter dem Schutz der *pax assyriaca*. Das Leitwort *nṣl* fehlt zwar im mittleren Abschnitt des zweiten Redeteils, doch sollten daraus keine voreiligen Schlüsse gezogen werden,[75] denn rhetorisch bilden die „guten Worte" des Königs in V. 31–32a das notwendige Gegenstück zum Täuschungsvorwurf der beiden rahmenden Redeabschnitte: Sanherib täuscht die Adressaten nicht, er wird die Vereinbarung[76] mit ihnen halten und ihnen eine Zukunft eröffnen. Wer sich dem Assyrer gegenüber loyal verhält, braucht nichts zu fürchten, sondern genießt dessen Fürsorge und Schutz.

3.3 Ethologie

Gemäß der Rhetorikkonzeption des Aristoteles ist das Ethos des Redners, der Eindruck, den er im Akt der Rede bei seinen Adressaten erzeugt, von großem Gewicht für die Akzeptanz seines Anliegens. Dabei spielen vor allem drei Aspekte eine Rolle: die Sachkenntnis des Redners, seine Aufrichtigkeit und sein Wohlwollen gegenüber den Adressaten. Gelingt es ihm, diesen Eindruck hervorzurufen, gewinnt seine Rede entscheidend an Überzeugungskraft. Dagegen spielt der soziale Status des Rhetors oder sein Leumund nur eine untergeordnete Rolle. Das bedeutet für die rhetorische Analyse der Rede des *rab šāqeh*, dass weder dessen administrativer Rang noch der formelle Ausweis seiner Worte als „Wort des Königs von Assur" für sich pithanologische Plausibilität beanspruchen können. Weder verleihen sie seiner Rede hinreichende Autorität, noch vermögen sie, ihn als Repräsentant der feindlichen Fremd-

---

[74] Die Beschreibung des Exils in V. 32a greift auf mehrere Motive zurück, die im biblischen Schrifttum mit der Schilderung des Kulturlandes verbunden sind, das dem Volk von Jhwh zum Besitz gegeben worden ist (vgl. Rudman, Is the Rabshakeh also Among the Prophets?, 106–108). Tritt der König von Assyrien damit in die Rolle Jhwhs ein oder repräsentiert er lediglich die universal konzipierte Gottesherrschaft?

[75] Gaß, Im Strudel der assyrischen Krise, 219, etwa vermutet eine spätere redaktionelle Bearbeitung in V. 31–32a und führt dafür vor allem sprachliche und stilistische Argumente an. Die literarischen Berührungen der Rede mit der biblischen Überlieferung gehören jedoch durchgängig zu ihrer rhetorischen Disposition und verfolgen ein spezifisches pithanologisches Ziel.

[76] Das Nomen *bᵉrākāh* in V. 31a impliziert den Aspekt der wechselseitigen Wohltätigkeit, der dem Loyalitätseid innewohnt.

macht von vornherein zu diskreditieren.⁷⁷ Seine Glaubwürdigkeit muss sich im Redevorgang selbst bewähren. Dies soll im Folgenden anhand der drei oben genannten Kriterien der Einsicht, der Aufrichtigkeit und des Wohlwollens überprüft werden.

a) *Einsicht*: Die detaillierte und umfassende Sachkenntnis des *rab šāqeh* dokumentiert vor allem der erste Redeteil (V. 19–25). Besonders die fiktiven Zitate der Adressaten in V. 20, V. 22 und V. 25 (vgl. noch V. 30 und V. 32)⁷⁸ erwecken den Eindruck, dass der Redner sowohl über die politischen als auch über die religiösen Verhältnisse in Juda und Jerusalem bestens informiert ist. Er weiß um das Bündnis mit Ägypten, die militärische Schwäche des judäischen Restheeres und die kultpolitischen Umbrüche, die Hiskia inauguriert hat. Die Frage, wie er an diese Informationen gelangen konnte, ist dabei für die pithanologische Wirkung der Rede von untergeordneter Bedeutung. Wichtiger ist, dass er weiß, wovon er spricht, und dass die Adressaten diese Informationen verifizieren können.⁷⁹ Erst von hier aus gewinnt das abschließende Zitat des Jhwhwortes in V. 25 sein volles rhetorisches Gewicht: Dass Jhwh selbst sich gegen Juda und Jerusalem wendet, wirkt in Anbetracht der zuverlässigen Kenntnisse des Assyrers über die politische Ideologie der Adressaten ebenfalls glaubwürdig. Seine Plausibilität verstärkt sich sogar noch, sofern darin die Anklänge an die judäische Unheilsprophetie mitgehört werden, die die Redekomposition auf Schritt und Tritt begleiten.⁸⁰

b) *Aufrichtigkeit*: Ob der assyrische Unterhändler den Adressaten gegenüber aufrichtig ist und ihnen keine für ihr Urteil wichtigen Gesichtspunkte vorenthält, kann zwar „objektiv" nicht beurteilt werden, wichtig ist jedoch, dass er den Eindruck der Aufrichtigkeit erweckt. Im Duktus der Rede ist es vor allem ein Aspekt, der diesen Eindruck hervorruft. Im Mittelteil des zweiten Redeabschnitts (V. 31f.), in

---

77 Zwar ist es zutreffend, dass die Einleitung der Worte des Königs von Assur durch den *rab šāqeh* formal der prophetischen Einleitung des Gotteswortes gleicht (vgl. 2 Kön 19, 6), doch ist dies der Kommunikationssituation der Botenrede geschuldet und muss nicht als Hinweis auf ein „prophetic duel between the Rabshakeh and Isaiah" interpretiert werden (Rudman, Is the Rabshakeh also Among the Prophets?, 103; vgl. auch Hardmeier, Prophetie im Streit, 384–387). Auf den merkwürdigen Umstand, dass der *rab šāqeh* bisweilen die Sprache Jesajas (und anderer Propheten) zu sprechen scheint, wird dagegen noch zurückzukommen sein.

78 Das Zitat in V. 32b ist lediglich eine verkürzte Wiederaufnahme des längeren Zitats in V. 30 und stellt den Anschluss an die Thematik der Eingangsverse des zweiten Redeteils her, die in V. 33–35 weiter entfaltet wird.

79 Unter die Adressaten der Rede sind neben dem (Kriegs-)Volk der belagerten Stadt auch die intendierten Leser*innen zu rechnen, mit deren „Vorwissen" der Redner (bzw. der Erzähler) in besonderer Weise arbeitet.

80 Im zweiten Redeteil beweist der Rekurs auf das Geschick Samarias noch einmal die gründlichen Kenntnisse, über die der assyrische Unterhändler verfügt. Nicht nur weiß er um die Völkerschaften, die dorthin deportiert wurden, vor allem ist ihm die politische, kulturelle und religiöse Verwandtschaft beider Staaten vertraut, die das Geschick beider eng aneinander bindet.

dem der *rab šāqeh* die Vorteile einer Kapitulation für die Adressaten herausstellt, verschweigt er ihnen auch das Schicksal der Deportation und den Verlust der Heimat nicht. Obwohl diese Aussage der Absicht seiner Rede, die Adressaten zur Aufgabe ihres Widerstands zu bewegen, zuwider zu laufen scheint, stärkt sie deren pithanologische Qualität, insofern sie den Redner als aufrichtig charakterisiert. Statt den Schrecken der Deportation zu übergehen, benennt er ihn und versucht, den Adressaten eine veränderte Sichtweise auf das Exil zu eröffnen, die eine gewisse Nähe zur jeremianischen Prophetie besitzt.[81]

c) *Wohlwollen*: Der Eindruck, dass der Redner das Wohl der Angesprochenen im Sinn hat, wird besonders im zweiten Redeteil bestärkt, in dem er das (Kriegs-)Volk in der belagerten Stadt direkt anspricht. Während Hiskia die Adressaten zu täuschen trachtet, indem er falsche Hoffnungen in ihnen weckt, redet der *rab šāqeh* nicht nur die „ungeschönte" Wahrheit, er eröffnet ihnen sogar einen Weg, um der tödlichen Gefahr zu entrinnen. Das Angebot zur Kapitulation schließt nicht nur die Verschonung des Lebens der Belagerten ein,[82] sondern ermöglicht ihnen eine gesicherte Existenz unter dem Schutz der *pax assyriaca*. Statt in der belagerten Stadt den eigenen Kot essen und den eigenen Urin trinken zu müssen (vgl. V. 27), sollen sie Wasser aus ihrer Zisterne und die Erträge ihrer Fruchtbäume genießen (V. 31). Selbst der Verlust der Heimat wird nichts an der Lebensqualität der Deportierten ändern (V. 32a). Die Argumentation spitzt sich in der Alternative von Leben oder Tod zu: Der *rab šāqeh* will, dass die Belagerten leben, statt zu sterben! Damit vertritt er ihre ureigensten Interessen, die nicht mit den Interessen der politischen Eliten in Jerusalem übereinstimmen. Die Rettung, die jene versprechen, liege in Wahrheit einzig in der Unterwerfung unter den König von Assur. Darin konvergieren die Interessen beider, und daher vertritt der assyrische Unterhändler nicht nur seine eigenen, sondern gerade darin die Interessen des Volkes.

4 Die Rede des *rab šāqeh* als literarisches Stilmittel der Erzählung in 2 Kön 18f.

Die rhetorische Analyse der zweigeteilten Rede des *rab šāqeh* hat ergeben, dass der Redner alle einschlägigen Beglaubigungsmittel aristotelischer Rhetorik kunstvoll einsetzt, um seine Adressaten zur Aufgabe des Widerstands gegen den König von Assur zu bewegen. Trotzdem kann er sein Ziel nicht erreichen, wie bereits die Fest-

---

[81] Vgl. Rudman, Is the Rabshakeh also Among the Prophets?, 105f. Nach Hardmeier, Prophetie im Streit, 321–329, repräsentiert der *rab šāqeh* die klassische Unheilsprophetie Jeremias und Ezechiels, die vom Erzähler als „Falschprophetie" inszeniert wird.
[82] Vgl. Dtn 20, 10f.

stellung des Erzählers signalisiert, mit der die Szene vor den Mauern Jerusalems beschlossen wird: „Das (Kriegs-)Volk schwieg, und sie antworteten ihm [*sc.* dem *rab šāqeh*] kein Wort, (denn) dies (war) der Befehl des Königs [*sc.* Hiskia]: ‚Ihr sollt ihm nicht antworten!'" (V. 36) Der Erzähler betont, dass die Adressaten der Aufforderung des assyrischen Unterhändlers nicht folgen, sondern ihrem König gegenüber loyal bleiben.[83] Wie aber ist das Scheitern des *rab šāqeh* zu erklären? Dieser Frage soll im Folgenden nachgegangen werden.

Dazu ist zunächst die Erinnerung wichtig, dass die Reden der Protagonisten stets als literarische Bildungen des allwissenden Erzählers zu gelten haben. Wie bereits bei der Analyse der Figurenrede des *rab šāqeh* deutlich geworden ist, repräsentiert er als literarische Figur zwar einerseits die Denk- und Sprachmuster der assyrischen Belagerer, die literarische und rhetorische Disposition seiner Rede ist jedoch andererseits in einer Art und Weise von biblischen Wendungen und Motiven durchzogen, die ihn zweifelsfrei als eine Kunstfigur des Erzählers zu erkennen geben. Die Stilisierung der Rede bemüht sich zwar um ein stimmiges literarisches Kolorit, m. a. W. um historiographische Plausibilität innerhalb der „erzählten Welt", bleibt dabei jedoch der Erzählabsicht des Autors bzw. Werkes untergeordnet.[84] Sie ist als *Figuren*rede zugleich *Erzähler*rede. Ihre rhetorische Disposition und pithanologische Wirkung müssen also im Zusammenhang der Gesamterzählung betrachtet und beurteilt werden. Kurz gesagt: die Rede des *rab šāqeh* ist vom Erzähler von Anfang an zum Scheitern bestimmt. Mit welchen Mitteln wird dies erreicht? Dazu ist vor allem auf zwei Aspekte hinzuweisen: zum einen auf die narrative Pragmatik der Erzählung in 2 Kön 18f. und zum anderen auf die intertextuellen Verbindungslinien der Rede des *rab šāqeh* in die prophetische Literatur des Alten Testaments. Dabei zeigt sich, dass beide Perspektiven eng miteinander verbunden sind.

Die Rede des *rab šāqeh* ist unlöslich mit dem Bericht über die Regierung des judäischen Königs Hiskia in 2 Kön 18–19(20) verwoben.[85] Gleich zu Beginn dieses Ab-

---

[83] Das Schweigen der Bevölkerung wäre für sich genommen mehrdeutig und könnte ebenso als Ausdruck der Resignation seitens der Belagerten verstanden werden. Der explizite Verweis auf das königliche Gebot interpretiert die Haltung des Volkes jedoch als Akt der Loyalität gegenüber Hiskia, die der *rab šāqeh* zuvor infrage gestellt hatte. Ist darüber hinaus ein intertextueller Bezug zu Ex 14, 14 intendiert, wo die Israeliten von Mose aufgefordert werden zu schweigen (*ḥrš*, Hif.), dieweil Jhwh für sie Krieg führen wird?

[84] Vgl. zur literarischen Stilisierung wörtlicher Reden in der (antiken) Geschichtsschreibung die grundlegenden Bemerkungen bei Thuk. 1, 22, 1 (vgl. dazu Otto Lendle, Einführung in die griechische Geschichtsschreibung. Von Hekataios bis Zosimos, Darmstadt 1992, 85f.).

[85] Die Frage nach der literarhistorischen Entstehung der Kapitel verläuft nach wie vor entlang der Bahnen, die bereits Bernhard Stade, Miscellen: 16. Anmerkungen zu 2Kö. 15–21, in: Zeitschrift für die alttestamentliche Wissenschaft 6 (1886) 156–189; hier: 172–183, vorgezeichnet hat. Im Anschluss an Beobachtungen bei Stade geht die vorliegende Studie davon aus, dass 2 Kön 19, 9b-35 einer jüngeren Bearbeitung der Erzählung angehören, die den älteren Darstellungszusammenhang voraussetzt und unter „monotheistischen" Vorzeichen interpretiert. Die weitere literarkritische Analyse im

schnitts der Königebücher wird die Rebellion Hiskias gegen die assyrische Oberhoheit in einer kurzen Notiz erwähnt: „... und er rebellierte [*mrd*, vgl. V. 20b!] gegen den König von Assur und diente ihm nicht (mehr)." (2 Kön 18, 7b) Genau dieser Umstand führt zum Feldzug Sanheribs gegen Juda, in dessen Verlauf er zahlreiche befestigte Orte erobert (vgl. 2 Kön 18, 13–16) und schließlich Jerusalem belagert. Interessant ist an dieser narrativen Disposition zweierlei: 1. Die Erwähnung der Rebellion gegen das Joch Assurs ist das erste, was von Hiskia berichtet wird, nachdem der Erzähler seine Herrschaft zuvor nachdrücklich positiv bewertet hatte (vgl. V. 3–7a).[86] Er tat nicht nur, was recht war in den Augen Jhwhs (V. 3) und was in V. 4 mit dem Hinweis auf Hiskias Reform des offiziellen Staatskults näher erläutert wird, sondern er befolgte auch die mosaische Tora, die Mose von Jhwh am Gottesberg mitgeteilt worden war (vgl. V. 6). Sein Vertrauen auf Jhwh (*bṭḥ*, V. 5) war vorbildlich, und dieser gab ihm zu allen seinen militärischen Unternehmungen Gelingen (V. 7a). Letzteres wird durch die bereits erwähnte Notiz über die Erhebung gegen die Assyrer (V. 7b) und einen Hinweis auf militärische Erfolge gegen die Philister in V. 8 präzisiert. Der Aufstand gegen den König von Assur wird also vom Erzähler als im Einklang mit dem Willen und Wirken des judäischen Staatsgottes eingeführt. Das Argument des *rab šāqeh*, Jhwh hätte die Assyrer zum Militärschlag gegen Juda autorisiert (vgl. V. 25), erscheint bei einer synchronen Ablauflesung der Erzählung somit als wenig vertrauenswürdig.[87]

2. Gleiches gilt für dessen Deutung der kultpolitischen Reformen Hiskias, die er in V. 22 als Kränkung Jhwhs interpretiert. Der Erzähler selbst bewertet die Ereignisse jedoch gegenläufig als Ausdruck der vorbildlichen religiösen Gesinnung des Königs, die das Wohlwollen Jhwhs findet. Diese Haltung Hiskias wird mit dessen Vertrauen auf Jhwh (*bṭḥ*) auf einen begrifflichen Nenner gebracht, der im ersten Redeteil der Rede des *rab šāqeh* prominent wiederkehrt. Nur dass der rhetorisch induzierte Einwand der Adressaten, dass sie auf Jhwh, ihren Gott, statt auf den Bündnispartner Ägypten vertrauten (vgl. V. 22a), im Sinne des Erzählers ganz berechtigt ist und keineswegs mit dem Argument des assyrischen Unterhändlers entkräftet werden kann.[88] Von hier aus gerät aber auch die abschließende Argumentationsfigur des

---

Einzelnen ist für die hier interessierende Fragestellung jedoch von nachrangiger Bedeutung und kann daher unberücksichtigt bleiben.

86 Vgl. zur narrativen Struktur und argumentativen Kohärenz des Abschnitts Martin Arneth, Die Hiskiareform in 2 Reg 18,3–8, in: Zeitschrift für altorientalische und biblische Rechtsgeschichte 12 (2006) 169–215.

87 Dagegen rechnet Würthwein, Die Bücher der Könige, 407–412, mit massiven redaktionellen Erweiterungen in 2 Kön 18, 3–8.

88 Sollte gar das fiktive Selbstzitat Hiskias in V. 20a in diesem Sinne mehrdeutig sein? Die Partikel *'ak* kann sowohl emphatische als auch restriktive Bedeutung haben. Versteht man den Wortlaut in letzterem Sinn und interpretiert ihn als (unmarkierten) Fragesatz („Sollte etwa bloß ein gesprochenes Wort Rat und Kraft zum Kampf sein?"), dann hätte der *rab šāqeh* den judäischen König (be-

rab šāqeh in V. 32b–35 ins Zwielicht, denn der Vergleich Jhwhs mit den Göttern der Völker, die ihr Volk nicht aus der Hand des Königs von Assur retten wollten (oder konnten), erweckt nun nicht nur den Eindruck der Hybris, sondern ruft unversehens selbst eine Kränkung Jhwhs hervor, wie das prophetische Heilsorakel für den König Hiskia in 2 Kön 19, 6f. bestätigt. Das Schicksal Samarias, das in 2 Kön 18, 9–12 mit dem Hinweis auf den Ungehorsam Israels gegen die Tora des Mose begründet wird, ist gerade keine Blaupause für das Geschick Jerusalems, dessen König sich als vorbildlicher Torafrommer erwiesen hat (vgl. V. 5f.).[89]

Der Vorwurf der Hybris kommt indirekt vielleicht noch in einem weiteren Detail der Erzählkomposition zum Ausdruck. Zumindest ist es bemerkenswert, dass die assyrischen Unterhändler im Erzählverlauf erst nach erfolgter Kapitulation und Tributleistung Hiskias (vgl. V. 13–16) in Jerusalem erscheinen, um die Stadt zur Aufgabe ihres Widerstands zu bewegen. Dies kann kaum durch den Hinweis erklärt werden, die Assyrer wollten die vollständige Tributzahlung erzwingen, nachdem Hiskia zunächst nur die geforderte Menge an Silber an Sanherib überstellt habe (V. 15), nicht jedoch den Tribut in Gold (vgl. V. 14b),[90] denn einerseits ist die Notiz über die Tributzahlungen Hiskias in V. 15f. mehrdeutig[91] und andererseits spielt die Tributforderung in der Rede des *rab šāqeh* nirgends eine Rolle. Genau so wenig können hier Überlegungen zur militärischen Strategie Sanheribs weiterhelfen, die annehmen, Sanherib habe seine Truppenverbände geteilt und die Belagerung Jerusalems sei gleichzeitig mit den militärischen Eroberungen in der judäischen Schefela erfolgt.[92] Selbst wenn dies zuträfe, bliebe die besondere Plotbildung der Erzählung in 2 Kön 18f. erklärungsbedürftig. Sie ruft bei den Leser*innen vielmehr den Eindruck hervor, dass die Assyrer sich mit der Kapitulation Judas nicht zufrieden geben wollen, sondern dass sie die Absicht verfolgen, Juda – wie Samaria – vollständig zu vernichten (vgl. *šḥt*, V. 25b!).[93]

---

wusst?) missverstanden, der sein Vertrauen gerade nicht auf ägyptische Waffenhilfe, sondern auf Jhwh gesetzt hat.
89 Allerdings muss damit gerechnet werden, dass der Verweis auf die mosaische Tora in V. 9–12 (und in V. 6–7a?) erst einer jüngeren Bearbeitung angehört, die den Aspekt der Torafrömmigkeit Hiskias als die *differentia specifica* zwischen Samaria und Jerusalem eingetragen hätte (vgl. dazu zuletzt Christoph Levin, In Search of the Original Biblical Record of the Assyrian Conquest of Samaria, in: Shuichi Hasegawa/Christoph Levin/Karen Radner [Hg.], The Last Days of the Kingdom of Israel [= Beihefte zur Zeitschrift für die alttestamentliche Wissenschaft 511], Berlin/Boston 2018, 251–264; hier: 252–255).
90 Vgl. Evans, The Invasion of Sennacherib, 67f.
91 Vgl. Gaß, Im Strudel der assyrischen Krise, 163f.
92 Vgl. zur Militärtaktik der Assyrer Walter Mayer, Sennacherib's Campaign of 701 BCE. The Assyrian View, in: Lester L. Grabbe (Hg.), „Like a Bird in a Cage". The Invasion of Sennacherib in 701 BCE (= Journal for the Study of the Old Testament Supplement Series 363), London/New York 2003, 168–200; hier: 175f.
93 Vgl. Gaß, Im Strudel der assyrischen Krise, 164–166.

Der *rab šāqeh* vertritt somit weder die Interessen Jhwhs noch der Adressaten, sondern einzig die machtpolitischen Interessen des assyrischen Großkönigs. Bezieht die rhetorische Analyse den narrativen Rahmen der Rede mit in die Betrachtung ein, ergibt sich somit ein vollständig anderes Bild: Der Redner verfügt weder über eine präzise Kenntnis des Sachverhalts, die die innere Logik der religiösen Symbolisierungen der Adressaten einschließt, noch ist er ihnen gegenüber aufrichtig oder hat ihr Wohlergehen im Blick. Die Adressaten (und Leser*innen) der Rede durchschauen dies und verweigern ihm folgerichtig ihre Zustimmung. Gerade das Ethos des Redners, dem nach Aristoteles für die Überzeugungskraft einer Rede so hohe Bedeutung zukommt,[94] ist die Schwachstelle des *rab šāqeh* als literarischer Figur.

Es ist in der Forschung häufig notiert worden, dass die Rede des *rab šāqeh* mit zahlreichen Anspielungen auf andere biblische Texte gespickt ist, die über den narrativen Horizont der Königebücher hinausreichen.[95] Unter ihnen treten die Berührungen mit der jesajanischen Prophetie besonders hervor.[96] Dies ist nicht zuletzt deshalb von Interesse, weil eben jener Prophet auf Anfrage Hiskias das Gotteswort mitteilt, das den Anspruch des Assyrers, er handle im Auftrag Jhwhs, entschieden zurückweist und die Rettung Jerusalems aus der Hand des Königs von Assur ankündet. Er bestätigt damit das Vertrauen, das Hiskia auf Jhwh gesetzt hat, und unterstreicht die Sonderstellung Jerusalems wie die Einzigkeit Jhwhs (vgl. 2 Kön 19, 6f.).[97] Gleichzeitig beruft sich der assyrische Unterhändler verschiedentlich auf Argumentationsmuster der Jesajaüberlieferung, so dass in 2 Kön 18f. gewissermaßen ein innerprophetischer Diskurs mit verschiedenen Rollen auf der literarischen Bühne inszeniert wird. Wie dies geschieht, soll zum Abschluss kurz skizziert werden.

---

94 Siehe oben Anm. 9.
95 Vgl. Peter Machinist, The Rab Šāqēh at the Wall of Jerusalem. Israelite Identity in the Face of the Assyrian „Other", in: Hebrew Studies 41 (2000) 151–168; hier: 157; Rudman, Is the Rabshakeh also Among the Prophets?, 101–109.
96 Vgl. Gaß, Im Strudel der assyrischen Krise, 206–208. 225f. Dagegen hat Hardmeier, Prophetie im Streit, 321–392, in den Reden des *rab šāqeh* vor allem Bezüge zur spätvorexilischen Prophetie Jeremias und Ezechiels konstatiert, deren Mahnung zur Unterwerfung unter die babylonische Suprematie in 2 Kön 18f.* als feindliche Propaganda diffamiert werden soll.
97 Der Gedanke der Einzigkeit Jhwhs wird im vermutlich jüngeren „Parallelbericht" 2 Kön 19, 9b–35 weiter gesteigert und in deuterojesajanischer Diktion monotheistisch zugespitzt (vgl. V. 15–19). Insofern wiederholt der Abschnitt nicht lediglich bereits Gesagtes, sondern setzt eigene Akzente. Dies wird bereits in der brieflichen Mitteilung des assyrischen Königs an Hiskia deutlich, in der allein Hiskia die Möglichkeit zugeschrieben wird, sich (und die belagerte Stadt) zu retten, statt auf die Hilfe Jhwhs zu vertrauen (vgl. V. 10–13). Hier wird Hiskia aufgefordert, seine Loyalität gegenüber Jhwh aufzukündigen, weil dieser ihn täusche (*nš'*, V. 10a) – die gleiche Argumentation begegnet im älteren Textbestand als Aufruf an die Bevölkerung Jerusalems, sich von Hiskia zu distanzieren (vgl. 2 Kön 18, 29f.). Dies deutet aber darauf hin, dass 2 Kön 19, 9b–35 nicht eigentlich als ein „Parallelbericht" (oder eine zweite, unabhängige Quelle) angesehen werden kann, sondern als narrative Auslegung eines vorgegebenen Erzählkonzepts.

Bereits der Ort der Verhandlungen zwischen dem *rab šāqeh* und den Abgesandten Hiskias am Kanal des oberen Teiches, an der Straße beim (oder zum) Walkerfeld, erinnert an die Begegnung zwischen dem Propheten Jesaja und dem judäischen König Ahas, dem Vater Hiskias, in Jes 7, 3, bei der jener dem König angesichts einer militärischen Bedrohung Jerusalems durch die verbündeten Truppen Samarias und der Aramäer von Damaskus ein Heilsorakel verkündet und ihn zum Vertrauen auf Jhwh auffordert.[98] Wie einst der Prophet tritt nun der *rab šāqeh* auf und fordert Hiskia in „prophetischem Gewand" zur Kapitulation auf. Er kann dazu auf ein Motiv zurückgreifen, das sich ähnlich in der Totenklage Jes 30, 1–5 findet, in der Jesaja vermutlich im Zusammenhang eben jener Ereignisse des Jahres 701 vor Christus das judäische Königshaus vor einem Militärbündnis mit Ägypten warnt, weil die Stärke des Pharaos keine Hilfe und keinen Schutz vor den Assyrern gewähren kann.[99] Diese prophetische Kritik an der höfischen Politik in Jerusalem greift der assyrische Unterhändler auf, wenn er den König von Ägypten als einen zerbrochenen Rohrstab bezeichnet, der jedem, der sich auf ihn stützt, die Handfläche durchbohrt (vgl. 2 Kön 18, 21). Anders als in Jes 30, 1–5 ist diese Mahnung jedoch nicht als Wort Jhwhs, sondern des Königs Sanherib ausgewiesen, der durch seinen Gesandten das gleiche sagt wie Jhwh durch seinen Propheten, so dass wie in einem Vexierbild der Prophet wie ein assyrischer Kollaborateur oder der Assyrer wie ein Gesandter Jhwhs erscheint.[100]

Dieser Eindruck verstärkt sich noch am Ende des ersten Redeteils, wenn der *rab šāqeh* für sich in Anspruch nimmt, dass Jhwh selbst ihn beauftragt habe, Juda und Jerusalem zu zerstören (vgl. 2 Kön 18, 25). Der Gedanke, dass der König von Assur als Strafwerkzeug das Gericht Jhwhs gegen Juda vollstrecken soll, findet sich ebenfalls in der Jesajaüberlieferung. Dabei genügt es, auf die jüngere Fortschreibung eines vermutlich älteren Heilsorakels für das Davidhaus in Jes 8, 5–8 zu verweisen, die ankündigt, dass die Truppen des Königs von Assur das Land überschwemmen werden wie ein mächtiger Fluss, der über seine Ufer tritt (vgl. V. 7f.), weil Juda Jhwh

---

98 Vgl. zur Analyse des Textes die Diskussion bei Jörg Barthel, Prophetenwort und Geschichte. Die Jesajaüberlieferung in Jes 6–8 und 28–31 (= Forschungen zum Alten Testament 19), Tübingen 1997, 123–158. Vermutlich ist in Jes 7, 1–17 ein älteres Heilsorakel später unheilsprophetisch überarbeitet worden.
99 Vgl. zu Jes 30, 1–5 Barthel, Prophetenwort und Geschichte, 400–403. 411–414, und zuletzt Jan Kreuch, Unheil und Heil bei Jesaja. Studien zur Entstehung des Assur-Zyklus Jesaja 28–31 (= Wissenschaftliche Monographien zum Alten und Neuen Testament 130), Neukirchen-Vluyn 2011, 255–273.
100 Vgl. Hardmeier, Prophetie im Streit, 384–387, und Rudman, Is the Rabshakeh also Among the Prophets?, 102f., der Sanherib bzw. den *rab šāqeh* als Gegenspieler Jhwhs bzw. seines Propheten (= Jesaja) identifiziert. Die eigentliche Pointe der literarischen Konstellation liegt aber m. E. darin, dass hier ein kritisches Selbstgespräch mit der Jesajaüberlieferung geführt bzw. rezipiert wird.

verachtet habe.¹⁰¹ Davon, dass Jhwh den König von Assur als Stab seines Zorns beauftragt habe, Juda zu berauben und zu zertreten, reden ausdrücklich Jes 10, 5f. Dort ist zudem – im Munde des Königs von Assur – eine Reihe rhetorischer Fragen belegt, die denjenigen in 2 Kön 18, 33–35 parallel gehen (vgl. Jes 10, 9–11). In beiden zielt die Argumentation auf die militärische Übermacht Assyriens ab, der niemand etwas entgegenzusetzen vermag, und läuft auf den zwingenden Schluss zu, dass es Jerusalem ergehen wird, wie es Samaria ergangen ist.¹⁰²

Gerade an der letztgenannten Stelle ist jedoch eine Neubewertung der Rolle Assurs zu beobachten, denn der Abschnitt Jes 10, 5–19* ist als Totenklage über Assur gestaltet, die Rute des Zorns Jhwhs, die statt zu strafen Vernichtung im Sinn hat und sich ihrer eigenen Macht und Stärke rühmt, so dass sie selbst zum Objekt des Zorns Jhwhs wird (vgl. V. 12–19*). Jhwh hat Assur zwar zum Stab seines Zorns bestimmt, der Juda strafen, aber nicht vernichten soll! Die Hybris des Königs von Assur, der seine Rolle verkennt und darin Jhwh schmäht, besitzt, wie oben gezeigt, eine enge Parallele in der Plotbildung der Erzählung in 2 Kön 18f. und wird im Heilsorakel für Hiskia in 2 Kön 19, 6f. wieder aufgenommen. Die Prophetentheologie der Erzählung in 2 Kön 18f. gleicht derjenigen von Jes 10, 5–19*, nur dass die verschiedenen Stadien der jesajanischen Traditionsbildung in ihr auf die beiden Protagonisten Jesaja und den *rab šāqeh* aufgeteilt wurden.¹⁰³ Der assyrische Unterhändler repräsentiert den Stab des Zorns Jhwhs, der sich in Übereinstimmung mit der älteren Unheilsprophetie auf seine jahwistische Beauftragung beruft, diese jedoch im selben Atemzug verfehlt, weil er sie als Vernichtungsbeschluss interpretiert (vgl. V. 25). Wie die assurkritische Fortschreibung im Jesajabuch die frühe Unheilsprophetie gegen Juda und Jerusalem aufnimmt und korrigiert, so tritt der Prophet in 2 Kön 19, 1–7 gewissermaßen seinem *alter ego* in Gestalt des *rab šāqeh* gegenüber und legt sich selbst aus – ganz im Stile einer „prophetischen Prophetenauslegung", wie sie Odil Hannes Steck als formatives Prinzip der Literaturgeschichte der biblischen Prophetie beschrieben hat.¹⁰⁴

---

101 Vgl. Friedhelm Hartenstein, JHWH und der „Schreckensglanz" Assurs (Jesaja 8,6–8). Traditions- und religionsgeschichtliche Beobachtungen zur „Denkschrift" Jesaja 6–8*, in: ders., Das Archiv des verborgenen Gottes. Studien zur Unheilsprophetie Jesajas und zur Zionstheologie der Psalmen in assyrischer Zeit (= Biblisch-Theologische Studien 74), Neukirchen-Vluyn 2011, 1–30; hier: 6–23.
102 Vgl. Ben Zvi, Who Wrote the Speech, 89–91, sowie Machinist, The Rab Šāqēh at the Wall of Jerusalem, 161.
103 Der Abschnitt Jes 10, 5–19* gehört zur sogenannten „Assur-Redaktion" im Jesajabuch, deren theologisches Profil und zeitgeschichtlichen Ort in der zweiten Hälfte des 7. Jahrhunderts vor Christus vor allem Hermann Barth, Die Jesaja-Worte in der Josiazeit. Israel und Assur als Thema einer produktiven Neuinterpretation der Jesajaüberlieferung (= Wissenschaftliche Monographien zum Alten und Neuen Testament 48), Neukirchen-Vluyn 1977, 17–34 (zu Jes 10, 5–19), überzeugend herausgearbeitet hat.
104 Vgl. Odil Hannes Steck, Die Prophetenbücher und ihr theologisches Zeugnis. Wege der Nachfrage und Fährten zur Antwort, Tübingen 1996, 127–204.

Die prophetische Geschichtshermeneutik der Erzählung in 2 Kön 18f. ist insofern anachronistisch, als sie nicht die Position Jesajas widerspiegelt, die dieser in den Unruhen um 701 vor Christus vertreten hat und die derjenigen des *rab šāqeh* nahesteht. Sie stellt die Ereignisse stattdessen im Licht der späteren jesajanischen Traditionsbildung dar, die ihrerseits von der Jerusalemer Kulttradition beeinflusst ist, wie sie sich im Gefolge der Verschonung Jerusalems 701 vor Christus weiter ausgebildet hat. Die Rede des *rab šāqeh* ist somit nicht als ein historisches „Protokoll" zu lesen, sondern als eine literarische Rede, die vom Erzähler nach seinen Interessen gestaltet worden ist. Sowohl ihre rhetorische Kunstfertigkeit, als auch ihre pithanologische Wirkung(slosigkeit) tragen zur Plotbildung und Geschichtstheologie des Berichts über die Regierung Hiskias in 2 Kön 18f. bei. Nicht der Redner, wohl aber der Erzähler will und weiß zu überzeugen.

Christian Strecker
Die Kraft der Rhetorik von unten

Zur Frage der Redekunst des Apostels Paulus

Einleitung

Am 17. Juni 362 nach Christus erließ der vom Christentum abgefallene Kaiser Julian das sogenannte „Rhetorenedikt".[1] Darin verfügte er, öffentlich lehrende Personen hätten bei der Kurie der betreffenden Stadt eine offizielle Beurkundung ihrer fachlichen und sittlichen Qualitäten zu erwirken, die dann ihm, dem Kaiser, zur Überprüfung vorzulegen sei (vgl. Cod. Theod. 13, 3, 5). In einer Art Begleitbrief erläuterte der römische Herrscher die Beweggründe seines Edikts (vgl. Julian, epist. 55 [Weiß]; epist. 36 [Wright]). Ausführlich legt er darin dar, dass Bildung (παιδεία) aufseiten der Lehrenden keineswegs nur grammatische und rhetorische, sondern zumal auch sittliche Kompetenz voraussetze. Die sittliche Qualität der als Vorbilder fungierenden Lehrer hänge dabei maßgeblich daran, dass diese die Lehrinhalte mit innerer Überzeugung vertreten könnten. Folglich dürfe ein Lehrer in wesentlichen Fragen nicht einfach das Gegenteil von dem unterrichten, was er denke. Wer die großen antiken Werke eines Homer, Hesiod, Demosthenes, Herodot, Thukydides, Isokrates oder Lysias heranziehe, müsse folglich auch den von diesen Autoren verehrten Göttern nacheifern. Christliche Lehrer und Rhetoren, die die klassische Literatur heranzögen, den klassischen Götterglauben aber als Irrlehre betrachteten, sollten daher „in die Kirchen der Galiläer gehen und Matthäus und Lukas auslegen" (βαδιζόντων εἰς τὰς τῶν Γαλιλαίων ἐκκλεσίας ἐξηγησόμενοι Ματθαῖον καὶ Λουκᾶν). Das Edikt zielte also, wie nun deutlich wird, auf eine konsequente Aussonderung der christlichen Lehrer aus dem antiken Bildungssystem. Julian suchte mithin der damals voranschreitenden Amalgamierung hellenistischer Bildung und christlicher Überzeugungen Einhalt zu gebieten. Bezeichnend ist in diesem Zusammenhang die höhnische Tonlage der Worte, mittels derer er den Unterricht der christlichen Lehrer auf die Auslegung des Matthäus und Lukas in den Kirchen der Galiläer beschränkt wissen wollte. Der gebildete Kaiser betrachtete die Evangelien – und mit ihnen ohne

---

[1] Näheres zu den historischen Hintergründen und der Erforschung des Edikts bei Richard Klein, Kaiser Julians Rhetoren- und Unterrichtsgesetz, in: Römische Quartalsschrift für christliche Altertumskunde und Kirchengeschichte 76 (1981), 73–94; siehe auch Theresa Nesselrath, Kaiser Julian und die Repaganisierung des Reiches. Konzepte und Vorbilder (= Jahrbuch für Antike und Christentum. Ergänzungsband. Kleine Reihe 9), Münster 2013, 47–50.

Zweifel die gesamten neutestamentlichen Schriften – offenbar als Werke, die der großen Literatur rundweg unterlegen sind.

Solche Vorbehalte gegenüber den Schriften der Christen begegnen in der antiken und spätantiken Welt selbstredend nicht erst und nicht allein bei Julian. Skepsis, Abwehr, Polemik und Spott waren unter gebildeten Nichtchristen vielmehr gängige Reaktionen, wenn sie sich mit neutestamentlichen und überhaupt biblischen Texten auseinandersetzten. Ihre kritischen Urteile machten die der Elite zugehörenden, nichtgläubigen Rezipienten dabei namentlich an den Widersprüchen, Inkonsistenzen und dunklen Stellen in den christlichen Schriften fest, ferner an chronologischen Unstimmigkeiten des Erzählten, an der biblischen Gottesvorstellung und an fraglichen Prophezeiungen. Darüber hinaus rügten sie insbesondere die grammatischen Mängel der biblischen Texte, tadelten deren inferioren literarisch-rhetorischen Charakter und verachteten die breite Verankerung der Schriften im ungebildeten, niederen Volk.[2] So ist Origenes' mehrbändigem apologetischen Werk *Contra Celsum* zu entnehmen, dass sich der Platoniker Celsus in der zweiten Hälfte des 2. Jahrhunderts nach Christus in seiner antichristlichen Kampfschrift Ἀληθὴς λόγος zumal auch über den schlichten sprachlichen Ausdruck samt den vermeintlich bescheidenen Inhalten der christlich-jüdischen Schriften mokierte (Cels. 6, 2; 3, 19–21; 4, 87; 7, 61). Jesus, die Apostel und die frühen Christen diskreditierte er insgesamt als vulgäre, unreflektierte, illiterate Menschen (vgl. Cels. 1, 9. 27. 29. 62; 3, 18; 6, 1; 8, 47). Etwa zur gleichen Zeit charakterisierte der scharfzüngige Satiriker Lukian von Samosata die Christen grundsätzlich als leicht zu täuschende Kinder und Naivlinge (Pergr. 11. 13). Verwiesen sei zudem auf Minucius Felix. In seiner apologetischen Schrift *Octavius* verunglimpft der noch nicht bekehrte Dialogpartner Caecilius Natalis Christen als Ungebildete und leichtgläubige Frauen, die auf alles hereinfallen würden (Oct. 8, 4). Die verbreitete Wahrnehmung der heiligen Bücher der Christen als literarisch-rhetorisch minderwertige Texte bezeugt dann später auch der bedeutende Kirchenvater Augustinus. In seinen *Confessiones* schildert er, wie er sich als junger Mann vor seiner Bekehrung unter dem Eindruck der Lektüre des ciceronischen *Hortensius* erstmals den heiligen Schriften der Christen widmete,

---

[2] Vgl. zur (spät)antiken nichtchristlichen Rezeption des Alten und Neuen Testaments umfassend Giancarlo Rinaldi, Biblia gentium. Primo contributo per un indice delle citazioni, dei riferimenti e delle allusioni alla Bibbia negli autori pagani, Greci e Latini, di età imperiale, Rom 1989; dens., La Bibbia dei pagani, 2 Bände, Bologna 1998; siehe zur paganen Rezeption des Neuen Testaments ferner John Granger Cook, The Interpretation of the New Testament in Greco-Roman Paganism (= Studien und Texte zu Antike und Christentum 3), Tübingen 2000; zur paganen Rezeption des Alten Testaments siehe auch Sonja Ackermann, Christliche Apologetik und heidnische Philosophie im Streit um das Alte Testament (= Stuttgarter Biblische Beiträge 36), Stuttgart 1997, sowie John Granger Cook, The Interpretation of the Old Testament in Greco-Roman Paganism (= Studien und Texte zu Antike und Christentum 23), Tübingen 2004.

diese jedoch im Vergleich zur Würde der Sprachkunst Ciceros als unwürdig erachtete und so als Literatur für Geringe einstufte (conf. 3, 5, 9).³

Trotz all der genannten Vorbehalte avancierte nun aber im weiteren Verlauf der Geschichte des Abendlandes ausgerechnet diese vermeintlich „mindere Literatur" der von der Elite herabgesetzten „kleinen Leute" aus einem „kleinen Volk" zum unumstößlichen Fundament allen Wissens und Erkennens, zum definitiven Maßstab des Welt- und Menschenbildes, zur unhintergehbaren Richtschnur der Lebensgestaltung und nicht zuletzt auch zur gewichtigen Prägekraft und Inspirationsquelle der gesamten abendländischen Literatur. Zu dieser bemerkenswerten Entwicklung, die relativ ungebrochen zumindest bis zum Anbruch der Aufklärung währte, trug ein äußerst komplexes Bündel zahlreicher historischer Faktoren bei. Dieses Bündel kann in diesem Beitrag selbstverständlich nicht aufgeschnürt und ausgeleuchtet werden. Hier kann und soll es lediglich darum gehen, ob und inwieweit die neutestamentlichen Schriften tatsächlich dem ungebildeten, sozial niederen Milieu der antiken Welt entstammen und ob sie wirklich jeglicher literarisch-rhetorischen Qualität entbehren, wie dies die Invektiven der frühen Gegner des Christentums voraussetzten.

Der vorliegende Beitrag will diesen Themen paradigmatisch anhand der Briefe des Apostels Paulus nachgehen. Dementsprechend widmet sich der erste Abschnitt der komplexen Frage nach dem sozialen Status des Paulus. In einem zweiten Abschnitt folgt eine Erörterung der nicht minder komplexen Frage nach der spezifischen Rhetorizität der Paulusbriefe. Beide Fragen werden, wie sich zeigen wird, in der Forschung in vielerlei Hinsicht kontrovers diskutiert. Vor dem Hintergrund der entsprechenden Debatten und der daraus jeweils zu ziehenden Konklusionen schließt der Beitrag in einem dritten Abschnitt mit einigen Überlegungen zur „Würde des Niedrigen" als Charakteristikum des besonderen literarisch-rhetorischen Profils und der besonderen rhetorischen Kraft der Briefe des Apostels.

1 Zur Frage der sozialen Verortung des Paulus

Folgt man dem umfänglichen, wenn auch keineswegs vollständigen Portrait der Vita des Paulus in der *Apostelgeschichte*, so besaß dieser einen bemerkenswert hohen sozialen Status. Die *Apostelgeschichte* schreibt Paulus jedenfalls diverse Merkmale und Praktiken zu, die eine Verortung nahe der Oberschicht indizieren:⁴ So legen die

---

3 Den späteren Wandel seiner Sicht auf die Bibel bezeugt Augustinus in conf. 6, 5, 8.
4 Vgl. zum Folgenden Ekkehard W. Stegemann/Wolfgang Stegemann, Urchristliche Sozialgeschichte. Die Anfänge im Judentum und die Christusgemeinden in der mediterranen Welt, 2. Auflage, Stuttgart/Berlin/Köln 1997, 256–258; siehe auch John Clayton Lentz, Luke's Portrait of Paul (= Society for the New Testament Studies, Monograph Series 77), Cambridge 1993. Anders jedoch

Aussagen über den Besitz der römischen Bürgerschaft in Apg. 16, 37f.; 22, 25ff.; 23, 27 wie auch des lokalen Bürgerrechts der Stadt Tarsos in Apg. 21, 39 eine Zugehörigkeit zur städtischen Elite nahe. Dazu fügt sich die Aussage in Apg. 22, 3, wonach Paulus als junger Mann in Jerusalem eine prominente Ausbildung bei dem bedeutenden Toralehrer Gamaliel I. erfuhr. Etliche Zeit später reiste Paulus angeblich als mit richterlichen Vollmachten ausgestatteter Gesandter des Jerusalemer Hohepriesters nach Damaskus, um dortige Christusgläubige gefangen nach Jerusalem zu überführen (Apg. 9, 1; vgl. 22, 5). Diese Angabe impliziert, dass er als Gefolgsmann der hohen Jerusalemer Priesteraristokratie agierte, sich also im Kreis der jüdischen priesterlichen Elite bewegte. Den christusgläubigen Paulus zeichnet die *Apostelgeschichte* sodann als charismatischen Wundertäter und als Mann mit einer großen rhetorischen Begabung. In Athen spricht er sogar auf dem Areopag vor den Philosophen (Apg. 17, 18–34). Auch diese Angaben können einen hohen Status indizieren. Nach Apg. 18, 3 ging Paulus in Korinth zwar handwerklicher Tätigkeit nach, stellte diese aber bald zugunsten der Verkündigung ein (Apg. 18, 5). Offenbar konnte er sich dies leisten. Überhaupt fällt auf, dass die *Apostelgeschichte* an keiner Stelle finanzielle Nöte oder Sorgen des Paulus thematisiert. Bemerkenswert ist zudem, dass er in der *Apostelgeschichte* gerade auch nach seiner Hinwendung zum Christusglauben in größter Selbstverständlichkeit immer wieder mit Vertretern der politischen Elite verkehrt, sogar solchen der höchsten Ebene wie König Agrippa II. (Apg. 25, 13–26, 32).

Die Historizität dieser Bausteine des Paulusportraits und die aus diesen Bausteinen abgeleitete hohe soziale Verortung des Paulus sind nun in der neutestamentlichen Forschung freilich keineswegs unstritten. Die Frage, welchen sozialen Status Paulus tatsächlich besaß und ob sich dieser mit seiner Hinwendung zu Christus und zur Mission womöglich änderte, wird vielmehr seit geraumer Zeit äußerst kontrovers diskutiert. Die vielen diesbezüglich vorgetragenen Thesen orientieren sich dabei meist pauschal an dem modernen Drei-Schichten-Modell, dem zufolge Gesellschaften eine Ober-, eine Mittel- und eine Unterschicht aufweisen. Im Folgenden sollen die diesbezüglich wichtigsten Thesen und Argumente kurz gesichtet und erörtert werden.

Die These einer Herkunft des Apostels aus der Oberschicht war in der älteren Forschung breit etabliert und wird bis heute vertreten. Zu ihrer Begründung werden neben diversen Anhaltspunkten in den Paulusbriefen etliche der vorstehend bereits genannten Indizien des bei dieser These als weithin historisch erachteten Paulusportraits der *Apostelgeschichte* angeführt. Im Genaueren berufen sich die Verfechter

---

Michael Rydryck, Das Kapital des Paulus. Ein Beitrag zur sozialhistorischen Plausibilität der Apostelgeschichte, in: Stefan Alkier/Michael Rydryck (Hg.), Paulus – Das Kapital eines Reisenden. Die Apostelgeschichte als sozialhistorische Quelle (= Stuttgarter Bibelstudien 241), Stuttgart 2017, 59–84. Unter Rekurs auf Pierre Bourdieus Habitustheorie klassifiziert Rydryck den lukanischen Paulus der *Apostelgeschichte* als Vertreter der regionalen Mittelschichten.

der Oberschichtthese auf das römische Bürgerrecht des Paulus, das Niveau seiner Briefe, seine Kontakte mit der Elite und sein angeblich aristokratisches Arbeitsverständnis. Dazu im Näheren Folgendes: Bereits Ende des 19. Jahrhunderts machte der schottische Althistoriker William Mitchell Ramsay geltend, der Besitz des römischen Bürgerrechts habe Paulus „amid the aristocracy of any provincial town"[5] platziert. Aus dem Bürgerrecht schloss Ramsay darauf zurück, „that his [sc. Paul's] family was one of distinction and at least moderate wealth"[6]. Ähnlich postulierte auch der deutsche Althistoriker Eduard Meyer in den zwanziger Jahren des letzten Jahrhunderts, die Familie des Paulus sei „wohlhabend und einflussreich" gewesen und habe „zu den Honoratioren der Stadt" gehört.[7] Das Bürgerrecht begegnet dann im 20. Jahrhundert immer wieder als tragender Grund für die Oberschichtsthese.[8] Etliche jüngere Exegeten weisen des Weiteren auf das rhetorische Niveau der Paulusbriefe hin. Dieses lege, so wird behauptet, eine hohe Bildung des Apostels nahe. Diese Bildung gilt dann wiederum als klarer Indikator für die Herkunft des Paulus aus aristokratischen Verhältnissen bzw. der Elite.[9] So durchlief Paulus nach Tor Vegge neben der pharisäischen eine umfassende literarische, rhetorische und philosophische Ausbildung, die Vegge ausdrücklich als Teilvoraussetzung für einen „erhöhten Status" wertet.[10] Als weiteres Indiz für Paulus' ursprüngliche Elitezugehörigkeit gelten die bereits angesprochenen Berichte der *Apostelgeschichte* über Begegnungen des Paulus mit der jüdischen Elite in Jerusalem (9, 1f.; 22, 5; 26, 12), mit hohen römischen Autoritäten (Prokonsuln: 13, 7–12; 18, 12–15; Prokuratoren: 23, 23–24, 27; 25, 1–26, 32; König Agrippa II.: 25, 13–26, 32) wie auch mit führenden Frauen und Männern in den Städten (17, 4; 28, 7), vermitteln diese doch das Bild eines Menschen, dem der Umgang mit Regierenden und Privilegierten vertraut war.[11] Schließ-

---

5 William Mitchell Ramsay, St. Paul the Traveller and the Roman Citizen, New York 1895, 31.
6 Ramsay, Paul, 31; vgl. auch 34.
7 Eduard Meyer, Ursprung und Anfänge des Christentums III: Die Apostelgeschichte und die Anfänge des Christentums, Stuttgart/Berlin 1923, 308.
8 Vgl. Edwin A. Judge, Die frühen Christen als scholastische Gemeinschaft, in: Wayne A. Meeks (Hg.), Zur Soziologie des Urchristentums. Ausgewählte Beispiele zum frühen Gemeinschaftsleben in seiner gesellschaftlichen Umwelt, München 1979, 131–164; hier: 152, sowie Gerd Theißen, Studien zur Soziologie des Urchristentums (= Wissenschaftliche Untersuchungen zum Neuen Testament 19), 3. Auflage, Tübingen 1989, 39. 265f.
9 Vgl. Jerome Neyrey, The Social Location of Paul. Education as the Key, in: David B. Gowler/L. Gregory Bloomquist/Duane F. Watson (Hg.), Fabrics of Discourse, Festschrift Vernon K. Robbins, Harrisburg 2003, 126–164, sowie Dale B. Martin, The Corinthian Body, New Heaven/London 1995, 52.
10 Tor Vegge, Paulus und das antike Schulwesen. Schule und Bildung des Paulus (= Beihefte zur Zeitschrift für die neutestamentliche Wissenschaft 134), Berlin 2006, besonders 452–455; kritisch dazu Ryan S. Schellenberg, Rethinking Paul's Rhetorical Education. Comparative Rhetoric and 2 Corinthians 10–13 (= Early Christianity and Its Literature 10), Atlanta 2013, 45–52.
11 Vgl. Neyrey, The Social Location, 162f.

lich fungiert die neben Apg. 18, 1 ebenso in den Briefen bezeugte Handarbeit des Apostels als wichtiges Argument: Körperliche Arbeit wurde in der antiken Oberschicht vielfach verachtet; sie galt als schmutzig und unedel (Cicero, off. 1, 150f.; vgl. Sir. 38, 24–39, 11). Genau in diesem elitären Geist habe Paulus seine eigene Arbeit in 1 Kor. 4, 12; 9, 19. 22 und 2 Kor. 11, 7 bewusst als Selbsterniedrigung bzw. abnorm bewertet.[12] Für den aus der Oberschicht stammenden Paulus sei die Berufstätigkeit eben ein sozialer Abstieg gewesen. Als Ursache bzw. Beweggrund dieses Abstiegs stehen dann wiederum mehrere Erklärungen im Raum: (1) Der bekehrte Paulus habe den Rückhalt seiner vermeintlich wohlhabenden Familie verloren.[13] (2) Paulus sei der angeblich bereits damals verbreiteten rabbinischen Konvention gefolgt, Torastudium und Handwerk zu koppeln.[14] (3) Paulus habe als Missionar unabhängig sein wollen und als Apostel Christi Erniedrigungen bewusst hingenommen.[15]

Nun gilt es freilich zu sehen, dass der Begriff der „Oberschicht" in der jüngeren altertumswissenschaftlichen Forschung wesentlich auf Mitglieder der drei *ordines* (Senatoren, Ritter, Dekurionen), sehr Vermögende ohne Amt, sehr reiche Freigelassene und besondere Gefolgsleute beschränkt wird.[16] Bei einer solch engen Begriffsbestimmung lässt sich Paulus indes nur noch schwer der Oberschicht zurechnen. Vor diesem Hintergrund gewinnt die soziale Verortung des Apostels im mittleren Spektrum der sozialen Pyramide an Bedeutung. In jüngerer Zeit sprechen sich etliche Exegeten genau dafür aus, indem sie die oben genannten Indizien für Paulus' angebliche Oberschichtzugehörigkeit (Bürgerrecht, Bildung, Handwerk, Arbeitshaltung) zusammen mit einigen weiteren Faktoren wie der Inanspruchnahme eines Sekretärs (Röm. 16, 22; Gal. 6, 11) und der Fähigkeit zur Organisation einer internationalen Mission als Indikatoren einer Mittelschichtzugehörigkeit bewerten.[17] Eine gegenüber dieser eher pauschalen Bestimmung profiliertere Verortung bieten Bruce Longenecker und Markus Öhler. Auf der Basis eines differenzierten sozioökonomischen Schichtenmodells der römischen Antike rechnen sie die Familie des Paulus

---

12 So Ronald F. Hock, Paul's Tentmaking and the Problem of His Social Class, in: Journal of Biblical Literature 97 (1978) 555–564; hier: 558–562, sowie Bruce W. Longenecker, Remember the Poor. Paul, Poverty, and the Greco-Roman World, Grand Rapids/Cambridge 2010, 305.
13 Vgl. Ramsay, Paul, 36.
14 Vgl. dazu kritisch Hock, Paul's Tentmaking, 557.
15 Vgl. Martin Hengel, Der vorchristliche Paulus, in: ders., Paulus und Jakobus. Kleine Schriften III (= Wissenschaftliche Untersuchungen zum Neuen Testament 141), Tübingen 2002, 68–192; hier: 100f.
16 Vgl. Alexander Weiß, Soziale Elite und Christentum. Studien zu ordo-Anhängern unter frühen Christen (= Millennium-Studien 52), Berlin/Boston 2015, 25f.
17 Vgl. Udo Schnelle, Paulus. Leben und Denken, 2. Auflage, Berlin/New York 2014, 47f.; E. Parish Sanders, Paulus. Eine Einführung, Stuttgart 1995, 17f., sowie Andrew W. Pitts, Paul in Tarsus. Historical Factors in Assessing Paul's Early Education, in: Stanley E. Porter/Bryan R. Dyer (Hg.), Paul and Ancient Rhetoric. Theory and Practice in the Hellenistic Context, Cambridge 2016, 43–67; hier: 49–55.

jenem Bereich der Mittelschicht zu, in dem es möglich war, einen moderaten Überschuss zu erwirtschaften. Als Apostel sei Paulus mindestens um eine Stufe abgestiegen, nämlich in jene untere Mittelschicht, in der die Menschen stabil am Existenzminimum lebten, wenn er nicht gar bisweilen in die Unterschicht direkt am Existenzminimum abrutschte.[18]

Die damalige Existenz einer Mittelschicht ist nun jedoch im altertumswissenschaftlichen Diskurs strittig.[19] Folgt man dem Alternativmodell einer prinzipiellen Zweiteilung der antik-römischen Gesellschaft in eine quantitativ kleine Elite (Oberschichten) und die breite Masse der Nicht-Elite (Unterschichten), ist der soziale Status des Paulus klar im Bereich der Unterschicht anzusiedeln. Jenseits solcher Modellfragen hatte im Übrigen bereits Adolf Deissmann Paulus grundsätzlich als „einfachen Menschen" beschrieben, der als solcher „der Masse der Mühseligen und Beladenen" zugehörte.[20] Andere haben in jüngerer Zeit die Unterschichtzugehörigkeit des Paulus weiter bekräftigt.[21] Begründet wird sie mit der harten physischen Arbeit des Apostels, der Angewiesenheit auf finanzielle Unterstützung (2 Kor. 11, 8f.; Phil. 4, 10–12; Röm. 16, 1f. 23) und den in den Peristasenkatalogen aufgelisteten Leiderfahrungen (1 Kor. 4, 11f.; 2 Kor. 4, 8f.; 6, 4–10; 11, 23–29; 12, 10; Phil. 4, 12). Vor allem aber stoßen die Argumente für eine vermeintliche Ober- bzw. Mittelschichtzugehörigkeit des Paulus auf Ablehnung:[22] (1) Der Bürgerrechtsbesitz des Paulus ist keineswegs gesichert. Die diesbezüglich intensiv geführte Debatte[23] hat jedenfalls zu

---

18 Vgl. Longenecker, Remember, 301–310; Markus Öhler, Geschichte des frühen Christentums, Göttingen 2018, 40. 185.
19 Vgl. Géza Alföldy, Römische Sozialgeschiche, 4. Auflage, Stuttgart 2011, 204f., der die Existenz einer Mittelschicht in der damaligen sozialen Welt bestreitet und von einer Zweiteilung der Gesellschaft in eine kleine Ober- und eine breite Unterschicht ausgeht. Ihm folgen Stegemann/Stegemann, Sozialgeschichte, 70f. Anders Karl Christ, Geschichte der römischen Kaiserzeit. Von Augustus bis zu Konstantin, 6. Auflage, München 2009, 432; siehe auch Rydryck, Kapital, 62–65.
20 Vgl. Adolf Deissmann, Paulus. Eine kultur- und religionsgeschichtliche Skizze, 2. Auflage, Tübingen 1925, 2. 60; vgl. dens., Licht vom Osten. Das Neue Testament und die neuentdeckten Texte der hellenistisch-römischen Welt, 4. Auflage, Tübingen 1923, passim. Zu gewissen Widersprüchen bei Deissmann vgl. Weiß, Elite, 9.
21 Vgl. umfassend Justin J. Meggitt, Paul, Poverty and Survival, Edinburgh 1998; siehe ferner Steven J. Friesen, Poverty in Pauline Studies: Beyond the So-called New Consensus, in: Journal for the Study of the New Testament 26 (2004) 323–361; hier: 350; Peter Lampe, Paulus – Zeltmacher, in: Biblische Zeitschrift 31 (1987) 256–261; hier: 259, sowie Stegemann/Stegemann, Sozialgeschichte, 258f.
22 Vgl. zum Folgenden Meggitt, Paul, 80–96.
23 Vgl. dazu nur Heike Omerzu, Der Prozeß des Paulus. Eine exegetische und rechtshistorische Untersuchung der Apostelgeschichte (= Beihefte zur Zeitschrift für die neutestamentliche Wissenschaft 115), Berlin/New York 2002, 17–52 (befürwortend); Karl Leo Noethlichs, Der Jude Paulus – ein Tarser und Römer?, in: Raban v. Haehling (Hg.), Rom und das himmlische Jerusalem. Die frühen Christen zwischen Anpassung und Ablehnung, Darmstadt 2000, 54–84 (skeptisch), sowie Wolfgang Stegemann, War Paulus ein römischer Bürger?, in: ders., Streitbare Exegesen, herausgegeben von Klaus Neumann, Stuttgart 2016, 17–40 (ablehnend).

keinem abschließenden Ergebnis geführt. Die in der damaligen Zeit mutmaßlich geringe Anzahl kleinasiatisch-syrischer Juden mit römischer Zivität spricht aber alles in allem eher gegen Paulus' Besitz der *civitas Romana*.[24] Davon abgesehen belegt der Besitz der Bürgerschaft keineswegs *per se* Oberschichtzugehörigkeit. (2) In der Selbstbezichtigung als ἰδιώτης τῷ λόγῳ in 2 Kor. 11, 6 bestätigt Paulus Vorwürfe, keine rhetorische Bildung zu besitzen, ohne sie ausdrücklich zu widerlegen. Auch etliche Kirchenväter konstatieren, Paulus sei kein gebildeter Mann gewesen, worauf unten nochmals zurückzukommen ist. Das rhetorische und literarische Niveau der Paulusbriefe setzt zudem keineswegs zwingend eine höhere Ausbildung voraus. Es lässt sich ebenso auf die besondere Intelligenz, die natürliche rhetorische Begabung und Lebensklugheit eines aus den unteren Schichten stammenden und durch die jüdische Sozialisation informell gebildeten Menschen zurückführen.[25] Auch darauf wird nochmals zurückzukommen sein. (3) Die Aussagen in 1 Kor. 4, 12; 9, 19. 22; 2 Kor. 11, 7 bekunden nicht unbedingt eine elitäre Einstellung zur Arbeit.[26] Auch Menschen aus unteren Schichten haben an harter Arbeit gelitten und sie zum Teil als Erniedrigung erfahren. (4) Der Elite begegnet Paulus im neutestamentlichen Zeugnis in aller Regel vor dem Hintergrund von Konflikten als Angeklagter. Dass er den Autoritäten dabei durchweg, wie in der *Apostelgeschichte* beschrieben, auf Augenhöhe gegenübertrat, ist wohl lukanisches Konstrukt. (5) Organisationstalent und Führungscharisma hängen nicht an einer spezifischen Schichtzugehörigkeit. (6) Der Einsatz von Sekretären ist in antiken Quellen auch für untere Schichten bezeugt.[27] Alles in allem spricht daher vieles dafür, den sozialen Status des Paulus eher im unteren Bereich der sozialen Pyramide anzusiedeln.

2 Zur Frage nach dem rhetorischen Profil der Paulusbriefe

Die dargelegte Kontroverse über den sozialen Status des Paulus ging und geht in der neutestamentlichen Forschung mit einer ebenso kontrovers geführten Debatte über das rhetorische Profil und Niveau der Protopaulinen einher. Dabei wurde und wird über folgende Fragen gestritten: Folgte der Apostel bei der Abfassung seiner Briefe den klassischen Regeln der antiken Rhetorik? Durchlief er gar eine rhetorische Ausbildung? Inwieweit und inwiefern ist eine rhetorische Analyse bei Brieftexten über-

---

24 Vgl. Noethlichs, Jude, 83f.
25 Vgl. dazu umfassend Schellenberg, Rethinking.
26 Vgl. Todd D. Still, Did Paul Loathe Manual Labor? Revisiting the Work of Ronald F. Hock on the Apostle's Tentmaking and Social Class, in: Journal of Biblical Literature 125 (2006) 781–795.
27 Vgl. E. Randolph Richards, The Secretary in the Letters of Paul (= Wissenschaftliche Untersuchungen zum Neuen Testament II/42), Tübingen 1991, 20–23.

haupt angemessen? Bevor die Argumente *pro et contra* besprochen werden, gilt es zuvor, in aller Kürze die Geschichte der rhetorischen Analyse der Paulusbriefe zu sichten.

Im Kern reicht diese bis in die patristische Zeit zurück. Bereits etliche Kirchenväter setzten sich auf die eine oder andere Weise mit der Rhetorik der Paulusbriefe auseinander. Namentlich Augustinus, der selbst in herausragender Weise rhetorisch gebildet war, identifizierte im vierten Buch seines bedeutenden hermeneutischen Grundlagenwerkes *De doctrina christiana* einige rhetorische Figuren in den Protopaulinen, nämlich eine Klimax in Röm. 5, 3-5 sowie in 2 Kor. 11, 16-30 Perioden, Kola und Kommata (doctr. chr. 4, 11-14).[28] Ferner rekurrierte er auf zahlreiche weitere Paulustexte als Exempla für den rechten Gebrauch der drei rhetorischen Stilarten in der christlichen Rede (doctr. chr. 4, 38-50). Im 16. Jahrhundert zog Philipp Melanchthon – inspiriert und geprägt durch die humanistische Rhetoriktradition – in mehreren Studien die antike Rhetorik in umfassender Weise zur Auslegung der Bibel und insbesondere auch der Paulusbriefe heran. Er tat dies allerdings so, dass er – wie im Übrigen auch Augustinus – die antike rhetorische Tradition durchaus nach eigenen Maßstäben modifizierte und erweiterte.[29] Noch weitere protestantische Gelehrte gingen in der Reformationszeit auf je ihre Weise der Rhetorizität der Bibeltexte nach. Eigens zu nennen ist diesbezüglich Matthias Flacius Illyricus.[30] Auch im 17. und 18. Jahrhundert wurden etliche, heute eher wenig bekannte rhetorische Annäherungen an die biblischen Schriften verfasst.[31] Im 19. Jahrhundert etablierte sich die rhetorische Analyse der neutestamentlichen Schriften schließlich in der neutestamentlichen und klassisch-philologischen Wissenschaft auf breiter Ebene: So legte Christian Gottlob Wilke im Jahr 1843 eine umfassende, an den antiken Rhetoriken orientierte Sichtung des rhetorischen Materials in den neutestamentlichen

---

28 Augustinus betont grundsätzlich, er könnte, wenn er die Zeit hätte, alle Stilfiguren, mit denen sich die nichtchristlichen Rhetoren brüsten, bei den biblischen Autoren nachweisen (doctr. chr. 4, 10); siehe zum Thema ferner doctr. chr. 3, 40. Näheres zur rhetorischen Bedeutung der Perioden, Kola und Kommata bei Heinrich Lausberg, Handbuch der literarischen Rhetorik. Eine Grundlegung der Literaturwissenschaft, München 1960, §§ 923-947.
29 Vgl. dazu umfassend Carl Joachim Classen, Rhetorical Criticism of the New Testament (= Wissenschaftliche Untersuchungen zum Neuen Testament 128), Tübingen 2000, 8-16. 99-177.
30 Näheres bei Dietmar Till, Das doppelte Erhabene. Eine Argumentationsfigur von der Antike bis zum Beginn des 19. Jahrhunderts, Tübingen 2006, 136f. 144-157.
31 Vgl. R. Dean Anderson Jr., Ancient Rhetorical Theory and Paul, Leuven 1999 (revised edition), 19 Anm. 5, der folgende Studien nennt: John Prideaux, Sacred Eloquence. The Art of Rhetoric as it is Laid Down in Scripture, London 1659; Carl Ludwig Bauer, Logica Paullina, Halle/Marburg 1774; ders., Rhetorica Paullina, 2 Bände, Halle 1782; weitere einschlägige Literatur aus der Zeit bei Folker Siegert, Argumentation bei Paulus, gezeigt an Röm 9-11 (= Wissenschaftliche Untersuchungen zum Neuen Testament 34), Tübingen 1985, 8-11, und Till, Das doppelte Erhabene, 157-193; siehe ferner Classen, Criticism, 16.

Schriften vor.³² Gegen Ende des 19. Jahrhunderts erschienen dann gleich mehrere rhetorisch orientierte Bibelstudien. Zu ihnen zählt vor allem Carl Friedrich Georg Heinricis Kommentierung des zweiten Korintherbriefes aus dem Jahr 1897. Darin nahm Heinrici einige wichtige Thesen der jüngeren rhetorischen Briefanalyse vorweg. So bestimmte er 2 Kor. 10–12 als „Schutz- und Trutzrede", die zahlreiche Analogien zur antiken Redekunst aufweise.³³ Des Weiteren machte er im gesamten Brief Parallelen zum Aufbau einer Verteidigungs- und Beratungsrede aus und diagnostizierte den Gebrauch klassisch-rhetorischer Überzeugungsmittel.³⁴ Auch der klassische Philologe Eduard Norden räumte damals unter Berufung auf die Kirchenväter ein, in den Briefen des Apostels würden tatsächlich geläufige Mittel der griechischen Rhetorik begegnen. Da Paulus die schöne Form allerdings souverän verachtet habe, seien diese lediglich als Beiwerk zu verstehen.³⁵ Ebenfalls Ende des 19. Jahrhunderts publizierte Johannes Weiß eine detaillierte Analyse der in den Paulusbriefen allenthalben begegnenden Parallelismen, Antithesen und Symmetrien.³⁶ Seine umfängliche Sammlung des rhetorischen Materials wollte er als Entscheidungshilfe verstanden wissen, um die vielfach ventilierte Frage abklären zu können, ob sich die rhetorische Qualität der Protopaulinen eher einer ungesuchten „Rhetorik des Herzens"³⁷ oder einer ausgesuchten rhetorischen Bildung des Apostels verdankte. Weiß ließ die Frage selbst allerdings offen. Die solcherweise während der Wendezeit vom 19. zum 20. Jahrhundert außerordentlich intensive rhetorische Erforschung der Bibel³⁸ kam nun allerdings zu Beginn des 20. Jahrhunderts mit dem Siegeszug der Dialektischen Theologie völlig zum Erliegen. Daran sollte sich erst in der zweiten Hälfte des 20. Jahrhunderts wieder etwas ändern.

---

32 Christian Gottlob Wilke, Die neutestamentliche Rhetorik. Ein Seitenstück zur Grammatik des neutestamentlichen Sprachidioms, Dresden/Leipzig 1843.
33 Vgl. C. F. Georg Heinrici, Das zweite Sendschreiben des Apostel Paulus an die Korinther, Berlin 1887, 402–404.
34 Vgl. C. F. Georg Heinrici, Der zweite Brief an die Korinther (Kritisch-exegetischer Kommentar über das Neue Testament VI), 8. Auflage, Göttingen 1900, 40f.
35 Vgl. Eduard Norden, Die antike Kunstprosa vom VI. Jahrhundert v. Chr. bis in die Zeit der Renaissance, Zweiter Band, Leipzig 1898, 501–507. Infolge einer Misslektüre attackierte Norden, Kunstprosa, 493–498, in scharfer Form die rhetorischen Thesen von Heinrici, der sich seinerseits dagegen wehrte; vgl. dazu Heinrici, Der zweite Brief, 436–468. Näheres zu dem Disput und seiner Schlichtung bei Anderson, Theory, 20f.
36 Vgl. Johannes Weiß, Beiträge zur paulinischen Rhetorik, in: Caspar René Gregory, Theologische Studien, Festschrift B. Weiß, Göttingen 1897, 165–247.
37 Norden, Kunstprosa, 502; vgl. bereits Augustinus doctr. chr. 4, 42.
38 Vgl. auch E. William Bullinger, Figures of Speech Used in the Bible, London 1898; Eduard König, Stilistik, Rhetorik und Poetik in Bezug auf die biblische Literatur, Leipzig 1900; Rudolf Bultmann, Der Stil der paulinischen Predigt und die kynisch-stoische Diatribe (= Forschungen zur Religion und Literatur des Alten und Neuen Testaments 13), Göttingen 1910.

Wichtige Impulse zur Wiederbelebung der biblischen rhetorischen Forschung in der zweiten Hälfte des 20. Jahrhunderts lieferten zum einen der Alttestamentler James Muilenburg, der in seiner „presidential address" beim Treffen der *Society of Biblical Literature* 1968 die Etablierung eines „rhetorical criticism" in der alttestamentlichen Exegese anregte,[39] und zum anderen die „Nouvelle Rhétorique" von Chaïm Perelman und Lucie Olbrechts-Tyteca, eine in der Tradition der aristotelischen Rhetorik stehende Philosophie der dialogischen Argumentation, die 1969 in englischer Übersetzung erschien und über die Philosophie hinaus breite Aufmerksamkeit erfuhr.[40] Vor dem Hintergrund dieser allgemeinen Öffnung für Forschungen zur Rhetorik verhalf dann Mitte der 1970er Jahre der Neutestamentler Hans Dieter Betz der rhetorischen Untersuchung neutestamentlicher Schriften vollends zum Durchbruch. Dies gelang ihm mit seiner Analyse des Galaterbriefes als eines apologetischen Briefs, der – so seine These – rundweg dem typischen Aufbau einer dem rhetorischen *genus iudiciale* zugehörenden antiken Verteidigungsrede folge.[41] Betz' Ansatz fand bald etliche Nachfolger, die in ähnlicher Weise andere Paulusbriefe und Briefabschnitte rhetorisch klassifizierten und analysierten, darunter seine Schülerin Margaret Mitchell, die den *1. Korintherbrief* entsprechend des antik-rhetorischen *genus deliberativum* auslegte.[42] Maßgeblich gefördert wurde die rhetorische Kritik des Neuen Testaments ferner durch den klassischen Philologen George Kennedy, der in seiner 1984 erschienenen Studie *New Testament Interpretation through Rhetorical Criticism* eine konzise historische und philosophische Rechtfertigung der rhetorischen Analyse des Neuen Testaments vorlegte.[43] Als historische Begründung machte Kennedy geltend, dass die biblischen Texte in neutestamentlicher Zeit eher vorgetragen und gehört denn privat gelesen worden seien. Die Autoren hätten sich darauf eingestellt und daher die rhetorische Wirkung ihrer Schriften bei der Abfassung bewusst mitbedacht. Zudem sei rhetorisches Können und Wissen damals allenthalben im Imperium Romanum verbreitet gewesen, und zwar gerade auch in dem seit

---

39 Vgl. James Muilenburg, Form Criticism and Beyond, in: Journal of Biblical Literature 88 (1969), 1–18. Näheres zu den Differenzen des damals von Muilenberg anvisierten literarisch-stilistisch geprägten „rhetorical criticism" und des heute in der neutestamentlichen Forschung etablierten „rhetorical criticism" bei Anderson, Theory, 22f.
40 Chaïm Perelman/Lucie Olbrechts-Tyteca, The New Rhetoric. A Treatise in Argumentation, Notre Dame/London 1969 (ursprünglich französisch 1958); vgl. dazu Manfred Kienpointer, Nouvelle Rhétorique, in: Historisches Wörterbuch der Rhetorik 6 (2003) 344–352.
41 Vgl. Hans Dieter Betz, The Literary Composition and Function of Paul's Letter to the Galatians, in: New Testament Studies 21 (1975) 353–379, sowie dens., Der Galaterbrief. Ein Kommentar zum Brief des Apostels Paulus an die Gemeinden in Galatien, München 1988 (ursprünglich englisch 1979).
42 Vgl. Margaret M. Mitchell, Paul and the Rhetoric of Reconciliation. An Exegetical Investigation of the Language and Composition of 1 Corinthians (= Hermeneutische Untersuchungen zur Theologie 28), Tübingen 1991.
43 Vgl. George A. Kennedy, New Testament Interpretation through Rhetorical Criticism, Chapel Hill/London 1984, besonders 5–14.

bereits dreihundert Jahren hellenisierten Osten des Imperiums. Philosophisch machte Kennedy geltend, Rhetorik sei grundsätzlich ein universales Phänomen der menschlichen Kommunikation, das zwar kulturell geformt, im Kern aber kulturübergreifend im menschlichen Geist und Herz verankert sei. Zur Erforschung dieser universalen Rhetorik eigne sich die antike griechische Rhetorik aufgrund ihres hohen Grades der Systematisierung der universalen Strukturen der Rhetorik besonders gut.[44] Vor diesem Hintergrund entwickelte Kennedy in dem besagten Buch ein fünfstufiges Verfahren zur Durchführung der rhetorischen Analyse biblischer Texte (Abgrenzung einer rhetorischen Texteinheit, Bestimmung der Redesituation, Bestimmung des rhetorischen Problems und der Redegattung, Bestimmung der Materialanordnung, Prüfung des rhetorischen Effekts),[45] das er schließlich in knapper Form auf die matthäische Bergpredigt, die lukanische Feldrede, die johanneischen Abschiedsreden, die Evangelien insgesamt, die Reden der *Apostelgeschichte* und ausgewählte Paulusbriefe applizierte,[46] wobei er den *Galaterbrief* anders als Betz nicht dem *genus iudiciale*, sondern dem *genus deliberativum* zurechnete.[47] Nicht unerwähnt darf schließlich die 1985 veröffentlichte Studie *Argumentation bei Paulus* von Folker Siegert bleiben. Darin unterzog Siegert die paulinische Gedankenführung in Röm. 9–11 einer detaillierten rhetorischen Analyse, dies allerdings weniger auf der Grundlage der antiken Rhetorik, sondern maßgeblich orientiert an der „Nouvelle Rhétorique" von Perelman und Olbrechts-Tyteca.[48]

Seit den 1980er Jahren ist die rhetorische Analyse in vielen Variationen in der neutestamentlichen Forschung fest verankert, insbesondere in der angloamerikanischen Exegese. Die immense Fülle der inzwischen vorgelegten Forschungsbeiträge lässt sich kaum mehr überblicken.[49] Gleichwohl bildete sich nicht annähernd ein Konsens heraus, ob und inwieweit die Protopaulinen tatsächlich als im engeren Sinne rhetorische Werke zu betrachten sind und ob der Apostel seine Briefe auf der Grundlage einer mehr oder weniger qualifizierten rhetorischen Bildung bewusst als solche gestaltete. Sucht man die komplexe Debatte zu systematisieren, lassen sich

---

44 Dieser Denkansatz bildet ebenso – wenn auch in anderer Ausgestaltung und philosophischer Tiefe – die Grundlage der Rhetorikforschung bei Peter L. Oesterreich, Fundamentalrhetorik, Hamburg 1990.
45 Vgl. Kennedy, Interpretation, 33–38.
46 Vgl. Kennedy, Interpretation, 39–156.
47 Vgl. Kennedy, Interpretation, 144–152.
48 Vgl. dazu die Angaben oben gegen Ende von Anm. 31 und in Anm. 40.
49 Vgl. Carl Joachim Classen, Kann die rhetorische Theorie helfen, das Neue Testament, vor allem die Briefe des Paulus, besser zu verstehen?, in: Zeitschrift für die neutestamentliche Wissenschaft 100 (2009) 145–172; hier: 146: „Insgesamt wächst die Flut von Publikationen so rasch und ständig, dass sich selbst Fachleute gezwungen sehen, jeweils nur eine Auswahl zu zitieren." Zum Einfluss der rhetorischen Briefanalyse speziell auf die Erforschung der paulinischen Theologie siehe Johan S. Vos, Rhetoric and Theology in the Letters of Paul, in: J. Paul Sampley/Peter Lampe (Hg.), Paul and Rhetoric, New York/London 2010, 161–179.

im Wesentlichen sieben Themenfelder ausmachen, auf denen der Streit ausgetragen wird, nämlich (1) die Angemessenheit und Relevanz der Heranziehung klassischer rhetorischer Handbuchkategorien, (2) die Identifizierung rhetorischer Fachbegriffe in den Briefen, (3) die Bedeutung der rhetorischen Performanz der Briefe, (4) das grundsätzliche Verhältnis von Brief und Rede bzw. Epistolographie und Rhetorik, (5) die Frage nach der rhetorischen Ausbildung bzw. Bildung des Apostels, (6) die Beurteilung der rhetorikkritischen Aussagen des Paulus und (7) die Bewertung der rhetorischen Analysen der Kirchenväter. Entlang dieser Themenfelder sollen nun die wichtigsten Argumente für und gegen eine qualifizierte rhetorische Prägung der Paulusbriefe erörtert werden. Einige Argumente klangen bereits im vorstehenden Geschichtsdurchgang an. Die Position jener Forschenden, die postulieren, Paulus habe seine Briefe bewusst als Reden gestaltet und sich gezielt an klassischen rhetorischen Regeln und Mustern orientiert, wird im Folgenden unter dem Stichwort „rhetorische Briefanalyse" zusammengefasst.

(1) Die Befürworter der rhetorischen Briefanalyse beteuern, die Briefe des Apostels würden tatsächlich den klassischen Regeln und Prinzipien der antiken Rhetorik entsprechen: In ihrer Gesamtheit oder auch in Teilabschnitten ließen sie sich jeweils einer der klassischen Redegattungen zuweisen, sei es dem *genus iudiciale* (γένος δικανικόν), dem *genus deliberativum* (γένος συμβουλευτικόν) oder dem *genus demonstrativum* (γένος ἐπιδεικτικόν). Auch im Aufbau und der Gedankenführung würden die Apostelschreiben mehr oder weniger deutlich den klassischen *partes orationis* (*exordium*, *propositio*, *narratio*, *argumentatio* [*confirmatio* und *refutatio*], *peroratio*) folgen. Außerdem würde sich Paulus in seinen Briefen geschickt der drei klassischen Elemente der rhetorischen Überzeugungskraft (λόγος, ἦθος, πάθος) bedienen.[50] Hinzu komme ein durchaus intensiver Gebrauch diverser rhetorischer Tropen und Figuren.[51] Kritiker weisen indes darauf hin, dass die Klassifizierung der Paulusbriefe oder einzelner Briefpassagen gemäß den drei rhetorischen Hauptgattungen in der rhetorischen Briefanalyse ausgesprochen uneinheitlich ausfällt. Es finden sich für nahezu alle Briefe jeweils sowohl dikanische bzw. apologetische, deliberative wie auch epideiktische Klassifizierungen.[52] Darüber hinaus begegnen

---

[50] Vgl. Ben Witherington III, „Almost Thou Persuadest Me ..." The Importance of Greco-Roman Rhetoric for the Understanding of the Text and Context of the NT, in: Journal of the Evangelical Theological Society 58 (2015) 63–88, hier: 76, sowie Stanley E. Porter, Paul of Tarsus and His Letters, in: ders. (Hg.), Handbook of Classical Rhetoric in the Hellenistic Period, 330 B.C. – A.D. 400, Leiden 1997, 533–585; hier: 572–574.

[51] Eine umfassende Auflistung der Tropen und Figuren bietet Porter, Paul of Tarsus, 578–583. Siegert, Argumentation, 181–247, identifiziert in den Protopaulinen die rhetorischen Argumentationsmuster der „Nouvelle Rhétorique" von Chaïm Perelman und Lucie Olbrechts-Tyteca; Witherington, Almost, 79–87, hebt nachdrücklich auf die προσωποποιία in Röm. 7 ab.

[52] Vgl. z. B. für den *Römerbrief* Wilhelm H. Wuellner, Paul's Rhetoric of Argumentation in Romans. An Alternative to the Dornfried-Karris Debate Over Romans, in: Karl P. Donfried (Hg.), The Romans

diverse Vorschläge für Mischgattungen.⁵³ Die rhetorische Briefanalyse vermochte mithin bei keinem Brief auch nur im Ansatz einen Konsens in der Gattungsbestimmung herbeizuführen. Problematisiert wird ferner, dass sich die rhetorische Gattungsermittlung nicht selten auf ein bloßes „labeling" beschränkt, das als solches wenig Erkenntnisgewinn erbringt.⁵⁴ Dies gilt ebenso für die Untergliederung der Briefe nach den klassischen *partes orationis*, die im Übrigen ähnlich uneinheitlich ausfällt wie die rhetorische Gattungsbestimmung.⁵⁵ Bei der rhetorischen Briefgliederung kommt als weiteres Problem hinzu, dass nicht alle Passagen der Briefe rhetorisch sinnvoll klassifizierbar sind. Dies gilt namentlich für die häufig umfangreiche Paränese in den Protopaulinen, die in der antiken Rhetoriklehre kein eigenständiger Gegenstand der Reflexion war und zumal auch im klassischen Redeaufbau keinen systematischen Ort hat.⁵⁶ Die gleichwohl grundsätzliche Möglichkeit, die Gliederungen der Paulusbriefe mit dem klassischen Schema eines Redeaufbaus zu assoziieren, lässt sich auf den lapidaren Umstand zurückführen, dass schriftliche Briefe vor dem Hintergrund einer vergleichbaren kommunikativen Situation bzw. Absicht genauso wie mündliche Reden jeweils einen Anfang, eine Mitte und ein Ende besitzen, woraus sich rein funktional, aber nicht substanziell Parallelen ergeben.⁵⁷ Weitere

---

Debate, 2. Auflage, Peabody 1991, 128–146; hier: 139–141 (epideiktisch); Ben Witherington III/Darlene Hyatt, Paul's Letter to the Romans. A Socio-Rhetorical Commentary, Grand Rapids/Cambridge 2004, 16–22 (deliberativ), sowie Michael Theobald, Der Römerbrief (= Erträge der Forschung 294), Darmstadt 2000, 66f. (apologetisch). Für den *Galaterbrief* siehe den Überblick bei Dieter Kremendahl, Die Botschaft der Form. Zum Verhältnis von antiker Epistolographie und Rhetorik im Galaterbrief (= Novum Testamentum et Orbis Antiquus 46), Fribourg/Göttingen 2000, 120f. mit Anm. 5–8; vgl. auch Classen, Theorie, 156–161.

53 Vgl. z. B. für den *Galaterbrief* Udo Schnelle, Einleitung in das Neue Testament, 8. Auflage, Göttingen 2013, 124: „Zweifellos herrscht in Gal 1 und 2 eine apologetische Tendenz vor, Gal 5, 13–6, 18 sind aber deliberativ und Gal 3, 1–5, 12 sowohl symbuleutisch als auch epideiktisch ausgerichtet."

54 Die bloße Etikettierung der Briefe nach den rhetorischen Gattungen sei „pointless", betont James D. G. Dunn, Prolegomena to a Theology of Paul, in: New Testament Studies 40 (1994) 407–432; hier: 414; ebenso Anderson, Theory, 97f., der im Anschluss (98–104) zudem moniert, die in der antiken Rhetorik den rhetorischen Gattungen jeweils zugeordneten τόποι fänden in der rhetorischen Briefanalyse zu wenig Beachtung; siehe ferner zum Thema Stanley E. Porter, „When It was Clear That We Could Not Persuade Him, We Gave Up and Said, ‚The Lord's Will be Done'" (Acts 21:24). Good Reasons to Stop Making Unproven Claims for Rhetorical Criticism", in: Bulletin for Biblical Research 26 (2016) 533–545; hier: 544.

55 Zu den diversen rhetorischen Gliederungen z. B. des *Römerbriefes* vgl. die Aufstellungen bei Eckhard J. Schnabel, Der Brief des Paulus an die Römer. Kapitel 1–5 (= Historisch-Theologische Auslegung), Witten/Gießen 2015, 49f., und Theobald, Römerbrief, 57; siehe zur Problematik auch Classen, Theorie, 165–169 (bezogen auf den *Galaterbrief*).

56 Vgl. Wiard Popkes, Paränese und Neues Testament (= Stuttgarter Bibelstudien 168), Stuttgart 1996, 18; siehe auch Hans Hübner, Der Galaterbrief und das Verhältnis von antiker Rhetorik und Epistolographie, in: Theologische Literaturzeitung 109 (1984) 241–249; hier: 244.

57 Vgl. Anderson, Theory, 280, sowie Jeffrey T. Reed, The Epistle, in: Porter, Handbook, 171–193; hier: 180–182.

Kritik an der rhetorischen Briefanalyse wird dahingehend laut, dass sie allzu undifferenziert von „der" antiken Rhetorik als einem relativ einheitlichen System ausgeht und so die historischen Entwicklungen und diversen Ausformungen der antiken Rhetoriklehre einebnet. Beanstandet wird in diesem Zusammenhang dann auch die verbreitet starke Fokussierung auf die *Rhetorik* des Aristoteles als vermeintlich zentralem Maßstab. Dagegen spricht, dass dieses Werk in hellenistischer Zeit zwar bekannt war, aber aufgrund seiner Komplexität nur bedingt rezipiert wurde und so auch nicht als schlechthin repräsentativ gelten kann. Zu Aristoteles' Konzept der drei Redegattungen bestanden durchaus Alternativen (vgl. Quintilian inst. 3, 4), und die genaueren Bestimmungen der zentralen Redegattungen variierten in diversen Rhetoriken ebenfalls.[58] Schließlich monieren einige Kritiker, die rhetorische Briefanalyse würde allzu wenig in Rechnung stellen und darauf achten, dass die herangezogenen antiken rhetorischen Theorien und Handbücher geschrieben wurden, „in order to aid an orator in the *preparation* of speeches, and were *not* designed as an *analytical* tool for speeches already written"[59].

(2) Einige Verfechter der rhetorischen Briefanalyse berufen sich zur Verteidigung ihrer Position darauf, dass in den Protopaulinen rhetorische Fachtermini begegnen, nämlich ἀνακεφαλαιοῦσθαι in Röm. 13, 9, ἀλληγορεῖν in Gal. 4, 24, βεβαίωσις in Phil. 1, 7, ἀπόδειξις und πειθώ in 1 Kor. 2, 4, μετεσχηματίζειν in 1 Kor. 4, 6 und μακαρισμός in Röm. 4, 6. 9 und Gal. 4, 15. An diesem Wortgebrauch lasse sich, so die These, zumindest eine gewisse Vertrautheit des Apostels mit Regeln und Vorschriften der Rhetorik ablesen.[60] Dem lässt sich jedoch entgegenhalten, dass die genannten Begriffe in vielfältiger Weise auch jenseits der Rhetorik im alltäglichen Sprachgebrauch geläufig waren. Keiner der Begriffe fand ausschließlich im rhetorischen Diskurs Verwendung. Zudem ist an keiner der genannten Stellen in den Paulusbriefen eine rhetorische Interpretation der Termini zwingend erforderlich.[61]

---

58 Näheres bei Anderson, Theory, 41–49. 96–98; Christopher Forbes, Ancient Rhetoric and Ancient Letters. Models for Reading Paul, and Their Limits, in: Sampley/Lampe, Paul and Rhetoric, 143–160; hier: 145–148, sowie Malcolm Heath, John Chrysostom, Rhetoric and Galatians, in: Biblical Interpretation 12 (2004) 369–400; hier: 369–376.
59 Anderson, Theory, 104; weitere Kritik am Gebrauch rhetorischer Handbücher in der rhetorischen Analyse des Neuen Testaments bei David E. Aune, Rhetorical Handbooks, in: ders. (Hg.), The Westminster Dictionary of New Testament and Early Christian Literature, Louisville 2003, 421; vgl. dazu Margaret M. Mitchell, Rhetorical Handbooks in Service of Biblical Exegesis. Eustathius of Antioch Takes Origen Back to School, in: John Fotopoulos (Hg.), The New Testament and Early Christian Literature in Greco-Roman Context, Festschrift David E. Aune (= Supplements to Novum Testamentum 122), Leiden 2006, 349–367, besonders 349–354.
60 Vgl. Classen, Criticism, 29–44, sowie Janet Fairweather, The Epistle to the Galatians and Classical Rhetoric. Parts 1 & 2, in: Tyndale Bulletin 45 (1994) 1–38; hier: 33–36.
61 Vgl. dazu jeweils im Näheren Ryan S. Schellenberg, Rhetorical Terminology in Paul. A Critical Reappraisal, in: Zeitschrift für die neutestamentliche Wissenschaft 104 (2013) 177–191; siehe auch

(3) Aus 1 Thess. 5, 27 (vgl. Kol. 4, 16) geht hervor, dass die Briefe des Apostels in den Adressatengemeinden laut vorgelesen wurden. Die Befürworter der rhetorischen Briefanalyse postulieren, Paulus habe bei der Abfassung der Briefe diesen Umstand bewusst einkalkuliert und die Briefe dementsprechend als mündliche Reden gestaltet. In der damaligen weitgehend oralen Kultur seien Texte ohnehin grundsätzlich laut gelesen worden, habe doch die *scriptio continua* das stille Lesen maßgeblich erschwert. Insofern habe sich damals das Lesen generell dem Reden und damit der Rhetorik angenähert. Hinzu komme, dass der Apostel die Briefe einem Sekretär diktiert (Röm. 16, 22; Gal. 6, 11) und sie insofern bereits bei der Abfassung quasi als Reden mündlich vorgetragen habe.[62] Hans-Josef Klauck wendet dagegen jedoch ausdrücklich ein: „Beim Brief hebt weder die durchs Vorlesen sekundär hergestellte Oralität noch die Tatsache, daß er einem Schreiber diktiert werden konnte, seinen ursprünglich schriftlichen Charakter auf."[63] Überhaupt wurden in der Antike, wie im nächsten Abschnitt deutlich werden wird, die in der jeweiligen Schriftlichkeit und Mündlichkeit gründenden Unterschiede zwischen Brief und Rede immer wieder herausgestellt. Und so wirft Stanley Porter die Frage auf,

> why, if his letters are speeches, Paul bothered putting these writings in letter form at all if he meant to give written speeches, because we know that orators did write own speeches from earlier in antiquity, sometimes for their own use and sometimes for the use of others. There would have been no need for Paul to construct the fiction or encumbrance of a letter, when he simply wanted to deliver or have delivered by another a speech.[64]

Im Übrigen gilt die verbreitete Behauptung, man habe in der Antike stets laut gelesen, inzwischen als falsifiziert.[65]

(4) Die Verfechter der rhetorischen Briefanalyse machen geltend, dass in der Antike Rhetorik und Epistolographie in mehrerlei Hinsicht in großer Nähe zueinander gestanden hätten, weshalb eine Briefabfassung nach der Maßgabe rhetorischer Regeln und Techniken alles andere als ungewöhnlich gewesen sei. So bezeugen einige Bemerkungen bei Cicero, Seneca und Demetrios, dass der Brief damals grundsätzlich als verschriftlichter Redeersatz in einem Dialog betrachtet wurde, der

---

Porter, Paul of Tarsus, 535f., der freilich auch über eine Eintragung der rhetorisch konnotierten Begriffe durch den Sekretär des Paulus spekuliert.

62 Vgl. zu den Argumenten insgesamt Lampe, Rhetorik, 152f., sowie Witherington, Almost, 70. 74; siehe auch Forbes, Rhetoric, 159f.

63 Hans-Josef Klauck, Die antike Briefliteratur und das Neue Testament. Ein Lehr- und Arbeitsbuch, Paderborn/München/Wien/Zürich 1998, 167.

64 Vgl. Porter, Clear, 539.

65 Vgl. Frank D. Gilliard, More Silent Reading in Antiquity. *Non Omne Verbum Sonabat*, in: Journal of Biblical Literature 112 (1994) 689–696; siehe auch Wolfgang Rösler, Rez. zu Jesper Svenbro, Phrasikleia. Anthropologie de la lecture en Grèce ancienne, Paris 1988, in: Gnomon 64 (1992) 1–3, sowie Klauck, Briefliteratur, 167f.

aufgrund der räumlichen Trennung der Gesprächspartner nicht mündlich geführt habe werden können (vgl. Cicero Att. 8, 14, 1; 9, 10, 1; 12, 53; fam. 12, 30, 1; Seneca epist. 75, 1; Demetrios eloc. 223).[66] Vor diesem Hintergrund beruft man sich dann auch auf klassische Philologen, die argumentieren, einige antike Briefe gebildeter Verfasser besäßen tatsächlich den Charakter einer Rede und wiesen einen entsprechend sorgfältig kalkulierten rhetorischen Aufbau auf (vgl. Plinius epist. 1, 11).[67] Als eminent „rhetorische Briefe" gelten vor allem die von Demosthenes im Exil abgefassten Briefe an den Rat und das Volk in Athen, bei denen es sich offenkundig um Reden handelt, die der große Rhetor infolge seiner misslichen Situation schriftlich versandte. Zumal der zweite Brief weist in seiner Rhetorizität für viele deutliche Parallelen zu den Paulusbriefen auf, insbesondere zum *Galater-* und zum *2. Korintherbrief*.[68] Die Nähe zwischen Rhetorik und Epistolographie ergibt sich für die Befürworter der rhetorischen Analyse aber auch daraus, dass der antike Rhetorikunterricht offenbar als Übung zur Ausbildung der rhetorischen Ausdrucksfähigkeit die Abfassung fiktiver Briefe einschloss.[69] Dies legen unter anderem die auf das 1. Jahrhundert nach Christus datierbaren *Progymnasmata* des Theon nahe.[70] Überhaupt hätten allererst Rhetoriker Lehren über die Abfassung von Briefen entwickelt, wenngleich das Thema der Epistolographie kein eingewurzelter Bestandteil des antiken Systems der Rhetorik war.

Die letztgenannte Einschränkung ist nun freilich ein gewichtiger Ansatzpunkt der Kritiker der rhetorischen Briefanalyse. Sie heben darauf ab, dass die Epistolographie in der rhetorischen Lehre keine signifikante Rolle spielte. In den frühen rhetorischen Handbüchern taucht sie nicht auf, und erst nach und nach gewinnt sie im rhetorischen Diskurs an Bedeutung, dies jedoch weithin an dessen Rändern. So ist die älteste bekannte epistolographische Reflexion, nämlich der Abschnitt über die Schlichtheit des briefgemäßen Stils (ἐπιστολικὸς χαρακτήρ) in der unter dem Namen Demetrios überlieferten und mutmaßlich aus dem 1. Jahrhundert vor Christus stammenden rhetorischen Lehrschrift Περὶ ἑρμηνείας (*De elocutione*), deutlich als Exkurs markiert (eloc. 223–235). Erst im 4. Jahrhundert nach Christus begegnet das Thema

---

66 Vgl. dazu Abraham J. Malherbe, Ancient Epistolary Theorists, Atlanta 1988, 12. 16f. 22–27.
67 So Kremendahl, Botschaft, 17 mit Anm. 17; Lampe, Rhetorik, 152, sowie Witherington, Almost, 68; siehe dazu Michael von Albrecht, Geschichte der römischen Literatur, Band 1, Bern 1992, 441.
68 Eine rhetorische Analyse der ersten vier Briefe bietet Jonathan A. Goldstein, The Letters of Demosthenes, New York/London 1968, 95–181. Zur Heranziehung des 2. Demosthenesbriefes in der Paulusexegese vgl. Kremendahl, Botschaft, 133–140. 147 (zum *Galaterbrief*); Anderson, Theory, 126 (zum *Galaterbrief*), sowie Frances Young, Ways of Reading Scripture. Collected Papers (= Wissenschaftliche Untersuchungen zum Neuen Testament 369), Tübingen 2018, 241–243 (zum *2. Korintherbrief*). Zu weiteren antiken „rhetorischen Briefen" vgl. Christos Kremmydas, Hellenistic Rhetorical Education and Paul's Letters, in: Porter/Dyer, Paul and Ancient Rhetoric, 68–85; hier: 73f.; siehe auch Reed, Epistle, 186–190.
69 Vgl. Kremmydas, Education, 74 (unter Verweis auf George A. Kennedy und Raffaella Cribiore).
70 Vgl. dazu Malherbe, Theorists, 6f.

des Briefschreibens in einem rhetorischen Handbuch, nämlich in der *Ars rhetorica* des Julius Victor, hier nun allerdings in einem von zwei Anhängen. Bezeichnend ist ferner, dass in den beiden antiken epistolographischen Handbüchern, den wiederum Demetrios zugeschriebenen τύποι ἐπιστολικοί (entstanden zwischen dem 2. Jahrhundert vor Christus und dem 3. Jahrhundert nach Christus) und den späteren ἐπιστολιμαῖοι χαρακτῆρες des Pseudo-Libanios (4./5. Jahrhundert nach Christus),[71] Vergleiche und Parallelisierungen der dort verhandelten Briefe und Brieftypen mit Redegattungen oder Reflexionen über einen an den *partes orationis* orientierten Aufbau des Briefes unterbleiben. Und auch wenn bei einigen der bei Pseudo-Demetrios gelisteten Brieftypen Entsprechungen zur symbuleutischen und dikanischen Redegattung vorliegen – dies gilt für den beratenden Brief (συμβουλευτικός), den Anklagebrief (κατηγορικός) und den Verteidigungsbrief (ἀπολογητικός) –, so verlautet dort doch nichts über den explizit rhetorischen Charakter dieser Brieftypen. Die besagten Anklänge indizieren folglich funktionale und keine inhaltlichen Überschneidungen zwischen Epistolographie und Rhetorik. Das Gleiche gilt für die Anklänge des tadelnden (μεμπικός) und lobenden (ἐπαινετικός) Brieftypus an die epideiktische Rhetorik bei Pseudo-Libanios.[72] Es zeigt sich, dass Brief und Rede zwar in ihren kommunikativen Funktionen Parallelen und Affinitäten aufweisen, dass es aber verfehlt wäre, grundlegende Unterschiede zwischen Brief und Rede allzu leichtfertig einzuebnen. Diese grundlegenden Unterschiede fasst Hans-Josef Klauck wie folgt zusammen: „Die Rhetorik hat von Hause aus als ihren Gegenstand die mündliche Rede in der Öffentlichkeit. Briefe hingegen werden schriftlich konzipiert und schließen in ihrem Idealtyp, dem Freundschaftsbrief, das breite Publikum programmatisch aus."[73] Aus dieser grundlegenden Differenz ergeben sich dann zahlreiche Unterschiede im Detail. Auch antike Autoren bekunden immer wieder die manifesten Differenzen zwischen Briefen und Reden. So unterscheidet Cicero den Brief klar von einer Rede im Gericht oder in der Volksversammlung (fam. 9, 21, 1). Pseudo-Demetrios betont, es sei geradezu lachhaft, in einem Brief komplizierte Perioden wie in einer Gerichtsrede zu gestalten (eloc. 229). Auch Seneca hebt den lockeren, zwanglosen Ton eines Briefes klar von den Stilelementen einer Rede ab (epist. 75, 1f.), und ebenso unterscheidet Quintilian die ungebundene Form des Briefes von der gebundenen Form einer Rede (inst. 9, 4, 19–22). Vor diesem Hintergrund verliert auch das oben angeführte Argument seine Überzeugungskraft, der Brief sei in der Antike als Rede in einem durch die lokale Trennung der Gesprächspartner zeitlich verzögerten Gespräch verstanden worden, war doch den antiken Autoren vollauf bewusst, dass selbst ein längerer Redepart in einer wie auch immer gearteten Konversation grundsätzlich etwas anderes ist als ein monologisch gearteter öffentlicher

---

71 Näheres bei Klauck, Briefliteratur, 157–164, sowie Malherbe, Theorists, 4f.
72 Vgl. Reed, Epistle, 174–176.
73 Klauck, Briefliteratur, 167; ähnlich Reed, Epistle, 171, sowie Classen, Criticism, 6f.

Vortrag. Was im Übrigen den oben notierten, von einigen klassischen Philologen diagnostizierten rhetorischen Charakter kurzer Briefe angeht (vgl. Plinius epist. 1, 11), gilt es zu sehen, dass ein sich bei rhetorisch Gebildeten „wie von selbst"[74] einstellender kalkulierter Aufbau kein schlagender Beleg für jene ausgeklügelte Gestaltung von Briefen nach dem rhetorischen Aufbauschema ist, wie sie die rhetorische Briefanalyse voraussetzt. Die im engeren Sinn tatsächlich „rhetorischen Briefe" des Demosthenes sind dagegen nur bedingt mit den Paulusbriefen zu vergleichen, handelt es sich doch „um den (ganz ungewöhnlichen) Versuch, sich mit einem Brief in einen Prozess einzuschalten"[75]. Hinzu kommt, dass das briefliche Formular der quantitativ äußerst seltenen „rhetorischen Briefe" anders als in den Protopaulinen nur schwach ausgebildet ist.[76] Grundsätzlich gilt es also genau zu differenzieren zwischen solchen Briefen, die in funktionaler Hinsicht rhetorische Figuren und Strukturen aufweisen und dabei die Briefform bewahren, und Briefen, die – was sehr selten ist – direkt als Rede gestaltet sind.[77] Die Paulusbriefe fügen sich eher der ersten Kategorie ein. Ob und inwieweit schließlich die im Rahmen der *progymnasmata* etablierte Abfassung fiktiver Briefe zur Hineinversetzung in den Charakter anderer Personen und zur Einübung deren Redestils eine für die rhetorische Briefanalyse relevante Verwandtschaft zwischen Rhetorik und Epistolographie anzeigt, darüber mag man streiten.[78]

(5) Etliche Verfechter der rhetorischen Briefanalyse postulieren, Paulus habe eine formale rhetorische Ausbildung genossen. Eine solche Ausbildung ist freilich in den Quellen an keiner Stelle direkt bezeugt. Sie wird daher spekulativ aus dem vermeintlich hohen rhetorischen Niveau der Briefe, dem Rednerportrait in der *Apostelgeschichte* und den Angaben in Apg. 22, 3 erschlossen, wobei umstritten ist, ob Apg. 22, 3 ein Aufwachsen respektive eine Ausbildung des Paulus in Tarsus oder in Jerusalem indiziert.[79] Ronald Hock und Ben Witherington gehen von einer formalen rhetorischen Ausbildung in Jerusalem aus.[80] Tor Vegge hält indes dafür, Paulus sei

---

74 So Classen, Theorie, 162.
75 Classen, Theorie, 163.
76 Vgl. dazu insgesamt Reed, Epistle, 186–190. Reed resümiert (192): „[T]here appears to be a general principle that letters displaying rhetorical influence lack many of the optional epistolary formulas found in the personal letters … Conversely, letters replete with epistolary formulas lack fullblown rhetorical conventions."
77 Vgl. Porter, Clear, 538.
78 Kritisch Classen, Theorie, 162.
79 Vgl. zur Debatte Andrie B. Du Toit, A Tale of Two Cities: ‚Tarsus or Jerusalem Revisited', in: New Testament Studies 46 (2000) 375–402; Stanley E. Porter/Andrew W. Pitts, Paul's Bible, his Education and his Access to the Scriptures of Israel, in: Journal of Greco-Roman Christianity and Judaism 5 (2008) 9–41; hier: 11–21.
80 Vgl. Ronald F. Hock, Paul and Greco-Roman Education, in: J. Paul Sampley (Hg.), Paul in the Greco-Roman World. A Handbook, Harrisburg 2003, 198–227; hier: 215, sowie Ben Witherington III, The Paul Quest. The Renewed Search for the Jew of Tarsus, Downers Grove 2010, 97f. Beide gehen in

durchweg in Tarsus ausgebildet worden und habe dort sowohl eine fundierte literarisch-rhetorische wie auch eine philosophische Ausbildung erfahren, der dann ebendort noch eine pharisäische Ausbildung durch einen eventuell aus dem Mutterland zugezogenen kompetenten jüdischen Lehrer gefolgt sei.[81] Tarsus stand damals tatsächlich im Ruf, eine durch Philosophie bzw. Philosophieschulen geprägte Stadt zu sein und zumal auch alle möglichen Schulen für Redekünste zu beherbergen (vgl. Strabon 14, 5, 13).

Gegenüber der These einer formalen rhetorischen Ausbildung des Paulus erheben sich jedoch etliche Zweifel und Fragen. So gilt es zu sehen, dass eine fortgeschrittene literarisch-rhetorische Ausbildung weithin der sozialen Elite vorbehalten war.[82] Wie unter Punkt 1 dargelegt, ist es eher unwahrscheinlich, dass Paulus und seine Familie in Tarsus jener gehobenen Schicht angehörten, für die eine solche Ausbildung soziokulturell selbstverständlich und ökonomisch erschwinglich war.[83] Als weiteres Argument gegen eine formale hellenistische Rhetorikausbildung wird geltend gemacht, dass in den Briefen des Apostels kaum Spuren klassischer Bildung in Form von Zitaten aus berühmten Werken der griechischen Literatur zu finden sind.[84] Allerdings will bedacht sein, dass sich für solcherlei Unterlassungen durchaus Beispiele bei gebildeten antiken Autoren finden lassen und Paulus in seinen Gemeindebriefen möglicherweise aus strategischen Gründen bewusst auf besagte Zitate und Anspielungen verzichtet haben könnte.[85] Gleichwohl weist die Sprache des Apostels in punkto Wortwahl und Syntax letztlich nicht jene Eleganz auf, die man bei einer hohen rhetorischen Ausbildung erwarten würde, lassen sich doch diesbezüglich in seinen Briefen zahlreiche Schwächen und Insuffizienzen ausfindig machen.[86] Die These, Paulus habe statt einer hellenistisch-rhetorischen Ausbildung in Tarsus eine besondere jüdische rhetorische Ausbildung in Jerusalem erfahren,

---

ihren Überlegungen aus von Martin Hengel, Der vorchristliche Paulus, 151–156. Hengel selbst ist indes vorsichtiger und erwägt statt einer formalen Ausbildung bei einem Rhetor einen allgemeinen Erwerb von Grundkenntnissen der griechisch-jüdischen Rhetorik in der griechischsprechenden Synagoge in Jerusalem.

81 Vgl. Vegge, Paulus, 457–486.
82 Vgl. Kremmydas, Education, 71f.
83 Vgl. auch Pitts, Paul in Tarsus, 65.
84 Vgl. Hengel, Paulus, 74–76.
85 Vgl. Porter/Pitts, Bible, 19f.; siehe auch Fairweather, Galatians, 31.
86 Vgl. die Auflistungen bei Philip H. Kern, Rhetoric and Galatians. Assessing an Approach to Paul's Epistle (= Society for the New Testament Studies, Monograph Series 101), Cambridge 1998, 224–228, und Schellenberg, Rethinking, 270–275. Zu den sprachlichen Schwächen im *Römerbrief* siehe auch Origenes comm. in Rom. praef.; 1. 13; 3. 1; 6. 3; 7. 18; frg. 10 (Staab). Tor Vegge schätzt das Sprachniveau indes hoch ein und schließt von da aus auf eine hohe Bildung bei Paulus. Classen, Theorie, 155, macht diesbezüglich jedoch einen problematischen Zirkelschluss aus, wenn „vom Text ausgegangen [sc. wird], um auf die Bildung zu schließen, und dann das erschlossene Bildungsniveau genutzt [sc. wird], um den Text zu interpretieren."

steht insofern auf schwachen Füßen, als man über formale rhetorische Weisheitsschulen zur fraglichen Zeit ebendort zwar spekulieren, aber keine stichhaltigen Belege anführen kann.[87] Etliche Verfechter der rhetorischen Briefanalyse – darunter, wie oben bereits notiert, George Kennedy – gehen nun freilich statt von einer formalen von einer informellen rhetorischen Bildung des Paulus aus. Bei dieser These wird vorausgesetzt, die Ausdrucksformen der klassischen Rhetorik seien in der damaligen Welt derart breit etabliert gewesen, dass man allerorts – und zwar auch außerhalb der höheren Bildung und dem Milieu der Elite – mit Rhetorik konfrontiert worden sei, sei es bei öffentlichen Reden auf den städtischen Foren, in der imperialen Propaganda, in den hellenistischen Synagogen oder auch in niederen Stufen der Schulbildung.[88] Das damalige Imperium Romanum sei „a rhetoric-saturated realm"[89] gewesen. Mit anderen Worten: „rhetoric was in the air"[90]. Vor diesem Hintergrund habe sich der Apostel von überall her rhetorische Muster und Techniken aneignen können, auch durch den eigenständigen Rückgriff auf rhetorische Handbücher.[91] Auch wenn außer Frage steht, dass Paulus auf vielfältige Weise rhetorische Kenntnisse erlangen konnte, so sind aber doch erhebliche Zweifel daran berechtigt, dass das Niveau jenes formalen rhetorischen Schulwissens, welches die rhetorische Briefanalyse in den Protopaulinen voraussetzt, derart leicht verfügbar war und quasi „in der Luft lag", dass Paulus es ganz einfach „aufschnappen" konnte. Wäre das möglich gewesen, hätten sich die Rhetorikschulen der Elite schließlich erübrigt. Stanley Porter betont dementsprechend: „[I]t was not possible to gain the principles of formal rhetoric simply by inhaling the air of the ancient Greco-Roman world."[92]

---

87 Vgl. Paul M. Robertson, Paul's Letters and Contemporary Greco-Roman Literature. Theorizing a New Taxonomy (= Supplements to Novum Testamentum 167), Leiden 2016, 198–200, besonders 198f. Anm. 113.
88 Wie Erziehung und Ausbildung damals für gewöhnlich organisiert waren, ist umstritten. Die klassische, sich maßgeblich auf Quintilian stützende These eines etablierten dreistufigen Bildungssystems, das von der Elementarschule über die Grammatikschule zur Rhetorikschule reichte (vgl. Henri-Irénée Marrou, Geschichte der Erziehung im Klassischen Altertum, Freiburg/München 1957; Albin Lesky, Geschichte der griechischen Literatur, 2. Auflage, Bern/München 1963, 885) steht als vermeintliche Norm genauso in der Kritik wie die jüngere These eines verbreiteten Zwei-Stufen-Systems (siehe dazu Porter/Pitts, Bible, 14–16; vgl. auch William V. Harris, Ancient Literacy, Cambridge/London 1989, 233–248). Die Fokussierung auf klare Schulstufen und weithin einheitlich organisierte Institutionen wird der damaligen Wirklichkeit wohl kaum gerecht. Die Erlangung von Bildung vollzog sich in einer größeren Vielfalt mit manifesten lokalen Differenzen; vgl. zum Thema Robertson, Letters, 197–211; siehe auch Raffaella Cribiore, Gymnastics of the Mind. Greek Education in Hellenistic and Roman Egypt, Princeton 2001.
89 Witherington, Almost, 69 (unter Rekurs auf Duane Litfin).
90 Richard N. Longenecker, Galatians (= Word Biblical Commentary 41), Dallas 1990, CXIII.
91 Vgl. Kennedy, Interpretation, 9f., sowie Lampe, Rhetorik, 157; siehe auch Robertson, Letters, 48 mit Anm. 132. 170–214.
92 Stanley E. Porter, Ancient Literate Culture and Popular Rhetorical Knowledge. Implications of Studying Pauline Rhetoric, in: ders./Dyer, Paul and Ancient Rhetoric, 96–115; hier: 107; siehe zum Thema auch ders., Clear, 535–538.

Was schließlich die Paulusreden in der *Apostelgeschichte* angeht, gilt es zu bedenken, dass Paulus hier – ungeachtet aller diagnostizierten Rhetorizität der Reden – keineswegs durchweg als erfolgreicher Rhetor in Erscheinung tritt, schildert Lukas doch etliche Begebenheiten, „where his speeches are interrupted and the crowds react in ways that indicate that they are not always convinced"[93].

(6) In 1 Kor. 1–2 begegnen etliche antirhetorisch anmutende Aussagen des Apostels, die zunächst Zweifel an der Angemessenheit der rhetorischen Briefanalyse aufkommen lassen: Paulus bekundet, dass sich sein apostolischer Auftrag der Evangeliumsverkündigung um des Kreuzes willen von Wort- bzw. Redeweisheit abhebe (1 Kor. 1, 17: οὐκ ἐν σοφίᾳ λόγου), dass seine Erstverkündigung in Korinth dementsprechend auch nicht mit einem Übermaß an Beredsamkeit und Weisheit einherging (1 Kor. 2, 1: οὐ καθ' ὑπεροχὴν λόγου ἢ σοφίας) und seine damalige Rede und Verkündigung nicht in überredenden Worten der Weisheit bestand (1 Kor. 2, 4: οὐκ ἐν πειθοῖς σοφίας λόγοις), damit der Glaube der Korinther nicht in Menschenweisheit gründe (1 Kor. 2, 5: μὴ ᾖ ἐν σοφίᾳ ἀνθρώπων).[94] Die Befürworter der rhetorischen Briefanalyse betrachten diese Verse jedoch nicht als Zeugnis für einen Mangel an rhetorischer Bildung oder als Beleg für eine massive Ablehnung der Rhetorik seitens des Apostels. Paulus würde in diesen Sätzen keineswegs die Rhetorik an sich verurteilen. Wogegen er sich vielmehr wende, das sei der mit der Rhetorik allenthalben und zumal in Korinth verbundene soziale Dünkel, welcher mit der Kreuzestheologie unvereinbar sei. Ergänzend oder alternativ wird erwogen, Paulus attackiere hier lediglich eine in Korinth verbreitete spezifisch sophistische Rhetorik, die sich weniger an der Wahrheit, als vielmehr am schnellen Erfolg bei den Hörenden ausrichtete und dergestalt nicht vor manipulativer Schmeichelei zurückschrecke, die mithin die Aufgabe der Rhetorik weniger in der Überzeugung der Hörenden denn in der bewussten, planvollen Überredung derselben erblickte.[95] Dass die Auslassungen

---

93 Porter, Clear, 541.
94 Dass Paulus sich in diesen Aussagen jeweils mit Rhetorik auseinandersetzt, ist in der jüngeren Exegese die Mehrheitsmeinung. Näheres dazu und zu alternativen Deutungen bei Eckhard J. Schnabel, Der erste Brief des Paulus an die Korinther (= Historisch-Theologische Auslegung), Wuppertal 2006, 103–105.
95 So mit verschiedenen Akzenten Lampe, Rhetorik, 156; Siegert, Argumentation, 250f.; Stephen M. Pogoloff, Logos and Sophia. The Rhetorical Situation of 1 Corinthians (= Society of Biblical Literature, Dissertation Series 134), Atlanta 1992, 99–172; Charles A. Wanamaker, A Rhetoric of Power. Ideology and 1 Corinthians 1–4, in: Trevor J. Burke/J. Keith Elliott (Hg.), Paul and the Corinthians, Festschrift Margaret Thrall (= Supplements to Novum Testamentum 109), Leiden/Boston 2013, 115–137; hier: 127f.; Bruce M. Winter, Philo and Paul Among the Sophists. Alexandrian and Corinthian Responses to a Julio-Claudian Movement, 2. Auflage, Grand Rapids 2002, 143–164; Michael Bünker, Briefformular und rhetorische Disposition im 1. Korintherbrief (= Göttinger theologische Arbeiten 28), Göttingen 1983, 49. Zum Streit zwischen Sophisten und Philosophen vgl. grundsätzlich Peter L. Oesterreich, Philosophie der Rhetorik, Bamberg 2003, 18–22, sowie Samuel Ijsseling, Rhetorik und Philosophie. Eine historisch-systematische Einführung, Stuttgart-Bad Cannstatt 1988, 16–30.

in 1 Kor. 1–2 tatsächlich keiner rundweg antirhetorischen Einstellung geschuldet seien, zeige sich daran, dass Paulus just in diesem Abschnitt mittels diverser rhetorischer Figuren rhetorisch äußerst geschickt argumentiere.[96] Ganz auf dieser Linie deuten die Befürworter der rhetorischen Briefanalyse dann auch die Selbstbekundung des Apostels in 2 Kor. 11, 6: Die Selbststigmatisierung als „Ungebildeter in der Rede" (ἰδιώτης τῷ λόγῳ) sei als von Paulus rhetorisch trickreich eingesetzter Bescheidenheitstopos zu interpretieren: Angesichts der professionellen, aber doch zugleich unlauteren Rhetorik seiner sophistischen Kritiker suche der Apostel in letztlich ironischer Manier vermittels eines Eingeständnisses seiner rhetorischen Unprofessionalität rhetorische Glaubwürdigkeit für sich zu erlangen. Der Rekurs auf rhetorische Laienhaftigkeit impliziere in 2 Kor. 11, 6 also keine prinzipielle Verwerfung der Rhetorik, sondern fungiere als geschickter rhetorischer Kniff, die Aufrichtigkeit seiner Verkündigung zu untermauern.[97] Hinzu kommt nun noch 2 Kor. 10, 10. Paulus zitiert hier eine Bewertung seiner Person und seines Wirkens durch andere: Es heißt, seine Briefe seien „gewichtig und stark" (βαρεῖαι καὶ ἰσχυραί), sein persönliches Auftreten sei indes schwach und seine Rede zu verachten. Den Verfechtern der rhetorischen Briefanalyse zufolge belegt dieser Vers, dass seinen Briefen rhetorisches Gewicht und eine entsprechende Effektivität zugebilligt wurden, während allein das öffentliche rhetorische Agieren des Paulus – aus welchen Gründen auch immer – als defizitär erschien.[98] Die Kritik an seinem schwächlichen Auftreten weist Paulus freilich im folgenden Vers 11 zurück, indem er dort betont, seine rhetorische

---

96 Vgl. John R. Levison, Did the Spirit Inspire Rhetoric? An Exploration of George Kennedy's Definition of Early Christian Rhetoric, in: Duave F. Watson (Hg.), Persuasive Artistry, Festschrift George A. Kennedy (= Journal for the Study of the New Testament, Supplement Series 50), Sheffield 1991, 25–40; hier: 36: „These chapters are peppered with figures of thought and speech: antithesis (1.17); anaphora and litotes (1.26); antistrophe (1.26–28); accumulation (2.1–5), etc. In them Paul employs the internal proof of enthymemes (2.10). The bulk of these chapters constitutes an ethical appeal …"; siehe ferner Raymond F. Collins, First Corinthians (= Sacra pagina 7), Collegeville 2007, 75f. 116f. Johan S. Vos, Die Kunst der Argumentation bei Paulus (= Wissenschaftliche Untersuchungen zum Neuen Testament 149), Tübingen 2005, 48, erwägt für 1 Kor. 2, 1–5 das Vorliegen der Figur der *dissimulatio*, die in diesem Fall in einer Selbstverkleinerung bestünde. In ähnlicher Manier, wie sich Sokrates unwissend gab, habe sich Paulus unrhetorisch gegeben.
97 So mit differenten Akzenten Hans Dieter Betz, Der Apostel Paulus und die sokratische Tradition. Eine exegetische Untersuchung zu seiner „Apologie" 2 Korinther 10–13 (= Beiträge zur historischen Theologie 45), Tübingen 1972, 57–69, besonders 59f.; Thomas Schmeller, Der zweite Brief an die Korinther, Teilband 2: 2Kor 7,5–13,13 (= Evangelisch-Katholischer Kommentar zum Neuen Testament VIII/2), Neukirchen-Vluyn/Ostfildern 2015, 146. 208–210; Kennedy, Interpretation, 95, sowie Martin, Body, 48f.
98 Vgl. mit verschiedenen Akzenten Winter, Paul, 204–223; Schmeller, Der zweite Brief an die Korinther 2, 143–147; Margaret M. Mitchell, Le style, c'est l'homme. Aesthetics and Apologetics in the Stylistic Analysis of the New Testament, in: Novum Testamentum 51 (2009) 369–388; hier: 382, sowie Larry L. Welborn, An End to Enmity. Paul and the „Wrongdoer" of Second Corinthians (= Beihefte zur Zeitschrift für die neutestamentliche Wissenschaft 185), Berlin/Boston 2011, 102–124.

Präsenz an die Kraft der brieflichen Rede angleichen zu können. Alles in allem zeigt sich damit: Die Verfechter der rhetorischen Briefanalyse lesen und deuten die rhetorikkritischen Aussagen des Apostels nachdrücklich gegen den Strich und sehen sich darin nicht zuletzt durch die in 2 Kor. 10, 10a bezeugte Kennzeichnung der Briefe als rhetorisch gewichtig und effektiv bestätigt.

Auch wenn es nun selbstverständlich verfehlt wäre, aus 1 Kor. 1, 17; 2, 1–5 und 2 Kor. 11, 6 unbesehen eine völlige rhetorische Inkompetenz des Apostels ableiten zu wollen, so stellt sich doch die Frage, ob und inwieweit das Ausmaß der besagten Gegenlektüren den Texten noch gerecht wird. Ist es sachgerecht, die in 1 Kor. 1, 17; 2, 1–5 klar artikulierte Ablehnung der Rhetorik um des Evangeliums bzw. der Kreuzespredigt willen durch bestimmte Hintergrundannahmen und durch die Unterstellung rhetorischer Raffinessen derart stark zu relativieren, dass die genannten Verse den Apostel am Ende als klassisch-rhetorisch gebildeten Autor ausweisen? Immerhin portraitiert Paulus sein missionarisches Agieren in 1 Kor. 2, 3 unverkennbar als Gegenentwurf zum Idealbild des Rhetors, indem er betont, dass er bei seinem Gründungsaufenthalt in Korinth „in Schwachheit und in Furcht und in vielem Zittern" aufgetreten sei. Ein solches Auftreten steht im denkbar größten Kontrast zum Auftreten des idealen Redners, das sich durch äußere Eindrücklichkeit, Freimütigkeit und Kühnheit auszeichnet.[99] Dass nun ein solches Gegenportrait wiederum genaue Kenntnisse der antiken Schulrhetorik voraussetze, wie einige Verfechter der rhetorischen Briefanalyse meinen, ist keineswegs zwingend. In jedem Fall sollte man die paulinische Skepsis gegenüber der Rhetorik nicht rundweg in ihr Gegenteil verkehren. Dies gilt ebenso und erst recht für 1 Kor. 11, 6. In der patristischen Zeit und ebenso in der exegetischen und philologischen Forschung vor der Etablierung der jüngeren rhetorischen Briefanalyse deutete man Paulus' Selbstportrait, ein ἰδιώτης τῷ λόγῳ zu sein, meist nicht als einen mit Ironie versetzten Bescheidenheitstopos. Man erblickte darin vielmehr vorwiegend ein ernst gemeintes Zugeständnis des Apostels, kein ausgebildeter Redner zu sein, ohne Paulus deshalb freilich jegliche rhetorische Kompetenz abzusprechen.[100] Diese klassische Deutung wird auch heute bei Kritikern der rhetorischen Briefanalyse vertreten und hat einiges für sich.[101] Die in 1 Kor. 10, 10 von Paulus wiedergegebene Charakterisierung seiner Briefe als βαρεῖαι καὶ ἰσχυραί spricht nicht dagegen. Es ist nämlich keineswegs gesagt, dass es in der

---

99 Vgl. dazu Vos, Argumentation, 47, sowie Dieter Zeller, Der erste Brief an die Korinther (= Kritisch-exegetischer Kommentar über das Neue Testament 5), Göttingen 2010, 124f.
100 Vgl. Arthur Darby Nock, St. Paul, New York/London 1938, 233f.; Norden, Kunstprosa, besonders 492f. Für die patristische Zeit siehe Origenes comm. in Rom. 4, 24; comm. in Mt. 22; comm. in Joh. 4, 4; hom. in Hebr. bei Eusebius hist. 6, 25; Joh. Chrys. laud. Paul. 4, 10; hom. in Rom. praef.; hom. in 1 Cor. 3, 4; sac. 4, 6; Hieronymus comm. in Eph. 2, 586; Gregor von Nyssa Eun. 3, 1, 106. Schmeller, Der zweite Brief an die Korinther 2, 215f., verweist allerdings auf Belege bei Ambrosiaster und Hieronymus, die 2 Kor. 11, 6 im Sinne des Bescheidenheitstopos bzw. einer Selbstrücknahme deuten.
101 Vgl. Schellenberg, Rethinking, 286–294.

hier wiedergegebenen Bewertung seiner Person um die besondere rhetorische Gewichtigkeit und Effektivität seiner Briefe geht. Die Vokabeln βαρύς und ἰσχυρός sind keine spezifischen rhetorischen Fachbegriffe, und sie tragen auch nicht unbedingt die positiv konnotierte Bedeutung „gewichtig und stark". Gemeint sein kann ebenso: „heftig und streng" oder sogar „tyrannisch und aggressiv".[102] Da Paulus im Vers zuvor den Anschein zu zerstreuen sucht, dass seine Briefe „erschrecken" (ἐκφοβεῖν) wollen, und da die in V. 10 zitierte Charakterisierung seiner Briefe wohl primär die Meinung seiner Gegner widerspiegelt, die Paulus kaum loben dürften, liegt es durchaus nahe, die beiden Vokabeln nicht wie üblich mit „gewichtig und stark" zu übersetzen. Ryan Schellenberg etwa versteht das in 2 Kor. 10, 10 zitierte Paulusportrait wie folgt als Rüffel: „Paul's bark is bigger than his bite: from a safe distance [sc. in his letters], he poses strong and authoritative, but, when in Corinth, his abject weakness is manifest."[103] Wie auch immer 2 Kor. 10, 10 genau zu verstehen ist: Der Vers ist in jedem Fall kein rundweg eindeutiger Beleg für eine vermeintlich verbreitete Bewunderung der hohen rhetorischen Qualität der Paulusbriefe.

(7) Die Befürworter der rhetorischen Briefanalyse berufen sich schließlich auch darauf, dass bereits etliche große Kirchenväter die Paulustexte einer rhetorischen Analyse unterzogen und diverse rhetorische Figuren und Strukturen in den Briefen identifizierten. Dass diese theologischen Autoritäten, die Paulus zeitlich, sprachlich und kulturell viel näher standen als die moderne Exegese, in ihren Paulusauslegungen auf die klassische griechisch-römische Rhetorik zurückgriffen, rechtfertige den aktuellen Gebrauch der rhetorischen Analyse in der historisch-kritischen Forschung umso mehr.[104] Die rhetorische Analyse der Paulustexte durch Augustinus wurde bereits oben kurz dargelegt. Dabei gilt es allerdings zu beachten, dass die allenthalben in den biblischen Schriften identifizierbaren rhetorischen Tropen dem Kirchenvater zufolge keine formale rhetorische Bildung indizieren, da sie für ihn auch in der Umgangssprache des Volkes zu finden sind (vgl. doctr. chr. 3, 40f.).[105] Neben einigen weiteren Vätern setzte sich namentlich Johannes Chrysostomos eingehend mit dem rhetorischen Gehalt der Paulusbriefe und der rhetorischen Kompetenz des

---

102 So Murray J. Harris, The Second Epistle to the Corinthians (= The New International Greek Testament Commentary), Grand Rapids 2005, 698f.; vgl. zur Bedeutung von βαρύς im Näheren Ivar Vegge, 2 Corinthians – a Letter about Reconciliation (= Wissenschaftliche Untersuchungen zum Neuen Testament II/239), Tübingen 2008, 310–315.
103 Schellenberg, Rethinking, 280; vgl. dazu insgesamt Schellenberg, Rethinking, 277–286; vgl. mit anderen Akzenten auch Vegge, 2 Corinthians, 315–325.
104 Vgl. Witherington, Almost, 64f., sowie Mitchel, Rhetoric, 18f.; siehe dazu auch Ryan S. Schellenberg, τὸ ἐν λόγῳ ἰδιωτικὸν τοῦ Ἀποστόλου. Revisiting Patristic Testimony on Paul's Rhetorical Education, in: Novum Testamentum 54 (2012) 354–368, besonders 354f.
105 Näheres bei Karla Pollmann, Doctrina Christiana. Untersuchungen zu den Anfängen der christlichen Hermeneutik unter besonderer Berücksichtigung von Augustinus, De doctrina Christiana (= Paradosis 41), Freiburg/Schweiz 1996, 217f.

Apostels auseinander.¹⁰⁶ Über die Grenzen der Kirche hinaus genoss er bekanntlich selbst höchste Anerkennung als einer der größten Rhetoren seiner Zeit. Bemerkenswert ist insbesondere seine Kommentierung des *Galaterbriefes*, die unverkennbar durch seine eigene rhetorische Gelehrtheit geprägt ist. Eingehend bespricht Chrysostomos darin die kommunikativen Strategien und rhetorischen Werkzeuge, derer sich Paulus in dem Schreiben bediente, um seine Adressaten zu überzeugen. Der theologische Gehalt des Schreibens ist für Chrysostomos offenbar nur über eine solche kommunikativ-rhetorische Analyse in angemessener Weise zu erschließen. Anders als in der modernen Exegese verzichtet der Kirchenvater dabei aber bezeichnenderweise auf den Gebrauch rhetorischer Fachterminologie und die explizite Anwendung rhetorischen Handbuchwissens.¹⁰⁷ Eine grundsätzliche Erörterung der rhetorischen Kompetenz des Apostels findet sich darüber hinaus im vierten Buch von Chrysostomos' wirkmächtiger Schrift über das Priestertum (sac. 4, 6–7).¹⁰⁸ Darin stellt der Kirchenvater zunächst die Wundertätigkeit des Apostels heraus, um dann die weitaus größere Wirkmacht seiner Reden aufzuzeigen und schließlich die Bedeutung und den Nutzen der Paulusbriefe zu erörtern. Dabei ringt Chrysostomos mit der Selbstaussage des Apostels in 2 Kor. 11, 6, ein Ungebildeter in der Rede zu sein. Er unterstreicht schließlich, dass Paulus hier zwar einen Mangel an rhetorischer Bildung zugesteht, nicht aber in der Erkenntnis. Die Erkenntnis des Apostels stellt nach Chrysostomos vielmehr sogar „die Glätte eines Isokrates, die Gewalt eines Demosthenes, die Feierlichkeit eines Thukydides und die Erhabenheit eines Platon" (sac. 4, 6)¹⁰⁹ in den Schatten und vermag sich selbst in einer armen Redeweise bzw. einer einfachen und kunstlosen Syntax Bahn zu brechen. Die Wirkmacht der paulinischen Rede und seiner Briefe gründen für Chrysostomos demnach nicht in rhetorischer Bildung, sondern in der darin jeweils transportierten göttlichen Erkenntnis und Weisheit, die für den Kirchenvater als Heilmittel eine weitaus mächtigere Wirkung besitzen als jede rhetorische Bildung.¹¹⁰ In der Forschung gehen nun

---

106 Zur breiten rhetorischen Prägung der patristischen Exegese vgl. insgesamt Margaret M. Mitchell, Paul, the Corinthians and the Birth of Christian Hermeneutics, Cambridge 2010, passim, auf die sich maßgeblich Witherington, Almost, 64 beruft.
107 So Lauri Thurén, John Chrysostom as a Rhetorical Critic. The Hermeneutics of an Early Father, in: Biblical Interpretation 9 (2001) 180–218; mit anderen Akzenten erörtern Chrysostomos' Galaterbriefkommentar auch Fairweather, Galatians, 1–22, und Heath, Chrysostom, der auch einige andere Kommentare bzw. Homilien des Chrysostomos mit in den Blick nimmt.
108 Vgl. dazu Reinhart Staats, Chrysostomos über die Rhetorik des Apostels Paulus. Makarianische Kontexte zu „De Sacerdotio IV, 5–6", in: Vigiliae Christianae 46 (1992) 225–240.
109 Übersetzung nach Claudia Barthold, in: Johannes Chrysostomos, De Sacerdotio. Über das Priestertum, herausgegeben von Michael Fiedrowicz, Fohren-Linden 2013, 279.
110 Vgl. dazu hom. in 1 Cor. 3, 4. Dort gibt Chrysostomos den Disput zwischen einem Christen und einem Griechen über die Frage wieder, ob Platon oder Paulus gelehrter und beredter gewesen sei. Der Kirchenvater beantwortet die Frage selbst dahingehend, dass der ungebildete Paulus Platon übertraf und die Anhänger Platons überzeugte, dies jedoch nicht durch menschliche Weisheit und

allerdings die Meinungen auseinander, wie diese von Ambivalenzen nicht ganz freie Argumentation des Chrysostomos insgesamt zu bewerten ist. Margaret Mitchell meint, der Kirchenvater verfolge selbst eine rhetorische Strategie: Den historischen Gegebenheiten zuwider überzeichne er absichtlich die rhetorische Ungebildetheit des Apostels (vgl. hom. in 2 Tim. 4, 3), um so die in den Paulusreden und -briefen wirkende rhetorische Kraft rundweg in Christus bzw. Gott verankern zu können.[111] Ryan Schellenberg argumentiert indes umgekehrt: Chrysostomos suche die offenkundige und in der nichtchristlichen Welt zu vielerlei Spottangriffen Anlass gebende rhetorische Ungebildetheit des Apostels durch den Verweis auf die darin wirksame göttliche Kraft apologetisch zu konterkarieren.[112] Die Frage ist also, ob Chrysostomos eine vermeintlich historisch gegebene rhetorische Bildung und Stärke des Paulus bewusst schmälerte, ja negierte, um dafür Christus bzw. Gott Raum zu geben, oder ob er umgekehrt eine evidente rhetorische Schwäche des Paulus durch den Verweis auf die darin wirksame Kraft Christi bzw. Gottes apologetisch in eine Stärke umzuwandeln suchte.[113] In Anbetracht der vielen paganen Angriffe auf die Ungebildetheit der Christen und ihrer Schriften (siehe dazu schon oben) scheint Letzteres doch näher zu liegen.

Wie auch immer: Grundsätzlich gilt es zu beachten, dass die großen Kirchenväter ihre Werke in einem Abstand von zwei bis drei Jahrhunderten zu Paulus verfassten, dass sie zudem meist aus einer anderen gesellschaftlichen Position heraus auf den Apostel blickten, dass sie überhaupt unter veränderten zeitgeschichtlichen Umständen schrieben, dass sie ferner in ihren Paulusportraits diverse apologetische und theologische Interessen verfolgten, so dass es insgesamt rundweg verfehlt wäre, ihren Zugriff auf die Paulusbriefe von vornherein als einen der historisch-kritischen Exegese in jeder Hinsicht überlegenen zu betrachten.[114] Darüber hinaus will bedacht sein, dass die Kirchenväter mit ihrer Heranziehung der Rhetorik zur Auslegung der Bibeltexte einem damals generell zu beobachtenden Trend zur Rhetorisierung vorliegender Schrifttexte folgten.[115] Spätestens seit der kaiserzeitlichen rhetori-

---

Rednerkunst erwirkte, sondern durch Gottes Gnade, d. h. durch die göttliche Kraft und Mitwirkung im Evangelium.
111 Vgl. Margaret M. Mitchell, The Heavenly Trumpet. John Chrysostom and the Art of Pauline Interpretation (= Hermeneutische Untersuchungen zur Theologie 40), Tübingen 2000, 241–245. 278–291.
112 Vgl. Schellenberg, Revisiting, besonders 358f. 366–368.
113 Vgl. auch die Erörterung der Debatte bei Schmeller, Der zweite Brief an die Korinther 2, 217.
114 Vgl. dazu Anderson, Theory, 280; Porter, Clear, 544, sowie Thurén, Chrysostom, 182. Nicht unerwähnt sollte hier die kontroverstheologische Debatte bleiben, ob die Kirchenväter Paulus richtig verstanden haben; vgl. dazu Maurice F. Wiles, The Divine Apostle. The Interpretation of St. Paul's Epistles in the Early Church, Cambridge 1967, 3f.; Karl Hermann Schelkle, Paulus. Lehrer der Väter. Die altkirchliche Auslegung von Röm 1–11, Düsseldorf 1956, 440f.
115 Vgl. Bernhard Neuschäfer, Origenes als Philologe, Basel 1987, 218f.

schen Schultradition und zumal in der Spätantike wurde die Rhetorik nämlich nicht mehr nur

> für das Abfassen von Reden (Text*konstitution*) verwendet ..., sondern auch bei der Interpretation der kanonischen Schulautoren herangezogen ... (Text*analyse*). Das rhetorische System konnte also nicht nur als Anweisung gebraucht werden, um die eigene Rede stilistisch höherwertiger, ausgeschmückter und damit wirkungsvoller zu gestalten, sondern bot auch Handhabe zur Analyse und Interpretation eines Textes.[116]

Die kirchenväterliche rhetorische Analyse der Paulusbriefe lässt sich insofern nicht als zwingender Beleg für eine bewusste klassisch-rhetorische Komposition der Brieftexte seitens des Apostels in Anschlag bringen. Darauf weist nicht zuletzt auch der Umstand, dass die Kirchenväter rhetorische Figuren nicht etwa nur in den Paulusbriefen, sondern in vergleichbarer Weise ebenso in alttestamentlichen Schriften, etwa bei dem Propheten Amos, identifizierten (vgl. Augustinus doctr. chr. 4, 15–20), also bei Autoren, die schwerlich eine klassische rhetorische Ausbildung durchlaufen haben konnten.[117] So lässt sich die rhetorische Briefanalyse der Kirchenväter schwerlich als schlagendes Argument dafür anführen, dass Paulus sich bewusst an der klassischen Rhetorik orientiert habe, zumal dies die Väter selbst immer wieder negierten, so etwa Augustinus, der konstatiert, ein „unfachmännischer Fachmann der Rhetorik", der behaupten würde, der Apostel sei den Vorschriften der Beredsamkeit gefolgt, würde ausgelacht werden (doctr. chr. 4, 11).

Alles in allem lässt sich vor dem Hintergrund der dargelegten komplexen Debatte festhalten: Es spricht mehr gegen als für die These, dass der Apostel seine Briefe auf der Grundlage einer qualifizierten rhetorischen Bildung bewusst als Reden konzipierte. Gleichwohl ist unbestreitbar, dass sich in der Argumentation des Paulus zahlreiche rhetorische Stilfiguren finden und die Briefe insgesamt eine bemerkenswerte literarisch-rhetorische Kraft besitzen. Diese besondere rhetorische Kraft der Protopaulinen lässt sich jedoch auch auf die persönliche rhetorische Begabung des

---

116 Pollmann, Doctrina Christiana, 215 (Kursivierungen im Original). Till, Das doppelte Erhabene, 68f., verweist unter Rekurs auf Debora Shuger darauf, dass die griechischen bzw. hellenistischen Stiltheoretiker (Ps.-Demetrios, Hermogenes, Ps.-Longinos) stärker als die römischen auch schriftsprachliche Texte berücksichtigten und Thukydides als großes rhetorisches Stilvorbild betrachteten. Till spricht diesbezüglich von einer zweiten, anti-cicerionianisch geprägten Rhetorik; vgl. dazu Debora K. Shuger, The Christian Grand Style in the English Renaissance, Princeton 1988, 35–41, besonders 3/f.
117 Augustinus neigte dazu, „die Hl. Schrift, ja die ganze Heilsgeschichte, in Analogie zu einer nach bestimmten Regeln komponierten Rede zu sehen" (Gerhard Strauss, Schriftgebrauch, Schriftauslegung und Schriftbeweis bei Augustinus, Tübingen 1959, 109), deren Verständnis eine Kenntnis der in dieser „Rede" allenthalben begegnenden tropischen Redeweise voraussetzte. Verwiesen sei aber auch nochmals auf Johannes Chrysostomos, der in seinem Kommentar zum Buch Jesaja rhetorische Tropen bei Jesaja ausmacht; vgl. comm. in Jes. 1, 2. 3; 3, 10; 5, 5; siehe dazu mit weiteren Belegen Schellenberg, Revisiting, 367.

Autors, informelle Bildung in der jüdischen wie auch nichtjüdischen Welt und ein besonderes Empathie- und Reflexionsvermögen zurückführen.

3 Die Würde des Niedrigen

Aus den vorstehenden Darlegungen ergibt sich, dass Paulus schwerlich der gehobenen sozialen Schicht entstammte, dass er dementsprechend auch keine formale rhetorische Ausbildung durchlief und seine Briefe nicht im schulrhetorischen Sinn als kunstvolle Reden konzipierte. Schließlich genügten seine Briefe nicht den Standards der gehobenen Literatursprache, zumal sie zahlreiche grammatische wie auch semantische Irregularitäten und Schwächen aufweisen. Dennoch war diesen Briefen offenbar eine derart starke rhetorische Kraft immanent, dass die in der späteren Rezeption aufkommende nichtchristlich-elitäre Schmähkritik zu guter Letzt weitgehend an ihnen abperlte und Menschen über Jahrhunderte hinweg dazu bewegt wurden, sich mit den in diesen Texten enthaltenen Botschaften intensiv auseinanderzusetzen, ja sie in ihr Leben zu nehmen, bis sie in vielerlei Hinsicht zu Grundtexten der abendländischen Kultur wurden. Mit anderen Worten: In Gestalt der Paulusbriefe – und dann auch der weiteren neutestamentlichen Schriften – sickerten Texte in die europäische Literatur- und Kulturgeschichte ein, die im Unterschied zum Kanon der großen antiken Literatur nicht der Welt der Elite entsprangen, sondern ihren Ausgang in den sozialen Niederungen des Imperium Romanum nahmen,[118] und die zumal auch in rhetorisch-literarischer Hinsicht nicht rundweg den Normen und Ansprüchen der Elite entsprachen. Der besonderen sozialen Herkunft der Texte korrespondierte mithin ein eigentümliches rhetorisch-literarisches Profil mit einem gleichwohl bemerkenswerten pithanologischen Potenzial. Auch wenn natürlich nicht in Abrede zu stellen ist, dass in den Protopaulinen diverse klassische rhetorische Figuren, Muster und Strukturen identifizierbar sind – dies deckten ja bereits die Kirchenväter auf –, so lässt sich die besondere rhetorische Kraft der Briefe doch nur schwer allein darauf zurückführen. Ihre besondere rhetorische Wirk-

---

[118] Wie eingangs dargelegt, gossen viele antike Gegner des Christentums ihren Spott darüber aus. In freilich umgekehrter Wertung bekräftigten auch die Kirchenväter die niedere soziale Herkunft; siehe nur Gregor von Nyssa epist. 17, 11, der alttestamentliche Schriften mit einschließt: „Ein Ziegenhirte war der Prophet Amos, ein Fischer Petrus, und denselben Beruf hatten sein Bruder Andreas und der ehrwürdige Johannes, ein Zeltmacher war Paulus, und Matthäus ein Zöllner, und die anderen alle hatten ähnliche Berufe, sie waren keine Konsuln und Feldherren und Statthalter oder Leuchten in Rhetorik und Philosophie, sondern arme Leute und Laien, die aus recht niedrigen Lebensverhältnissen kamen. Und dennoch ging ihre Stimme über die ganze Erde und ihre Worte an die Grenzen der Welt" (Übersetzung nach Gregor von Nyssa, Briefe, eingeleitet, übersetzt und erläutert von Dörte Teske [= Bibliothek der griechischen Literatur 43], Stuttgart 1997, 68). Genaueres zur sozialen Verortung der neutestamentlichen Schriften bei Stegemann/Stegemann, Sozialgeschichte, passim.

macht wie auch ihre literarische Prägekraft verdanken die paulinischen Texte vielmehr in erheblichem Maß gerade auch der Unterwanderung, Verschiebung bzw. Transformation klassischer literarisch-rhetorischer Normen und Gepflogenheiten. Dies wird besonders deutlich, wenn man die antike Stillehre heranzieht.

Zur Beantwortung der gewichtigen Frage nach der jeweils angemessenen Gestaltung des sprachlichen Ausdrucks unterschied man in der antiken Rhetorik verschiedene Stilgattungen (χαρακτῆρες τῆς λέξεως; *genera dicendi*).[119] Was die Anzahl wie auch die konkreten Bestimmungen und Abgrenzungen der einzelnen Stilarten anbelangt, formulierten die großen Rhetoriker im Laufe der Zeit allerdings unterschiedliche Anschauungen. Relativ breit etablierte sich dabei die sogenannte „Dreistillehre".[120] Deren ältestes Zeugnis findet sich in der gemeinhin auf das 1. Jahrhundert vor Christus datierten *Rhetorica ad Herennium*. Dort ist über die Regeln der Sprachgestaltung (*praecepta elocutionis*) zu lesen:

> Es gibt aber drei Gattungen ...: die eine nennen wir die erhabene, die andere die mittlere und die dritte die schwache. Die erhabene ist diejenige, die aus fließenden und geschmückten Fügungen erhabener Wörter besteht. Die mittlere ist weniger elegant, jedoch nicht mit den niedrigsten und sehr gewöhnlichen Wörtern gestaltet. Die schwache ist diejenige, die bis hin zu den gebräuchlichsten, rein umgangssprachlichen Wendungen herabsinkt (4, 8, 11).[121]

Die Differenzen der drei Stile werden hier noch recht elementar und einseitig am formalen Gebrauch unterschiedlich gewichteter Wörter festgemacht. Eine weitaus umfassendere, nämlich formale, inhaltliche und funktionale Kriterien gleichermaßen berücksichtigende Analyse und Schematisierung der drei Stilarten bietet Cicero in seinem Buch über den idealen Redner (vgl. or. 75–99). Bedeutsam ist darin insbesondere die gezielte Korrelierung der drei *genera* mit bestimmten rhetorischen Wirkungen. Dabei bindet Cicero die drei Stilarten wie folgt an die Aufgaben des Redners (*officia oratoris*): Das *genus subtile* diene dem Beweisen (*probare*), das *genus modicum* der Unterhaltung (*delectare*) und das *genus vehemens* der Beeinflussung bzw. Umstimmung (*flectere*, vgl. or. 69). Der vollkommene Redner (*orator perfectus*) zeichnet sich für Cicero nun dadurch aus, dass er alle drei Stilgattungen in ihrer jeweiligen Funktionalität angemessen und geschickt einzusetzen weiß und zumal auch in der Lage ist, den erhabenen Stil mit den beiden anderen Stiltypen zu tempe-

---

[119] Als Begründer der Lehre der *genera dicendi* wird in der Forschung meist der Aristotelesschüler Theophrast benannt, dessen Werk Περὶ λέξεως jedoch verloren gegangen ist; Verfechter dieser Herleitung bei Franz Quadlbauer, Die genera dicendi bis Plinius d. J., in: Wiener Studien 71 (1958) 56–111; hier: 64 Anm. 96. Quadlbauer selbst (64–71. 110) sucht die Ursprünge indes aus der isokratischen Antithese ἐπιδεικτικῶς-ἁπλῶς abzuleiten.

[120] Vgl. dazu insgesamt Kurt Sprang, Dreistillehre, in: Historisches Wörterbuch der Rhetorik 2 (1994) 921–972, besonders 921–935; Lausberg, Handbuch, §§ 1078–1082, sowie Till, Das doppelte Erhabene, 48–99.

[121] Übersetzung nach Sprang, Dreistillehre, 926f.

rieren (vgl. or. 69f. 99–101). Weithin in der ciceronianischen Tradition verwurzelt ist dann auch *das* klassische Standardwerk der antiken Rhetorik: Quintilians *Institutio oratoria*. Quintilian setzt darin freilich auch eigene Akzente. Dem niederen Stil (*genus subtile*) weist er im Näheren das Darlegen des Sachverhalts (*docere*) zu, dem erhabenen (*genus grande*) die Erregung von Gefühlen (*movere*) und dem mittleren Stil (*genus medium*) das Unterhalten (*delectare*) bzw. Gewinnen (*conciliare*, vgl. inst. 10, 58f.). Ganz andere Aufteilungen, Charakterisierungen und Akzentuierungen der Stilgattungen finden sich dagegen in der griechisch-hellenistischen Rhetorik bei Pseudo-Demetrios (Περὶ ἑρμηνείας), Hermogenes von Tarsos (Περὶ ἰδεῶν) und Pseudo-Longinos (Περὶ ὕψους), worauf hier jedoch nicht näher eingegangen werden kann.[122]

Im Raum der Alten Kirche ist es Augustinus, der im Rahmen seiner Überlegungen zum Profil einer spezifisch christlichen Beredsamkeit im vierten Buch der *doctrina christiana* ausdrücklich auf Ciceros Theorie der drei *genera dicendi* zurückgreift (vgl. doctr. chr. 4, 27. 34). Dabei geht freilich auch er in mancherlei Hinsicht eigene Wege, so wenn er meint, die praktische Nachahmung beredter Menschen könne die *ars rhetorica* durchaus ersetzen, wenn er ferner nicht die Rhetorik, sondern den vorbildlichen Lebenswandel des Redners als stärkstes Mittel der Überzeugung bestimmt, wenn er den persuasiven Erfolg einer Rede an eine entsprechende Verhaltensänderung der Rezipienten bindet und wenn er jede einzelne der drei Stilgattungen mit allen drei *officia oratoris* korreliert, die enge Bindung der Stilarten auf jeweils nur eine Redefunktion also auflöst.[123] All diese Bestimmungen markieren deutliche Abweichungen von den klassischen Vorstellungen und Konzepten der antiken Rhetorik ciceronianischer Prägung. Dies gilt nun aber noch in einer weiteren Hinsicht: Augustinus problematisiert nämlich im Hinblick auf die christliche Rede auch das klassische Kriterium des inneren *aptum* (πρέπον).[124] Dieses rhetorische Kriterium fordert die „Anpassung des Ausdrucks an Stoff und Thema, so daß also ein erhabenes Thema auch eine hohe Stilart, ein niederes, unbedeutendes Thema eine niedere impliziert"[125]. Ganz in diesem Sinn ist bei Cicero zu lesen, der ideale Redner würde nicht ein reichhaltiges Thema dürftig ausformulieren oder ein bedeutendes Thema kleinlich noch auch umgekehrt, sein Stil würde vielmehr dem Stoff angemessen und gleichartig sein (vgl. or. 123; siehe auch de or. 2, 205f.; 2, 320). Diese Regel ist nun aber nach Augustinus bei einem christlichen Redner nicht an-

---

122 Vgl. dazu Till, Das doppelte Erhabene, 68–99.
123 Vgl. dazu samt den jeweiligen Belegen Pollmann, Doctrina Christiana, 232–241; siehe auch Barbara Kursawe, docere – delectare – movere. Die officia oratoris bei Augustinus in Rhetorik und Gnadenlehre, Paderborn/München/Wien/Zürich 2000, besonders 26–47.
124 Die begriffliche Unterscheidung zwischen innerem und äußerem *aptum* ist freilich neueren Datums; Näheres zu dieser Problematik bei Bernhard Asmuth, Angemessenheit, in: Historisches Wörterbuch der Rhetorik 1 (1992) 579–604; hier: 602–604.
125 Sprang, Dreistillehre, 922.

wendbar. Sein Redenstoff sei nämlich stets groß und erhaben, ginge es doch in der christlichen Rede stets um das Heil der Menschen (vgl. doctr. chr. 4, 35).[126] Gleichwohl hält Augustinus an der grundsätzlichen Aufgabe der Beredsamkeit fest, sich als Mittel der Überzeugung aller drei Stilarten zu bedienen. Daraus resultiert nun aber unweigerlich ein Bruch mit dem rhetorischen Stilgesetz, im Sinne der gebotenen Übereinstimmung von *res* und *verba* erhabene Dinge stets auch im hohen Stil zu thematisieren. In der christlichen Rede kann Augustinus zufolge Großes und Erhabenes eben auch im niedrigen oder gemäßigten Stil verhandelt werden, und umgekehrt kann über kleine und alltägliche Dinge erhaben gesprochen werden, wenn und insofern an ihnen Erhabenes aufscheint. Letzteres illustriert Augustinus explizit an den paulinischen Ausführungen über den Umgang mit weltlichen Rechtsstreitigkeiten unter Gemeindegliedern in 1 Kor. 6, 1–9 (vgl. doctr. chr. 4, 36). Augustinus löst so das Gebot der Übereinstimmung von Stilhöhe und Gegenstand auf und bindet den Einsatz der Stilarten allein an die jeweilige Redeabsicht. Als Exempla für diesen besonderen Gebrauch der drei Stilarten in der christlichen Rede dienen dem Kirchenvater dann ebenfalls Paulustexte. Neben einigen ausgewählten Versen im ersten *Timotheusbrief* und im *Römerbrief* zieht er diesbezüglich vor allem Passagen aus dem *Galaterbrief* heran. In diesem überwiegt nach seiner Analyse der niedrige Stil, am Briefende begegne indes der mittlere und in 4, 10–20 der erhabene Stil (vgl. doctr. chr. 4, 39–44). Darüber hinaus identifiziert Augustinus den erhabenen Stil, den er nicht primär am reichen Redeschmuck, sondern am flammenden Eifer des Herzens festmacht, in 2 Kor. 6, 2–10 und Röm. 8, 28–39 (vgl. doctr. chr. 4, 42f.).[127] Als weitere Stilmuster für den christlichen Gebrauch der *genera dicendi* zieht Augustinus aber auch ausgewählte Passagen aus den Werken der Kirchenväter Cyprian und Ambrosius heran (vgl. doctr. chr. 4, 45–50).[128] Als Hauptbelege seiner besonderen christlichen Stillehre, der zufolge in allen drei Stilarten Großes verhandelt und Kleines eben auch im erhabenen Stil entfaltet werden kann, dienen ihm jedoch unverkennbar die Briefe des Apostels Paulus.

---

126 Dass und wie grundsätzlich Kleines und Unbedeutendes Großes einbegreifen könne, bezeuge, so Augustinus, der Herr selbst, wenn er in Lk. 16, 10 betone, dass Treue im Winzigen erhaben sei, und wenn er in Mt. 10, 42 bekunde, dass die Reichung eines Bechers kalten Wassers himmlischen Lohn wahre (vgl. doctr. chr. 4, 35. 37).
127 Zur grundsätzlichen Problematik der Bestimmung des erhabenen Stils in der antiken Rhetorik vgl. Quadlbauer, Genera dicendi, 55 u. ö.
128 Vgl. dazu Pollmann, Doctrina Christiana, 242, die betont, es sei revolutionär, dass Augustinus „Stilexempla der Kirchenschriftsteller Cyprian und Ambrosius mit der Bibel gleichwertig in eine Reihe stellen kann. Dies bedeutet gemessen an der Tradition eine Aufwertung der Bibel, da sie nun als ‚rhetorikfähig' eingeführt wird, gleichzeitig aber in gewisser Weise ihre Degradierung, da sie als Stilmuster neben anderen, menschlichen Exempla stehen kann. Dies verwundert nicht, da Augustin die Bibel zwar als gottinspiriert, aber von Menschen geschrieben betrachtet …"

Augustinus' christlich motivierte Abkehr vom rhetorischen Grundsatz des inneren *aptum* (πρέπον), also vom Prinzip der Übereinstimmung von Stoff und Stil, von Gegenstand und Ausdruck, die der Kirchenvater, wie dargelegt, bis auf das Neue Testament und vor allem auf die Paulusbriefe zurückführt, unterzog nun im 20. Jahrhundert der bedeutende Romanist Erich Auerbach einer in vielerlei Hinsicht bemerkenswerten Deutung. Auerbach entnahm den christlichen und nichtchristlichen Quellen in punkto Rhetorik einen grundlegenden Widerstreit zwischen dem – wie er es nennt – „Prinzip der Stiltrennung", das die klassische literarisch-rhetorische Tradition maßgeblich prägte, und einem im Christentum neu aufkommenden „Prinzip der Stilmischung".[129] Als Motivationsgrund der frühchristlichen Stilmischung machte er die Lehren der Inkarnation und Passion Christi namhaft. In seinem 1946 erschienenen Hauptwerk *Mimesis*, in dem er grundsätzlich diverse Interpretationen und Darstellungen der Wirklichkeit in der abendländischen Literatur untersucht, führt Auerbach Folgendes dazu aus:

> Der eigentliche Mittelpunkt der christlichen Lehre, Inkarnation und Passion, war ... mit dem Stiltrennungsprinzip ganz unvereinbar. Christus war nicht als ein Held und König, sondern als ein Mensch niedrigster sozialer Stufe erschienen; seine ersten Schüler waren Fischer und Handwerker, er bewegte sich zwischen der alltäglichen Umwelt des kleinen Volks in Palästina, sprach mit Zöllnern und Dirnen, mit Armen und Kranken und Kindern; und jede seiner Handlungen und Worte war nichtsdestoweniger von höchster und tiefster Würde, bedeutender als alles, was je sonst geschah; der Stil, in dem es erzählt wurde, besaß gar keine oder doch nur eine sehr geringe Redekultur im antiken Sinne, es war „sermo piscatorius", und trotzdem überaus ergreifend und wirksamer als das höchste rhetorisch-tragische Kunstwerk; und das Ergreifendste an jenen Erzählungen war die Passion. Daß der König der Könige wie ein gemeiner Verbrecher verhöhnt, bespien, gepeitscht und ans Kreuz geschlagen wurde – diese Erzählung vernichtet, sobald sie das Bewußtsein der Menschen beherrschte, die Ästhetik der Stiltrennung vollkommen; sie erzeugt einen neuen hohen Stil, der das Alltägliche keineswegs verschmäht, und der das sinnlich Realistische, ja das Häßliche, Unwürdige, körperlich Niedrige in sich aufnimmt; oder, wenn man es lieber umgekehrt ausdrücken will, es entsteht ein

---

129 Vgl. Erich Auerbach, Mimesis. Dargestellte Wirklichkeit in der abendländischen Literatur, 11. Auflage, Tübingen 2015, 73f. 147 u. ö. Die für Auerbach zentralen, von ihm aber etwas pauschal verwendeten Begriffe der „Stiltrennung" und der „Stilmischung" provozieren leicht Missverständnisse, macht Auerbach die Differenz zwischen der antiken und der christlichen Beredsamkeit in seinen Ausführungen doch im Kern nicht an der Trennung bzw. Mischung der Stilarten als solcher fest – die Fähigkeit zur Kombination von Stillagen fordern ja auch Cicero (vgl. or. 99) und Quintilian (vgl. inst. 12, 10, 69) –, sondern an der Kongruenz bzw. Inkongruenz von *verba* (Stil, Ausdruck) und *res* (Gegenstandsbereich). Auerbach selbst präzisiert seine Auffassung angesichts einer von ihm monierten Fehllektüre durch Ernst Robert Curtius wie folgt: „[I]ch behaupte die Stiltrennung, die sich auf das prepon gründet; einer Hierarchie der Gegenstände entspricht eine Hierarchie der Ausdrucksformen" (Erich Auerbach, Epilegomena zu Mimesis, in: Karl-Heinz Barck/Martin Treml [Hg.], Erich Auerbach. Geschichte und Aktualität eines europäischen Philologen, Berlin 2007, 466–479; hier: 472). Zur komplexen Problematik des πρέπον (aptum) vgl. grundsätzlich Asmuth, Angemessenheit.

neuer „sermo humilis", ein niederer Stil, wie er eigentlich nur für Komödie und Satire anwendbar wäre, der aber nun weit über seinen ursprünglichen Bereich ins Tiefste und Höchste, ins Erhabene und Ewige übergreift.[130]

Auerbach zufolge markiert der christliche *sermo humilis* nun einen gravierenden Einschnitt in der Entwicklung der abendländischen Literatur und Kultur. In der „Geschichte Christi, mit ihrer rücksichtslosen Mischung von Wirklichem und höchster erhabenster Tragik, die die antike Stilregel überwältigte"[131], bricht für ihn zum ersten Mal die „wahre Wirklichkeit"[132] nicht nur in ihrer ganzen Breite und Alltäglichkeit, sondern auch in ihrer ganzen Tragik und ihrem Ernst in die Literatur und Redekunst ein.[133] Das Niedere und Ausgegrenzte gewinnt hier wahrhaft rhetorisches Gewicht und literarisch-ästhetischen Wert. Den konkreten Konturen dieses wirkmächtigen, die antike literarisch-rhetorische Tradition konterkarierenden Einbruchs des tragischen Realismus im christlichen *sermo humilis* nahm sich Auerbach dann in einem Essay gleichnamigen Titels nochmals genauer an.[134]

Auerbach zieht darin drei altkirchliche Texte heran – eine Predigt des Augustinus aus dem Jahr 418 (serm. 256), einen Abschnitt aus Augustinus' Trinitätsbuch (trin. 8, 3) und die Kapitel 2–4 der *Passio Sanctarum Perpetuae et Felicitatis* –, um an ihnen die Charakterzüge und die rhetorische Kraft des christlichen *sermo humilis* aufzuzeigen; er lässt dabei aber keinen Zweifel daran, dass der neue literarisch-rhetorische Stil grundlegend bereits im Neuen Testament verankert ist. Im Kern geht es Auerbach in dem Essay darum, die zahlreichen Dimensionen des *sermo humilis* aufzuzeigen. Diese leitet er zunächst aus dem Stichwort *humilis* ab, das – wie er betont – im christlichen Diskurs all jene pejorativen Züge verliert, die ihm in der antiken nichtchristlichen Literatur eigneten. Vor diesem Hintergrund legt er dar, dass die stilistische Höhenlage des *sermo humilis* gleichermaßen „das Ethische, das Soziale, das Geistige und das Ästhetisch-Stilistische"[135] umfasste: In ethischer Hinsicht sei der christliche *sermo humilis* in vielfältiger Weise durch Demut geprägt, in

---

130 Auerbach, Mimesis, 73f.; vgl. dazu bereits Erich Auerbach, Dante als Dichter der irdischen Welt, Berlin/New York 2001, 18–23 (Erstauflage 1921).
131 Auerbach, Mimesis, 516.
132 Vgl. Erich Auerbach, Romantik und Realismus, in: ders., Gesammelte Aufsätze zur romanischen Philologie, herausgegeben von Matthias Bormuth/Martin Vialon, 2. Auflage, Tübingen 2018, 383–392; hier: 392 (Ersterscheinung 1933).
133 Ein solch fulminanter Einbruch des tragischen Realismus vollzog sich nach Auerbach unter völlig veränderten Bedingungen und in gänzlich säkularer Ausrichtung in der europäischen Literaturgeschichte noch ein zweites Mal, nämlich im literarischen Realismus des 19. Jahrhunderts in den Werken von Stendahl und Balzac; vgl. dazu Auerbach, Mimesis, 422–459. 515f., und insgesamt dens., Romantik.
134 Vgl. Erich Auerbach, Sermo humilis, in: ders., Literatursprache und Publikum in der lateinischen Spätantike und im Mittelalter, Bern 1958, 25–53.
135 Auerbach, Sermo humilis, 35.

sozialer Hinsicht integriere er die Deklassierten, im geistigen Sinn die Ungelehrten und im ästhetisch-stilistischen Sinn erscheine er einfach, ja bisweilen sogar abstoßend. Bei der anschließenden Besprechung dieser Dimensionen spitzt Auerbach die besonderen Merkmale des *sermo humilis* nochmals mit anderen Worten genauer zu. Dabei macht er geltend, dass sich der *sermo humilis* neben der Realistik durch folgende Charakterzüge auszeichnet: „Allgemeinzugänglichkeit" (gemeint ist der Zugang zur Schrift auch aufseiten der Geringsten), das Moment des „charitativ sich Neigenden" (gemeint ist die Orientierung an der *caritas*), das „verborgen Erhabene" (gemeint ist, dass der Schrift ungeachtet ihrer grundsätzlichen Allgemeinzugänglichkeit zumal in manch dunklen Stellen verborgener erhabener Sinn eignet, in den nur wenige einzudringen vermögen) und das „Einheitlich-Gemeinschaftliche" (gemeint ist das menschlich Nahe und Unmittelbare des christlichen Diskurses, das Menschen zu einem Wir verbindet).[136] Was nun im Näheren die zentrale Dimension des *sermo humilis* anbelangt, die Demut, verweist Auerbach auf Phil. 2, 7–8 als „wichtigste Schriftstelle"[137]. Das *humilis*-Motiv werde hier grundlegend an Christus und seiner Körperlichkeit festgemacht, und zwar genauerhin an seiner demütig erlittenen Erniedrigung in Inkarnation und Passion. Die Demut Christi gewinne ihr volles Gewicht dabei aber erst durch den Gegensatz zu seiner göttlichen Natur. Die christliche Lehre und der christliche *sermo humilis* wurzelten insofern wesentlich in der paradoxen Verschmelzung von „Mensch und Gott, niedrig und erhaben, *humilis et sublimis*; beides in unausdenkbarer, unermeßbarer Tiefe und Höhe"[138]. Die soziale und geistige *humilitas* sieht Auerbach sodann – neben einigen weiteren Schriftstellen – namentlich in den kreuzestheologischen Aussagen in 1 Kor. 1, 18–21. 26–29 fundiert.[139] Schließlich bespricht er ausführlich die ästhetische *humilitas* des Stils der Heiligen Schrift, also jenen auch in den späteren lateinischen Übersetzungen bewahrten, in sprachlichen Übertragungen mithin niemals wesentlich verbesserten Stil, der als solcher „einfache, zuweilen alltägliche und kraß realistische Worte" wie auch „unelegante und umgangssprachliche Satzbildungen"[140] einschließt, aber gleichwohl in dieser niedrigen Form Erhabenes verhandelt, und in dieser Mischung, wie Auerbach ausdrücklich betont, wiederum bereits in den frühesten christlichen Zeugnissen belegt ist, wobei er erneut 1 Kor. 1, 18–21 anführt.[141] Aus alldem ergibt sich: Ungeachtet seiner eigenen Fokussierung auf patristische Texte sieht Auerbach die „Bildung einer christlichen Redekunst, einer niedrigen Rhetorik im Sinne des *sermo humilis*"[142] in all ihren differenten Dimensionen, d. h. ethisch, sozial, geistig,

---

136 Vgl. Auerbach, Sermo humilis, 53, und insgesamt 35–53.
137 Vgl. Auerbach, Sermo humilis, 35.
138 Auerbach, Sermo humilis, 36.
139 Vgl. Auerbach, Sermo humilis, 35. 37.
140 Auerbach, Sermo humilis, 43.
141 Vgl. Auerbach, Sermo humilis, 40.
142 Auerbach, Sermo humilis, 44.

ästhetisch-stilistisch, im Kern bereits in den ältesten Texten des Neuen Testaments: den Briefen des Apostels Paulus.

In diesem Zusammenhang darf nicht unerwähnt bleiben, dass Auerbach noch ein weiteres gewichtiges Element der neuen christlichen Rhetorik an den Paulustexten festmacht, nämlich die figurale Wirklichkeitsanschauung. Diese habe der Apostel im Rahmen seiner Mission unter Nichtjuden entwickelt, um das Alte Testament für die nichtjüdischen Christusanhänger in einer für sie relevanten Weise neu aufzuschließen. Nach der figuralen Anschauung

> bedeutet ein auf Erden geschehener Vorgang, unbeschadet seiner konkreten Wirklichkeitskraft hier und jetzt, nicht nur sich selbst, sondern zugleich auch einen anderen, den er vorankündigt oder bestätigend wiederholt; und der Zusammenhang zwischen Vorgängen wird nicht vorwiegend als zeitliche oder kausale Entwicklung angesehen, sondern als Einheit innerhalb des göttlichen Planes, dessen Glieder und Spiegelungen alle Vorgänge sind.[143]

Die figurale Anschauung deutet mithin „die im Alten Testament auftretenden Personen und Ereignisse als Figuren oder Realprophetien der Heilsgeschichte des Neuen"[144]. Dergestalt konnten nun grundsätzlich weit auseinander liegende und chronologisch unverbundene Vorgänge vermittels ihrer vertikalen Einbindung in die übergreifende göttliche Ewigkeit und Jederzeitlichkeit in Beziehung gesetzt werden. Solcherweise als Figuren verstanden, erlangten das Christusgeschehen sowie Ereignisse und Personen in seinem Umfeld, die ja nach weltlichen Maßstäben völlig unbedeutend zu sein schienen, eminentes Gewicht, worin sich erneut Niedriges und Erhabenes vereinte.

Auerbachs Thesen zum besonderen literarisch-rhetorischen Charakter und Wert des frühen christlichen Schrifttums blieben selbstverständlich nicht ohne Widerspruch.[145] In der Tat mag man fragen, ob Auerbach die antike rhetorische Tradition und die Rhetorik der frühen christlichen Texte nicht allzu undifferenziert als monolithische Blöcke kontrastierend einander gegenübergestellt und die Differenzen zwischen frühen neutestamentlichen Schriften und späteren Kirchenvätertexten unzulässig eingeebnet hat. Weniger haltbar scheint indes die vielfach geäußerte Kritik, Auerbach habe übersehen, dass bereits im klassischen antiken Schrifttum eine mit den frühen christlichen Schriften vergleichbare Realistik samt der Verschmelzung des Hohen mit dem Niedrigen begegne, so etwa im etwas komödienhaften Portrait

---

143 Auerbach, Mimesis, 516.
144 Erich Auerbach, Figura, in: Friedrich Balke/Hanna Engelmeier, Mimesis und Figura, 2. Auflage, Paderborn 2018, 121–188; hier: 141.
145 Vgl. zu philologischen und kirchenhistorischen Repliken Torsten Krämer, Augustinus zwischen Wahrheit und Lüge. Literarische Tätigkeit als Selbstfindung, Göttingen 2007, 39 mit Anm. 157–160; siehe auch Auerbach, Epilegomena.

des Sokrates als Silen in den platonischen Dialogen, so aber auch in der Bukolik.[146] Bei genauerer Betrachtung lassen sich nämlich, wie Auerbach selbst mit Recht betont, weder die platonischen Zeichnungen des Wirkens und Sterbens des Philosophen Sokrates noch gar das Idyll der Bukolik mit dem christlichen tragischen Realismus sinnvoll parallelisieren.[147] Allerdings gilt es sehr wohl zu sehen, dass sich einige Kennzeichen des von Auerbach herausgearbeiteten christlichen *sermo humilis* mit Lehren der hellenistischen Rhetorik überschneiden, wie sie bei Pseudo-Demetrios, in der Ideenlehre des Hermogenes und im wirkmächtigen Traktat *Über das Erhabene* begegnen. Diese griechischen Rhetoriken bezeugen nämlich nicht nur eine deutliche „Affinität des Sublimen zu religiösen, mythischen oder übernatürlichen Themen"[148], sie dokumentieren vor allem auch ein gegenüber der ciceronianischen Rhetorik verändertes Verständnis des hohen Stils, das eine Verbindung von Simplizität und Erhabenem erlaubt und bei erhabenen Autoren eine beachtliche Toleranz gegenüber Fehlern und Insuffizienzen aufweist.[149] Tatsächlich wurde die hellenistische Rhetorik – insbesondere der Traktat *Über das Erhabene* – im 17. und 18. Jahrhundert verschiedentlich herangezogen, um den einfachen, der ciceronianischen Rhetorik in keiner Weise entsprechenden Bibelstil vermittels des Rückgriffs auf alternative antike rhetorische Muster autoritativ zu legitimieren.[150] Auch wenn man also Auerbach nicht in jedem Punkt seiner Gedanken- und Beweisführung folgen mag, so ist ihm doch alles in allem zuzugestehen, dass seine Konzepte des tragischen Realismus, der Vermischung des Erhabenen mit dem Niedrigen und der figuralen Weltanschauung die literarisch-rhetorische Eigenart und Wirkkraft der neutestamentlichen Schriften und insbesondere der Paulusbriefe auf überzeugende Weise zu erhellen vermögen. Vor diesem Hintergrund soll abschließend nochmals ein Blick auf die spezifische rhetorische Kraft der kreuzestheologischen Aussagen des Apostels geworfen werden.

Das brutale Kreuzigungsritual galt im Altertum als eine der grausamsten Hinrichtungsformen. Das öffentlich inszenierte Schauspiel des Todes rief allenthalben Entsetzen und Abscheu hervor. So berichtet der antike jüdische Historiograph Josephus, der römische Feldherr und spätere Kaiser Titus habe im jüdisch-römischen Krieg während der Belagerung Jerusalems einen Gefangenen kreuzigen lassen, um

---

[146] So Helmuth Kuhn, Literaturgeschichte als Geschichtsphilosophie, in: Philosophische Rundschau 11 (1963) 222–248; hier: 232f. 237.
[147] Vgl. Auerbach, Epilegomena, 466–469; siehe auch dens., Dante, 18f., sowie dens., Mimesis, 35.
[148] Till, Das doppelte Erhabene, 70.
[149] Genauere Ausführungen und Belege bei Till, Das doppelte Erhabene, 68–99.
[150] Vgl. Till, Das doppelte Erhabene, 166–180, der hier ausführlich die entsprechenden Überlegungen und Thesen bei Robert Boyle, Anthony Blackwell und Christian Wolle bespricht. Vgl. zur breiten theologischen Rezeption von Περὶ ὕψους grundsätzlich Martin Fritz, Vom Erhabenen. Der Traktat ‚Peri Hypsous' und seine ästhetisch-religiöse Renaissance im 18. Jahrhundert (= Beiträge zur historischen Theologie 160), Tübingen 2011.

die Gegner in Schrecken zu versetzen (bell. 5, 289). Zu dem in der körperlichen Qual gründenden Grauen trat dabei der Aspekt der extremen Entehrung hinzu. Der Tod am Kreuz wurde als besonders schändlich empfunden. Der Autor des *Hebräerbriefes* bestätigt dies, wenn er ausdrücklich hervorhebt, dass Jesus die Schande missachtete und das Kreuz (souverän) erduldete (12, 2; vgl. 6, 6). Die besagte Schande rührte zum einen daher, dass die Kreuzesstrafe vornehmlich Sklaven (*servile supplicium*) und politischen Aufrührern vorbehalten war, während römische Bürger in der Regel von dieser Strafart ausgenommen waren. Vor allem aber verletzte die am Kreuz vollzogene öffentliche Zurschaustellung des entblößten und gequälten Leibes des Delinquenten das Schamgefühl tiefgehend. Das Opfer wurde am Kreuz erbarmungslos erniedrigt. Und so nimmt es nicht wunder, dass Cicero in einer Verteidigungsrede für den Senator C. Rabirius aus dem Jahre 63 vor Christus anmerkt, nicht nur der Kreuzestod selbst, sondern der bloße Begriff des „Kreuzes" sei angesichts seiner Assoziation mit Unfreiheit, Schande und Schrecken den Gedanken, Augen und Ohren römischer Bürger vorzuenthalten (Rab. 16).

Vor diesem Hintergrund musste das Zeugnis des Apostels Paulus, in der Predigt vom Kreuz Christi manifestiere sich die rettende Kraft und Weisheit Gottes (1 Kor. 1, 18. 24), außerordentlich befremdlich wirken. Erhabenheit und Niedrigkeit, ja Abscheu gingen in dieser Botschaft schließlich eine extreme Verbindung ein. Der Apostel war sich der provokanten Kuriosität dieser seiner Theologie des Kreuzes bewusst, räumte er doch unumwunden ein, die Predigt von einem gekreuzigten Messias und die darin eingewebte Qualifizierung des Kreuzes als göttliches Heilsmedium sei den Judäern ein Ärgernis und den nichtjüdischen Völkern eine Torheit (1 Kor. 1, 23). Und wer würde nicht ähnlich reagieren, erdreistete sich heute ein Heilsprediger, das rettende Handeln Gottes in übertragener Weise ausgerechnet an den elektrischen Stuhl, die Giftspritze oder den Galgen zu binden. Die paulinische Argumentationsstrategie, die göttliche Kraft ans Kreuz als tiefsten Punkt menschlicher Schwachheit und Schmach zu binden, war eine Herausforderung, die notgedrungen einen Bruch mit dem herkömmlichen Wertesystem und eine Neujustierung der eigenen Maßstäbe wie auch des eigenen Selbstverständnisses erforderte und die gerade in diesem Bruch eine fulminante rhetorische Potenz besaß. In Gal. 6, 14 bringt der Apostel dies bildhaft zum Ausdruck, wenn er seine Orientierung am Kreuz mit der Aussage erläutert, er bzw. sein „Ich" sei der Welt und die Welt sei ihm „gekreuzigt". Das Kreuz Christi spaltet hier mithin das Ich und die Welt. Die gezielte Ausleuchtung der eigenen Existenz vom schmach- und schandvollen Kreuzestod Jesu her unterminiert so zumal das allenthalben eingewurzelte Streben nach weltlicher Ehre und Ansehen. Das Sinnen, sich allein des Kreuzes zu rühmen, wie Paulus es für sich reklamiert (Gal. 6, 14), impliziert von daher eine Umwertung der herkömmlichen Werte und darin eine Neuordnung der Dinge. Kurzum, der paulinischen Kreuzespredigt ist eine umfassende Transformationsdynamik immanent, die sich in aller Kürze vielleicht wie folgt bündeln lässt: Wer sich im Wort vom Kreuz dem Gräuel und der Scham des Kreuzestodes Christi aussetzt und in dem nach weltlichen Maßstäben negativ-destruktiven Kraftfeld der Kreuzigung eine göttliche Heilsbotschaft erspürt, der wird darin zwangsläufig transformiert, insofern die zusagende Annahme des Kreuzeslogos eine Auflösung der „natürlichen" Einstellungen und Empfindungen und damit eine neue, vom Herkömmlichen abweichende Sicht der Dinge impliziert, die wiederum notgedrungen ein neues Selbstverständnis („Ich") heraufführt, mit dem sich schließlich ein neues soziales Netz öffnet, nämlich die Gemeinschaft derer, die jene anormale Sicht der Dinge und jenes eigentümliche Selbstverständnis teilen. Die Kreuzespredigt zieht ihr rhetorisches Potenzial also nicht aus der Anwendung einer den herkömmlichen weltlichen Maßstäben gehorchenden schulrhetorischen Kunstfertigkeit, sondern aus der Anstößigkeit und törichten Provokation einer Verortung des erhabenen göttlichen Handelns im Allerniedrigsten. Bezeichnend ist, dass und wie Paulus diese kreuzestheologische Inversion des Geläufigen ausdrücklich an der Existenz der korinthischen Gemeinde und ebenso an seinem eigenen Wirken abliest. Er tut dies, indem er die göttliche Erwählung in 1 Kor. 1, 26–31 ausgerechnet an den Ungebildeten, Schwachen und Niedriggeborenen der korinthischen Gemeinde festmacht und die Kraft Gottes in 1 Kor. 2, 1–5 in seinem schwächlichen Auftreten bei der Missionsverkündigung in Korinth zum Ausdruck gebracht sieht. Die aufrüttelnde Vermischung von Erhabenem und Niedrigem im Kreuzeslogos reflektiert sich demnach existenziell in der Gemeindestruktur und in der Performanz des Aposteldienstes.

Somit lässt sich am Ende folgendes Fazit ziehen: Ganz ohne Zweifel zeichnen sich die Paulusbriefe durch eine bemerkenswerte Beredsamkeit aus. Vor dem Hintergrund der sozialen Herkunft des Apostels, dem sozialen Milieu seiner Gemeinden und der kreuzestheologischen Ausrichtung seines Denkens lässt sich diese Beredsamkeit jedoch schwerlich als Produkt der herkömmlichen, weithin in der sozialen Elite verwurzelten Schulrhetorik fassen. Die paulinische Rhetorik ist mithin keine „Rhetorik von oben", die in ihrer schulisch-formalen Prägung den Geist der Welt der Elite atmet. Die Briefe zeugen vielmehr von der ungewöhnlichen Beredsamkeit einer – wie man mit Jacob Taubes vielleicht sagen darf – „Avantgarde"[151], die eine äußerst reflektierte und auf lange Sicht überzeugende „Rhetorik von unten" entwickelte. In der paulinischen Beredsamkeit liegt uns so ein äußerst geistreiches und wirkmächtiges Zeugnis jener inartifiziellen Eloquenz und Alltagsrhetorik vor, die zumal auch

---

[151] So Jakob Taubes, Elite oder Avantgarde? Jacob Taubes Gespräch mit Wolfert von Rahden und Norbert Kapferer, in: Tumult: Zeitschrift für Verkehrswissenschaft 4 (1982) 64–76, besonders 71f.: „Also mit einer ungeheuren Kraft ... verbindet Paulus die Theologie des Kreuzes mit einer Umkehrung der Vorstellung von Elite. Also nicht die Edlen, die Wohlgeborenen, die Weisen nach der Weisheit dieser Welt sind die, die erwählt sind, sondern gerade was als unedel gilt, ist erwählt. Aber es ist zunächst eine Avantgarde, eine kleine Gemeinde. Sie ist aber nicht bestimmt durch die Maße, die in der Welt gelten, sondern durch die Maße, die die Welt, wie sie ist, in Frage stellt"; siehe auch Richard Faber, Humilitas sive sublimitas. Erich Auerbachs Literaturreligionssoziologie im Kontext modernen Marcionismus, in: Barck/Treml, Erich Auerbach, 323–337; hier: 324f.

ein zentraler Gegenstand des von Peter L. Oesterreich entwickelten Konzeptes der Fundamentalrhetorik ist.[152]

---

[152] Vgl. Oesterreich, Fundamentalrhetorik, passim; siehe auch die Differenzierung des Rhetorikbegriffs bei Oesterreich, Philosophie, 15, und die dortige Unterscheidung zwischen dem schulrhetorischen und dem fundamentalrhetorischen Begriff.

Markus Mülke
Pistis als Wirkung überzeugender Rede in der *Apostelgeschichte*

> „,Glaube' im Sinn der fundamentalrhetorischen Anthropologie meint so viel wie ein Für-wahr- oder Für-wert-halten, das auf rhetorisch induzierten Akten (inter-)subjektiver Identifikation beruht."[1]

1 Einleitung

Die neutestamentliche *Apostelgeschichte* berichtet, wie Paulus nach seiner Ankunft in Thessaloniki die dortige Synagoge aufsucht (17, 2–5):

> κατὰ δὲ τὸ εἰωθὸς τῷ Παύλῳ εἰσῆλθεν πρὸς αὐτοὺς καὶ ἐπὶ σάββατα τρία διελέξατο αὐτοῖς ἀπὸ τῶν γραφῶν, διανοίγων καὶ παρατιθέμενος ὅτι τὸν χριστὸν ἔδει παθεῖν καὶ ἀναστῆναι ἐκ νεκρῶν καὶ ὅτι οὗτός ἐστιν ὁ χριστὸς Ἰησοῦς ὃν ἐγὼ καταγγέλλω ὑμῖν. καί τινες ἐξ αὐτῶν ἐπείσθησαν καὶ προσεκληρώθησαν τῷ Παύλῳ καὶ τῷ Σιλᾷ, τῶν τε σεβομένων Ἑλλήνων πλῆθος πολύ, γυναικῶν τε τῶν πρώτων οὐκ ὀλίγαι. Ζηλώσαντες δὲ οἱ Ἰουδαῖοι καὶ προσλαβόμενοι τῶν ἀγοραίων ἄνδρας τινὰς πονηροὺς καὶ ὀχλοποιήσαντες ἐθορύβουν τὴν πόλιν ...

Später, nachdem Paulus in Korinth bei den Zeltmachern Aquila und Priscilla Aufnahme gefunden hat, ereignet sich folgendes (18, 4): διελέγετο δὲ ἐν τῇ συναγωγῇ κατὰ πᾶν σάββατον ἔπειθέν τε Ἰουδαίους καὶ Ἕλληνας. In Ephesus ist dann erneut die Synagoge Schauplatz seines öffentlichen Auftritts (19, 8): εἰσελθὼν δὲ εἰς τὴν συναγωγὴν ἐπαρρησιάζετο ἐπὶ μῆνας τρεῖς διαλεγόμενος καὶ πείθων περὶ τῆς βασιλείας τοῦ θεοῦ.[2] Und noch im Schlußkapitel der Schrift heißt es von Paulus in Rom (28, 23f.):

> ... ἦλθον πρὸς αὐτὸν εἰς τὴν ξενίαν πλείονες οἷς ἐξετίθετο διαμαρτυρόμενος τὴν βασιλείαν τοῦ θεοῦ, πείθων τε αὐτοὺς περὶ τοῦ Ἰησοῦ ἀπό τε τοῦ νόμου Μωϋσέως καὶ τῶν προφητῶν, ἀπὸ πρωῒ ἕως ἑσπέρας. καὶ οἱ μὲν ἐπείθοντο τοῖς λεγομένοις, οἱ δὲ ἠπίστουν.[3]

---

1 Peter L. Oesterreich, Rhetorisches Denken. Zur Philosophie der Rhetorik und Rhetorik der Philosophie (= Rhetorik-Forschungen 22), Berlin/Boston 2019, 78.
2 Vgl. zur Stelle Oswald Becker, Glaube. πείθω, in: Lothar Coenen/Klaus Haacker (Hg.), Theologisches Begriffslexikon zum Neuen Testament, 3. Sonderauflage, Witten 2014, 781–786; hier: 782.
3 Vgl. Rudolf Bultmann, πείθω, in: Theologisches Wörterbuch zum Neuen Testament 6 (1959) 1–7; hier: 2: „... *Menschen zu gewinnen* suchen als Bezeichnung des apostolischen Berufes, und vielleicht ... in diesem Sinne technisch gebraucht"; James L. Kinneavy, Greek Rhetorical Origins of Christian Faith, New York/Oxford 1987, 103f., über „the frequent use of persuasion in a context of a sustained argument about the Old Testament and its Christian interpretation" und Becker, Glaube, 783.

Die *Apostelgeschichte* entfaltet von Anfang bis Ende jene Ankündigung, die der Kyrios den Aposteln noch vor seiner Himmelfahrt zuspricht (1, 8): ... λήμψεσθε δύναμιν ἐπελθόντος τοῦ ἁγίου πνεύματος ἐφ' ὑμᾶς καὶ ἔσεσθέ μου μάρτυρες ἔν τε Ἰερουσαλὴμ καὶ πάσῃ τῇ Ἰουδαίᾳ καὶ Σαμαρείᾳ καὶ ἕως ἐσχάτου τῆς γῆς. Zeugnis ablegen – μαρτυρεῖν (und [δια]μαρτύρεσθαι), ein Leitwort der *Apostelgeschichte*[4] – vollzieht sich im folgenden vorrangig durch die Verkündigung des Worts Gottes (λόγος θεοῦ), des Evangeliums Jesu Christi.[5] Diese Verkündigung beschreibt der Autor mit einer Vielzahl unterschiedlicher Verben des Sagens, insbesondere λέγειν, παρ-/ἐπ-/κατ-/ἀπαγγέλλειν, διαλέγεσθαι, διδάσκειν, κηρύσσειν und εὐαγγελίζεσθαι, deren jeweils besonderen Semantik vergleichend nachzugehen ein lohnenswertes Unterfangen wäre. Schon die vier oben ausgehobenen Stellen freilich belegen, daß mit Vorliebe, ja terminologischer Bestimmtheit ein Verb begegnet, das neben dem Vorgang des Sprechens zugleich auch dessen Wirkung beschreibt,[6] nämlich πείθειν.

---

4 Vgl. etwa 1, 21–26 zur persönlichen Bezeugung der Auferstehung Jesu als Kriterium apostolischer Märtyrerschaft; 2, 31–33; 2, 40; 3, 15; 4, 33: καὶ δυνάμει μεγάλῃ ἀπεδίδουν τὸ μαρτύριον οἱ ἀπόστολοι τῆς ἀναστάσεως τοῦ κυρίου Ἰησοῦ, χάρις τε μεγάλη ἦν ἐπὶ πάντας αὐτούς; 8, 25; insbesondere 10, 39–43; 13, 43; 18, 5; 20, 21. 24; 22, 20 oder 23, 11; instruktive Überblicke dazu bei Carsten Burfeind, Paulus *muß* nach Rom. Zur politischen Dimension der *Apostelgeschichte*, in: New Testament Studies 46 (2009) 75–91; hier: 87f., und Clare K. Rothschild, Luke-Acts and the Rhetoric of History (= Wissenschaftliche Untersuchungen zum Neuen Testament 175), Tübingen 2004, 215. 222–290; vgl. auch Ulrich Wilckens, Die Missionsreden der Apostelgeschichte. Form- und traditionsgeschichtliche Untersuchungen (= Wissenschaftliche Monographien zum Alten und Neuen Testament 5), Neukirchen 1961, 94–96; Hans Conzelmann, Die Apostelgeschichte (= Handbuch zum Neuen Testament 7), 2. Auflage, Tübingen 1972, 11; Rudolf Pesch, Die Apostelgeschichte, 2 Bände (= Evangelisch-Katholischer Kommentar zum Neuen Testament 5), Neukirchen/Zürich/Einsiedeln/Köln 1986, 1, 30; Josef Zmijewski, Die Apostelgeschichte (= Regensburger Neues Testament), Regensburg 1994, 28f.; Roland Gebauer, Mission und Zeugnis. Zum Verhältnis von missionarischer Wirksamkeit und Zeugenschaft in der Apostelgeschichte, in: Novum Testamentum 40 (1998) 54–72; Oda Wischmeyer, Gottesglaube, Religionen und Monotheismus in der Apostelgeschichte, in: Wiard Popkes/Ralph Brucker (Hg.), Ein Gott und ein Herr. Zum Kontext des Monotheismus im Neuen Testament (= Biblisch-Theologische Studien 68), Neukirchen-Vluyn 2004, 9–40; hier: 33; Jens Schröter, Lukas als Historiograph. Das lukanische Doppelwerk und die Entdeckung der christlichen Heilsgeschichte, in: Eve-Marie Becker (Hg.), Die antike Historiographie und die Anfänge der christlichen Geschichtsschreibung (= Beihefte zur Zeitschrift für die neutestamentliche Wissenschaft 129), Berlin/New York 2005, 237–262; hier: 244f.; Roland Kany, Warum fand die Apostelgeschichte keine Fortsetzung in der Antike? Elf Thesen zu einem ungelösten Problem, in: Jörg Frey/Clare K. Rothschild/Jens Schröter (Hg.), Die Apostelgeschichte im Kontext antiker und frühchristlicher Historiographie (= Beihefte zur Zeitschrift für die neutestamentliche Wissenschaft 162), Berlin/New York 2009, 327–348; hier: 336f., sowie Daniel Marguerat, Lukas, der erste christliche Historiker (= Abhandlungen zur Theologie des Alten und Neuen Testaments 92), Zürich 2011, 71: „Daß das Wort ohne die Gegenwart der Zeugen offenbar werden kann, zieht Lukas nicht in Betracht."
5 Vgl. Marguerat, Lukas, 71: „Der eigentliche Held der Apostelgeschichte ist der *Logos*, das Wort."
6 Vgl. etwa Kinneavy, Greek Rhetorical Origins, 33: „Persuasion sometimes is viewed as a technique that effects a change of mind, but sometimes persuasion is looked on as the resulting mental

Lukas stellt Paulus mit diesem für die Geschichte der antiken Rhetorik und Philosophie, spätestens nach Parmenides und Gorgias, so wichtigen Wort als Redner vor, der durch die Wirkung überzeugender Rede seine Zuhörer für das Evangelium zu gewinnen sucht.

Dieses rhetorische Fundament, auf welchem nach Lukas die Ausbreitung des frühen Christentums ruht, steht dabei auch in der *Apostelgeschichte*[7] in engstem Zusammenhang mit zwei der in den neutestamentlichen Schriften wichtigsten, in der Geschichte der christlichen Bibelexegese aber auch höchst kontrovers diskutierten Kernbegriffen, nämlich πίστις und πιστεύειν. Etymologisch sind diese bekanntlich mit πείθειν, einem „Vorzugswort des Lukas"[8], verwandt.[9] Und es ist Lukas offenbar ein vorrangiges Anliegen, diese etymologische und begrifflich-semantische

---

state of conviction. In the first case, persuasion is the cause; in the second case, persuasion is the effect."

7 Die vorliegende Untersuchung beschränkt sich ganz auf diese neutestamentliche Schrift, in demjenigen griechischen Text, der in Nestle/Alands *Novum Testamentum Graece* ediert ist. In dieser Beschränkung liegt ein gehöriger methodischer Mangel: Zum einen ergibt die vergleichende Analyse der verschiedenen Schriften des Neuen Testaments, daß sich die Semantik der hier zur Rede stehenden griechischen Termini je nach Text erheblich unterscheiden kann – wie etwa Paulus den Begriff der Pistis konnotiert, darf nicht vorschnell gleichgeschaltet werden mit dem Gebrauch des Worts beispielsweise bei den, unter sich ebenfalls durchaus divergierenden, Evangelisten oder eben der *Apostelgeschichte* (vgl. Dieter Lührmann, Glaube, in: Reallexikon für Antike und Christentum 11 [1981] 48–122; hier: 64f.). Gerade die Zusammenschau mit dem Lukasevangelium wäre unverzichtbar, fällt doch auf, daß Lukas gleich an den ersten beiden Stellen, an denen er dort das Verb πιστεύειν gebraucht (1, 20 und 1, 45), den inneren Zusammenhang zur überzeugenden Rede aufruft. Zum anderen kann der Frage, inwiefern Lukas in seinem Wortgebrauch von den Quellen abhängt, hier nicht gebührende Aufmerksamkeit zukommen. Gerade im hinteren Teil der Schrift, welcher das Wirken des Apostels Paulus, den Lukas als solchen bekanntlich nicht benennt (vgl. Walter Schmithals, Die Apostelgeschichte des Lukas [= Zürcher Bibelkommentare Neues Testament 3, 2], Zürich 1982, 10. 131, und Jürgen Roloff, Einführung in das Neue Testament [= Reclams Universalbibliothek 9413], Stuttgart 1995, 182), aber in der Nachfolge der Zwölf und deren Nachfolge Jesu sowie in seiner persönlichen Berufung als solchen ausweist, in den Mittelpunkt rückt, wäre zu prüfen, ob genuin paulinischer Usus auf die *Apostelgeschichte* eingewirkt hat.

8 Erich Grässer, Forschungen zur *Apostelgeschichte* (= Wissenschaftliche Untersuchungen zum Neuen Testament 137), Tübingen 2001, 329; vgl. auch Wolfgang Stegemann, Zwischen Synagoge und Obrigkeit. Zur historischen Situation der lukanischen Christen (= Forschungen zur Religion und Literatur des Alten und Neuen Testaments 152), Göttingen 1991, 238[195], und Wolfgang Reinhardt, Das Wachstum des Gottesvolkes. Biblische Theologie des Gemeindewachstums, Göttingen 1995, 295.

9 Vgl. Hjalmar Frisk, Griechisches Etymologisches Wörterbuch, Band 2: Kr – Omega, 4. Auflage, Heidelberg 2006, 487f. (über die verschiedenen Ableitungen und etymologischen Beziehungen); dazu auch Rudolf Bultmann, πιστεύω. A. Der griechische Sprachgebrauch, in: Theologisches Wörterbuch zum Neuen Testament 6 (1959) 175–182; hier: 175[2]; Kinneavy, Greek Rhetorical Origins, 48. 104, sowie Thomas Schumacher, Zur Entstehung christlicher Sprache. Eine Untersuchung der paulinischen Idiomatik und der Verwendung des Begriffes πίστις (= Bonner Biblische Beiträge 168), Göttingen 2012, 199: „... die Formen des Stammes πειθ- ..., aus denen sich dann wiederum erst die Formen des Stammes πιστ- herausgebildet haben".

Verwandtschaft zu vergegenwärtigen. „Der Glaube (πίστις) ist für den Griechen schon rein sprachlich ein Werk der Überredung."[10] Dafür nur zwei Beispiele: Im Anschluß an seinen Aufenthalt in Thessaloniki kommt Paulus mit Silas an seiner folgenden Reisestation nach Beroia (17, 10–12):

> οἱ δὲ ἀδελφοὶ εὐθέως διὰ νυκτὸς ἐξέπεμψαν τόν τε Παῦλον καὶ τὸν Σιλᾶν εἰς Βέροιαν, οἵτινες παραγενόμενοι εἰς τὴν συναγωγὴν τῶν Ἰουδαίων ἀπῄεσαν. οὗτοι δὲ ἦσαν εὐγενέστεροι τῶν ἐν Θεσσαλονίκῃ, οἵτινες ἐδέξαντο τὸν λόγον μετὰ πάσης προθυμίας καθ' ἡμέραν ἀνακρίνοντες τὰς γραφὰς εἰ ἔχοι ταῦτα οὕτως. πολλοὶ μὲν οὖν ἐξ αὐτῶν ἐπίστευσαν καὶ τῶν Ἑλληνίδων γυναικῶν τῶν εὐσχημόνων καὶ ἀνδρῶν οὐκ ὀλίγοι.

Durch die Parallelität der beiden „typischen Szenen" in Thessaloniki und Beroia[11] legt Lukas dem Leser nahe, daß in 17, 4 (… τινες ἐξ αὐτῶν ἐπείσθησαν …) und 17, 12 (… πολλοὶ … ἐξ αὐτῶν ἐπίστευσαν …) vergleichbare Vorgänge angesprochen sind.[12] Als Paulus und Barnabas hingegen nach Ikonion kommen, ergibt sich folgendes (14, 1–3):

> ἐγένετο δὲ ἐν Ἰκονίῳ κατὰ τὸ αὐτὸ εἰσελθεῖν αὐτοὺς εἰς τὴν συναγωγὴν τῶν Ἰουδαίων καὶ λαλῆσαι οὕτως ὥστε πιστεῦσαι Ἰουδαίων τε καὶ Ἑλλήνων πολὺ πλῆθος. οἱ δὲ ἀπειθήσαντες Ἰουδαῖοι ἐπήγειραν καὶ ἐκάκωσαν τὰς ψυχὰς τῶν ἐθνῶν κατὰ τῶν ἀδελφῶν. ἱκανὸν μὲν οὖν χρόνον διέτριψαν παρρησιαζόμενοι ἐπὶ τῷ κυρίῳ τῷ μαρτυροῦντι τῷ λόγῳ τῆς χάριτος αὐτοῦ, διδόντι σημεῖα καὶ τέρατα γίνεσθαι διὰ τῶν χειρῶν αὐτῶν.

Ist nun ἐπίστευσαν mit ἐπείσθησαν vergleichbar, zugleich aber πιστεῦσαι Gegensatz zu ἀπειθήσαντες,[13] kann daran, daß Lukas die Leitwörter πιστεύειν und πίστις ab-

---

10 Heinrich Niehues-Pröbsting, Überredung zum Glauben, in: Philipp Stoellger (Hg.), Rhetorik und Religion (= Rhetorik. Ein internationales Jahrbuch 34), Berlin/Boston 2015, 13–44; hier: 14; vgl. Øivind Andersen, Im Garten der Rhetorik. Die Kunst der Rede in der Antike, Darmstadt 2001, 19–22. 25–27 (zu „Überredung" und „Überzeugung"), sowie Oesterreich, Rhetorisches Denken, 67, über das Argumentationsziel des Redners, das „nicht in einem bloß propositional fixierbaren Wissen, sondern in einem rhetorischen Glauben (πίστις) des Auditors" bestehe.
11 Vgl. Scott Shauf, Theology as History, History as Theology. Paul in Ephesus in Acts 19 (= Beihefte zur Zeitschrift für die neutestamentliche Wissenschaft 133), Berlin/New York 2005, 162: „… a large pattern of acceptance and rejection of the gospel by the Jewish population that one can see throughout Luke-Acts". Die gründliche Untersuchung von lukanischen Leitwörtern/Motiven und typischen Szenen (vgl. schon François Bovon, Der Heilige Geist, die Kirche und die menschlichen Beziehungen nach Apostelgeschichte 20,36–21,16, in: ders., Lukas in neuer Sicht [= Biblisch-Theologische Studien 8], Neukirchen-Vluyn 1985, 181–207 [ursprünglich 1979]; hier: 193) bleibt ein Desiderat der Forschung, die nach wie vor Plümachers „Episodenstil" (vgl. Eckhard Plümacher, Lukas als hellenistischer Schriftsteller. Studien zur Apostelgeschichte [= Studien zur Umwelt des Neuen Testaments 9], Göttingen 1972, 80–136) in den Mittelpunkt kompositorisch-formaler Analyse der *Apostelgeschichte* stellt. Solche „patterns" nur redaktionsgeschichtlich zu erklären könnte zu kurz greifen.
12 Vgl. schon Kinneavy, Greek Rhetorical Origins, 49. 103.
13 Vgl. zur Stelle Luke T. Johnson, The Acts of the Apostles (= Sacra Pagina Series 5), Collegeville 1992, 246. Paulus berichtet vor König Agrippa und Sergius Festus von seiner eigenen Umkehr: Jesus

sichtsvoll an den rhetorischen Terminus πείθειν rückbindet, kaum ein Zweifel bestehen.¹⁴ „Glauben" – so auch in der *Apostelgeschichte* die deutsche Version des Verbs πιστεύειν (wie auch des Substantivs πίστις) in den gängigen Übersetzungen – meint also hier das Ergebnis einer überzeugenden Rede im Zuhörer.¹⁵ Auch dort, wo sich dieser semantische Bezug auf den ersten Blick nicht aufzudrängen scheint, lohnt sich die Überprüfung, ob er durch den weiteren Kontext nicht doch begründet und angelegt wird.¹⁶ So schließt etwa Petrus seine Rede an Cornelius mit eben diesem Verb (10, 42–44):

> „... καὶ παρήγγειλεν ἡμῖν κηρύξαι τῷ λαῷ καὶ διαμαρτύρασθαι ὅτι οὗτός ἐστιν ὁ ὡρισμένος ὑπὸ τοῦ θεοῦ κριτὴς ζώντων καὶ νεκρῶν. τούτῳ πάντες οἱ προφῆται μαρτυροῦσιν ἄφεσιν ἁμαρτιῶν λαβεῖν διὰ τοῦ ὀνόματος αὐτοῦ πάντα τὸν πιστεύοντα εἰς αὐτόν." Ἔτι λαλοῦντος τοῦ Πέτρου τὰ ῥήματα ταῦτα ἐπέπεσεν τὸ πνεῦμα τὸ ἅγιον ἐπὶ πάντας τοὺς ἀκούοντας τὸν λόγον.

Das substantivierte Partizip πάντα τὸν πιστεύοντα erhält seine konkrete Bedeutung¹⁷ in diesem Passus durch die Aussage der beiden vorangehenden Verse, in

---

habe ihm in der Vision bei Damaskus zugesagt, er sende ihn zu den Völkern ἀνοῖξαι ὀφθαλμοὺς αὐτῶν, τοῦ ἐπιστρέψαι ἀπὸ τοῦ σκότους εἰς φῶς καὶ τῆς ἐξουσίας τοῦ σατανᾶ ἐπὶ τὸν θεόν, τοῦ λαβεῖν αὐτοὺς ἄφεσιν ἁμαρτιῶν καὶ κλῆρον ἐν τοῖς ἡγιασμένοις πίστει τῇ εἰς ἐμέ (26, 18). Seine eigene Reaktion beschreibt Paulus pointiert in direktem Anschluß an die Junktur πίστει τῇ εἰς ἐμέ: ὅθεν ... οὐκ ἐγενόμην ἀπειθὴς τῷ οὐρανίῳ ὀπτασίᾳ ... (26, 19). Vgl. auch die Reaktion der römischen Juden auf die paulinische Verkündigung in 28, 24.

14 Ein weithin vernachlässigter Tatbestand ist hier zu beachten: Nicht zuletzt durch den nachklassischen Itazismus (vgl. dazu kurz Leonard R. Palmer, The Greek Language, London/Boston 1980, 176f.; Francisco R. Adrados, Geschichte der griechischen Sprache. Von den Anfängen bis heute [= Uni-Taschenbücher 2317], Tübingen/Basel 2002, 187. 230, sowie Christos Karvounis, Aussprache und Phonologie im Altgriechischen, Darmstadt 2008, 72f.) hatte sich die Aussprache des Griechischen verändert. Bei den etymologisch verwandten Wortfamilien πειθ- und πιστ- führt diese Entwicklung in bestimmten Wortformen zu einer starken akustischen Angleichung auf [i], obschon der Quantitätsunterschied der Stammsilbe wohl noch länger empfunden wurde (wie die Schreibung der handschriftlichen Zeugen nahelegt).

15 Aufschlußreich könnte ein Vergleich mit dem – in der *Apostelgeschichte* ebenfalls häufigen – Gebrauch des Verbs γινώσκω (sowie seiner Komposita und nominalen Ableitungen) sein (vgl. dazu schon kurz Bultmann, πιστεύω, 228f.). In 17, 29 hingegen, also im Kontext der paulinischen Areopagrede in Athen, ist das Verb νομίζω auffällig.

16 Die alte Gleichschaltung πίστις = „Christsein" (vgl. Erwin Wißmann, Das Verhältnis von πίστις und Christusfrömmigkeit bei Paulus [= Forschungen zur Religion und Literatur des Alten und Neuen Testaments 40 = Neue Folge 23], Göttingen 1926, 36, mit Literatur; Wolfgang Schenk, Glaube im lukanischen Doppelwerk, in: Ferdinand Hahn/Hans Klein [Hg.], Glaube im Neuen Testament. Studien zu Ehren von Hermann Binder anläßlich seines 70. Geburtstags [= Biblisch-Theologische Studien 7], Neukirchen-Vluyn 1982, 69–92; hier: 70, sowie Gerhard Barth, πίστις, in: Horst Balz/Gerhard Schneider [Hg.], Exegetisches Wörterbuch zum Neuen Testament, Band 3, 2. Auflage, Stuttgart/Berlin/Köln 1992, 216–231; hier: 222) verunklart die Bedeutung jedenfalls.

17 Das schwierige und bis heute nicht einmütig geklärte Problem, wie die von dem Verb πιστεύειν gebildeten Verbaladjektive (vgl. dazu etwa Schumacher, Zur Entstehung christlicher Sprache, 200f.;

denen zum einen die Verkündigung der Apostel selbst, zum anderen das Zeugnis der alttestamentlichen Propheten über Jesus als persuasive Quellen eben dieses πιστεύειν bestimmt werden[18]. Aufschlußreich auch die Stelle 16, 14f. über das, was

---

Teresa Morgan, Roman Faith and Christian Faith. *Pistis* and *Fides* in the Early Roman Empire and Early Churches, Oxford 2015, 234–241; Christfried Böttrich, Glaube im lukanischen Doppelwerk, in: Jörg Frey/Benjamin Schliesser/Nadine Ueberschaer [Hg.], Glaube. Das Verständnis des Glaubens im frühen Christentum und in seiner jüdischen und hellenistisch-römischen Umwelt [= Wissenschaftliche Untersuchungen zum Neuen Testament 373], Tübingen 2017, 399–421; hier: 420, sowie Ryan S. Schellenberg, οἱ πιστεύοντες. An Early Christ-Group Self-Designation and Paul's Rhetoric of Faith, in: New Testament Studies 65 [2019] 33–42 [zu Paulus, mit Literatur]), insbesondere die substantivierten Partizipien des Aktivs (schon bei Paulus in 1 Thess.) sowie πιστός, zu verstehen sind, soll an anderer Stelle ausführlicher behandelt werden. Diese nominalisierten Formen grundsätzlich nur als denominative Ausdrücke aufzufassen, also – ähnlich wie das substantivierte Partizip οἱ σεβόμενοι („die Gottesfürchtigen") – als bestimmte Personen/-gruppen gleichsam mit festem Namen/Titel bezeichnende (etwa „die Gläubigen") – widerrät schon die Sorgfalt, mit welcher Lukas die Tempora der Partizipien je nach Zusammenhang differenziert und damit die verbale Dynamik des beschriebenen Vorgangs gerade nicht extrapoliert. Gleich am ersten Beleg läßt sich dies aufzeigen: In 2, 42–47 beschreibt Lukas die feste κοινωνία der ersten Jerusalemer Gemeinde nach Pfingsten und stellt ihre fortdauernde, konsequente Pflege der gemeindlichen Aktivitäten ausschließlich in Verbalformen des durativen Imperfekts dar. In den ersten beiden Versen, welche den ganzen Abschnitt allgemein einleiten, rahmen die „Lehre der Apostel" (διδαχή) und die von ihnen vollbrachten τέρατα καὶ σημεῖα die beiden anderen Kennzeichen der Gemeinde, die κοινωνία und die κλάσις τοῦ ἄρτου. Direkt danach, in den ersten Wörtern, mit denen die detaillierte Darstellung des gemeindlichen Lebens beginnt, nennt Lukas das Subjekt: πάντες οἱ πιστεύοντες – eben der Lehre und den Wundern der Apostel. Vgl. auch 5, 14 (nach Hinweis auf die Wunder der Apostel in 5, 12). Wenn *exempli gratia* Egon Brandenburger, Pistis und Soteria. Zum Verstehenshorizont von „Glaube" im Urchristentum, in: Zeitschrift für Theologie und Kirche 85 (1988) 165–198; hier: 165[1]. 165[2]. 190, vorschlägt, οἱ πιστεύσαντες als „die zum Glauben Gekommenen", οἱ πιστεύοντες als „die Glaubenden" und οἱ πεπιστευκότες als „die zu Glaubenden geworden sind" aufzufassen, dann ist damit der Tempusdifferenz der Partizipien zwar Beachtung geschenkt, doch scheinen sowohl der aktive Charakter des Verbs (s. dazu gleich oben im Text) als auch der Bezug zum Logos, der überzeugt angenommen wird, kaum repräsentiert.

18 Haackers Formel (Klaus Haacker, Apostelgeschichte [= Theologischer Kommentar zum Neuen Testament 5], Stuttgart 2019, 195): „Hier tritt nun der Glaube an Jesus an die Stelle der Umkehr." berücksichtigt diesen Sachverhalt zu wenig. Vgl. etwa auch 11, 20f. über die Männer aus Zypern und Kyrene, die in Antiochia den „Hellenisten" verkündigten: ... ἐλθόντες εἰς Ἀντιόχειαν ἐλάλουν καὶ πρὸς τοὺς Ἑλληνιστὰς εὐαγγελιζόμενοι τὸν κύριον Ἰησοῦν. καὶ ἦν χεὶρ κυρίου μετ' αὐτῶν, πολύς τε ἀριθμὸς ὁ πιστεύσας ἐπέστρεψεν ἐπὶ τὸν κύριον. In 13, 7f. geht es in Paphos auf Zypern um Sergius Paulus, der das „Wort Gottes zu hören" (... ἀκοῦσαι τὸν λόγον τοῦ θεοῦ) sucht, daran aber von dem Magier Elymas gehindert wird: ... ζητῶν διαστρέψαι τὸν ἀνθύπατον ἀπὸ τῆς πίστεως. In Lystra hat der Lahme πίστιν τοῦ σωθῆναι, weil zuvor: οὗτος ἤκουσεν τοῦ Παύλου λαλοῦντος (14, 9); zu Korinth, wo sich Paulus ganz „dem Wort widmete" und den Juden bezeugte, daß Jesus der Gesalbte sei (18, 5), heißt es (18, 8): Κρίσπος δὲ ὁ ἀρχισυνάγωγος ἐπίστευσεν τῷ κυρίῳ σὺν ὅλῳ τῷ οἴκῳ αὐτοῦ, καὶ πολλοὶ τῶν Κορινθίων ἀκούοντες ἐπίστευον καὶ ἐβαπτίζοντο. Den Seeleuten, auf der Überfahrt nach Italien, offenbart Paulus seine Vision (27, 23–25): ... παρέστη γάρ μοι ταύτῃ τῇ νυκτὶ τοῦ θεοῦ, οὗ εἰμι ἐγὼ ᾧ καὶ λατρεύω, ἄγγελος λέγων· „μὴ φοβοῦ, Παῦλε, Καίσαρί σε δεῖ παραστῆναι, καὶ ἰδοὺ

Lydia vor ihrer Taufe tat: ... ἤκουεν, ἧς ὁ κύριος διήνοιξεν τὴν καρδίαν προσέχειν τοῖς λαλουμένοις ὑπὸ τοῦ Παύλου ... Nach ihrer und ihres Hauses Taufe lädt sie die Apostel ein, anhebend mit den Worten: εἰ κεκρίκατέ με πιστὴν τῷ κυρίῳ εἶναι ...

Warum nun das dem Genus verbi nach aktive Verb πιστεύειν weitaus häufiger auftritt als πείθειν im Passiv, hat gewiß unterschiedliche Gründe.[19] In semantischer Hinsicht ist festzuhalten, daß durch die Vermeidung des Passivs der aktive Charakter des Vorgangs, gleichsam die Mitwirkung der Zuhörer am eigenen „überzeugt werden/sich überzeugen lassen" zum Ausdruck kommt;[20] im übrigen bleibt so eine Ambivalenz vermieden, drängt doch schon seit vorhellenistischer Zeit bei πείθεσθαι im Passiv die Bedeutung „gehorchen" neben die wörtlichere „überzeugt werden".[21]

κεχάρισταί σοι ὁ θεὸς πάντας τοὺς πλέοντας μετὰ σοῦ." διὸ εὐθυμεῖτε, ἄνδρες, πιστεύω γὰρ τῷ θεῷ, ὅτι οὕτως ἔσται, καθ' ὃν τρόπον λελάληταί μοι.

19 Klärungsbedürftig bleibt der Sachverhalt (bei Frisk, Wörterbuch, 487f., nur vermerkt), daß im Lateinischen (con)fidere im Verbalstamm etymologisch dem griechischen (ursprünglich wohl intransitiven: Becker, Glaube, 781) πείθειν genau entspricht, semantisch aber πείθεσθαι (vgl. als Semideponens im Perfekt [con]fisus sum!). Was wäre daraus für das Verhältnis der Substantive πίστις und fides zu gewinnen?

20 Lukas setzt übrigens weder im Evangelium noch in der Apostelgeschichte das Verb πιστεύειν ins Passiv. Die Annahme, die „πιστ-Formen" ließen sich „in erster Linie von der medialen Form von πείθειν herleiten ... denn dort haben sich aus den Bedeutungen ‚sich überreden lassen' und ‚sich überzeugen lassen' die Verwendungsmöglichkeiten ‚trauen', ‚vertrauen' und ‚glauben' entwickelt" (Schumacher, Zur Entstehung christlicher Sprache, 201) darf also nicht zu dem Fehlschluß führen, die Bedeutung des Ausgangsworts πείθειν, eben „überreden, überzeugen", sei in der so nachgezeichneten Entwicklung gleichsam verloren gegangen. Die Beobachtung, daß „die Anzahl der Belege für πείθεσθαί τινι mit der Bedeutung ‚jemandem vertrauen' stark zurückgeht, sobald das Verb πιστεύειν mit diesem Wortsinn nachweisbar ist" (Schumacher, Zur Entstehung christlicher Sprache, 202), spricht eher dafür, daß die eigentliche Semantik des Stamms πειθ- im Verb πιστεύω weiter zum Ausdruck kam, aber eben in aktiver Form. Schenks These (Glaube, 77): „Eine direkte Synonymie liegt mit πείθομαι ... sowie mit δέχομαι ... mit Bezug auf das christliche Glaubenszeugnis im lk Verständnis vor" verstellt den Zusammenhang eher.

21 Obschon gerade in der Apostelgeschichte auch bei Belegen von πείθεσθαι zu prüfen ist, inwiefern das „Gehorchen" einer Person nicht Reaktion auf die überzeugende Redehandlung einer anderen ist (vgl. Bultmann, πείθω, 3f.; Alexander Sand, πείθω, in: Balz/Schneider, Exegetisches Wörterbuch, 148–150; hier: 149, sowie Becker, Glaube, 782. 784, und unten S. 173 zu ὑπακούω; bezeichnend auch der Eintrag bei Bauer/Aland zu 5, 36f. 39; 23, 23; 27, 11: „Einige Stellen ... vertragen beide Übers., c. dat. sich von jmdm. bestimmen, überreden lassen od. jmdm. gehorchen, folgen"). Vgl. etwa Paulus auf der Fahrt nach Rom: Angesichts der Wetterverhältnisse warnt der Apostel vor der Weiterfahrt von Lasaia aus; jedoch (27, 11): ὁ δὲ ἑκατοντάρχης τῷ κυβερνήτῃ καὶ τῷ ναυκλήρῳ μᾶλλον ἐπείθετο ἢ τοῖς ὑπὸ Παύλου λεγομένοις. Die Episode zeigt im übrigen, daß Ähnliches für das Verb πειθαρχέω gilt, das nach der communis opinio und den gängigen Hilfsmitteln ebenfalls „gehorchen" bedeutet (vgl. besser Becker, Glaube, 785: „... sowohl Hören auf Gott ... als auch auf Menschen ..."). Während der gefährlichen Schiffspassage tadelt Paulus selbst kurz darauf (27, 21, in Rückverweis auf 27, 11): ... ἔδει μέν, ὦ ἄνδρες, πειθαρχήσαντάς μοι μὴ ἀνάγεσθαι ἀπὸ τῆς Κρήτης κερδῆσαί τε τὴν ὕβριν ταύτην καὶ τὴν ζημίαν! In 5, 27–32 wirft der Hohepriester im Synedrion den Aposteln vor, gegen die παραγγελία, nicht öffentlich zu lehren, verstoßen zu haben. Petrus und die Apostel ant-

In diesem Zusammenhang gewinnt eine Beobachtung Teresa Morgans besonderes Relief: „Luke never says explicitly in Acts that anyone believes directly in the apostles' preaching, or in the content of their preaching"[22], sondern Lukas bringe zuweilen geradezu eine Distanz zwischen Hören/Aufnahme des Worts und seiner Annahme (im Verb πιστεύω) zum Ausdruck (vgl. etwa 4, 4 oder 17, 11f. [dazu unten S. 181]).

Nimmt man solch rhetorisch-persuasive Grundierung[23] apostolischer Pistis, die noch in der griechischen Übersetzung des Alten Testaments, der Septuaginta, keine echte Entsprechung findet,[24] ernst, dann eröffnet die *Apostelgeschichte* eine Reihe aufschlußreicher Beobachtungen, von denen hier nur ausgewählte zur Sprache kommen können.

2 Apostolische παρρησία

Daß Lukas mit seiner pointierten Nutzung des Verbs πείθειν absichtsvoll die antike Tradition der Rede und ihres öffentlichen Gebrauchs aufgreift, erhellt aus dem Befund, wie gezielt er einen weiteren, überaus wirkungsmächtigen *terminus technicus* griechischer Rhetorik und ihrer Geschichte[25] in den Dienst christlicher Verkündigung stellt und wie pointiert er dabei die betreffenden Stellen zuweilen durch An-

---

worten mit dem Grundsatz: πειθαρχεῖν δεῖ θεῷ μᾶλλον ἢ ἀνθρώποις, legen Zeugnis ab von der Auferweckung Jesu und seiner Erhöhung zum Heiland durch Gott, bevor sie insistieren: καὶ ἡμεῖς ἐσμεν μάρτυρες τῶν ῥημάτων τούτων καὶ τὸ πνεῦμα τὸ ἅγιον ὃ ἔδωκεν ὁ θεὸς τοῖς πειθαρχοῦσιν αὐτῷ. Warum Bultmann, πείθω, 4, in seiner Annahme eines stark akzentuierten Glaubensgehorsams, zu 17, 4 und 28, 24 meint, daß „πείθεσθαι hier weniger den Sinn von *sich überzeugen lassen* als von *gehorchen* hat", erschließt sich nicht.

22 Morgan, Roman Faith and Christian Faith, 384.
23 Vgl. dazu etwa Kinneavy, Greek Rhetorical Origins, passim (insbesondere 35–44 zu Isokrates), sowie nur kurz Schumacher, Zur Entstehung christlicher Sprache, 204. Schon Josef Pieper formuliert: „Der im strikten Wortsinn Glaubende akzeptiert, auf das Zeugnis von jemand anders hin, einen Sachverhalt als wirklich und wahr. Das ist der grundrißhaft vollständige Begriff von Glauben." (Josef Pieper, Über den Glauben. Ein philosophischer Traktat, in: ders., Werke in acht Bänden, Band 4, Hamburg 1996, 198–255 [ursprünglich 1962], 209).
24 Vgl. schon Bultmann, πείθω, 1; Bovon, Der Heilige Geist, 186f.; Kinneavy, Greek Rhetorical Origins, 103, sowie Becker, Glaube, 782, dazu, daß in der Septuaginta das Verb πείθειν außer im Perfekt πέποιθα nicht belegt ist.
25 Zu der Bedeutungsbreite des Begriffs zwischen der klassischen und hellenistisch-römischen Zeit vgl. Reinhardt, Wachstum, 296–299; Sara C. Winter, ΠΑΡΡΗΣΙΑ in Acts, in: John T. Fitzgerald (Hg.), Friendship, Flattery, and Frankness of Speech. Studies on Friendship in the New Testament World (= Supplements to Novum Testamentum 82), Leiden/New York/Köln 1996, 185–202; hier: 186, sowie Beate Beer, Parrhesia, in: Reallexikon für Antike und Christentum 26 (2015) 1014–1033; hier: 1015–1021 (mit Literatur).

spielungen auf attische Tradition gleichsam klassisch einfärbt:[26] παρρησία, i. e. die offene, freimütige, auch unerschrockene Rede.[27] „Freedom of Speech has a prominent place in Acts."[28] Schon Petrus nimmt in seiner Pfingstpredigt für sich in Anspruch, in Jerusalem vor den ἄνδρες Ἰσραηλῖται (2, 22)[29], mithin den ἄνδρες ἀδελφοί, über den Patriarchen David – und dessen Grab[30] – zu sprechen μετὰ παρρησίας (2, 29), und auch die dortigen ἄρχοντες τοῦ λαοῦ καὶ πρεσβύτεροι (4, 9) „sahen" seine und des Johannes freie Rede (4, 13: θεωροῦντες δὲ τὴν τοῦ Πέτρου παρρησίαν καὶ Ἰωάννου).[31]

Von grundlegender Bedeutung ist die Szene, die unmittelbar auf die Befragung der Apostel Petrus und Johannes folgt: Die versammelten Apostel beten (4, 29): καὶ τὰ νῦν, κύριε, ἔπιδε ἐπὶ τὰς ἀπειλὰς αὐτῶν καὶ δὸς τοῖς δούλοις σου μετὰ παρρησίας πάσης λαλεῖν τὸν λόγον σου[32] – und ihr Gebet wird erhört (4, 31f.): καὶ δεηθέντων αὐτῶν ἐσαλεύθη ὁ τόπος ἐν ᾧ ἦσαν συνηγμένοι καὶ ἐπλήσθησαν ἅπαντες τοῦ ἁγίου πνεύματος καὶ ἐλάλουν τὸν λόγον τοῦ θεοῦ μετὰ παρρησίας. τοῦ δὲ πλήθους τῶν πιστευσάντων ἦν καρδία καὶ ψυχὴ μία ... Wenn man einmal das Besondere antiker Parrhesia darin gesehen hat, daß der Sprecher „offenkundig und klar" mache, „daß das, was er sagt, seine eigene Meinung"[33] sei, dann gilt dies für die Apostel nur unter der Einschränkung eben der Apostolizität auch ihrer eigenen Rede, ihrer eigenen

---

26 Vgl. zu Apg. 2/4 mit Belegen und Literatur Winter, ΠΑΡΡΗΣΙΑ, 191: „The language evokes a description of Jerusalem that is a conflation of ancient Israel and classical Athens."
27 Zur eigentlichen Bedeutung vgl. Beer, Parrhesia, 1014f.: „.... bezeichnet also den Umstand, dass ‚alles gesagt wird'"; dort im Hinblick auf das Verhältnis von πίστις und *fides* auch der wichtige Hinweis auf das Hebräische: „Das Christentum gibt das Konzept von P. durch den Begriff der fiducia (hebr. bṭḥ) wieder." (vgl. auch 1024f.).
28 Willem Cornelis van Unnik, The Christian's Freedom of Speech in the New Testament, in: ders., Sparsa collecta. The Collected Essays of W.C. van Unnik, Part 2 (= Supplements to Novum Testamentum 30), Leiden 1980, 269–289; hier: 279; vgl. auch Reinhardt, Wachstum, 298; Marguerat, Lukas, 169, sowie Beer, Parrhesia, 1026: „.... bedeutet hier wesentlich den Mut, dessen es zur Verbreitung des Evangeliums bedarf".
29 Zu den Anklängen dieser Stelle an „the pose of a Greek orator speaking publicly" vgl. Winter, ΠΑΡΡΗΣΙΑ, 188, sowie Johan Schloemann, „I have a dream". Die Kunst der freien Rede. Von Cicero bis Barack Obama, München 2019, 81.
30 Zahlreiche Exegeten interpretieren diese Stelle als eine Nutzung des in der Antike hochberühmten perikleischen Epitaphios (Thuk. 2, 34/46); vgl. dazu mit Literatur Winter, ΠΑΡΡΗΣΙΑ, 189.
31 Vgl. van Unnik, Freedom of Speech, 280: „.... this freedom manifests itself in fearless speaking, but also and mainly in the clear witness about Jesus"; Johnson, Acts, 78, sowie Haacker, Apostelgeschichte, 96: „Der lobende Ausdruck παρρησία steht für ‚Klartext reden' ... und die Wahrnehmung oder Beanspruchung von Meinungsfreiheit."
32 Vgl. Winter, ΠΑΡΡΗΣΙΑ, 190 (mit Literatur): „In the believers' prayer παρρησία carries its classical sense of bold speech in public assembly ... The prayer emphasizes that the believers speak the truth. Speaking the truth in the face of threats characterizes παρρησία".
33 Michel Foucault, Diskurs und Wahrheit. Die Problematisierung der Parrhesia, Berkeley-Vorlesungen 1983, Berlin 1996, 10.

Annahme und Aneignung des göttlichen Logos.³⁴ Dabei stellt Lukas hier – in einer Szene, mit der er auf die antiparrhesiastische, ängstliche Zurückgezogenheit vor Pfingsten und die Befreiung der apostolischen Rede an Pfingsten erinnert,³⁵ nicht nur fest, daß μετὰ παρρησίας πάσης λαλεῖν τὸν λόγον θεοῦ den entscheidenden, unverzichtbaren Kern apostolischen Wirkens ausmacht: Die lukanischen Apostel *sind sich* der Bedeutung eben dieses Kerns von Anfang an *bewußt* und reflektieren im Gebet ausdrücklich auf die Dringlichkeit eigener Parrhesia und deren innere Beziehung zum heiligen Geist.

„Frei zu reden" ist fürderhin die erste apostolische Tugend³⁶, mit welcher Barnabas den Paulus vor den Brüdern in Jerusalem ausweist, im Rückblick auf seine Bekehrung bei Damaskus, nach welcher er, der frühere Verfolger, „sofort" begonnen habe, in den Synagogen Christus³⁷ zu verkünden (9, 20: ἐκήρυσσεν³⁸):

παραγενόμενος δὲ εἰς Ἰερουσαλὴμ ἐπείραζεν κολλᾶσθαι τοῖς μαθηταῖς, καὶ πάντες ἐφοβοῦντο αὐτὸν μὴ πιστεύοντες ὅτι ἐστὶν μαθητής. Βαρναβᾶς δὲ ἐπιλαβόμενος αὐτὸν ἤγαγεν πρὸς τοὺς

---

34 Vgl. Foucault, Diskurs und Wahrheit, 12: „Der *parrhesiastes* ist nicht nur aufrichtig und sagt, was seine Meinung ist, sondern seine Meinung ist auch die Wahrheit. Er sagt, was er als wahr *weiß*.", sowie Gyburg Uhlmann, Rhetorik und Wahrheit. Ein prekäres Verhältnis von Sokrates bis Trump, Berlin 2019, 217. Bultmann bestimmt die neutestamentliche Pistis bekanntlich als „Annahme der Botschaft" des Kerygmas (vgl. Rudolf Bultmann, Theologie des Neuen Testaments, 9. Auflage, durchgesehen und ergänzt von Otto Merk [= Uni-Taschenbücher 630], Tübingen 1984, 91, und schon Bultmann, πιστεύω, 209; dazu auch mit älterer Literatur Schenk, Glaube, 71). Schenk, Glaube, 76. 90, versucht folgende Präzisierungen zum lukanischen Doppelwerk: „… daß der Glaube im Anerkennen der Zuverlässigkeit des Verheißungswortes besteht [Lk 1, 45]" und: „ein Begreifen … richtig erfassen … richtige Auffassung …"; vgl. auch Bultmann, πιστεύω, 205, sowie Barth, πίστις, 218, zu πιστεύω: „einer Botschaft und/oder deren Überbringer Glauben schenken".
35 Vgl. Conzelmann, Apostelgeschichte, 1972: „Die Notiz ist nicht eine Variante zur Pfingstgeschichte … vielmehr zeigt Lk, wie sich Pfingsten aktualisiert. καὶ ἐλάλουν meint nicht: jetzt, sondern: allgemein, in der Öffentlichkeit …", sowie Pesch, Apostelgeschichte, 1, 177f. Ob die Begrifflichkeit „Gabe der inneren ‚Enthemmung'" (Haacker, Apostelgeschichte, 101) trifft, bleibe hier dahingestellt.
36 Vgl. auch 18, 26 über Apollos in Ephesus: … ἤρξατο παρρησιάζεσθαι ἐν τῇ συναγωγῇ … Nicht nur in dieser Hinsicht wird die Rede der Apostel rückgebunden an die prophetische Rede des Alten Testaments (vgl. dazu Brandenburger, Pistis und Soteria, 173, mit Verweis auf Ex. 4; 14, 31; Num. 14, 11; Ps. 106, 7. 12; auch Axel von Dobbeler, Glaube als Teilhabe. Historische und semantische Grundlagen der paulinischen Theologie und der Ekklesiologie des Glaubens [= Wissenschaftliche Untersuchungen zum Neuen Testament, 2. Reihe 22], Tübingen 1987, 18. 27. 29; Samuel Vollenweider, Freiheit als neue Schöpfung. Eine Untersuchung zur Eleutheria bei Paulus und in seiner Umwelt [= Forschungen zur Religion und Literatur des Alten und Neuen Testaments 147], Göttingen 1989, 249f., der die Parrhesia bei Lukas mit der Verhüllung Mose in Ex. 34 vergleicht, sowie Schloemann, „I have a dream", 81f.).
37 Vgl. van Unnik, Freedom of Speech, 282: „This ‚freedom of speech' is always connected with ‚speaking the word of God', testimony about the Messiah, Crucified and Risen, with a plain explanation of the prophecies and God's way of salvation."; Lührmann, Glaube, 67f., sowie Reinhardt, Wachstum, 313–315.
38 Vgl. Winter, ΠΑΡΡΗΣΙΑ, 193.

ἀποστόλους καὶ διηγήσατο αὐτοῖς πῶς ἐν τῇ ὁδῷ εἶδεν τὸν κύριον καὶ ὅτι ἐλάλησεν αὐτῷ καὶ πῶς ἐν Δαμασκῷ ἐπαρρησιάσατο ἐν τῷ ὀνόματι τοῦ Ἰησοῦ. καὶ ἦν μετ' αὐτῶν εἰσπορευόμενος καὶ ἐκπορευόμενος εἰς Ἰερουσαλήμ, παρρησιαζόμενος[39] ἐν τῷ ὀνόματι τοῦ κυρίου (9, 26-28).

Auch im weiteren Verlauf der *Apostelgeschichte* wird, wie gesehen, hervorgehoben, daß die Gespräche, die Paulus in der Synagoge führt, und der Erfolg seines πείθειν von der παρρησία nicht zu trennen sind.[40] Besonders bemerkenswert ist dabei der Passus 13, 42–48: Nachdem Lukas die Rede, die Paulus in der Synagoge von Antiochien gehalten haben soll, in langer *oratio directa* vorgestellt hat (13, 16–41), konstatiert er, viele der Juden und der Gottesfürchtigen seien Paulus und Barnabas gefolgt (13, 43: ἠκολούθησαν), welche ihrerseits: προσλαλοῦντες αὐτοῖς ἔπειθον αὐτοὺς προσμένειν τῇ χάριτι τοῦ θεοῦ. Als am folgenden Sabbat dann „fast die ganze Polis" zusammengekommen sei, um „das Wort des Herrn zu hören" (13, 44: ἀκοῦσαι τὸν λόγον τοῦ κυρίου), die Juden hingegen voller Neid begonnen hätten, dem, was von Paulus gesagt worden sei, zu widersprechen (13, 45: ... ἐπλήσθησαν ζήλου καὶ ἀντέλεγον τοῖς ὑπὸ Παύλου λαλουμένοις βλασφημοῦντες), da:

> παρρησιασάμενοί τε ὁ Παῦλος καὶ ὁ Βαρναβᾶς εἶπαν· „ὑμῖν ἦν ἀναγκαῖον πρῶτον λαληθῆναι τὸν λόγον τοῦ θεοῦ· ἐπειδὴ ἀπωθεῖσθε αὐτὸν[41] καὶ οὐκ ἀξίους κρίνετε ἑαυτοὺς τῆς αἰωνίου ζωῆς, ἰδοὺ στρεφόμεθα εἰς τὰ ἔθνη ..." ἀκούοντα δὲ τὰ ἔθνη ἔχαιρον καὶ ἐδόξαζον τὸν λόγον τοῦ κυρίου καὶ ἐπίστευσαν[42] ὅσοι ἦσαν τεταγμένοι εἰς ζωὴν αἰώνιον.

Daß dann auch die großen Schlußszenen der Schrift die παρρησία als Merkmal paulinischer Rede nicht unerwähnt lassen[43], versieht sie mit dem Rang charakteristischer, prägender Unverzichtbarkeit. So heißt es in 26, 25f.:

> ὁ δὲ Παῦλος· „οὐ μαίνομαι", φησίν, „κράτιστε Φῆστε, ἀλλὰ ἀληθείας καὶ σωφροσύνης ῥήματα ἀποφθέγγομαι. ἐπίσταται γὰρ περὶ τούτων ὁ βασιλεὺς πρὸς ὃν καὶ παρρησιαζόμενος λαλῶ, λανθάνειν γὰρ αὐτὸν τι τούτων οὐ πείθομαι οὐθέν· οὐ γάρ ἐστιν ἐν γωνίᾳ πεπραγμένον τοῦτο"[44]

und in den Schlußworten der Schrift (28, 30-31): ἐνέμεινεν δὲ διετίαν ὅλην ἐν ἰδίῳ μισθώματι καὶ ἀπεδέχετο πάντας τοὺς εἰσπορευομένους πρὸς αὐτόν, κηρύσσων τὴν βασιλείαν τοῦ θεοῦ καὶ διδάσκων τὰ περὶ τοῦ κυρίου Ἰησοῦ Χριστοῦ μετὰ πάσης

---

39 Vgl. Johnson, Acts, 172, sowie Haacker, Apostelgeschichte, 180.
40 Vgl. Shauf, Theology as History, 162f.
41 Vgl. Beer, Parrhesia, 1024f., über das Verhältnis von Glauben und Parrhesia (zu den Evangelien).
42 Vgl. Haacker, Apostelgeschichte, 235f.: „Die entscheidende Reaktion ist jedoch, dass die Predigt Glauben weckt. Damit ergreifen diese Menschen die Zusage ... vom Höhepunkt der Predigt ...".
43 Vgl. zur paulinischen Rede in der Öffentlichkeit auch 19, 20.
44 Winter, ΠΑΡΡΗΣΙΑ, 196f. (mit älterer Literatur) sieht Paulus hier als „moral philosopher" dargestellt, der „... should not withdraw from society but rather partecipate in public life ... Paul's παρρησία here is a moral virtue. Acts has Paul exhibiting courage because he dares speak the truth before people in power" (vgl. schon Johnson, Acts, 439).

παρρησίας ἀκωλύτως.⁴⁵ Der Frage nachzugehen, welche antiken Vorbilder freier Rede, die gerade in Krisensituationen persönlicher Bedrohung und Lebensgefahr von der Verkündigung der Wahrheit nicht zurückschreckt, Lukas in der apostolischen Vorbildhaftigkeit christlicher παρρησία nutzt, muß hier leider unterbleiben.⁴⁶

3 Durch „Hören" zur πίστις

Daß Pistis als Resultat von Persuasion einen rhetorischen Vorgang voraussetzt, macht Lukas auch dadurch klar, daß er an jenen Stellen, an denen er die innere Verbindung von πείθειν und πιστεύειν thematisiert, wiederholt auch das „Hören" explizit anspricht (vgl. schon oben S. 171 mit 13, 44):⁴⁷ „Damit ist das Bekehrungsgeschehen als ein Zusammenwirken von Verkündigung, Hören und Glauben umrissen."⁴⁸ So resümiert 4, 4 die ersten öffentlichen Predigten der Apostel Petrus und Johannes: πολλοὶ δὲ τῶν ἀκουσάντων τὸν λόγον ἐπίστευσαν καὶ ἐγενήθη ὁ ἀριθμὸς τῶν ἀνδρῶν ὡς χιλιάδες πέντε. Stephan mahnt im Eingang seiner Verteidigung mit Nachdruck (7, 2): ἄνδρες ἀδελφοὶ καὶ πατέρες, ἀκούσατε ...⁴⁹. In 10, 44 fällt der heilige Geist noch während der Rede Petri auf „alle, die das Wort hörten" (s. oben S.

---

45 Vgl. van Unnik, Freedom of Speech, 279; vgl. zur Stelle auch Simon Butticaz, L'identité de l'Église dans les Actes des apôtres. De la restauration d'Israël à la conquète universelle (= Beihefte zur Zeitschrift für die neutestamentliche Wissenschaft 174), Berlin/New York 2011, 434–436, sowie Marguerat, Lukas, 321f.
46 Vgl. aber Winter, ΠΑΡΡΗΣΙΑ, 190 (mit Literatur), mit der These, Lukas rekurriere in 4, 19f. explizit auf Sokrates in Plat. apol. 29d.
47 Vgl. schon 1, 7f. (zum Pfingstwunder). Zu „Glaube aus dem Hören" vgl. von Dobbeler, Glaube als Teilhabe, 10–19 (im Hinblick auf Paulus), der mit Recht hervorhebt, daß zahlreiche Stellen aus der griechischen und frühjüdischen Literatur Mißtrauen gegen (bloßes) Hören, also das nur verkündete und vernommene Wort belegen; Marguerat, Lukas, 259, sowie Daniel Lynwood Smith, The Rhetoric of Interruption. Speech-Making, Turn-Taking, and Rule-Breaking in Luke-Acts and Ancient Greek Narrative (= Beihefte zur Zeitschrift für die neutestamentliche Wissenschaft 193), Berlin/Boston 2012, 225.
48 Von Dobbeler, Glaube als Teilhabe, 18. Wenn Felix in Caesarea den Paulus zu sich persönlich ruft und ihn περὶ [!] τῆς εἰς Χριστὸν Ἰησοῦν πίστεως hört (24, 24; vgl. dazu Julia A. Snyder, Language and Identity in Ancient Narratives. The Relationship between Speech Patterns and Social Context in the Acts of the Apostles, Acts of John, and Acts of Philip [= Wissenschaftliche Untersuchungen zum Neuen Testament, 2. Reihe 370], Tübingen 2014, 87), dann ist das nicht dasselbe.
49 Vgl. 2, 14. 22 und 13, 16 (Petrus in Jerusalem und Paulus in Antiochia, beider Auftritt in Manier eines griechischen Rhetors; vgl. Smith, Rhetoric of Interruption, 216f.); 15, 13 (Jakobus); 21, 20 und 22, 1; noch auffälliger die ersten Worte der Pfingstpredigt Petri (2, 14): ἄνδρες Ἰουδαῖοι καὶ οἱ κατοικοῦντες Ἱερουσαλὴμ πάντες τοῦτο ὑμῖν γνωστὸν ἔστω καὶ ἐνωτίσασθε τὰ ῥήματά μου ... und 3, 22f. die Schriftzitate aus dem Pentateuch, welche die Bedeutung des „Hörens" schon alttestamentlich verankern (vgl. dazu auch Haacker, Apostelgeschichte, 431).

165),⁵⁰ und die ausführliche Nacherzählung (11, 5–17), die Petrus den Brüdern in Jerusalem von den Ereignissen bei Cornelius in Caesarea gibt, um sie darüber aufzuklären, warum er zu Heiden gegangen sei und mit ihnen gespiesen habe (11, 3), überzeugt sie (11, 18): ἀκούσαντες δὲ ταῦτα ἡσύχασαν καὶ ἐδόξασαν τὸν θεὸν λέγοντες· „ἄρα καὶ τοῖς ἔθνεσιν ὁ θεὸς τὴν μετάνοιαν εἰς ζωὴν ἔδωκεν". Das letzte Wort, das Lukas von Paulus, gerichtet an die römischen Juden, überliefert, macht das „Hören" zum unterscheidenden Kriterium zwischen den Juden, welche das Evangelium nicht annähmen, und den Völkern (28, 28): γνωστὸν οὖν ἔστω ὑμῖν ὅτι τοῖς ἔθνεσιν ἀπεστάλη τοῦτο τὸ σωτήριον τοῦ θεοῦ· αὐτοὶ καὶ ἀκούσονται.⁵¹ Sprachlich besonders interessant ist auch die Stelle 6, 7: Nach der Wahl der sieben Almosenpfleger für die Jerusalemer Gemeinde – unter ihnen auch Stephan, ein Mann πλήρης πίστεως καὶ πνεύματος ἁγίου (6, 5)⁵² – habe sich das Wort Gottes ausgebreitet, die Zahl der Jünger in Jerusalem sei stark gestiegen und: πολύς τε ὄχλος τῶν ἱερέων ὑπήκουον τῇ πίστει. Das Verb ὑπακούω bewahrt, ähnlich wie, im eigentlichen Sinn verstanden, das deutsche Verb „ge-horchen" und das lateinische *oboedire* (von *audire*), den Bezug auf den Vorgang des Hörens. Erst von dieser Semantik des dynamischen Vorgangs her, den die große Zahl der Priester in ihrer sinnlichen Wahrnehmung gleichsam als *auditores* vollziehen, erklärt sich das Objekt τῇ πίστει, das eben auf der Seite des Senders, hier der Apostel als *oratores*, in ebenso dynamischer Konnotation⁵³ den kommunikativen Sprechakt der überzeugenden Verkündigung des Evangeliums markiert.⁵⁴

---

50 Vgl. 11, 15 sowie Anja Cornelis, Vom Geist Gottes erzählen. Analysen zur Apostelgeschichte (= Texte und Arbeiten zum neutestamentlichen Zeitalter 44), Tübingen 2006, 113, und Smith, Rhetoric of Interruption, 227f.
51 Vgl. dazu Adolf von Harnack, Die Mission und Ausbreitung des Christentums in den ersten drei Jahrhunderten, 4. Auflage, Leipzig 1924, 96. 102, und Marguerat, Lukas, 317.
52 Vgl. zu seiner Ethopoiie auch 6, 5 und 6, 8–15 mit Variation der Substantive. Schenk, Glaube, 83, hält hierzu und zu 11, 24 (Barnabas) fest: „... hebt ihre volle Heilsplanerkenntnis heraus. Es sind die beiden Personen, die zwischen dem Zwölferkreis als Zeugen und Paulus als Zeugen stehen".
53 Vgl. Schenk, Glaube, 80f., zur häufig ingressiven Semantik selbst des Substantivs πίστις („Einsichtgewinnen").
54 Paulus führt im Eingang des *Römerbriefs* sein Apostolat zurück auf Jesus Christus δι' οὗ ἐλάβομεν χάριν καὶ ἀποστολὴν εἰς ὑπακοὴν πίστεως ἐν πᾶσιν τοῖς ἔθνεσιν ὑπὲρ τοῦ ὀνόματος αὐτοῦ und hält später fest (10, 14–17): ... πῶς δὲ πιστεύσωσιν οὗ οὐκ ἤκουσαν; πῶς δὲ ἀκούσωσιν χωρὶς κηρύσσοντος; ... ἀλλ' οὐ πάντες ὑπήκουσαν τῷ εὐαγγελίῳ. Ἠσαΐας γὰρ λέγει· „κύριε, τίς ἐπίστευσεν τῇ ἀκοῇ ἡμῶν;" ἄρα ἡ πίστις ἐξ ἀκοῆς, ἡ δὲ ἀκοὴ διὰ ῥήματος Χριστοῦ. Vgl. Christian Strecker, Fides – Pistis – Glaube. Kontexte und Konturen einer Theologie der „Annahme" bei Paulus, in: Michael Bachmann (Hg.), Lutherische und Neue Paulusperspektive. Beiträge zu einem Schlüsselproblem der gegenwärtigen exegetischen Diskussion (= Wissenschaftliche Untersuchungen zum Neuen Testament 182), Tübingen 2005, 223–250; hier: 247: „Die πίστις entspringt nach Paulus der Verkündigung des Evangeliums (vgl. dazu insgesamt Röm 1, 16; 10, 8. 17; 1 Kor 1, 21; 2, 4f.; 15, 1f. 11b. 14; Gal 1, 23; 3, 2. 5; 1 Thess 2, 13). Sie konstituiert sich mithin in der hörenden Annahme des gepredigten Wortes.

4 Durch „Sehen" zur πίστις

Zugleich aber weitet sich der Vorgang der Überzeugung immer wieder, indem neben die mündliche Rede, die gehört wird, auch non-verbale „Zeichen und Wunder" treten, die gesehen werden.[55] Daß visuelle Wahrnehmung persuasive Kraft ausübt,[56] also πίστις wirkt, hält die *Apostelgeschichte* teils für sich allein fest.[57] Nach 13, 7–12

Genauer noch gründet sie in der Koinzidenz von zusagender Ansage und empfangender Annahme als performativem Akt der Sprache ...".
55 Vgl. schon Adolf Harnack, Beiträge zur Einleitung in das Neue Testament, 3. Band: Die Apostelgeschichte, Leipzig 1908, 111–130; von Harnack, Mission und Ausbreitung, 103 (über den Anschluß an das Evangelium, in dem „Taten und Worte Jesu wechseln"); Gerhard Barth, Pistis in hellenistischer Religiosität, in: Zeitschrift für die neutestamentliche Wissenschaft 73 (1982) 110–126; hier: 119f. (zu πίστις/πιστεύειν in antiken Wunderberichten); Schmithals, Apostelgeschichte, 10f.; von Dobbeler, Glaube als Teilhabe, 18: „Die Zeichen, die die Apostel tun, weisen sie als vertrauenswürdig aus". 29 (zur Glaubwürdigkeit aus sichtbaren Beweisen im „paganen Griechentum und dem Judentum"); Brandenburger, Pistis und Soteria, 185; Colin J. Hemer, The Book of Acts in the Setting of Hellenistic History (= Wissenschaftliche Untersuchungen zum Neuen Testament 49), Tübingen 1989, 428–443; Reinhardt, Wachstum, 183–188. 323–327; Kota Yamada, A Rhetorical History: The Literary Genre of the Acts of the Apostles, in: Stanley E. Porter/Thomas H. Olbricht (Hg.), Rhetoric, Scripture and Theology. Essays from the 1994 Pretoria Conference (= Journal for the Study of the New Testament. Supplement Series 131), Sheffield 1996, 230–250; hier: 248; Eckhard Plümacher, ΤΕΡΑΤΕΙΑ. Fiktion und Wunder in der hellenistisch-römischen Geschichtsschreibung und in der Apostelgeschichte, in: Zeitschrift für die neutestamentliche Wissenschaft 89 (1998) 66–90; besonders instruktiv Friedrich Avemarie, Acta Jesu Christi. Zum christologischen Sinn der Wundermotive in der *Apostelgeschichte*, in: Frey/Rothschild/Schröter, Die Apostelgeschichte, 539–562; Marguerat, Lukas, 171–173. 183–208; Morgan, Roman Faith and Christian Faith, 382f. 386f., sowie Deborah Thompson Price, Seeing Visions: The Persuasive Power of Sight in the Acts of the Apostles, in: Journal for the Study of the New Testament 40 (2018) 337–359. Petrus mahnt, nach der Heilung des Lahmen „im Namen Jesu Christi von Nazareth" (3, 1–10), das staunende Volk in der Halle Salomons (3, 12): ἄνδρες Ἰσραηλῖται, τί θαυμάζετε ἐπὶ τούτῳ ἢ ἡμῖν τί ἀτενίζετε ὡς ἰδίᾳ δυνάμει ἢ εὐσεβείᾳ πεποιηκόσιν τοῦ περιπατεῖν αὐτόν, um danach die Verherrlichung Jesu durch Gott und seine Auferweckung von den Toten zu verkünden (3, 13–15 – hier wieder die Formel: οὗ ἡμεῖς μάρτυρές ἐσμεν!) und festzuhalten (3, 16): καὶ ἐπὶ τῇ πίστει τοῦ ὀνόματος αὐτοῦ τοῦτον ὃν θεωρεῖτε καὶ οἴδατε, ἐστερέωσεν τὸ ὄνομα αὐτοῦ καὶ ἡ πίστις ἡ δι' αὐτοῦ ἔδωκεν αὐτῷ τὴν ὁλοκληρίαν ταύτην ἀπέναντι πάντων ὑμῶν! Vgl. 4, 10 (Petrus vor dem Hohen Rat über die Heilung) und explizit 9, 32–35 (Heilung in Lydda). In jenem Gebet der Gemeinde (s. oben S. 169f.) schließt sich an die Bitte, Gott möge seinen Knechten παρρησία geben, direkt an (4, 30): ἐν τῷ τὴν χεῖρά σου ἐκτείνειν σε εἰς ἴασιν καὶ σημεῖα καὶ τέρατα γίνευθαι διὰ τοῦ ὀνόματος τοῦ ἁγίου παιδός σου Ἰησοῦ. Kurz danach heißt es (5, 12): διὰ δὲ τῶν χειρῶν τῶν ἀποστόλων ἐγίνετο σημεῖα καὶ τέρατα πολλὰ ἐν τῷ λαῷ ... Vgl. auch 6, 8 (über Stephan) und 8, 13 (über Philipp).
56 Auffällig ist die Episode von Ananias und Saphira: Beide sterben unmittelbar nach der harten Zurechtweisung Petri – und diejenigen, die von diesem Geschehen „hörten" (vgl. ἀκούω in 5, 5 und 11) geraten in große Furcht.
57 Zu der alttestamentlichen Tradition vgl. etwa Dtn. 26, 8 (dazu Rick Strelan, Strange Acts. Studies in the Cultural World of the Acts of the Apostles [= Beihefte zur Zeitschrift für die neutestamentliche Wissenschaft 126], Berlin/New York 2004, 191).

etwa war es in Paphos auf Zypern dem Sergius Paulus gerade nicht möglich, das Wort Gottes von Paulus zu hören – daran gehindert von dem Magier Elymas; die scharfe Scheltrede des Apostels gegen den „Sohn des Teufels" (13, 10) jedoch und das Strafwunder, durch welches ebendieser erblindet, zeitigen Wirkung (13, 12): τότε ἰδὼν ὁ ἀνθύπατος τὸ γεγονὸς ἐπίστευσεν ἐκπλησσόμενος ἐπὶ τῇ διδαχῇ [!] τοῦ κυρίου.

Teils begegnet aber auch, in einer gewissen Formelhaftigkeit, die enge Verknüpfung von Hören und Sehen (vgl. schon oben S. 164 zu 14, 1–3 mit der Junktur σημεῖα καὶ τέρατα)[58]. Petrus predigt an Pfingsten zunächst (2, 22f.): ἄνδρες Ἰσραηλῖται, ἀκούσατε τοὺς λόγους τούτους· Ἰησοῦν τὸν Ναζωραῖον ἄνδρα ἀποδεδειγμένον ἀπὸ τοῦ θεοῦ εἰς ὑμᾶς δυνάμεσι καὶ τέρασι καὶ σημείοις οἷς ἐποίησεν δι' αὐτοῦ ὁ θεὸς ἐν μέσῳ ὑμῶν καθὼς αὐτοὶ οἴδατε ... ἀνείλατε und schließt, nachdem er Jesus als den von David verheißenen Auferstandenen verkündigt hat (2, 31–33):

προϊδὼν [sc. David] ἐλάλησεν περὶ τῆς ἀναστάσεως τοῦ Χριστοῦ ὅτι οὔτε ἐγκατελείφθη εἰς ᾅδην οὔτε ἡ σὰρξ αὐτοῦ εἶδεν διαφθοράν· τοῦτον τὸν Ἰησοῦν ἀνέστησεν ὁ θεός, οὗ πάντες ἡμεῖς ἐσμεν μάρτυρες· τῇ δεξιᾷ οὖν τοῦ θεοῦ ὑψωθεὶς τήν τε ἐπαγγελίαν τοῦ πνεύματος τοῦ ἁγίου λαβὼν παρὰ τοῦ πατρὸς ἐξέχεεν τοῦτο ὃ ὑμεῖς καὶ βλέπετε καὶ ἀκούετε.

Die Heilung, welche Dorkas in Joppe erfährt, hat folgende Wirkung (9, 42): γνωστὸν δὲ ἐγένετο καθ' ὅλης τῆς Ἰόππης καὶ ἐπίστευσαν πολλοὶ ἐπὶ τὸν κύριον. Mit Recht hat Friedrich Avemarie den Christusbezug als das entscheidende Merkmal der Wundergeschichten betont, nämlich, „dass sich in den vielerlei übernatürlichen Manifestationen und Zwischenfällen, von denen die *Apostelgeschichte* erzählt, im Grund nichts anderes ereignet als eine Fortsetzung der Geschichte Jesu Christi unter den veränderten Voraussetzungen, die durch seine Auferstehung und Erhöhung zur Rechten Gottes geschaffen sind"[59]. Dem Apostel Philipp hingegen gelingt es, in Samarien das Vertrauen der Menge, welche der Magier Simon „von klein bis groß" tief beeindruckt hatte, durch die Verkündigung des Evangeliums vom Königreich Gottes

---

[58] In 1, 3 heißt es, Jesus habe sich nach seiner Passion den Aposteln lebendig erwiesen durch Zeichen (τεκμηρίοις), für 40 Tage: ὀπτανόμενος αὐτοῖς καὶ λέγων τὰ περὶ τῆς βασιλείας τοῦ θεοῦ. Vgl. desweiteren die Betonung visueller Wahrnehmung (der Himmelfahrt Jesu) in 1, 9–11; 7, 2 (Gott und Abraham). Moses war, nach Stephans Worten (7, 22) δυνατὸς ἐν λόγοις καὶ ἔργοις αὐτοῦ, vgl. auch Stephan über das Wunder am Dornbusch (7, 30f. 35). Die Formel τέρατα καὶ σημεῖα ποιεῖν findet sich ebenfalls in Stephans Worten über Moses in 7, 36. Vgl. noch 8, 4–8. 13 (über Philipp); 9, 3–9 (Pauls Vision vor Damaskus und seine Begleiter, die „zwar die Stimme hören, aber niemanden sehen"; vgl. 22, 6f. 9. 14. 17f.); 9, 32–35; 10, 2. 4 (über Cornelius); 10, 36–38 (über Jesu Wirken); 11, 5–7 (Petrus über seine Vision); 19, 10–12; 28, 26 (im Schriftzitat).
[59] Avemarie, Acta Jesu Christi, 543; vgl. auch Shauf, Theology as History, 171. 173–177 („... a second pattern that runs throughout Luke-Acts, a pattern in which preaching and miracles are paired ..."); Marguerat, Lukas, 207f.: „... hat sich das Wort als unentbehrliches Mittel zur theologischen Klärung des Wunderbaren erwiesen", sowie Böttrich, Glaube, 409–414 („Glaube bewirkt Rettung").

und des Namens Jesu Christi[60] auf sich zu wenden und auch Simon selbst zu überzeugen (8, 12f.):

> ὅτε δὲ ἐπίστευσαν τῷ Φιλίππῳ εὐαγγελιζομένῳ περὶ τῆς βασιλείας τοῦ θεοῦ καὶ τοῦ ὀνόματος Ἰησοῦ Χριστοῦ, ἐβαπτίζοντο ἄνδρες τε καὶ γυναῖκες. ὁ δὲ Σίμων καὶ αὐτὸς ἐπίστευσεν καὶ βαπτισθεὶς ἦν προσκαρτερῶν τῷ Φιλίππῳ, θεωρῶν τε σημεῖα καὶ δυνάμεις μεγάλας γινομένας ἐξίστατο.

Der Gefängniswärter in Philippi hingegen wird zunächst von dem Wunder überwältigt, daß sich nach den hymnischen Gebeten der gefangenen Paulus und Silas Ketten und Kerker auftun und die beiden doch nicht fort sind; danach, im Innern des Gefängnisses zitternd und kniefällig vor ihnen, richtet er an sie die Frage, was er denn tun müsse, um gerettet zu werden:

> οἱ δὲ εἶπαν· „πίστευσον ἐπὶ τὸν κύριον Ἰησοῦν καὶ σωθήσῃ σὺ καὶ ὁ οἶκός σου." καὶ ἐλάλησαν αὐτῷ τὸν λόγον τοῦ κυρίου σὺν πᾶσιν τοῖς ἐν τῇ οἰκίᾳ αὐτοῦ. καὶ παραλαβὼν αὐτοὺς ἐν ἐκείνῃ τῇ ὥρᾳ τῆς νυκτὸς ἔλουσεν ἀπὸ τῶν πληγῶν, καὶ ἐβαπτίσθη αὐτὸς καὶ οἱ αὐτοῦ πάντες παραχρῆμα (16, 31–33).

Schließlich hält die *Apostelgeschichte* einen dritten Vorgang ausdrücklich fest, nämlich daß man von σημεῖα καὶ τέρατα auch überzeugend „hören" kann, ohne sie selbst gesehen zu haben. Auf der Apostelversammlung in Jerusalem, also in der Auseinandersetzung um die Heidenmission, schweigt nach Petri Ansprache die ganze Menge und (15, 12): ... ἤκουον Βαρναβᾶ καὶ Παύλου ἐξηγουμένων ὅσα ἐποίησεν ὁ θεὸς σημεῖα καὶ τέρατα ἐν τοῖς ἔθνεσιν δι' αὐτῶν, bevor Jakobus seinen vermittelnden Vorschlag an die Versammlung formuliert.

Eine Vertiefung des Vorgangs ergibt sich schließlich daraus, daß die Apostel beide Wege, andere Menschen vom Evangelium Christi zu überzeugen, darauf zurückführen und damit begründen, sie selbst hätten „gesehen und gehört". Petrus und Johannes weisen das Redeverbot des Hohen Rats zurück (4, 19f.): ... εἰ δίκαιόν ἐστιν ἐνώπιον τοῦ θεοῦ ὑμῶν ἀκούειν μᾶλλον ἢ τοῦ θεοῦ κρίνατε· οὐ δυνάμεθα γὰρ ἡμεῖς ἃ εἴδαμεν καὶ ἠκούσαμεν μὴ λαλεῖν! Und in Jerusalem berichtet Paulus in seiner Apologie, nach seiner Bekehrung bei Damaskus habe Ananias ihn ermahnt (22, 14f.): ὁ θεὸς τῶν πατέρων ἡμῶν προεχειρίσατό σε γνῶναι τὸ θέλημα αὐτοῦ καὶ ἰδεῖν τὸν δίκαιον καὶ ἀκοῦσαι φωνὴν ἐκ τοῦ στόματος αὐτοῦ, ὅτι ἔσῃ μάρτυς αὐτῷ πρὸς πάντας ἀνθρώπους ὧν ἑώρακας καὶ ἤκουσας. In dieser Hinsicht besteht eine innere,

---

[60] Den Zusammenhang zwischen der überzeugenden Rede des λόγος θεοῦ durch die Apostel sowie ihren Zeichen und Wundern einerseits, andererseits dem „Namen Christi" (τὸ ὄνομα Ἰησοῦ Χριστοῦ τοῦ Ναζωραίου), auf den nicht bloß verwiesen, sondern der seinerseits durch dieselben Apostel ausgesprochen und angerufen wird, näher zu untersuchen wäre hier eigentlich unverzichtbar; vgl. dazu einige erhellende Anmerkungen bei Avemarie, Acta Jesu Christi, 553f. (insbesondere zu den Wundergeschichten); Butticaz, L'identité, 131–134, sowie Marguerat, Lukas, 96f.

theologisch grundlegende Verbindung zum Anfang der *Apostelgeschichte*: Gleich in 1, 1 verweist Lukas auf sein Evangelium zurück, auf den Logos περὶ πάντων ..., ὧν ἤρξατο ὁ Ἰησοῦς ποιεῖν τε καὶ διδάσκειν. Jesus selbst wirkte durch Tat und Wort, er „begann" damit. Das Wirken der Apostel in Zeichen, Wundern und überzeugender Rede des λόγος θεοῦ über den Auferstandenen manifestiert sich so als ihre Fortsetzung des Wirkens seiner selbst.

5   Quellen der Überzeugung?

Es wäre vielversprechend, die *Apostelgeschichte* vor diesem rhetorischen Hintergrund einmal daraufhin zu lesen, ob und gegebenenfalls wie in der Schrift die durch die aristotelisch-peripatetische Rhetorik kategorisierten „Quellen rhetorischer Beglaubigung" zur Geltung kommen:[61] erstens der λόγος/das πρᾶγμα, zweitens das ἦθος, drittens das πάθος. Es könnten sich aus dieser Perspektive interessante Anhaltspunkte für die seit langem kontrovers diskutierte Frage ergeben, warum sich Lukas, gerade im zweiten, auf die paulinische Mission fokussierten Teil seines Werks, so eingehend und detailreich, fast biographisch, der Ethopoiie seiner Protagonisten widmet,[62] daneben aber auch dem Publikum ihrer Reden, etwa nach seinem sozialen Stand oder Geschlecht, Aufmerksamkeit widmet und damit den *auditores* ihrer Überzeugung. Was das πρᾶγμα betrifft, treten neben den Inhalt der teils sehr umfänglichen direkten Reden[63] bekanntlich wiederholt Aussagen, die sie als λόγος τοῦ θεοῦ ausweisen[64]; die Rede vom Evangelium wird folglich nachdrücklich als „Rede Gottes" bestimmt, nicht als Rede eines Menschen – und seien es die Apo-

---

61 Vgl. dazu Kinneavy, Greek Rhetorical Origins, 51: „... the message of the Bible is a persuasive message ... it elicits a strong trust in the credibility of the speaker (the ethical argument); it elicits a free assent from the recipient of the message who must believe that it is to his or her good to assent (this is the essence of the pathetic argument); and it passes on information and some knowledge about the subject matter involved (the logical argument)". 139–141; Yamada, A Rhetorical History, 250; Andersen, Im Garten der Rhetorik, 39–48; Gert Ueding/Bernd Steinbrink, Grundriß der Rhetorik. Geschichte – Technik – Methode, 4. Auflage, Stuttgart/Weimar 2005, 278–283; Niehues-Pröbsting, Überredung, 17f., sowie Oesterreich, Rhetorisches Denken, 66–74. 154–157. 161.
62 Auch in dieser Hinsicht läßt Lukas die visuelle Wahrnehmung nicht unberücksichtigt; vgl. etwa 6, 15 über Stephan: καὶ ἀτενίσαντες εἰς αὐτὸν πάντες οἱ καθεζόμενοι ἐν τῷ συνεδρίῳ εἶδον τὸ πρόσωπον αὐτοῦ ὡσεὶ πρόσωπον ἀγγέλου und 7, 54f. über Stephans Vision vor der Steinigung.
63 Vgl. dazu Burfeind, Paulus *muß* nach Rom, 86f.
64 Vgl. 10, 36 in den Worten Petri: ... τὸν λόγον ἀπέστειλεν τοῖς υἱοῖς Ἰσραὴλ εὐαγγελιζόμενος εἰρήνην διὰ Ἰησοῦ Χριστοῦ ..., Paulus in der Synagoge von Antiochia (13, 26): ἄνδρες ἀδελφοί, υἱοὶ γένους Ἀβραὰμ καὶ οἱ ἐν ὑμῖν φοβούμενοι τὸν θεόν, ἡμῖν ὁ λόγος τῆς σωτηρίας ταύτης ἐξαπεστάλη, desweiteren 17, 13: ... ἐν τῇ Βεροίᾳ κατηγγέλη ὑπὸ τοῦ Παύλου ὁ λόγος τοῦ θεοῦ ... und insbesondere Pauls Herrenvision in Korinth (18, 9f.).

stelfürsten Petrus und Paulus.⁶⁵ Gerade das Verhältnis von πίστις und πνεῦμα sowie der Status der Parrhesia als einer besonderen Quelle der Überzeugung wären hier noch genauer zu untersuchen.⁶⁶ Auch die Evidenz des visuell Wahrnehmbaren wird von Lukas unmißverständlich als nach rhetorischer Lehre schlagendes Argument festgehalten – nach der Heilung des Lahmen am Tempel endet die Episode der kritischen Befragung, welcher der Hohe Rat die Apostel Petrus und Johannes unterzieht (4, 5–14; s. unten Anm. 100), mit folgendem Ergebnis (4, 14; vgl. Lk. 21, 15): τόν τε ἄνθρωπον βλέποντες σὺν αὐτοῖς ἑστῶτα τὸν τεθεραπευμένον οὐδὲν εἶχον ἀντειπεῖν!

6 πείθειν ohne πίστις

Nichtsdestotrotz legt Lukas großen Wert darauf, in der *Apostelgeschichte* selbst die Ambivalenz jenes Verbs πείθειν aufzuzeigen, und zwar in dreierlei Hinsicht. Erstens reserviert er das Verb keineswegs nur für jenen Überzeugungsvorgang, der aus seiner Perspektive erfolgreich christliche πίστις in anderen Menschen wirkt. Vielmehr beschreibt das Wort auch Redehandlungen anderer Akteure – darunter auch solcher, die sich gegen die Apostel und das Evangelium richten.⁶⁷ Zum ersten Mal begegnet dieser Wortgebrauch – gleich wiederholt – in 5, 33–40: Gamaliel erinnert das Synedrion an Judas, den Galiläer, der selbst zugrunde ging, wie auch alle zerstreut wurden, die „sich von ihm überzeugen ließen" (5, 37: πάντες ὅσοι ἐπείθοντο⁶⁸ αὐτῷ) – nicht zufällig bettet Lukas diesen ersten Verweis auf nichtapostolisches πείθειν in die direkte Rede des Pharisäers ein. Direkt nach Gamaliels Rede, nach seinem Rat, die Apostel nicht gewaltsam zu beseitigen, wird die Reaktion des Synedrions registriert (5, 39): ἐπείσθησαν δὲ αὐτῷ. In Lystra machen sich Juden aus Antiochia und Ikonion daran, die Menge zu überzeugen (14, 19: πείσαντες τοὺς ὄχλους) und Paulus

---

65 Ob dies tatsächlich bedeutet, Gott sei „derjenige, dem geglaubt wird. Er ist, indem er sich im Wort offenbart, der ursprüngliche Autor der christlichen Rede" (Niehues-Pröbsting, Überredung, 22; vgl. mit anderem Akzent Marguerat, Lukas, 146: „Die Rede des Zeugen ist ... Rede im Nachhinein; sie entschlüsselt das Eingreifen Gottes und nennt den Urheber der Intervention", und Morgan, Roman Faith and Christian Faith, 383), kann hier nicht diskutiert werden. Der Anteil des menschlichen Redners steht in der *Apostelgeschichte* – wie schon im Alten Testament (etwa hinsichtlich Mose und der Propheten) und seiner vorchristlichen Exegese – zur Debatte.
66 Vgl. Butticaz, L'identité, 434.
67 In diesem Zusammenhang kann auch das „Hören" widrig akzentuiert werden; vgl. etwa die üble Nachrede gegen Stephan in 6, 11 und 14 (jeweils eingeleitet mit ἀκηκόαμεν αὐτοῦ λαλοῦντος/λέγοντος ...).
68 Vgl. hier die stark divergierenden Deutungen von ἐπείθοντο in den Kommentaren und Übersetzungen, z. B. „alle, die ihm folgten" (Conzelmann, Apostelgeschichte, 48; auch Pesch, Apostelgeschichte, 1, 210), „alle, die ihm vertraut hatten" (Schmithals, Apostelgeschichte, 59), „who obeyed him" (Johnson, Acts, 100) oder „die er beeindruckt hatte" (Haacker, Apostelgeschichte, 120).

zu mißhandeln⁶⁹. Von Interesse ist auch die Stelle 12, 20–23, nicht zuletzt deshalb, weil sie sich direkt vor der kompositorischen Zäsur der *Apostelgeschichte* zwischen Kapitel 12 und 13 (Beginn der ersten Missionsreise des Apostels Paulus) befindet:⁷⁰ Zunächst wird berichtet, den Tyriern und Sidoniern sei es gelungen, die Kriegspläne des Königs Herodes dadurch abzuwenden, daß sie seinen Kämmerer Blastus „überzeugt" hätten (12, 20: πείσαντες⁷¹). Die Notiz vom Ende des Königs selbst (12, 21–23) gleicht dann einer Coda, welche den voraufgehenden Kapiteln, in denen die überzeugende Wirkung apostolischer Verkündigung des Evangeliums so vielschichtig und anschaulich geschildert worden ist, ein – auch sprachlich-semantisches – Gegenbild entwirft:

τακτῇ δὲ ἡμέρᾳ ὁ Ἡρῴδης ἐνδυσάμενος ἐσθῆτα βασιλικὴν καὶ καθίσας ἐπὶ τοῦ βήματος ἐδημηγόρει πρὸς αὐτούς. ὁ δὲ δῆμος ἐπεφώνει· „θεοῦ φωνὴ καὶ οὐκ ἀνθρώπου." παραχρῆμα δὲ ἐπάταξεν αὐτὸν ἄγγελος κυρίου ἀνθ᾽ ὧν οὐκ ἔδωκεν τὴν δόξαν τῷ θεῷ καὶ γενόμενος σκωληκόβρωτος ἐξέψυξεν.

Zweitens ist der Erfolg des apostolischen πείθειν, obschon Verkündigung des λόγος θεοῦ, nicht von vornherein und gleichsam gottgewirkt garantiert. Lukas insistiert, im Gegenteil, gleich mehrfach darauf, daß Zuhörer der Apostel auch gerade nicht überzeugt wurden⁷² – terminologisch markiert etwa durch die etymologisch erneut verwandten Verben ἀπειθέω und ἀπιστέω (jeweils mit den entsprechenden nominalen Ableitungen).⁷³ Hinzuweisen ist in dieser Beziehung zum einen auf den oben S.

---

69 Vgl. auch 23, 21 (im Gespräch zwischen dem Hekatontarchen und dem Chiliarchen).
70 Vgl. z. B. Philipp Vielhauer, Geschichte der urchristlichen Literatur, Berlin/New York 1975, 180; Schmithals, Apostelgeschichte, 17, sowie Kany, Apostelgeschichte, 334; anders Zmijewski, Apostelgeschichte, 24.
71 Vgl. zur Stelle Haacker, Apostelgeschichte, 212.
72 Vgl. dazu allgemein Niehues-Pröbsting, Überredung, 13, sowie zu Lukas Böttrich, Glaube, 406. 408.
73 Vgl. zu diesen Verben kurz Bultmann, Theologie, 93, sowie Kinneavy, Greek Rhetorical Origins, 104. Auch die Wörter und Kommentare, mit welchen Lukas die Reaktion der Zuhörer auf die Reden der Apostel beschreibt, verdienten eine eingehendere Analyse. Besonders wichtig ist das Verb (ἀπο)δέχεσθαι τὸν λόγον (vgl. 2, 41; 8, 14; 11, 1 [erstmals über die Heiden]; 17, 11); dazu gut Reinhardt, Wachstum, 157f. Vgl. 8, 6 über Philipps Zuhörer: προσεῖχον δὲ οἱ ὄχλοι τοῖς λεγομένοις ὑπὸ τοῦ Φιλίππου ὁμοθυμαδὸν ἐν τῷ ἀκούειν αὐτοὺς καὶ βλέπειν τὰ σημεῖα ἃ ἐποίει. Nach der Pfingstpredigt Petri hingegen heißt es (2, 37): ἀκούσαντες δὲ κατενύγησαν τὴν καρδίαν εἶπόν τε πρὸς τὸν Πέτρον καὶ τοὺς λοιποὺς ἀποστόλους· „τί ποιήσωμεν, ἄνδρες ἀδελφοί;"; vgl. 5, 33 (διαπρίομαι über die Mitglieder des Synedrions) und 7, 54. 57 (über Stephans Zuhörer: ἀκούοντες δὲ ταῦτα διεπρίοντο τοῖς καρδίαις αὐτῶν καὶ ἔβρυχον τοὺς ὀδόντας ἐπ᾽ αὐτόν und vor der Steinigung: ... κράξαντες δὲ φωνῇ μεγάλῃ συνέσχον τὰ ὦτα αὐτῶν ...). Nach seiner Konversion stößt Paulus zunächst auf Entsetzen (9, 21): ἐξίσταντο δὲ πάντες οἱ ἀκούοντες ... Übrigens stellt Lukas mit ebensolcher Sorgfalt auch die Reaktion der Zuschauer auf visuell wahrnehmbare „Überzeugung" dar; vgl. etwa 3, 10 (nach der Heilung des Lahmen durch Petrus): ... ἐπλήσθησαν θάμβους καὶ ἐκστάσεως ἐπὶ τῷ συμβεβηκότι αὐτῷ.

170f. bereits diskutierten Vers 9, 26 über die Reserven in Jerusalem gegenüber Paulus, der doch nach seiner Konversion bei Damaskus und nach seiner Taufe „noch mehr von Dynamis erfüllt" (9, 22: ... μᾶλλον ἐνεδυναμοῦτο ...) seine ersten Missionserfolge erreicht hat[74]. Zum anderen macht Lukas diesen Zusammenhang am Ende der vieldiskutierten Episode zu Paulus in Athen geltend: Paulus selbst wählt am Ende seiner Areopagpredigt, im letzten Satz, für die entscheidende Botschaft des Evangeliums, mithin die Auferstehung Jesu, die überraschende Formulierung, Gott selbst habe allen „Überzeugung gewährt" (also eine Beglaubigung, einen verläßlichen Grund zur Überzeugung), indem er ihn von den Toten habe auferstehen lassen[75]: πίστιν παρέχων πᾶσιν ἀναστήσας αὐτὸν ἐκ νεκρῶν.[76] Die Junktur πίστιν παρέχειν stammt, in der athenischen Szenerie überaus passend genutzt, aus der antiken Gerichtsrhetorik: Gottes eigenes Handeln in Jesus Christus beschreibt Paulus hier in Kategorien griechischer Pistis-Lehre! Daß damit unmittelbar die Frage nach der – nicht von vornherein ausgemachten – Überzeugung des Publikums aufgeworfen wird, ergibt sich aus den unmittelbar folgenden Sätzen (17, 32–34): ἀκούσαντες δὲ ἀνάστασιν νεκρῶν οἱ μὲν ἐχλεύαζον, οἱ δὲ εἶπαν· „ἀκουσόμεθά σου περὶ τούτου καὶ πάλιν." οὕτως ὁ Παῦλος ἐξῆλθεν ἐκ μέσου αὐτῶν. τινὲς δὲ ἄνδρες κολληθέντες

---

74 Vgl. auch 21, 14: Paulus selbst wird nicht überzeugt, von der gefährlichen Reise nach Jerusalem abzulassen (... μὴ πειθομένου δὲ αὐτοῦ ...).

75 Die seltene Wortverbindung πίστιν παρέχειν (nur wenige Parallelen bei Conzelmann, Apostelgeschichte, 110f.) erklärt sich aus der korrespondierenden πίστιν λαμβάνειν, die vielfach belegbar ist. In Übersetzungen und Kommentaren wird sie bis heute kontrovers gedeutet; vgl. nur „... bietet er allen Menschen den Glauben an" (Schmithals, Apostelgeschichte, 158), „ausgewiesen hat er (ihn) allen" (Pesch, Apostelgeschichte, 2, 129; auch 140: „allen als ihres Glaubens und Vertrauens würdig verbürgt") oder „den er für alle Welt beglaubigt hat" (Haacker, Apostelgeschichte, 294; auch 303: „eine Beglaubigung vorlegen"); besser „und hat allen den Beweis geliefert" (Conzelmann, Apostelgeschichte, 110f.), „indem er allen dadurch einen Beweis erbracht hat" (Ernst Haenchen, Die Apostelgeschichte, 16. Auflage, 7. durchgesehene und verbesserte Auflage dieser Neuauslegung [= Kritisch-exegetischer Kommentar über das Neue Testament 3], Göttingen 1977, 495; vgl. schon Martin Dibelius, Aufsätze zur *Apostelgeschichte* [= Forschungen zur Religion und Literatur des Alten und Neuen Testaments 60 = Neue Folge 42], Göttingen 1961, 54) und „he has provided proof" (Johnson, Acts, 317).

76 Vgl. schon Wilckens, Missionsreden, 206: „Die Predigt, durch die man zum Glauben an Jesus als den Christus kommt und im Namen Jesu das Heil empfängt, ist in ihrem entscheidenden Zentrum historischer Bericht von Jesus von Nazareth."; Bultmann, Theologie, 80–86, über die Auferstehung („Kernstück christlichen Glaubens") sowie über Christus als Richter und Retter im Kerygma bei Paulus und in der *Apostelgeschichte*. Verschiedene Stellen lassen erkennen (23, 6; 24, 15; 26, 6–8; 27, 26f.; 28, 20; vgl. Burfeind, Paulus *muß* nach Rom, 86f.), daß die Auferstehung, als zentraler Inhalt des λόγος θεοῦ, mit der Hoffnung Israels verbunden wird; desweiteren Grässer, Forschungen, 56. 329f.; Shauf, Theology as History, 164 (Thema des Reichs Gottes als „typical of preaching in Acts"); Böttrich, Glaube, 407 (über das „Christusereignis" als das Neue christlicher Verkündigung), sowie Benjamin Schliesser, Faith in Early Christianity. An Encyclopedic and Bibliographical Outline, in: Frey/Schliesser/Ueberschaer, Glaube, 3–50; hier: 46.

αὐτῷ ἐπίστευσαν ...⁷⁷ Schließlich vermerkt Lukas über die Wirkung paulinischer παρρησία in der Synagoge von Ephesus (19, 9; vgl. schon oben S. 161 zu 19, 8): ὡς δέ τινες ἐσκληρύνοντο καὶ ἠπείθουν⁷⁸ κακολογοῦντες τὴν ὁδὸν ἐνώπιον τοῦ πλήθους, ἀποστὰς ἀπ' αὐτῶν ἀφώρισεν τοὺς μαθητὰς καθ' ἡμέραν διαλεγόμενος ἐν τῇ σχολῇ Τυράννου! Über die oben schon angesprochenen Quellen rhetorischer Beglaubigung hinaus nimmt die *Apostelgeschichte* also mit Nachdruck auch jene Bedingungen für Überzeugung durch Rede in den Blick, die auf der Seite der Zuhörer, des Publikums, zu suchen sind⁷⁹ – Bedingungen, die schon die antike Rhetorik intensiv diskutiert hatte. Daß Lukas diesen Zusammenhang absichtsvoll berücksichtigte, erhellt beispielsweise aus der oben S. 164 schon zitierten Stelle 17, 11:⁸⁰ Dort wird das Ergebnis, daß der Logos, den Paulus und Silas verkündigten, in der Synagoge von Beroia günstige Aufnahme fand, detailliert begründet, differenziert einerseits nach der inneren Disposition der Zuhörer, andererseits nach ihrem kritischen Verfahren, eben den Logos durch eigene Überprüfung der biblischen Schriften zu beglaubigen.

Drittens: Antagonisten der *Apostelgeschichte* sagen den Aposteln nach, diese nähmen durch ihre überzeugende Rede abträglichen Einfluß auf andere Menschen; der Erfolg ihres πείθειν wird dadurch gleichsam von außen, aus widriger Perspektive, bezeugt.⁸¹ So verbreitet in Ephesus der Silberschmied Demetrios über Paulus (19, 26): καὶ θεωρεῖτε καὶ ἀκούετε ὅτι οὐ μόνον Ἐφέσου ἀλλὰ σχεδὸν πάσης τῆς Ἀσίας ὁ Παῦλος οὗτος πείσας μετέστησεν ἱκανὸν ὄχλον λέγων ὅτι οὐκ εἰσὶν θεοὶ οἱ διὰ χειρῶν γινόμενοι.

---

77 Vgl. Folker Siegert, Mass Communication and Prose Rhythm in Luke-Acts, in: Stanley E. Porter/Thomas H. Olbricht (Hg.), Rhetoric and the New Testament. Essays from the 1992 Heidelberg Conference (= Journal for the Study of the New Testament. Supplement Series 90), Sheffield 1993, 42–58; hier: 55f., der annimmt: „Luke respects the historical facts in reporting the failure of the historical Paul who was not a public orator." In diesem Kontext wäre vielleicht auch jene Stelle nocheinmal zu interpretieren, in welcher Lukas vermerkt, der heilige Geist (16, 6)/der Geist Jesu (16, 7) habe Paulus, Silas und Timotheos davon abgehalten, in Asia und Bithynien den Logos zu sagen.
78 Zu der problematischen Deutung des Verbs ἀπειθέω als „den Gehorsam verweigern, ungehorsam sein" (Conzelmann, Apostelgeschichte, 118f.; vgl. Schmithals, Apostelgeschichte, 173. 175; Pesch, Apostelgeschichte, 2, 167f., sowie den Eintrag im Bauer/Aland, der freilich selbst belegt, daß im Dativobjekt nicht nur Personen und Gott, sondern mit Vorliebe auch solche Substantive stehen, die ein Reden, eine Botschaft bezeichnen, wie z. B. τὸ εὐαγγέλιον, ὁ λόγος, τὰ εἰρημένα, ὁ ἔλεγχος) vgl. schon oben Anm. 73.
79 Die Rezeptionsgeschichte dieses biblischen Anliegens ist noch zu schreiben; vgl. exemplarisch Oesterreich, Rhetorisches Denken, 128, zu Luthers Überzeugung, das Wort Gottes könne „seine schöpferisch-erneuernde Kraft nur unter der Bedingung des Glaubens vonseiten der Hörer entfalten".
80 Vgl. dazu schon Morgan, Roman Faith and Christian Faith, 383.
81 Dem inneren Zusammenhang mit der von Lukas ebenso nachdrücklich vorgestellten „Gefährdung" der πίστις (vgl. dazu etwa Böttrich, Glaube, 414–418), also eben nicht ihrer Stärkung und Zunahme (vgl. dazu Reinhardt, Wachstum, passim), die wiederholt erwähnt wird, sondern ihrer Abnahme oder gar ihres Verlustes wäre hier weiter zu nachzugehen (vgl beispielsweise 13, 6–12; 14, 22; 16, 4f.).

7 Ausblick

Treffen die vorstehenden Überlegungen Richtiges, dann lieferten sie für die Interpretation der *Apostelgeschichte* in mancherlei Hinsicht vielleicht noch weitere Anregungen. Abschließend seien hier nur wenige Gesichtspunkte kurz angesprochen.

a) Das Wortfeld πιστεύειν/πίστις ist im Hinblick auf sein vorchristliches Vorkommen von der neutestamentlichen Forschung intensiv untersucht worden, sowohl in der jüdischen Literatur, insbesondere in der Septuaginta, bei Philon und bei Flavius Josephus, als auch in der griechischen Literatur klassischer und hellenistischer Zeit. Die zahlreichen Belege, die man dabei für seinen Gebrauch in religiösen Zusammenhängen zusammentragen konnte,[82] sollen hier nicht erneut gemustert werden. Auffallen muß allerdings, daß im ganzen weder die etymologische Verwandtschaft des Wortfelds mit dem Verb πείθειν noch seine sich aus ebendieser Verwandtschaft nahelegende rhetorische Konnotation in jüngerer Zeit ernsthaft diskutiert worden sind.[83] Dies verwundert umso mehr, als die exegetische Forschung die *Apostel-*

---

[82] Vgl. etwa Bultmann, πιστεύω, passim; Dieter Lührmann, Glaube im frühen Christentum, Gütersloh 1976; Barth, Pistis, passim, insbesondere 125f., und dens., πίστις, 217f.; Kinneavy, Greek Rhetorical Origins, 7–22 u. ö.; Brandenburger, Pistis und Soteria, 168–170; Dennis R. Lindsay, The Roots and Development of the πιστ-Word Group as Faith Terminology, in: Journal for the Study of the New Testament 49 (1993) 103–118; mit reicher Literatur Schumacher, Zur Entstehung christlicher Sprache, 192–196. 205–209. 232–274 (auch zu jüdisch-hellenistischen Belegen); Otto Michel/Klaus Haacker, Glaube. πίστις, in: Coenen/ Haacker, Theologisches Begriffslexikon, 786–797; hier: 787–791; Morgan, Roman Faith and Christian Faith, passim, sowie die zahlreichen Beiträge im monumentalen Sammelband Frey/Schliesser/Ueberschaer, Glaube. Im übrigen wäre es nicht unnütz, auch das reiche Stellenmaterial aus vorchristlicher Zeit nocheinmal auf die Valenz der etymologischen Verwandtschaft mit πείθειν zu überprüfen; gerade die Belege aus dem griechischen Orakelwesen und der Traumdeutung (vgl. dazu etwa Gerd Schunack, Glaube in griechischer Religiosität, in: Bernd Kollmann/Wolfgang Reinhold/Annette Steudel [Hg.], Antikes Judentum und Frühes Christentum. Festschrift für Hartmut Stegemann zum 65. Geburtstag [= Beihefte zur Zeitschrift für die neutestamentliche Wissenschaft 97], Berlin/New York 1999, 296–326; hier: 299–314, auch Morgan, Roman Faith and Christian Faith, 138, mit der besonders wichtigen Stelle Artemidor 2, 69), die sich ja regelmäßig auf die adressatenorientierte sprachliche Mitteilung einer Gottheit beziehen, könnten hier von Interesse sein.

[83] Dafür nur drei autoritative Beispiele: Becker, Glaube, 781, verweist kurz auf die Stammverwandtschaft von πειθ- und πιστ-, macht daraus aber ebensowenig wie einige Seiten später Michel/Haacker, Glaube, passim, die auf ihn nicht mehr eingehen. Morgan, Roman Faith and Christian Faith, 250f., thematisiert zwar die Verwendung von πείθειν im *2. Korintherbrief* (und, diesen rezipierend, im *1. Clemensbrief*); auf den 626 Seiten ihrer Monographie bleibt die Nebenbemerkung „though linguistically cognate with pistis language" (250) freilich der einzige Hinweis auf die sprachliche Ausgangslage, die auch nirgends für einen vertieften Blick auf die antike Rhetorik genutzt wird. In der großangelegten, „enzyklopädischen" Darstellung von *Faith in Early Christianity* benennt Schliesser, Faith, 4, in dem ausdrücklich so betitelten Eintrag „Semantics" die etymologische Verbindung von πίστις mit πείθειν nicht; bezogen auf Lukas und die *Apostelgeschichte* (30) wird πείθεσθαι bloß registriert neben anderen Verben, mit denen „conversion" bezeichnet werde.

geschichte durchaus häufig aus rhetorischer Perspektive untersucht hat.[84] Über die Jahrhunderte ihrer Auslegung hinweg haben dabei die direkten Reden besondere Aufmerksamkeit erfahren;[85] ihr Anteil am Gesamttext ist im proportionalen Vergleich selbst zu jenen Werken der antiken Geschichtsschreibung, in welche direkte Reden in großer Breite aufgenommen sind, besonders hoch.[86] Porter konstatiert mit Recht, daß dabei eine einhellige Beurteilung dieses äußerlichen Befunds nicht erreicht worden ist:

> ... some have argued that the author uses the speeches to increase the vividness of the narrative. Some have argued that they were a convention of ancient historiography, whether they were actually uttered by the purported speakers or not. Lastly, many, especially recent interpreters, have seen the speeches as a device used by the author to develop his theological ideas ... it seems that one may well need to combine two or more of the three explanations above, plus possibly developing and adding others ...[87]

Hilfreich könnte es allerdings sein, nicht nur danach zu fragen, welche Funktion die direkten Reden in der *Apostelgeschichte* erfüllen; vielmehr scheint ihr Autor durch den Nachdruck, mit dem er das apostolische Wirken frühester Zeit als „Überzeugen"

---

84 Vgl. beispielhaft etwa Stanley E. Porter, The Paul of Acts. Essays in Literary Criticism, Rhetoric, and Theology (= Wissenschaftliche Untersuchungen zum Neuen Testament 115), Tübingen 1999, der gleich mehrere Kapitel der Frage widmet, ob und gegebenenfalls wie Paulus in der *Apostelgeschichte* als „Rhetorician" bezeichnet werden könnte (auch im Vergleich zum paulinischen Briefcorpus), sowie Rothschilds *Luke-Acts and the Rhetoric of History* (2004), die eine auch heute noch gültige Feststellung macht: „... a thorough evaluation of the rhetoric of Luke-Acts remains". Nichts zur *Apostelgeschichte* hingegen bei Carl Joachim Classen, Rhetorical Criticism of the New Testament (= Wissenschaftliche Untersuchungen zum Neuen Testament 128), Tübingen 2000.
85 Vgl. Dibelius, Aufsätze, 120–162 u. ö. (mit der älteren Forschung); George A. Kennedy, New Testament Interpretation Through Rhetorical Criticism (= Studies in Religion), Chapel Hill/London 1984, 114–140; Marion L. Soards, The Speeches in Acts. Their Content, Context, and Concerns, Louisville 1994; synthetisch Hemer, The Book of Acts, 415–427; Porter, The Paul of Acts, 128f.: „... when it is realized that ancient rhetoric, as well as modern rhetoric, has the primary purpose of persuasion, it becomes apparent that the speeches of Acts might well be analyzed as examples of early Christian rhetoric before various audiences, both Jewish and Gentile, Christian and non-Christian"; Charles H. Talbert, Reading Luke-Acts in its Mediterranean Milieu (= Supplements to Novum Testamentum 107), Leiden/Boston 2003, 210–212, sowie Ute E. Eisen, Die Poetik der Apostelgeschichte. Eine narratologische Studie (= Studien zur Umwelt des Neuen Testaments 58), Fribourg/Göttingen 2006, 223.
86 Vgl. Hemer, The Book of Acts, 416; Richard A. Burridge, The Gospels and Acts, in: Stanley E Porter (Hg.), Handbook of Classical Rhetoric in the Hellenistic Period 330 B.C.–A.D. 400, Leiden/New York/Köln 1997, 507–532; hier: 523; Porter, The Paul of Acts, 127; dazu auch Wilckens, Missionsreden, 8; Pesch, Apostelgeschichte, 1, 42–45; Eisen, Poetik, 118; Richard I. Pervo, Direct Speech in Acts and the Question of Genre, in: Journal for the Study of the New Testament 28 (2006) 285–307, sowie Haacker, Apostelgeschichte, 19f.
87 Porter, The Paul of Acts, 127; vgl. z. B. auch Conzelmann, Apostelgeschichte, 9, und Vielhauer, Geschichte, 397: „..., die [sc. die Reden] für den Ablauf des Geschehens keine Bedeutung haben".

charakterisiert, eben die überzeugende Rede selbst zu einem Hauptthema seiner Schrift zu erheben.

b) Eine detaillierte Antwort auf die Frage, warum in der *Apostelgeschichte* die Apostel manche Menschen vom Evangelium Christi überzeugen, andere aber nicht, müßte ausgehen von der genauen rhetorischen Analyse der langen Predigten[88], mit eingehender Untersuchung der lexikalisch-semantischen Ebene, der stilistischen Gestaltung und des kompositorischen Aufbaus[89] – nach wie vor ein Desiderat, dessen Behebung von höchstem Interesse wäre, ist es doch offenkundig, daß Lukas seinen Lesern exemplarische Muster christlicher Verkündigung vorzustellen sucht und damit autoritative Vorbilder apostolischer Rede des λόγος τοῦ θεοῦ vorlegt.[90] Daß eine solche Analyse freilich nie eine nur rhetorische sein könnte, hat sich eben schon angedeutet in dem Befund, daß dieselben Predigten nicht jeden überzeugten; die Frage, wie sie als λόγος τοῦ θεοῦ in der Rede von Menschen auf Menschen wirkten oder nicht, ist auch in der *Apostelgeschichte* zuvörderst eine theologische. Wie die Überzeugung der Verkündigung vom heiligen Geist und damit von der Taufe Jesu Christi abhängt, wäre dabei vor allem zu berücksichtigen: Die Apostel sind nicht Redner, sie sind getaufte Redner, und Lukas macht unmißverständlich klar, daß Verkündigung von Ungetauften nicht gleich ist einer – freilich ihrerseits nicht stets und überall πίστις begründenden – Verkündigung aus jener δύναμις, welche

---

88 Neben den oben schon genannten, mit einer gewissen terminologischen Vorliebe benutzten Verben des Sprechens, welche diese Predigten einleiten und beschreiben, wären auch jene Wörter und Junkturen noch genauer zu untersuchen, die besonders gewählt erscheinen, etwa die Hinführung zur Pfingstpredigt Petri (2, 14): σταθεὶς δὲ ὁ Πέτρος σὺν τοῖς ἕνδεκα ἐπῆρεν τὴν φωνὴν αὐτοῦ καὶ ἀπεφθέγξατο ... (vgl. ähnliche Terminologie, auf das Gebet der Apostelgemeinde hinführend, in 4, 24 sowie in 14, 11; 26, 25); 8, 35 (über Philipps Reaktion auf die Bitte des ägyptischen Eunuchen): ἀνοίξας δὲ ὁ Φίλιππος τὸ στόμα αὐτοῦ ... (vgl. auch 10, 34 über Petrus und 18, 14 über Paulus); 11, 4 (über Petri Rechtfertigung in Jerusalem: ... ἐξετίθετο αὐτοῖς καθεξῆς λέγων ...) oder 13, 16 (über Paulus in der Synagoge von Antiochia): ἀναστὰς δὲ Παῦλος καὶ κατασείσας τῇ χειρὶ εἶπεν ...; 21, 40 (über Paulus: ἑστὼς ἐπὶ τῶν ἀναβαθμῶν κατέσεισεν τῇ χειρὶ τῷ λαῷ. πολλῆς δὲ σιγῆς γενομένης προσεφώνησεν τῇ Ἑβραΐδι διαλέκτῳ λέγων ...) oder 24, 10 (Paulus: ἀπολογοῦμαι; vgl. 22, 1: ἀπολογία und 25, 8. 16; 26, 1f. 24). Vgl. dagegen über die Juden in Thessaloniki (17, 6): ... βοῶντες ... sowie das Getümmel und Geschrei in Ephesus (19, 28–34) und in Jerusalem (21, 27f.); dazu noch 22, 22f.

89 Vgl. den Versuch über den christologischen Schriftbeweis bei William S. Kurz SJ, Hellenistic Rhetoric in the Christological Proof of Luke-Acts, in: The Catholic Biblical Quarterly 42 (1980) 171–195, der allerdings einen kritischen Leser erfordert.

90 Ob die Reden exemplarisch im Sinn vorbildlicher Muster sind, war und ist umstritten (vgl. dagegen etwa Conzelmann, Apostelgeschichte, 10, und Vielhauer, Geschichte, 398). Die Rezeptionsgeschichte schon der christlichen Antike spricht ein eindeutiges Urteil (vgl. etwa Franz Mußner, Apostelgeschichte [= Die Neue Echter-Bibel. Kommentar zum Neuen Testament mit der Einheitsübersetzung 5], Würzburg 1984, 7, und Pesch, Apostelgeschichte, 1, 31f.: früheste Verkündigung als „apostolische Norm").

das πνεῦμα in der Taufe Jesu Christi wirkt.[91] Daß es Überzeugung, πίστις, geben kann auch ohne Geist, πνεῦμα, das stellt die *Apostelgeschichte* unmißverständlich fest: Barnabas war ein Mann ἀγαθὸς καὶ πλήρης πνεύματος ἁγίου καὶ [!] πίστεως (11, 24; vgl. schon oben S. 173 zu Stephan[92]), und Petrus rückt nach seiner Rückkehr nach Jerusalem[93] das Verhältnis von πιστεῦσαι und πνεῦμα ausdrücklich in eine zeitliche Folge, sowohl im Hinblick auf die ersten Heiden, die er überzeugt hatte, als auch im Hinblick auf sich selbst (11, 17): εἰ οὖν τὴν ἴσην δωρεὰν ἔδωκεν αὐτοῖς ὁ θεὸς ὡς καὶ ἡμῖν πιστεύσασιν ἐπὶ τὸν κύριον Ἰησοῦν Χριστόν ... (vgl. in dieser Hinsicht wichtig schon 2, 38).[94] Auch jene Frage, die Paulus nach seiner Ankunft in Ephesus an dortige μαθηταί τινες richtet (19, 2): εἰ πνεῦμα ἅγιον ἐλάβετε πιστεύσαντες; geht wohl von derselben Annahme aus.[95] Ihre Leser aber umgekehrt auch dessen zu versichern, daß sich das Pneuma seinerseits der πίστις wirkenden menschlichen Rede bedient, ist offenbar ein zentrales Anliegen der *Apostelgeschichte*.[96]

c) Der Gesamtüberblick über die Komposition der *Apostelgeschichte*, insbesondere über die großen Reden und die unmittelbaren Reaktionen auf ebendiese, ermöglicht eine Beobachtung, die sowohl für die Frage nach den „typischen Szenen" bei Lukas als auch für die rhetorische Interpretation der Schrift von Belang ist: Es ist ja nicht bloß so, daß nach dem Ende einer Rede gewissen Umfangs allein ihre Aufnahme oder Ablehnung durch das direkt anwesende Publikum registriert würde. Vielmehr beschreibt Lukas wiederholt, geradezu in einer gewissen Regelmäßigkeit,

---

91 Vgl. Wilckens, Missionsreden, 94–96; Schmithals, Apostelgeschichte, 9f.; Bultmann, Theologie, 42. 136–145 (zum sakramentalen Rang der Taufe schon unter den frühesten Christen); von Dobbeler, Glaube als Teilhabe, 45–74, der betont (54), in der *Apostelgeschichte* sei Gläubigwerden gerade nicht abhängig vom Geist, das πείθειν der Apostel daher auch keine Geistverleihung, welche ihrerseits an die Taufe gebunden bleibe: Pistis und Pneuma machten den ganzen Christen aus, die Gabe des Geistes sei als eine Art göttliche Bestätigung der erfolgten Bekehrung zu deuten; Brandenburger, Pistis und Soteria, 195 (über die vollgültige Begründung des Gottesverhältnisses durch das Zum-Glauben-Kommen und die Taufe); Zmijewski, Apostelgeschichte, 28f.; John C. O'Neill, The Connection between Baptism and the Gift of the Spirit in Acts, in: Journal for the Study of the New Testament 63 (1996) 87–103; Porter, The Paul of Acts, 93–96; Strelan, Strange Acts, 52–55; Wischmeyer, Gottesglaube, 28; Shauf, Theology as History, 144. 156f.; Avemarie, Acta Jesu Christi, 557–560, sowie Butticaz, L'identité, 131–134.
92 Vgl. Cornelis, Vom Geist Gottes erzählen, 125f. 149–153.
93 Zu der schwierigen Frage der Handlungsabfolge in der Zusammenschau von 10, 44 und 11, 15 vgl. Cornelis, Vom Geist Gottes erzählen, 98, sowie Haacker, Apostelgeschichte, 199.
94 Vgl. zu der auch in dieser Hinsicht auffälligen Apollos-Episode 18, 24–28 unten S. 190.
95 Vgl. O'Neill, Connection, 92f.; Wischmeyer, Gottesglaube, 38; Cornelis, Vom Geist Gottes erzählen, 100, sowie Shauf, Theology as History, 147 (mit Literatur).
96 Von Harnack, Mission und Ausbreitung, 93 benennt als Thema der *Apostelgeschichte* bekanntlich: „Die Kraft des Geistes Jesu in den Aposteln geschichtlich dargestellt"; vgl. auch Haenchen, Apostelgeschichte, 108, sowie Marguerat, Lukas, 162: „Der heilige Geist erreicht nur die Gläubigen". 170: „Bei Lukas hat der heilige Geist stets irgendwie mit der Verkündigung des Worts zu tun."

noch eine andersgeartete Reaktion auf die Reden und auch auf das sichtbare Handeln der Apostel, nämlich Gefangennahme, Mißhandlung, Gewalt.[97] Daß es nach den langen Predigten der Apostel eigentlich an keiner Stelle der Schrift zu einer tatsächlich argumentativen Auseinandersetzung kommt, die Rede vom Evangelium Jesu Christi also in einer ausführlich begründeten Gegenrede von Antagonisten widerlegt oder zumindest mit dem Ziel der Widerlegung beantwortet wird,[98] stärkt vor allem den Eindruck von der Unwiderlegbarkeit des von den Aposteln in unerschrockener παρρησία verkündigten λόγος τοῦ θεοῦ,[99] befördert also gerade seine Wirkung von πίστις[100]. Es kann kein Zufall sein, daß Lukas im letzten Kapitel seiner Schrift die Opposition gegen die Verkündigung der Apostel, insbesondere gegen Paulus, in Worten der römischen Juden pointiert als „Widerrede" bezeichnet (28, 22): ἀξιοῦμεν δὲ παρὰ σοῦ ἀκοῦσαι ἃ φρονεῖς· περὶ μὲν γὰρ τῆς αἱρέσεως ταύτης γνωστὸν ἐστιν ἡμῖν ὅτι πανταχοῦ ἀντιλέγεται.[101] Doch schreibt sich so die apostoli-

---

97 Vgl. etwa 4, 1–4; 5, 17. 33. 40; 7, 54–59; 9, 20–25; 13, 50; 14, 5. 19; 17, 5; 18, 17; 21, 27–31; 22, 22f. sowie 12, 1 (zu Herodes) und 16, 16–22 (in Philippi). Die Athener übrigens reagieren ohne Gewalt. Zum Themenkomplex Stegemann, Zwischen Synagoge und Obrigkeit, 94–96. 145f. 201. 275f., sowie Reinhardt, Wachstum, 289–291.
98 Bemerkenswert, daß etwa Gamaliel (5, 34–39) eben nicht direkt den Aposteln antwortet, sondern erst dann seine Rede hält, nachdem diese kurz aus dem Synedrion gebracht worden sind.
99 Lukas faßt diese Spannung besonders nachdrücklich ein in 23, 1–3: ἀτενίσας δὲ ὁ Παῦλος τῷ συνεδρίῳ εἶπεν· „ἄνδρες ἀδελφοί, ἐγὼ πάσῃ συνειδήσει ἀγαθῇ πεπολίτευμαι τῷ θεῷ ἄχρι ταύτης τῆς ἡμέρας." ὁ δὲ ἀρχιερεὺς Ἀνανίας ἐπέταξεν τοῖς παρεστῶσιν αὐτῷ τύπτειν αὐτοῦ τὸ στόμα. τότε ὁ Παῦλος πρὸς αὐτὸν εἶπεν· „τύπτειν σε μέλλει ὁ θεός, τοῖχε κεκονιαμένε· καὶ σὺ κάθῃ κρίνων με κατὰ τὸν νόμον καὶ παρανομῶν κελεύεις με τύπτεσθαι ..." Zum Verhältnis von Parrhesia und Gefahr auch Foucault, Diskurs und Wahrheit, 14–16.
100 In 4, 13–22 wird die Unmöglichkeit, angesichts der παρρησία der Apostel Petrus und Johannes sowie des evidenten Heilungswunders zu „widersprechen" (4, 14: οὐδὲν εἶχον ἀντειπεῖν) oder zu „leugnen" (4, 16: οὐ δυνάμεθα ἀρνεῖσθαι), explizit in die Rede der Antagonisten eingetragen. Ausführlich schildert Lukas die sich von argumentativer Auseinandersetzung über körperlichen Zugriff bis hin zur Anklage unter falschen Zeugen steigernde Gegenwehr gegen Stephan in 6, 8–14 (vgl. dazu instruktiv Haacker, Apostelgeschichte, 132f.): καὶ ὁ λόγος τοῦ θεοῦ ηὔξανεν καὶ ἐπληθύνετο ὁ ἀριθμὸς τῶν μαθητῶν ἐν Ἰερουσαλὴμ σφόδρα πολύς τε ὄχλος τῶν ἱερέων ὑπήκουον τῇ πίστει· ἀνέστησαν δέ τινες τῶν ἐκ τῆς συναγωγῆς τῆς λεγομένης Λιβερτίνων καὶ Κυρηναίων καὶ Ἀλεξανδρέων καὶ τῶν ἀπὸ Κιλικίας καὶ Ἀσίας συζητοῦντες τῷ Στεφάνῳ. καὶ οὐκ ἴσχυον ἀντιστῆναι τῇ σοφίᾳ καὶ τῷ πνεύματι ᾧ ἐλάλει. τότε ὑπέβαλον ἄνδρας λέγοντας ὅτι ἀκηκόαμεν αὐτοῦ λαλοῦντος ῥήματα βλάσφημα εἰς Μωϋσῆν καὶ τὸν θεόν. συνεκίνησάν τε τὸν λαὸν καὶ τοὺς πρεσβυτέρους καὶ τοὺς γραμματεῖς καὶ ἐπιστάντες συνήρπασαν αὐτὸν καὶ ἤγαγον εἰς τὸ συνέδριον, ἔστησάν τε μάρτυρας ψευδεῖς λέγοντας· „ὁ ἄνθρωπος οὗτος οὐ παύεται λαλῶν ῥήματα κατὰ τοῦ τόπου τοῦ ἁγίου τούτου καὶ τοῦ νόμου· ἀκηκόαμεν γὰρ αὐτοῦ λέγοντος ὅτι Ἰησοῦς ὁ Ναζωραῖος οὗτος καταλύσει τὸν τόπον τοῦτον καὶ ἀλλάξει τὰ ἔθη ἃ παρέδωκεν ἡμῖν Μωϋσῆς." Zur Widerrede in 13, 45 vgl. schon oben S. 171, zu jener in 14, 2 oben S. 164; dazu auch 18, 6. 12f. und 21, 28.
101 Vgl. nur wenige Verse zuvor Paulus selbst (28, 17–19): ἐγένετο δὲ μετὰ ἡμέρας τρεῖς συγκαλέσασθαι αὐτὸν τοὺς ὄντας τῶν Ἰουδαίων πρώτους. συνελθόντων δὲ αὐτῶν ἔλεγεν πρὸς αὐτούς· „ἐγώ, ἄνδρες ἀδελφοί, οὐδὲν ἐναντίον ποιήσας τῷ λαῷ ἢ τοῖς ἔθεσι τοῖς πατρῴοις δέσμιος ἐξ Ἱεροσολύμων παρεδόθην εἰς τὰς χεῖρας τῶν Ῥωμαίων, οἵτινες ἀνακρίναντές με ἐβούλοντο

sche Ausbreitung des Evangeliums, welche bis an die Enden der Erde πίστις zu wirken sucht, auch ein in jene hochberühmte Wesensbestimmung öffentlicher Rede als eines zivilisatorischen Fortschritts, weil sie mit Macht Überzeugung anstrebe, dabei aber physische Gewalt nicht nur vermeide, sondern nachgerade ersetze.[102] Bei Lukas reden die Gegner der apostolischen πίστις nicht nur nicht dagegen; sie setzen an die Stelle eigener überzeugender Rede auch (wieder) Gewalt.[103]

d) Die Exegese der *Apostelgeschichte* hat der räumlichen Dimension, die Lukas seiner Darstellung verleiht, stets besondere Aufmerksamkeit gewidmet. Diese Dimension im Zusammenhang der hier angestellten Überlegungen in den Blick zu nehmen erlaubt aufschlußreiche Einsichten. Nur zwei Hinweise: Wenn die Mission der Völker so gekennzeichnet wird, daß Gott selbst ihnen eine θύρα πίστεως geöffnet (14, 27)[104] habe, diese πίστις ihrerseits aber durch überzeugende Rede, Zeichen und Wunder gewirkt wird, dann erweist sich das lukanische Panorama der so weiten Räume als gleichsam vernetzt durch das πείθειν der Apostel: Jerusalem, Zypern, Perge, Antiochia, Ikonion, Lystra, Derbe, Philippi, Thessaloniki, Beroia, Athen, Korinth, Ephesus, Rom – das Medium, in welchem die Apostel überall, ungeachtet der sprachlichen und kulturellen Verschiedenheit dieser Orte und ihrer Menschen, das Evangelium verbreiten, ist eben ihre Rede. Die Verkündigung in unterschiedlichen Sprachen an Pfingsten wie auch die Ethopoiie der Apostel, die eigene Rede den Verstehensbedingungen des jeweiligen Publikums zu akkommodieren, wären vor diesem Hintergrund auch rhetorisch zu interpretieren, insbesondere jene des Paulus, der in Rom „alle, die zu ihm kamen, aufnahm"[105].

Pfingsten wirft allerdings auch in anderer Hinsicht eine Frage auf, welche die *Apostelgeschichte* wie ein roter Faden bis zum Ende durchzieht: Wie öffentlich eigentlich geschieht apostolisches πείθειν? Die öffentliche, in diesem Sinn durchaus

---

ἀπολῦσαι διὰ τὸ μηδεμίαν αἰτίαν θανάτου ὑπάρχειν ἐν ἐμοί. ἀντιλεγόντων δὲ τῶν Ἰουδαίων ἠναγκάσθην ἐπικαλέσασθαι Καίσαρα οὐχ ὡς τοῦ ἔθνους μου ἔχων τι κατηγορεῖν."
102 Vgl. dazu Bovon, Der Heilige Geist, 203f., sowie Niehues-Pröbsting, Überredung, 24–44.
103 Winter, ΠΑΡΡΗΣΙΑ, 198f. 202 hebt mit Recht hervor, daß Lukas dabei den jüdischen Antagonisten der Apostel nicht durchgehend Gewalt zuschreibt. Im römischen Schlußteil würden eben diese gerade nicht in gewaltsamer Reaktion und Aufruhr, sondern eher, ähnlich wie die Athener (17, 32), als interessierte „Philosophen" dargestellt (vgl. 28, 24; vgl. auch Eisen, Poetik, 216). In Ephesus (19, 23–40) geht der Widerstand gegen die Apostel zunächst nicht von Juden aus (vgl. Shauf, Theology as History, 240–263).
104 Die Wortverbindung soll an anderer Stelle genauer untersucht werden. Zur kontroversen Deutung, etwa ob der Genitiv epexegetisch oder objektiv zu verstehen ist, vgl. nur Pesch, Apostelgeschichte, 2, 65: „Tür zum Glauben, ihren Einlaß in das eschatologische Gottesvolk" mit Schenk, Glaube, 80, und Johnson, Acts, 255; „door of faith" (mit Hinweis auf paulinischen Gebrauch der Türmetapher; dazu auch Haacker, Apostelgeschichte, 316).
105 Vgl. zu dieser Aussage im letzten Satz der *Apostelgeschichte* schon oben S. 171f. Zum universellen, ökumenischen Anspruch des Buchschlusses vgl. Reinhardt, Wachstum, 299–301, sowie Butticaz, L'Identité, 438f. (mit Literatur).

auch politische Rede des λόγος θεοῦ sprechen die Apostel in παρρησία zum Volk, wie Lukas betont;[106] sie ist zu unterscheiden von der angstvollen, nur nach innen gewandten Verständigung der Jünger unter sich vor Pfingsten, aber auch von der Verkündigung im traditionellen Setting der Synagoge[107] oder den großen Reden vor antagonistischen Autoritäten etwa im Synedrion oder der römischen Imperialmacht.[108] Lukas selbst notiert wiederholt solche räumlichen Differenzierungen: etwa dort, wo Petrus und seine Gefährten nach dem Einspruch Gamaliels für ihre Verkündigung nicht getötet werden, sondern vom Hohen Rat die Auflage erhalten μὴ λαλεῖν ἐπὶ τῷ ὀνόματι τοῦ Ἰησοῦ, in der Folge jedoch nichtsdestotrotz ohne Unterlaß ἐν τῷ ἱερῷ καὶ κατ' οἶκον das Evangelium Jesu Christi lehren (5, 33–42);[109] oder dort, wo Stephan zunächst „unter dem Volk" (ἐν τῷ λαῷ) Zeichen und Wunder wirkt (6, 8), dann – offenbar nach ebenfalls öffentlichen Streitgesprächen mit „irgendwelchen" aus unterschiedlichen Synagogen, denen er erfolgreich standhält (6, 9f.) – ins Synedrion vor den Rat verbracht wird (6, 12), um sich in langer Rede zu verteidigen, schließlich von den erbosten Hörern aus der Stadt geworfen wird zur Steinigung, während er selbst in der Vision vor seiner Hinrichtung im geöffneten Himmel den Menschensohn zur Rechten Gottes schaut und ebendiese Vision den Zuhörern in Rede faßt (7, 54–60).[110]

e) Mit der Frage nach dem Wirken apostolischer „Überzeugung" im öffentlichen Raum verknüpft Lukas jene nach ihrer Berechtigung, und zwar in mehreren Hinsichten. Es ist ja nicht so, daß das Reden der Apostel von ihren Widersachern nur inhaltlich inkriminiert würde, insofern es eine neue Lehre verkünde, die mit der überkommenen der Synagoge nicht in Einklang stehe. Vielmehr scheint an verschiedenen Stellen der *Apostelgeschichte* das Problem auf, aus welchen Quellen sich

---

106 Vgl. etwa Siegert, Mass Communication, 45f. (zu Apg. 3 sowie 19, 29–40), und Butticaz, L'identité, 103.
107 Gerade die schon angesprochene Episode in Thessaloniki (17, 1–9) zeigt, daß Paulus zunächst im engeren Raum der Synagoge redet, die breite Öffentlichkeit der Stadt aber erst durch die Maßnahmen der Antagonisten auf sein Wirken aufmerksam wird.
108 Vgl. die Liste bei Reinhardt, Wachstum, 316.
109 Vgl. in ähnlicher Konstellation schon 4, 1–22, wo die apostolische Rede zum Volk (4, 1: πρὸς τὸν λαόν; 4, 2: τὸν λαόν) und ihr Erfolg unter den „Zuhörern" (4, 4) in scharfen Gegensatz treten zu der Ablehnung unter den in langer Aufzählung (4, 5f.) benannten Jerusalemer Autoritäten, welche sie im Synedrion verhören. Daß es auch hier „nur" zu einem Verbot fortgesetzter öffentlicher Rede und Lehre kommt (4, 18: … μὴ φθέγγεσθαι μηδὲ διδάσκειν ἐπὶ τῷ ὀνόματι τοῦ Ἰησοῦ), wird in den Beratungen der Autoritäten ausdrücklich auf das in aller Öffentlichkeit der Stadt erfolgte Heilungswunder Petri zurückgeführt (4, 16). Die Absicht des Verbots aber wird klargestellt (4, 17): … ἵνα μὴ ἐπὶ πλεῖον διανεμηθῇ εἰς τὸν λαόν …
110 Vgl. desweiteren besonders eindrücklich 18, 24–28; 19, 23–40, oder zu Rom 28, 17–31 (dazu Daniel Marguerat, The End of Acts [28.16-31] and the Rhetoric of Silence, in: Porter/Olbricht, Rhetoric and the New Testament, 74–89; hier: 88f., und ders., Lukas, 125: „Die Apostelgeschichte schließt mit dem Ausblick auf diese Wohnung des Paulus, wo sich die Umgestaltung der christlichen Identität abzeichnet … ein neuer Raum …").

die rednerische Überzeugungskraft der Fischer und Handwerker wie Petrus und Paulus eigentlich speiste – rührte die Resonanz ihres öffentlichen Auftretens doch an hergebrachten Lehrhierarchien innerhalb der jüdischen Gelehrsamkeit, gerade in Jerusalem. Lukas notiert ausdrücklich die Verwunderung, welche Petrus und Johannes unter den Vorstehern, den Älteren und den Schriftgelehrten Jerusalems mit ihren Reden und der Heilung des Kranken am Tempel auslösten (4, 13): … καταλαβόμενοι ὅτι ἄνθρωποι ἀγράμματοί εἰσιν καὶ ἰδιῶται ἐθαύμαζον ἐπεγίνωσκόν τε αὐτοὺς ὅτι σὺν τῷ Ἰησοῦ ἦσαν.[111]

Ob man in dieser Hinsicht historisch verläßlich von einer Art konzertierter, systematisch geplanter „Persuasive Campaign" der Apostel sprechen darf,[112] bleibe hier dahingestellt, doch vermittelt Lukas durchaus das Bild einer „Überzeugung", die sich durch die „Diener des Worts" keinesfalls zufällig oder willkürlich ausbreitete.[113] Nicht minder frappierend mußte jene Resonanz allerdings auf das griechische Publikum wirken, weil als Voraussetzung der Parrhesia, also der freien, öffentlichen Rede, in welcher der Redner seine eigene Meinung offenlegte, gemeinhin dessen persönliche Befähigung zur Rede durch μάθησις, τέχνη und παιδεία galt.[114] Es ist in dieser Hinsicht hochbedeutsam, daß Lukas die „Bildung" der frühesten christlichen Prediger nicht allein ungünstig, aus der Perspektive ihrer Gegner, kommentieren

---

111 Vgl. durchaus kontrovers Pesch, Apostelgeschichte, 1, 167: „…. die Mitglieder des Rates merkten …, daß die Apostel ‚unstudierte' Leute, die keine schriftgelehrte Ausbildung genossen haben, und ‚Laien', die keine rhetorische Schulung erhalten haben, sind"; Johnson, Acts, 78; Thomas J. Kraus, „Uneducated", „Ignorant", or even „Illiterate"? Aspects and Background for an Understanding of ἀγράμματος (and ἰδιῶται) in Acts 4.13, in: New Testament Studies 45 (1999) 434–449; Ben Witherington III, „Almost Thou Persuadest Me …" The Importance of Greco-Roman Rhetoric for the Understanding of the Text and Context of the NT, in: Journal of the Evangelical Theological Society 58 (2015) 63–88; hier: 66, sowie Haacker, Apostelgeschichte, 96: „Beide Aussagen … passen auf ‚einfache Menschen' der damaligen jüdischen Gesellschaft, in deren Leben Literatur keine Rolle spielte".
112 Vgl. mit diesem Terminus James J. Murphy, Early Christianity as a ‚Persuasive Campaign': Evidence from the Acts of the Apostles and the Letters of Paul, in: Porter/Olbricht, Rhetoric and the New Testament, 90–99.
113 Vgl. auch Murphy, Early Christianity, 95f. über die typischen, sich diesbezüglich wiederholenden Szenen in der *Apostelgeschichte* sowie über die wichtige Tatsache, daß Lukas nicht allein das Wirken der großen, namentlich identifizierten Apostel beschreibt, sondern ausdrücklich, in 11, 19–26, noch zahlreiche andere erwähnt.
114 Vgl. Siegert, Mass Communication, 46. 55f.; Foucault, Diskurs und Wahrheit, 69; Burridge, The Gospels and Acts, 510; den kurzen Überblick bei Andersen, Im Garten der Rhetorik, 219–223. 269–273, der freilich mit Recht betont, daß sowohl den Praktikern als auch den Theoretikern der antiken Rhetorik die Begabung grundsätzlich als vorrangig der bloßen Technik galt, sowie zusammenfassend Christian Fron/Peter Scholz, Räume, Institutionen und Kontexte von Rhetorik in der griechischen Kultur, in: Michael Erler/Christian Tornau (Hg.), Handbuch Antike Rhetorik (= Handbücher Rhetorik 1), Berlin/Boston 2019, 81–126, und Peter Scholz/Christian Winkle, Räume, Institutionen und Kontexte von Rhetorik in der römischen Kultur, in: Erler/Tornau, Handbuch Antike Rhetorik, 127–184. Der Steinmetz Sokrates könnte auch in dieser Hinsicht exemplarisch gewesen sein.

läßt. In der seltsamen, schwer zu deutenden Apollos-Episode (18, 24–28) weist er auf jeden Fall doch darauf hin, daß sich mit dem Alexandriner Apollos ein hochgelehrter und eloquenter Jude, im „Weg des Herrn" unterwiesen,[115] aber nicht christlich getauft und ohne heiligen Geist,[116] auf weite Reisen begeben habe, um Christus in überzeugender Rede „genau" zu lehren.[117] Daß die σκηνοποιοί Aquila und Priscilla ihn in Ephesus, nachdem sie ihn in der dortigen Synagoge „gehört" haben, zu sich nehmen, ihm „den Weg" noch „genauer" auseinandersetzen,[118] er dann sogar mit einem schriftlichen Brief den Gemeinden in Achaia anempfohlen wird und diese ebendort wirksam unterstützt, rückt freilich die hierarchischen Verhältnisse apostolischer Bildung aufschlußreich zurecht. Den Paulus hingegen stellt Lukas bekanntlich in eine eigentümliche Spannung expliziter Aussagen über seinen Werdegang und seine Gelehrsamkeit: Während der Apostel in Jerusalem sich selbst als παρὰ τοὺς πόδας Γαμαλιὴλ πεπαιδευμένος κατὰ τὴν ἀκρίβειαν τοῦ πατρῴου νόμου vorstellt (22, 3), also als schriftgelehrten Pharisäer,[119] kommentiert Sergius Festus die lange Apologie, die Paulus vor Agrippa gehalten hat, mit den Worten:[120] μαίνῃ, Παῦλε· τὰ πολλά σε γράμματα εἰς μανίαν περιτρέπει (26, 24).

f) Pistis rhetorisch als „Überzeugung" ernstzunehmen trägt auch etwas aus für das Verständnis der zeitlichen Dimension der *Apostelgeschichte*. Schon die Sorgfalt,

---

115 Das Verb κατηχέω verdiente hier – wie auch in 21, 21. 24 – eine genauere Betrachtung, nicht zuletzt, weil Lukas es in eigener Sache gegenüber Theophilus in Lk. 1, 4 verwendet.
116 Vgl. Johnson, Acts, 332: „Apollos is *not* said to be ‚full of the Holy Spirit' … Although Apollos is not himself baptized into Jesus, he is teaching about him", sowie Haacker, Apostelgeschichte, 316; anders O'Neill, Connection, 95f.
117 Vgl. Haacker, Apostelgeschichte, 317: „…. signalisiert dem Publikum des Lukas, dass die Jesusbewegung sich intellektuell ‚sehen lassen kann'". Die Feststellung … ζέων τῷ πνεύματι λαλεῖ καὶ ἐδίδασκεν ἀκριβῶς τὰ περὶ τοῦ Ἰησοῦ … ist schwierig zu verstehen, zumal da seine Rede in der Synagoge unmittelbar danach auch mit dem Verb παρρησιάζομαι charakterisiert wird. Apollos scheint sich den Aposteln eben dadurch ausgezeichnet zu haben, daß er nicht nur mit Parrhesia redete, sondern auch einerseits besonders emphatisch, „kochend" – was für die pathologische Deutung seiner Rede bedeutsam wäre –, andererseits doch präzise lehrend. Auffallen muß freilich, daß das Verb πείθειν nicht begegnet und auch sein späteres Wirken in Achaia gerade nicht neue πίστις begründet, sondern denjenigen, die schon „überzeugt waren" (τοῖς πεπιστευκόσιν), viel Unterstützung leistete.
118 Vgl. zu der Junktur … ἀκριβέστερον αὐτῷ ἐξέθεντο τὴν ὁδόν … 11, 4 (Petrus) und 28, 23 (Paulus).
119 Vgl. Schmithals, Apostelgeschichte, 202; Johnson, Acts, 388, sowie Haacker, Apostelgeschichte, 360; zu κατὰ τὴν ἀκρίβειαν τοῦ πατρῴου νόμου auch die soeben behandelte Apollos-Episode (18, 24–28).
120 Vgl. Pesch, Apostelgeschichte, 2, 279: „…. attestiert Paulus … große Gelehrsamkeit …" (schon Conzelmann, Apostelgeschichte, 149, sowie Schmithals, Apostelgeschichte, 228); Johnson, Acts, 439: „higher levels of learning"; zurückhaltender Stanley E. Porter, „When It was Clear That We Could Not Persuade Him, We Gave Up and Said, ‚The Lord's Will be Done'" (Acts 21:24). Good Reasons to Stop Making Unproven Claims for Rhetorical Criticism, in: Bulletin for Biblical Research 26 (2016) 533–545; hier: 537. 541, sowie Haacker, Apostelgeschichte, 404.

mit welcher ihr Autor das Tempusrelief der beiden Verben πείθειν und πιστεύειν (insbesondere in den Partizipien) ausgestaltet, verweist auf die zeitliche Komplexität des persuasiven Geschehens und seiner Folgen. Überdies drückt sich in den Verben eine eigentümliche Dynamik aus, eine Bewegung, die von sich aus die Zeit mitbetrifft: Anders als etwa διδάσκειν, κηρύσσειν, ἀγγέλλειν sind im Vorgang der überzeugenden Rede stärker beide Seiten der kommunikativen Beziehung zugleich angesprochen, nicht allein der Lehrer, Verkünder, Bote, sondern zugleich der überzeugend Redende und derjenige, der überzeugt wird oder zumindest werden soll, der Adressat der Rede, und zwar derart, daß in der Verbalhandlung selbst auch die Veränderung in eben diesem Adressaten als Ergebnis und Wirkung oder doch zumindest als Wirkungsziel gesetzt ist.[121] Die gleichsam vorandrängende Bewegung der *Apostelgeschichte*, welche von Jerusalem über Athen bis nach Rom führt, aber doch auch über Rom hinausgeht, findet also in der Semantik einzelner Verben einen ihrer Ausdrucksgründe ebenso wie die Dynamik der „neuen Lehre" des λόγος θεοῦ, die sich in der fortschreitenden Entwicklung, ja Entfaltung apostolischen Überzeugens bewährt.[122] Lukas stellt gerade die Wirkung dieser „Überzeugung", die individuelles und soziales Leben, gemeindliche und öffentliche Zustände existenziell zu transformieren sich anschickte, in den Mittelpunkt seiner *Apostelgeschichte*: Wenn die neuen Christen durch die überzeugte Annahme des λόγος θεοῦ als οἱ πιστεύσαντες/πιστεύοντες definiert sind, dann hat die überzeugende Rede der Apostel ebenso wie ihre Zeichen und Wunder schöpferische Kraft.[123]

g) Folgt man dem Selbstzeugnis des Autors und versteht die *Apostelgeschichte* nach dem Evangelium als zweites Buch eines Doppelwerks, dann legt Lukas sie pointiert als Schrift vor, in welcher er den Augenzeugenberichten von Zeitgenossen der geschilderten Ereignisse möglichst genau und verläßlich, „sicher", zu folgen bestrebt sei.[124] Lukas historisiert also nicht allein die früheste Zeit apostolischer Verkündigung und macht so aus ihr im Rückblick eine Epoche; dadurch, daß er diese Geschichte aufschreibt und ausdrücklich als Schrift propagiert, zieht er zwischen sich selbst, seinem eigenen Handeln, und jener Zeit, die er beschreibt, in der die Apostel ihrerseits aber zu keinem Moment und nirgends schreiben, sondern durch lebendige Rede, Zeichen und Wunder überzeugen, eine klare Grenzlinie. Das Exzeptionelle dieser Epoche apostolischer Rede scheint Lukas noch weiter hervorheben zu wollen, indem er die Zeit und das Umfeld, aus der sie entsteht, ebenfalls als eine schriftzentrierte darstellt, nämlich der jüdischen Gelehrsamkeit Jerusalems, der

---

121 Die Zusammenschau mit einem anderen „Vorzugswort" des Autors, nämlich μετανοέω, wäre hier erhellend und fruchtbar zu machen nicht zuletzt für die Frage nach performativen Aspekten in der lukanischen Darstellung.
122 Vgl. schon Wilckens, Missionsreden, 95f. 202. 205–207. 209, sowie Zmijewski, Apostelgeschichte, 27. 31.
123 Vgl. dazu Marguerat, Lukas, 72.
124 Vgl. dazu Eisen, Poetik, 96.

Pharisäer und Schriftgelehrten, deren Autorität und Einfluß auf dem Fundament der Tora, der Propheten und der Weisheit der hebräischen Bibel fußten. Daß die apostolische Rede das Evangelium Jesu Christi, insbesondere durch den vieldiskutierten Schriftbeweis, rückbindet an die Verkündigungen des Alten Testaments, insbesondere der Propheten, mithin an die schriftliche Tradition der hebräischen Bibel,[125] dabei ebendiese mündlich in der Rede durch direkte Zitate einerseits, ausdrückliche Verweise und Auslegungen andererseits geltend macht, stellt die *Apostelgeschichte* von Anfang an unmißverständlich, wiederholt und in verschiedenen Variationen vor. An einer Stelle wird diese Grundlegung mit der christlichen Auferstehungshoffnung ausdrücklich als Überzeugung aus der Schrift gekennzeichnet; Paulus hält vor dem Statthalter Felix fest (24, 14): ὁμολογῶ δὲ τοῦτό σοι ὅτι κατὰ τὴν ὁδὸν, ἣν λέγουσιν αἵρεσιν, οὕτως λατρεύω τῷ πατρῴῳ θεῷ πιστεύων πᾶσι τοῖς κατὰ τὸν νόμον καὶ τοῖς ἐν τοῖς προφήταις γεγραμμένοις.[126]

In den typischen Szenen apostolischer Verkündigung in den Synagogen wird diese Herkunft ihrer Rede aus der heiligen Schrift vor Augen geführt (vgl. noch 13, 15), aber eben auch der Überschuß ihrer freien, lebendigen Loslösung von der Schrift, deren Erfüllung in der Gegenwart ausgerufen wird durch den parrhesiastischen Verweis auf ein außer- und nachbiblisches, aktuelles, unerhörtes Ereignis.[127] Der alten Opposition von lebendigem Geist/totem Buchstaben (2 Kor. 3, 6) muß damit freilich nicht das Wort geredet werden. Von besonderer Bedeutung ist die Stelle 18, 13 – in Korinth bezichtigen die Juden, vor dem Prokonsul Gallio, den Apostel Paulus, nachdem dieser durch seine Rede bereits zahlreiche Personen innerhalb und außerhalb der örtlichen Synagoge vom Evangelium überzeugt hatte: παρὰ τὸν νόμον ἀναπείθει οὗτος τοὺς ἀνθρώπους σέβεσθαι τὸν θεόν.[128] Man gewinnt den Ein-

---

125 Welche ihrerseits mündliche Äußerungen, etwa der Propheten, durch welche Gott sprach, überliefert: 2, 16–21; 3, 21–24; 7, 6f. u. ö.
126 Dazu Haacker, Apostelgeschichte, 380f. Vgl. die paulinische Predigt in Antiochia (13, 13–41) und 13, 46f. mit der Rechtfertigung der Hinwendung zu den Völkern aus Jesaja 49, 6; fürderhin 15, 13–21; 28, 25–27.
127 Vgl. etwa 13, 38f.: ... διὰ τούτου ὑμῖν ἄφεσις ἁμαρτιῶν καταγγέλλεται, ἀπὸ πάντων ὧν οὐκ ἠδυνήθητε ἐν νόμῳ Μωϋσέως δικαιωθῆναι, ἐν τούτῳ πᾶς ὁ πιστεύων δικαιοῦται und natürlich das gesamte 15. Kapitel. Aufschlußreich könnte es sein, auch andere Stellen, an denen Lukas die Fremdwahrnehmung apostolischer Pistis andeutet, vergleichend in den Blick zu nehmen; vgl. beispielsweise 10, 33 über Cornelius, der von Petrus zu hören begehrt πάντα τὰ προστεταγμένα σοι ὑπὸ τοῦ κυρίου, auch 17, 18 über Paulus in Athen, wo die Epikureer und Stoiker ihn für einen σπερμολόγος griechischer Philosophie halten, andere für einen Verkünder neuer Gottheiten, oder 25, 19 über Agrippas Einschätzung, es gehe zwischen Paulus und seinen Gegnern um δεισιδαιμονία.
128 Zur kontroversen Deutung der Stelle vgl. z. B. Stegemann, Zwischen Synagoge und Obrigkeit, 238–240, sowie Haacker, Apostelgeschichte, 310f. In 21, 28 heißt es über die gegen Paulus in Jerusalem schreienden Juden: ἄνδρες Ἰσραηλῖται, βοηθεῖτε· οὗτός ἐστιν ὁ ἄνθρωπος ὁ κατὰ τοῦ λαοῦ καὶ τοῦ νόμου καὶ τοῦ τόπου τούτου πάντας πανταχῇ διδάσκων ... (vgl. 6, 11–14 gegen Stephan). Zu berücksichtigen wären für den hier angesprochenen Zusammenhang auch jene Stellen, an denen

druck, die Konzentration auf die Schrift des Nomos, die sich nach Überzeugung der Apostel in Jesus Christus erfüllt habe, sei etwas nicht mehr Hinreichendes, Statisches, ja Rückwärtsgewandtes, die neue Rede der Apostel dagegen etwas nach vorn Strebendes.[129] Wenn die Geschichte von Pfingsten tatsächlich an die alttestamentliche Theophanie am Sinai erinnern soll,[130] dann ist freilich doch auffällig, daß die Zeugen Christi in den Sprachen der Welt mündlich predigen. Neben den hierzu besonders erhellenden Streitgesprächen Stephans und ihren Folgen (6, 8–15; vgl. oben S. 188)[131] ist die eben schon angesprochene Apollos-Episode in dieser Hinsicht vielsagend: Der Alexandriner ist ein ἀνὴρ λόγοις und ein δυνατὸς ἐν ταῖς γραφαῖς – seine Unterweisung in den „Weg des Herrn"[132] und seine eigene Lehre des Evangeliums aber gehen ebenso über die biblischen Schriften hinaus wie seine persönliche, mündliche Instruktion durch Aquila und Priscilla. Den Erfolg seiner öffentlichen, also offenbar nicht nur in den Synagogen vorgetragenen Reden, in welchen er die Juden „durch und durch widerlegte", begründet Lukas freilich gerade mit seiner, nun christologisch gewendeten, Schriftgelehrsamkeit (18, 28): εὐτόνως γὰρ τοῖς Ἰουδαίοις διακατηλέγχετο δημοσίᾳ ἐπιδεικνὺς διὰ τῶν γραφῶν εἶναι τὸν χριστὸν Ἰησοῦν.[133]

Fängt nun aber Lukas selbst als Historiker mit seinem in der Schrift konservierenden Rückblick dieses Vorwärtsdrängen wieder ein?[134] Endet mit ihm jene Epo-

---

Protagonisten der *Apostelgeschichte* den Juden vorwerfen, den biblischen Nomos nicht befolgt und bewahrt zu haben (vgl. etwa Stephan in 7, 53).
129 Vgl. Gerhard Ebeling, Wort und Glaube, Tübingen 1960, 267; Craig L. Blomberg, The Law in Luke-Acts, in: Journal for the Study of the New Testament 22 (1984) 53–80; hier: 70f.: „For Luke the law is preeminently prophecy, and specifically prophecy about the coming Christ"; Mußner, Apostelgeschichte, 8: „Es war also primär das von den christlichen Missionaren öffentlich vorgetragene Kerygma, das die Ablösung der Jesusgemeinde von Israel verursachte und sie ... zur Kirche werden ließ"; François Bovon, Das Leben der Apostel. Biblische Überlieferungen und apokryphe Erzählungen, in: ders., Lukas in neuer Sicht, 205–229 (ursprünglich 1981); hier: 214; Wischmeyer, Gottesglaube, 13: „.... λόγος τοῦ θεοῦ, gebraucht nicht mehr für die ... Rede Gottes im alttestamentlichen Sinn, sondern nun für die Verkündigung der Apostel", sowie Schloemann, „I have a dream", 79f. (zu Paulus). Dieser Sachverhalt wäre für die bis heute kontroverse Debatte um „Konversion" und „Adhäsion" (vgl. dazu Talbert, Reading Luke-Acts, 140) vielleicht wieder stärker zu berücksichtigen.
130 Vgl. dazu Butticaz, L'identité, 87–123, sowie Schloemann, „I have a dream", 80f.
131 Zu der Frage, inwiefern diese Stelle „mündliche Tora" bezeugt, vgl. Haacker, Apostelgeschichte, 132f.
132 Wer Apollos auf welche Weise unterwies, wird im Text bekanntlich nicht festgehalten.
133 Vgl. Johnson, Acts, 333: „.... it suggests the total rout of the opposition". Referiert Lukas hier tatsächlich historische Vorgänge, dann trug Apollos den christologischen Schriftbeweis in Achaia also – vor welchem Publikum? – auch in öffentlicher Rede vor (vgl. dazu Haacker, Apostelgeschichte, 317; auch Paulus vor Agrippa und Festus in 26, 22f.). Vgl. dazu, daß bei Lukas die unvollkommene Schriftauslegung der Erklärung christlich-christologischer Rede bedürfe, auch Johannes M. Nützel, Vom Hören zum Glauben. Der Weg zum Osterglauben in der Sicht des Lukas, in: Lothar Lies (Hg.), Praesentia Christi. Festschrift Johannes Betz zum 70. Geburtstag, Düsseldorf 1984, 37–49; hier: 47.
134 Gebührend zu berücksichtigen wäre in diesem Kontext die innere, nur durch die Schrift ermöglichte Vernetzung der beiden Teile des lukanischen Doppelwerks („Unity of Luke-Acts"), mithin der

che? Vielleicht ließe sich der seltsame Schluß der *Apostelgeschichte* (s. dazu schon oben S. 171f.) vor diesem Hintergrund als eine Art impliziter Selbstrelativierung des Historikers verstehen: Wenn am Ende seiner Epochenschrift der Auftrag des Herrn, das Evangelium bis an die Enden der Erde zu verkünden, mit Paulus und seiner Parrhesia in Rom keine Endstation, sondern nur eine, wenn auch entscheidende, Zwischenstation findet,[135] dann weist die Epoche freier Rede des Worts Gottes auch über ihre eigene Verschriftlichung in der *Apostelgeschichte* selbst hinaus.

h) Die Wirkungsgeschichte der *Apostelgeschichte* als der biblisch-autoritativen Leitschrift christlicher Rhetorik ist noch nicht geschrieben.[136] Diese Geschichte beginnt schon bald nach der Herausgabe des Werks, reicht bis heute und ist von ihren Anfängen an dadurch gekennzeichnet, daß es zum einen als ganzes, gleichsam als Epochenmuster apostolischer Autorität, wirkt, andererseits kleinflächig, in einzelnen Aspekten des komplexen Gesamtgefüges, rezipiert wird. Dafür nur drei Beispiele aus der Geschichte der frühen Kirche:

Wichtige Belege für die frühe Rezeption der *Apostelgeschichte* liefern einerseits die Übersetzungen des Texts in andere Sprachen, andererseits seine handschriftliche Überlieferung. Im Hinblick auf die sprachliche Verwandtschaft von πείθειν und πιστεύειν ergeben schon die lateinischen Versionen den Befund, daß etwa *persuadere* und *credere* die etymologische Beziehung der griechischen Verben nicht mehr widerspiegeln. Aus der handschriftlichen Tradition hingegen erhellt an verschiedenen Stellen die Wirkung, die Lukas mit seiner Charakterisierung apostolischer Verkündigung als einer rhetorisch-persuasiven in Parrhesia schon früh auslöste. So überliefern *exempli gratia* gewichtige Zeugen im Auftakt von 17, 5 (s. oben S. 161) zu οἱ Ἰουδαῖοι das attributive Partizip ἀπειθοῦντες, welches das in 17, 4 vorangehende ἐπείσθησαν unmittelbar kontrastiert.[137]

Apostelgeschichte mit dem Evangelium (vgl. z. B. die Verfolgungsepisoden und insbesondere 5, 41 mit Lk. 6, 22f.). Eine vorrangig mündlich-rhetorische (vgl. Witherington, Importance, 69) oder, umgekehrt, eine vorrangig schriftlich-literarische „Kultur" für das erste/zweite Jahrhundert nach Christus anzunehmen vereinfacht die historischen Zusammenhänge zu stark.

135 Vgl. schon Vielhauer, Geschichte, 395; Marguerat, The End of Acts (mit gutem Hinweis [88] auf die Tempusformen in 28, 31; dazu auch Eisen, Poetik, 215f., sowie Butticaz, L'identité, 437), und dens., Lukas, 87: „Rom ist nämlich noch nicht das ‚Ende der Erde'". 299. 313–325; Reinhardt, Wachstum, 293, sowie Schröter, Lukas als Historiograph, 251; anders z. B. Burridge, The Gospels and Acts, 520.

136 Die Tatsache, daß die Schrift keine späteren Nachfolger ähnlichen Niveaus und vergleichbaren Rangs fand, wäre dabei gemeinsam zu betrachten mit dem Befund, daß ihre Rezeptionsgeschichte nach der Kanonisierung auch gleichsam „statische" Phasen auffälliger Vernachlässigung umfaßt. Johannes Chrysostomos bemerkt gleich in seiner ersten Homilie zum Werk gar, es sei weithin unbekannt (hom. act. 1, 1).

137 Vgl. zum Beispiel auch die Varianten in 14, 19; 16, 4 oder 17, 11; weiteres Material bei van Unnik, Freedom of Speech, 283.

Weiterhin: Schon um 200 nach Christus rekurriert, wie Heinrich Niehues-Pröbsting hervorhebt,[138] Clemens von Alexandria in seinen *Stromateis* ausführlich auf den Zusammenhang von πίστις und πείθειν, die klassisch-griechische Tradition kritisch nutzend. Dabei gebraucht er, auf Grundlage der neutestamentlichen *Apostelgeschichte*, unter anderem jene starke These der antiken Rhetorik, Überzeugung durch Rede trete als zivilisatorischer Fortschritt an die Stelle von Zwang durch Gewalt. Mit dieser *Chrêsis* steht Clemens freilich nicht allein; wohl schon in der zweiten Hälfte des zweiten Jahrhunderts hatte der Apologet der *Epistula ad Diognetum* postuliert, Gott habe den Menschen seinen Logos gesandt (7, 4): ... ὡς σῴζων ἔπεμψεν, ὡς πείθων, οὐ βιαζόμενος· βία γὰρ οὐ πρόσεστι τῷ θεῷ!¹³⁹

Schließlich: In der zweiten Hälfte des vierten Jahrhunderts erlebt die christliche Rhetorik der Spätantike ihren Höhepunkt: zum einen in großen Predigern wie Johannes Chrysostomos und Gregor von Nazianz, Ambrosius und Augustinus, zum anderen durch ihre auch theoretische Durchdringung, etwa in Augustins *De doctrina christiana*. Die Autorität apostolischer „Überzeugung" wird dabei immer wieder, ausgehend insbesondere von der *Apostelgeschichte*, in Erinnerung gerufen. Besonders interessant ist jener Rezeptionsstrang (greifbar vor allem bei Hieronymus), in dem die Unverzichtbarkeit der *viva vox* christlicher Rede und Verkündigung gegenüber der sich zunehmend ausdifferenzierenden, schriftbasierten theologischen Wissenschaft nicht zuletzt mit der Autorität der *Apostelgeschichte* begründet wird.

i) In der Forschung zur antiken Rhetorik gilt die frühe Kaiserzeit als Epoche eklatanten Niedergangs. Im Gegensatz zu ihren Blütezeiten einerseits in der griechischen Polis, andererseits in der römischen Republik habe die öffentliche Rede unter den Kaisern des ersten und zweiten nachchristlichen Jahrhunderts einen unumkehrbaren politischen Bedeutungsverlust erlitten. Schon Zeitgenossen wie Seneca und Tacitus beklagten den Niedergang der Redekunst in resignativer Stimmung. Die Bemühungen neuerer Studien, die früher als „Konzertredner" verunglimpften Vertreter der sogenannten „Zweiten Sophistik" zu rehabilitieren, ändern an der *communis opinio* wenig: *corrupta eloquentia*[140], „Verfall der Beredsamkeit"[141]. Auffallen

---

138 Vgl. Niehues-Pröbsting, Überredung, 28–31.
139 Vgl. Bovon, Der Heilige Geist, 187–193 (mit Belegen aus frühen Märtyrerakten), sowie Reinhardt, Wachstum, 298f. (zur Nachwirkung der Parrhesia in frühen Märtyrerakten).
140 Unter dieses Zitat stellt Wilfried Stroh, Die Macht der Rede. Eine kleine Geschichte der Rhetorik im alten Griechenland und Rom, 2. Auflage, Berlin 2010, 401, seine Behandlung der zeitgenössischen Rhetorik, die sich freilich dadurch auszeichnet, daß sie sich diesem seit der Antike selbst verbreiteten Urteil nicht vorbehaltlos anschließt.
141 Vgl. zur zeitgenössischen Debatte kurz Ueding/Steinbrink, Grundriß, 39–42, sowie den Beitrag Meinolf Vielbergs *Debatte um den Verfall der Beredsamkeit: Tacitus und Ps.Longin* zu Erler/Tornau, Handbuch Antike Rhetorik (472–486). Johannes Breuer erwähnt in seinem Beitrag *Rhetorik im Christentum* zu demselben Handbuch (513–535) die neutestamentlichen Schriften auf einer Halbseite, die *Apostelgeschichte* mit keinem Wort.

muß freilich, daß in solcher, von der klassischen Altertumswissenschaft bestimmten und vorrangig auf die öffentlich-politische Rede konzentrierten Rhetorikgeschichte die religiöse Rede der frühchristlichen Apostel nur selten vorkommt.[142] Es ist ja nicht nur Lukas selbst, der ihr in seiner *Apostelgeschichte* eminente Bedeutung zumißt.[143] Daß die Ausbreitung des Christentums, die in der späteren Kaiserzeit in den tiefgreifenden Transformationsprozeß der antiken Welt einmündete, welcher die Weltgeschichte bis heute bestimmt, gerade in den Anfängen dem Erfolg, der „Überzeugung" eben dieser Rede geschuldet war, kann kaum bestritten werden. Machte man diesen Befund neu fruchtbar nicht allein für die Geschichte der Rhetorik, sondern auch systematisch und fundamentalrhetorisch, trüge er vielleicht Gewinn aus auch für die heutige christliche Theologie und Kirche, die ohne Überzeugung doch nicht sein kann.

---

[142] Das schon von den Zeitgenossen ins Feld geführte Verdikt, das Neue Testament (wie überhaupt die Rede der Christen) bleibe hinter den sprachlichen, stilistischen, rhetorischen und literarischen Standards antiker Bildung weit zurück, wirkt hier nach. Vgl. erneut Stroh, Die Macht der Rede, 477–505, bei dem die religiöse Rede der Antike bei Juden und Christen durchaus ausführlich zur Sprache kommt – aber außerhalb der sonst chronologischen Darstellung; die Abschnitte über die *Rhetorik im Zeitalter der Apostel* und über Paulus (484–489) treten damit nicht in Bezug zu der zeitgenössischen griechisch-römischen Redekunst. Eine gelungene Hinführung zum Thema bietet Schloemann, „I have a dream", 79–95.
[143] Vgl. dazu auch Reinhardt, Wachstum, 312–317.

Francesca Vidal
Zur Methode der Persuasion bei Ramon Llull

> Es war die sogenannte Lullische Kunst
> oder der technisch hergestellte Siebenmeilenstiefel
> des deduktiven Begriffs, des Syllogismus.
> (Ernst Bloch 1985, 760).

1 Wer war Ramon Llull?

Der katalanische Philosoph Ramon Llull, dessen Name latinisiert Raimundus Lullus[1] lautet, nannte sich selbst einen *vir phantasticus*, hatte er doch den Plan, die Völker der Welt zu vereinigen und für die Wahrheit des christlichen Glaubens zu gewinnen. Im Gegensatz zu anderen Missionaren aber wollte er sein Anliegen nicht durch Gewalt, sondern durch ausgearbeitete Dialogtechniken erreichen. Sein Ziel war es, sowohl Juden als auch Moslems über die Dogmen der Trinität und der Inkarnation durch das Verfassen eines Buches, einer besonderen *Ars inveniendi veritatem* zu unterweisen und damit die Form der Missionierung zu verändern. Dieses Buch oder besser diese Kunst, die er Zeit seines Lebens zu verfeinern versuchte, sollte Methoden der Wahrheitsfindung darlegen und anwenden, da Llull sich sicher war, dass der gebildete Mensch nur durch rationale Argumentation von der Wahrheit überzeugt werden könne. Insofern lässt sich auch bei Llull von einer rhetorischen Form des Vernunftgebrauches sprechen. Freilich war auch seine Wahrheit im Grunde Glaube, nachgerade Ergebnis seiner christlichen Sozialisation. Aber unabhängig davon, ob man diesen Glauben nun bejaht oder nicht, lohnt sich ein Blick auf die Llullsche Argumentationsmethode aus Sicht der Rhetorik, da so seine Persuasionstechniken deutlicher werden, mit denen er die ihm eigene „Wahrheit" als implizit logische Konsequenz zu behaupten versuchte. Bedacht werden muss dabei jedoch, dass die ihm spezifische Kunst der „Kombinatorik" eine Verschmelzung von Logik und Metaphysik darstellt.

Um den besonderen Ansatz einordnen zu können, ist es notwendig, sich auch mit den Lebensumständen des Philosophen wie Mystikers Ramon Llull zu beschäftigen[2] und den Besonderheiten seiner Heimat Mallorca Rechnung zu tragen.[3] Auf

---
[1] Im Deutschen wird er deshalb des Öfteren zu Raimund Lull oder auch Raimundus Lull und Ramon Lull.
[2] Zur Llulls Biografie vgl. Erhard-Wolfram Platzeck, Raimund Lull. Sein Leben, seine Werke, die Grundlage seines Denkens, 2 Bände. Düsseldorf 1962-1964.
[3] Dies habe ich an anderer Stelle schon ausführlich getan und werde hier auf diese Äußerungen zurückgreifen; vgl. Francesca Vidal, Ramon Llull – ein mittelalterlicher Philosoph zwischen Mystik

dieser Insel wurde er 1232 geboren und lebte zuerst ein sehr weltliches Leben mit Frau und zwei Kindern am Hofe des Königs. Er war durch die Beziehungen seines Vaters, eines reichen Kaufmanns, der von Barcelona auf die Insel gekommen war, zuerst als Page am königlichen Hof tätig. Dort gelang ihm der Aufstieg erst zum Erzieher und Freund des Prinzen und dann durch seine Heirat mit Blanca Picany 1257 sogar die Verwandtschaft mit dem Prinzen. So sind es denn anfänglich Ritterideale, die ihn prägen und die er durch seine Troubadourlyrik zum Ausdruck bringt, wobei er in der *Vita coetanea*, in der er sein Leben schildert, selbst darauf hinweist, dass es sich um weltliche Liebeslyrik gehandelt hat. Diese Lyrik entspricht Roger Friedlein zufolge den Grammatiken und Poetiken des okzitanischen und katalanischen Umfelds, das Llulls Denken in hohen Maßen beeinflusste.[4]

Seinen missionarischen Einsatz für die christliche Religion etwa ab dem dreißigsten Lebensjahr wird er in seinen Erinnerungen mit ihn ereilenden Visionen begründen und seine Arbeit an der *Ars combinatoria* als Befolgung eines göttlichen Rufs, der ihn auf dem Berg Randa ereilt habe. Seitdem wird er weltliche Lyrik polemisch abwerten und dazu aufrufen, Lyrik im Sinne des Glaubens zu verfassen. Llull entwickelt sich nach seiner „Erweckung" zum gebildeten Autodidakten[5], der Universitätsgelehrten vorwirft, sie würden sich, infiziert von den Aristoteleskommentaren des Averroes, auf einen falschen Weg begeben, indem sie annähmen, es könne eine doppelte Wahrheit geben: eine des Glaubens und eine sich davon unterscheidende der Philosophie. Auch wenn Alain de Libera[6] zuzustimmen ist, dass die Unterstellung einer Lehre von der doppelten Wahrheit, die auf Averroes zurückgehen soll, ein Mythos ist und Llull sich in ein Deutungsmuster verbeißt, lässt sich so erklären, warum er die Intention hatte, die aristotelische Logik zu übertreffen, und damit sowohl die Gelehrten als auch Andersgläubige seiner Zeit beeindrucken wollte.

Trotz aller Reisen und trotz Teilnahme an universitären Disputationen muss immer gesehen werden, wie sehr Llull dem katalanisch-aragonesischen Einflussgebiet treu blieb und deshalb Friedlein zuzustimmen ist:

---

und Vernunft, in: Richard Faber (Hg.), Was ist ein *Intellektueller*? Rückblicke und Vorblicke, Würzburg 2012, 99–113.
4 Vgl. Roger Friedlein, Der Dialog bei Ramon Llull. Literarische Gestaltung als apologetische Strategie, Tübingen 2004, 31.
5 In seiner autobiografischen Erzählung Vita Coetanea verbreitet Llull, dass Ramon de Penjafort, zu dieser Zeit General des Dominikanerordens, ihn von einem Studium an der Sorbonne abgeraten habe (vgl. Raimundus Lullus, Vita coetanea, in: Opera Latina [RoI], vol. 8, herausgegeben von Hermogenes Harrada [= Corpus Christianorum, Continuatio Mediaevalis 34], Turnhout 1980; in deutscher Übersetzung und ergänzt um Dokumente zum Leben Llulls: Erhard-Wolfram Platzeck, Das Leben des seligen Raimund Lull. Die ‚vita coetanea' und ausgewählte Texte zum Leben Llulls aus seinen Werken und Zeitdokumenten, übertragen und eingeleitet, Düsseldorf 1964).
6 Vgl. Alain de Libera, Denken im Mittelalter, München 2003, 92.

Aus einem katalanischen und okzitanischen Lebenszusammenhang heraus, weitgehend außerhalb der Universität und laikal, verspricht sich Llull, durch seine propagandistischen Anstrengungen zugunsten und mit Hilfe der Ars lulliana Einfluß auf die Gelehrten und Fürsten im Machtbereich der Krone von Aragon, in Frankreich und Italien zu nehmen, um damit sein wesentliches Anliegen, die Einheit des Glaubens und der Kirche sowie insbesondere die Mission der Muslime zu befördern.[7]

Drei Jahre bevor Llull geboren wurde, im Jahr 1229, war die Insel Mallorca von Jaume I. von Aragon (spanisch Jaimè und deutsch Jakob) militärisch erobert worden, womit die maurische Herrschaft endete. Diese Eroberung durch einen christlichen Herrscher hatte dazu geführt, dass reiche christliche Kaufleute vom Festland – so auch die Familie von Llull – auf die Insel zogen, denn Mallorca galt als das strategische Zentrum für die Handelsbeziehungen zwischen Europa und Nordafrika, zudem war die Insel berühmt für ihre Seefahrerschule und ihre Kartographen. Und auch wenn sie nun unter christlicher Herrschaft stand, blieb sie ein Ort, an dem Gläubige aller drei monotheistischen Religionen lebten. Im Gegensatz zur maurischen Zeit geschah dies aber nicht mehr unbedingt im Zeichen der Toleranz[8]. Die politische Macht stand in enger Verbindung mit der katholischen Kirche, vor allem repräsentiert durch die herausragende Stellung der inquisitatorischen Dominikaner. Nach der Eroberung lebten auf Mallorca nur noch die Mauren, denen die Flucht aus zumeist finanziellen Gründen nicht gelungen war, die zum großen Teil als Sklaven unterjocht und denen nur sehr allmählich Rechte und Freiheiten wieder zugestanden wurden, obwohl die Bedeutung der maurischen Zeit für Wissenschaft und Medizin durchaus anerkannt war. Den jüdischen Bürgern der Insel ging es besser als den Mauren, da die christlichen Monarchen sie aus finanziellen Erwägungen heraus unter ihren Schutz stellten, was nicht hieß, dass der Antijudaismus damit zum Erliegen gekommen wäre. So war es Christen zwar verboten, Juden zu beleidigen, diese durften Häuser oder Weinberge erwerben und von Jaume I. wurde ihnen in der mallorquinischen Hauptstadt, dem heutigen Palma, ein Wohnviertel namens „Calle" zugewiesen. Aber von kirchlicher Seite wurden sie weiterhin angegriffen; es wurde ihnen unterstellt, den christlichen Glauben mit averroistischen Elementen zu verfälschen. So wollte etwa der Orden der Dominikaner den Papst von der Notwendigkeit diskriminierender Maßnahmen überzeugen, und gelenkt vom Kanoniker Ramon de Penyafort veranlasste der König für Juden und Muslime eine Anwesen-

---

7 Libera, Denken im Mittelalter, 36.
8 Zur Frage der Toleranz und der Bedeutung der religiösen Disputationen in Paris und Barcelona vgl. Amador Vega Esquerra, Die Sinnlichkeit des Geistigen, die Geistigkeit des Sinnlichen und die metaphorische Sprachverwendung bei Ramon Llull, Inaugural-Dissertation zur Erlangung der Doktorwürde der Philosophischen Fakultät der Albert-Ludwigs-Universität zu Freiburg im Breisgau, Freiburg im Breisgau 1992, 16–35. Im Jahr 2016 war Vega Esquerra Kurator der Ausstellung *The Thinking Machine: Ramon Llull and the Ars Combinatoria* im Zentrum für zeitgenössische Kultur in Barcelona.

heitspflicht bei Bekehrungspredigten.⁹ Selbstverständlich waren auch die stattfindenden Religionsgespräche eindeutig Zwangsdisputationen.

Llull wuchs in einer Welt auf, in der drei Religionen vertreten waren, er wusste, dass Gelehrte aller Religionen zur Vermehrung von Wissen und Denken beitrugen, akzeptierte sie ja aufgrund der sie prägenden gemeinsamen Grundannahmen. Deshalb wird er des Öfteren als Vorläufer religiöser Toleranz gelobt und seine Werke werden nicht selten aus diesem Blickpunkt heraus interpretiert. Dabei dürfte jedoch nie vergessen werden, dass er immer davon ausgegangen ist, dass das Christentum die einzig wahre Religion sei, Llull suchte nur neue Wege zur Überzeugung der Andersgläubigen. Stetig blieb er dem Missionierungsgedanken seiner Religion verpflichtet, sah diese im Besitz einer so universellen wie alleinigen Wahrheit, die er durch die von ihm entwickelte Methode sowohl in Fachtexten als auch in Form von Dialogen beweisen wollte. So müssen sowohl seine Anleihen bei der arabischen Kultur als auch sein Bemühen, die arabische Sprache zu erlernen, immer unter dem Aspekt gesehen werden, dass er vorrangig die islamische Welt missionieren wollte. Getragen von der Gewissheit, dass dies mit seiner Methode besser gelingen könne als auf gewaltsamen Wegen, setze er sich für die Gründung von Klöstern ein, in denen Mönche sich für ihre Aufgabe in hebräischer und arabischer Sprache und Kultur bilden sollten.

Die Bereitschaft innerhalb der katholischen Kirche, nicht allein auf den Weg der Gewalt zu setzen, hatte freilich nicht zuletzt mit dem Scheitern der Kreuzzüge zu tun und mit dem danach wachsenden Bemühen christlicher Philosophen, den Glauben durch das Verfassen apologetischer Texte zu festigen. So soll zu der Zeit, als sich Ramon Llull für den Weg des Dialogs entschied, in Barcelona auf Anordnung von Jaume I. eine öffentliche Kontroverse zwischen Christen und Juden stattgefunden haben. Amador Vega Esquerra verweist auf Berichte des Kabbalisten Moses ben Nachman, der diese schildert als Disputation über die Fragen: ob der Messias noch kommen werde, ob Gott Mensch geworden sei und wer in Wahrheit die Tora besitzen würde. Schon an solchen Fragen lässt sich der Zwangscharakter dieser Art von Dialogen erkennen, die nur der Einleitung repressiver Maßnahmen wie Verfolgung und Zensur dienten.¹⁰

Llull muss immer auch in diesem Kontext gesehen werden; nur unter diesen Bedingungen entwickelt er seine Vorstellungen von einem logischen Zugang zur christlichen Gewissheit. Er nutzt eine der islamischen Kultur entnommene Betrachtungsweise, „die versucht, durch die Widerspiegelung der unendlichen göttlichen

---

9 Vgl. Evelyn Mischung, Entdeckungsreise in Spaniens Vergangenheit. Von den Anfängen bis zur Vertreibung der Moriscos 1614, Norderstedt 2016, 174.
10 Vgl. Esquerra, Sinnlichkeit, 31f. Er bezieht sich dabei auf Nachmanide (Rabbi Moïse ben Nahman): La dispute de Barcelone. Suivi du Commentaire sür Esaï, 52–53, traduit de L'hèbreu par Eric Smilévitch (= Archives du texte traduits du latin par Luc Ferrier), Paris 1984, und bezieht dabei die im Anhang seines Buches abgedruckten Texte ein.

Namen in der Schöpfung zu Gott selbst aufzusteigen"[11]. Llulls Methode will Wahrheit mit Hilfe einer algebraischen Sprache aufzeigen, er will einen Weg finden, einen Code generieren, eine universell geltende Maschine entwickeln, mit deren Hilfe sein Anliegen allen monotheistischen Religionen verständlich sein müsste: durch das Drehen miteinander verbundener beschrifteter Scheiben wollte er wahre Aussagen erzeugen können.[12] Der Philosophiehistoriker Eusebi Colomer beschreibt die Struktur dieser Kunst (Ars), wie Llull selbst sie bezeichnet hat:

> Sie besteht aus drei Grundelementen: den Stammbegriffen, den Zeichen und graphischen Mitteln ihres Ausdrucks und der Kombinatorik. Beginnen wir mit dem ersten Element, den Stammbegriffen und ihrem Hauptstück, dem System der absoluten und relativen Prinzipien. Lull nennt die ersten die „Grundwürden" (dignitates). Das mit dem griechischen „axioma" verwandte Wort bezeichnet die von allen drei monotheistischen Religionen anerkannten Namen Gottes. Da diese wiederum weitere Vollkommenheiten des Schöpfers beinhalten, die sich wie in einem Spiegel in den geschaffenen Dingen spiegeln, dienen sie zur Kenntnis Gottes und der Welt gleichermaßen. In der letztgültigen Fassung der *Ars ultima* (1308) sind es folgende neun: Güte, Größe, Ewigkeit, Kraft, Weisheit, Wille, Tugend, Wahrheit und Ruhm ... Zu den Grundwürden oder absoluten Prinzipien müssen die relativen Prinzipien hinzugefügt werden, deren neun sind: Differenz, Konkordanz, Kontrarietät, Ursprung, Mitte, Ziel, Größersein, Gleichheit, Kleinersein. Sie heißen relativ insofern, als sie die verschiedenen Beziehungsmodi zwischen den absoluten Prinzipien bilden ... Diese neue Reihe von Prinzipien macht die *Ars* zu einer komparativen Logik oder zu einer Generaldoktrin der Relationen, die die Geschöpfe der Welt untereinander und mit Gott verbinden. Lull konzipiert die Welt als eine wechselseitige Durchdringung: letztendlich steht alles mit allem in Beziehung.[13]

Auch der Philosoph Ernst Bloch hat die Llullsche Kunst in kurzen Worten beschrieben:

> Der Apparat (*Instrumentum ad omnis scibilis demonstrationem*) bestand aus einem System konzentrischer Kreise, auf deren jedem eine Begriffsgruppe fächerartig aufgetragen war. Durch Verschiebung dieser Kreise sollten alle überhaupt nur möglichen Kombinationen zwischen Subjekt und Prädikat zustande gebracht werden, wobei die Zahl der möglichen Subjekte wie die der möglichen Grundprädikate (Prädikabilien), folglich die Anzahl der Scheiben feststand. Es gab derart eine Figura Dei, welche die ganze Theologie, eine Figura animae, welche die ganze Psychologie „enthielt", eine Figura virtutum mit sieben Tugenden und Todsünden in ab-

---

11 Charles Lohr, Ramon Lulls philosophisch-theologisches System, in: Catalònia Kultur 9 (1995) 11–15; hier 14; vgl. auch Charles Lohr, The New Logic of Ramon Llull, in: The Thinking Machine. Ramon Llull and the Ars Combinatoria, Barcelona 2016, 57–67. Die Ausstellung wurde 2016 in Barcelona und 2018 in Karlsruhe gezeigt.
12 Die 2018 im Zentrum für Kunst und Medien (ZKM) zu sehende Ausstellung *DIA-LOGOS – Ramon Llull & die Kunst des Kombinierens* begründet so ihren Anspruch, die Llullschen Figuren im Sinne einer denkenden Maschine und damit als Vorläufer heutiger Computertechnik zu fassen.
13 Eusebi Colomer, Lulls Ars und die moderne Informatik, in: Catalònia Kultur 9 (1995) 20–23. Ausführlich beschreibt er zudem die Zeichen und graphischen Mittel und den Weg, wie der Philosoph sein System zur Erzeugung von Syllogismen nutzte.

> wechselnd blauen und roten Kammern ... Die Lullische Kunst wollte so eine Anleitung geben zur Auffindung des an jedem Gegenstand kategorial Bestimmbaren, wissenschaftlich Unterscheidbaren, Verbindbaren, Beweisbaren. Und die Hoffnung des Lullus eben war: die Kombinationsmaschine des Wissens umzirkelt und erschöpft jede überhaupt nur sinnvoll mögliche Abwandlung der Erkenntnis. Sie demonstriert buchstäblich ad oculos, dergestalt, daß der Wißbegierige die erzrationalistische Ableitung der Einzelbestimmungen aus Ideen auch sehen, nicht nur einsehen kann. Dies alles in abgekürztester Deduktionsweise, gegründet auf die Aristotelische Topik, freilich auch nicht ohne Zusammenhang mit der Plotinischen, ja kabbalistischen Emanationslehre der Welt aus Ideen. In facto jedenfalls kam die erstaunlichste Maschine zustande, die einer „Ars magna" als Ars inveniendi und Ars demonstrandi zugleich, dargestellt in Zeichen, Kreisen, Tafeln, in Reduktionen einer Art logischer Logarithmenuhr.[14]

Freilich ist seine Kunst nur vor dem Hintergrund des mittelalterlichen Weltbildes begreifbar, fügt sich aber auffällig nicht so einfach in dieses ein. Auch wenn er seine Kunst im Laufe des Lebens variiert und auch unterschiedlich erklärt, bleibt sie in den Kerngedanken konstant. Immer geht er von in den monotheistischen Religionen nicht hinterfragten Prinzipien aus wie etwa der Sicht auf den Kosmos, in der der Mensch als ein Mikrokosmos gesehen wird, oder von der grundlegenden Vorstellung göttlicher Tugenden.

Die Veränderungen an dieser Methode hängen damit zusammen, dass er immer wieder bemüht war, sie an den fachwissenschaftlichen Diskurs seiner Zeit anzupassen. Und so ist Friedlein zuzustimmen:

> Seine Traktate zur Rhetorik, Logik, Astronomie oder Geometrie, zur Rechtswissenschaft und Medizin sowie zur politischen Entscheidungsfindung schöpfen zwar auch aus der Einordnung in deren Geschichte. Sie sind mit der Llullschen Methode homologisierbar und werden damit vorrangig „Llullsch", in dem Sinne, daß die jeweils fachspezifische Modifikation der Ars lulliana im Vordergrund steht und das objektbezogene Wissen der jeweiligen Disziplin nur am Rande berührt wird. Im allgemeinen beruht die Handhabung der Ars lulliana in all ihren Entwicklungsstufen und fachlichen Ausprägungen auf der Relationierung der unzählbaren Vielfalt der partikulären Phänomene mit den zahlenmäßig beschränkten Kombinationsmöglichkeiten mehrerer Sets von Universalien, den oben genannten Begriffsreihen.[15]

Grundsätzlich geht Llull davon aus, dass die wesentlichen Eigenschaften Gottes für den Menschen erkennbar sind und zu absoluten Prinzipien erklärt werden können. Im Laufe seiner Arbeit reduziert er diese von anfänglich 16 auf 9: *Bonitas, Magnitudo, Duratio, Potestas, Sapientia, Voluntas, Virtus, Veritas* und *Gloria* und stellt sie mit den Buchstaben BCDEFGHIK dar, um in seiner Methodik damit arbeiten zu können. Es sind dies Prinzipien, die von allen Religionen anerkannt werden und die sich in allen Bereichen der Schöpfung finden lassen und auf diese wirken, sowie sie sich auf den neun Stufen der Existenz manifestieren: *Deus, Angelus, Caelum, Homo, Ima-*

---

14 Ernst Bloch, Bacons Ars inveniendi; Fortleben der Lullischen Kunst, in: ders., Das Prinzip Hoffnung, Frankfurt am Main 1985, 758–763; hier: 760–761.
15 Friedlein, Dialog, 38.

ginatio, Sensitiva, Vegetativa, Elementativa und *Instrumentativa*. Um nun die Realität mit Hilfe der dignitates und der subjecta zu erfassen, werden noch die Principia relativa: *Differentia, Concordantia, Contrarietas, Principium, Medium, Finis, Majoritas, Aequaealitas, Minoritas* sowie neun Fragepronomen: *Utrum, Quid, De Quo, Quare, Quantum, Quale, Quando, Ubi, Quo modo*, neun Virtutes: *Justitia, Prudentia, Fortidudo, Temperantia, Fides, Spes, Caritas, Patientia, Pietas* und neun Vitia: *Avaritia, Gula, Luxuria, Superbia, Acidia, Invidia, Ira, Mendacium, Inconstantia* hinzugefügt. Grafisch dargestellt werden diese mit Hilfe geometrischer Figuren, in die die Buchstaben eingefügt werden. Möglich wird die Kombination durch die Verbindung der konzentrischen, drehbaren Kreise, die berühmten Llullschen Scheiben, womit Fragen und Antworten generiert werden können. Auch wenn es Llull vorrangig darum geht, die Vorstellungen von der Trinität und der Menschwerdung Gottes beweisen zu können, hat er ein System entwickelt, das sich universal anwenden lässt. In welcher Weise sich Llull der Methode selbst bedient, wie sein Weg zur wahren Erkenntnis verläuft, hat Roger Friedlein durch eine Analyse der Llullschen Dialoge demonstriert. Der persuasive Charakter der Methode wird so am Beispiel der Dialoge kenntlich.

2 Formen der Persuasion in Llullschen Dialogen

Als ältester Dialog gilt der *Llibre del gentil e los tres savis*,[16] der durchaus in einer orientalischen Erzähltradition steht, sich aber von anderen Religionsdialogen und auch anderen didaktischen Arbeiten von Llull selbst unterscheidet.[17] Es handelt sich um einen Dialog der sehr auffällig missionarisch ausgerichtet ist, weshalb Friedlein ihn dem „missionarisch-religionspolemischen Programm" des Zeitalters zurechnet.

> Die missionarische Zielsetzung teilt er mit den zeitgenössischen mündlichen Zwangsdisputationen, es finden sich jedoch keine Hinweise auf ein textgenetisches Hervorgehen aus ihnen oder auf eine Zweckgebundenheit an die Missionarsausbildung.[18]

Da gerade dieser Dialog immer wieder als Beleg für den Toleranzgedanken herangezogen wird, auch wenn die christliche Ausrichtung nicht verschwiegen wird, soll an dieser Stelle auf die Persuasionstaktik hingewiesen werden,[19] die Friedlein zufolge

---

16 Die folgenden Ausführungen basieren vorrangig auf den Analysen von Friedlein, Dialog.
17 Vgl. Ramon Llull, Llibre del gentil e los tres savis (1269), deutsch: Das Buch vom Heiden und den drei Weisen, Hamburg 1998. Zu den Vorbildern, den verschiedenen Handschriften und der Editionsgeschichte vgl. Friedlein, Dialog, 59–61.
18 Friedlein, Dialog, 64.
19 Allerdings kann dies an dieser Stelle nur durch wenige Hinweise geschehen, eine ausführliche Analyse findet sich bei Friedlein, Dialog, 59–98.

deutlich macht, dass die Gleichbehandlung der Religionen nur eine scheinbare ist, die zwar postuliert, aber im Text nicht eingehalten wird.

Das Buch handelt von drei Weisen, die jeweils für eine der drei monotheistischen Religionen stehen. Ihre auffällige körperliche Ähnlichkeit hinterlässt den Eindruck, dass sie den gleichen Status haben und somit auch die von ihnen vertretenen Religionen gleichberechtigt nebeneinanderstehen. Sie gehen freundlich miteinander um und haben keine militanten Bekehrungsabsichten. Sie sind gemeinsam im Wald, um zu disputieren, dies allerdings nicht im Sinne einer Konfrontation. Ihre Form des Streits steht viel eher in der Tradition der Weisheitsliteratur und nicht der sonst üblichen Religionsdialoge. Ihr Miteinanderreden beschränkt sich auf Formen der Begrüßung, des Abschieds und die Verabredung der Disputationsmodalitäten, nie greift einer der Weisen konfrontativ in die Darstellung der Religion des Anderen ein, so dass der Eindruck erweckt wird, allen Religionen würde die gleiche Bedeutung beigemessen.

Auf diese Weisen trifft ein Heide, der in der Natur Trost sucht, auf den die Natur jedoch eine bedrückende Auswirkung hat. Es ist wichtig, sich diesen Heiden nur als Personifikation desjenigen vorzustellen, der überhaupt keine Ahnung von Gott hat. Ansonsten wird er als philosophisch gebildet, lernbegierig und sehr höflich geschildert, aber auch als bedrückt, da er Angst vor dem Nichts nach dem Tod hat. Wie selbstverständlich suggeriert der Text, dass ein Mensch ohne Glauben unglücklich sein muss. Von der Natur hatte der Heide sich Linderung seiner traurigen Stimmungslage erhofft, aber obwohl diese in aller Fülle beschrieben wird wie ein Locus amoenus mit Quellen, Obstbäumen, Vögeln, Blumen und allem was einen wunderschönen Garten ausmacht und tatsächlich intensiv auf die Sinne wirkt, erfreut sie den Suchenden nicht:

> Diese Ergötzlichkeiten üben auf den Heiden eine ungewöhnliche Wirkung aus. Während er schöne Dinge anschaut, Blumen pflückt und Früchte ißt, wird sein existentieller Schmerz um so heftiger. Der für die Sinne so genüßliche Naturort wird für den Wahrheitsuchenden nicht nur wenig hilfreich, sondern gar ein Hindernis auf seinem Weg zu Trost und Erkenntnis.[20]

Die Weisen sind zu dieser Zeit an einem weiteren Naturort angekommen, den der Heide erst erreicht, als er einen schöneren Weg eingeschlagen hat. Vor dem Gespräch über die Religionen hat er demnach schon sinnlich erfahren, dass sich die Schöpfung nicht aus sich heraus erschließt, dass eine sinnliche Erfahrung alleine nicht zur Erkenntnis führt. Die Weisen befinden sich am Ort der fünf Bäume, dazu kommt eine Wiese und eine Quelle. Bevor sie auf den Heiden treffen, kommt eine junge Frau auf einem Pferd an die Quelle, um das Pferd dort trinken zu lassen. Diese Gestalt ist die „intel-ligència" und damit die Personifikation des Verständnisprozes-

---

20 Friedlein, Dialog, 93.

ses, des Verstehens.²¹ Friedlein sieht in der Frau die Personifikation des Verstehens und im Ross die sie tragende Körperlichkeit, „deren Bedürfnisse vor der Kontemplation gestillt werden müssen"²². Sie erklärt den Weisen die Bedeutung der Bäume als ein System, zur Wahrheit zu gelangen, denn die Blüten der Bäume verzeichnen die sieben Grundwürden Gottes, die sieben Tugenden und die sieben Laster und ermöglichen es durch Kombinationstechnik, Wahrheit zu ermitteln. Die Bäume sind derart Modell für die Llullsche Kombinatorik. Was „intel·ligència" zu den göttlichen Eigenschaften und zu den Prinzipien sagt, wird an keiner Stelle hinterfragt, es gilt für alle drei Weisen *a priori* als wahr und so nimmt sie auch an keiner Disputatio teil. Selbstverständlich wird auch an keiner Stelle die Existenz Gottes in Frage gestellt, der Heide befindet sich logischerweise in prinzipieller Unkenntnis und ist nicht etwa bewusst ungläubig. Auch für ihn steht außer Frage, dass der Erkenntnisgewinn ihn aus der bedrückenden Stimmung heben wird.

Die drei Weisen werden keine Gelegenheit zum Streitgespräch haben, da der Heide auf sie trifft und sie ihm nacheinander ihren Glauben darlegen. Wie der ganze Dialog sind auch diese Passagen sehr klar strukturiert. Obwohl die Struktur des Dialoges entscheidenden Einfluss auf die Persuasion hat, sei hier nur darauf verwiesen, dass diese zur impliziten Zielsetzung entscheidend beiträgt und die genaue Analyse deutlich macht, dass es sich um einen „hochformalisierten Dialog" handelt.²³ So folgen die Beschreibungen der Religionen alle einem gleichen Schema – Gebet, Beweis, Plädoyer –, aber sie unterscheiden sich in der Länge, so hat der Christ die doppelte Redezeit gegenüber Jude und Moslem.

Schon allein an den Reaktionen des Heiden auf die Darstellungen, ihm sind Nachfragen erlaubt, wird aber deutlich, wie die Religionen tatsächlich bewertet werden. So äußert er sich gegenüber dem Juden skeptisch in Hinblick auf dessen Aussagen zum zukünftigen Kommen des Messias und zur Abhaltung des Jüngsten Gerichts. Auffällig drängt er den jüdischen Weisen in eine defensive Position, wenn der Heide die Uneinigkeit der Juden in Hinblick auf diese Fragen kritisiert. Die Ausführungen des christlichen Weisen jedoch kritisiert er nicht, sondern will er selbstständig weiterdenken und zeigt großes Interesse an den Mysterien des christlichen Glaubens. Auch kann der Christ als einziger auf alle Nachfragen eine Antwort geben. Der Muslim verliert sich in Einzelheiten und bleibt sehr offensichtlich einen Beweis schuldig. Friedlein weist nach, dass das Verhalten des Heiden gegenüber dem muslimischen Weisen schon aus einer implizit christlichen Sichtweise erfolgt. Freilich hinterlässt die so ähnliche Darstellung der Weisen den Eindruck, ihre Darlegungen wären gleichgewichtig. Aber gerade die Frage, wie die Weisen den Anfor-

---

21 Sie steht nicht für den Verstand, der hieße bei Llull „ententiment", vgl. Friedlein, Dialog, 82.
22 Friedlein, Dialog, 83.
23 Eine solche detaillierte Analyse des *ordo* findet sich bei Friedlein, Dialog, 72–82.

derungen nachkommen, die sie ja selber aufgestellt haben, legt nahe, welche Religion hier präferiert wird.

Immer muss der situative Kontext in ein Verhältnis zu den Aussagen der Weisen gesetzt werden. Er wird so erstellt, dass es nie um die historische Wirklichkeit geht, sondern immer um den Verweis auf Höheres. Gerade dies aber sorgt dafür, dass die Ausführungen des jüdischen Weisen keinen überzeugenden Charakter haben, sondern wie Friedlein zeigt, eher kritisch hinterfragt werden. Der weltliche Charakter der Religion, das in der Diaspora erfahrene Leid und die damit einhergehende Hoffnung auf den Messias werden als Diesseitsfixierung interpretiert. Auch die im Talmud behandelten Rechtsfragen werden als Beleg dafür ausgelegt, dass das Judentum sich nicht auf die Fragen des Jenseitigen konzentriert. Letztendlich heißt das: „Indem er alles an die individuelle Körperlichkeit des Menschen Gebundene verbannt, desavouiert der Text in seiner Gemachtheit die Darlegungen des Juden"[24] von vornherein.

Noch auffälliger desavouiert sich der moslemische Weise. Da in Erinnerung bleibt, dass der Garten für den Heiden weder Glück noch Erkenntnis brachte, können die Ausführungen eines paradiesischen Gartens, der noch mehr Sinnesfreuden bringen soll, nicht überzeugen. Eine quantitative Steigerung weltlicher Sinnesfreuden, dargestellt durch wohl zum größten Teil authentische Beschreibungen islamischer Paradiesvorstellungen, lassen Zweifel aufkommen, dass tatsächlich eschatologisch argumentiert wird. Daher ist es nur der Christ, der das himmlische Paradies nicht durch Sinnesfreuden beschreibt, sondern die Möglichkeit einer Schau Gottes in Aussicht stellt. Zum entscheidenden Ort wird der der fünf Bäume. Sehr deutlich zieht Friedlein daher die Schlussfolgerung:

> Die Schau der göttlichen Eigenschaften und der verwandten Begriffsreihen auf den Baumblüten ist auffällig parallel zum Jenseitskonzept des Christen konstruiert, der die Glorie als Theophanie versteht. Die Dignitates auf den Bäumen zu schauen, kann somit als modellhafter Vorgriff auf die eschatologischen Ausführungen des Christen gewertet werden. Die Bäume sind das zentrale Verbindungselement zwischen Handlungs- und Argumentenebene des L. del gentil, denn durch den Ort der Bäume in seiner Schönheit und Ordnung, Einfachheit und Abstraktion, der allen Ankommenden Erholung bietet und sie zur Erkenntnis disponiert, wird die parallel konstruierte christliche Vorstellung von Seligkeit als Schau Gottes und seiner Dignitates autorisiert.[25]

Freilich direkt ausgesprochen wird dies an keiner Stelle, der Heide wird nicht sagen für welche Religion er sich entscheidet, aber implizit ist dies erkennbar. Nicht in Frage gestellt wird daher auch, dass nur eine die einzig wahre sein kann, weshalb die Weisen diese weiterhin suchen.

---

24 Friedlein, Dialog, 92.
25 Friedlein, Dialog, 96.

Das Besondere der Dialoge Llulls ist ihre eindeutig persuasive Ausrichtung. Offensichtlich ist Llull nicht davon ausgegangen, dass die Texte über seine Methode zur Bekehrung ausreichen und so nutzt er das Mittel der Persuasion in seinen Dialogen, um von seiner Wahrheit zu überzeugen. Die Dialoge sind mit Friedlein gesprochen „ein literarischer Rekurs im Dienste einer Apologetik, die sich nach ihren eigenen Maßstäben als rational versteht"[26]. Nicht unterschlagen werden darf jedoch, dass Llulls Methode, vom Christentum zu überzeugen von der katholischen Kirche nicht immer wohlwollend aufgenommen wurde, selbst wenn er im klerikalen Umfeld heute der „selige" Raimundus Lullus genannt wird. Zu Lebzeiten hatte er vor allem wegen seines Rationalismus von kirchlicher Seite wenig Anerkennung erfahren und auch dass er 1276 in Miramar eine Sprachschule für Franziskaner gründen durfte, damit diese aufgrund hebräischer und arabischer Sprachkenntnisse für die Mission gewappnet seien, verdankte er der Fürsprache des mallorquinischen Königs nicht der Kirche. Papst Gregor IX hatte ihn 1376 sogar zum Ketzer erklärt, und seine Rehabilitierung durch die Kirche dauerte bis ins 19. Jahrhundert. Der dann beginnende Kult um Raimundus Lullus mag dazu beigetragen haben, dass die katholische Kirche ihn zum Märtyrer erklärte, da er beim Versuch, die Moslems zu bekehren, zu Tode kam und Papst Pius IX. ihn schließlich 1847 selig sprach. Was sich freilich sicher zu Ramon Llull sagen lässt, ist, dass auch er in die Reihe derjenigen eingefügt werden kann, die Peter Oesterreich als *homines rhetorico-politici* kennzeichnete.

---

26 Friedlein, Dialog, 248.

Rainer Adolphi
Bildungsgeschichte der mentalen Widerständigkeit

Das sich selbst deutende Wissen und der Sinn für die humanen Überzeugungsgewissheiten in Fichtes *Die Bestimmung des Menschen*

Einleitung

Bei jedem klassischen Denken gibt es, im späteren Blick oder Blick größerer verbindender Problemthemen, eine Bandbreite zwischen einer allgemeinen Relevanzkennung und einer konkreten argumentativen Rezeption wie Gegenwärtigkeit. Im einen steht der Name als abkürzender Titel für etwas Prinzipiell-Konzeptionelles, eine grundlegende Option oder Tendenz – zur Etikettierung, zur Verständigung und nicht selten zur Abgrenzung. Im anderen wird ein Denken der Tradition zum tatsächlichen Gesprächspartner gegenwärtiger Debatten. Dies, was im Zuge der Verfachlichung der Forschung wohl überall sich zu zweierlei differenten Bezugnahmen ausbildet, steht im Falle der Philosophie von Fichte ganz charakteristisch polar.

In breiten Bereichen verschiedenster Themendiskussionen gibt es die herbeizitierende Bezugnahme, die hier gemeinhin etwas sehr Generelles im Blick hat. ‚Fichte' ist dort vor allem instrumentelle Bezeichnung, richtungsmäßig für eine prinzipielle Position in Gegensatz zu dem ganzen Typus, der andere mögliche oder in der Geschichte vertretene eint. Es ist eine funktionale Präsenz im jeweilig aktuellen Denken, nicht mehr, aber auch nicht weniger. So etwa, wenn ‚Fichte' gleichgesetzt ist mit Primat-des-Moralisch-Praktischen; oder wenn ‚Fichte' für das Programm einer (subjektivitätstranszendentalen) Letztbegründung steht. Dagegen die konkret-inhaltliche Rezeption und Auseinandersetzung mit seinen Gedanken und Argumentationen. Sie findet sich in einer bei Fichte ganz eigentümlichen Gestalt, dass es weithin indirekt gekomme Aktualisierungen sind. Die hauptsächlichen Bemühungen der letzten drei, vier Jahrzehnte entwickelten sich im Kontext großer anderwärts aufgekommener Debatten. Zunächst einmal eigenständige heutige Themen haben Fichte eine Aktualität zuwachsen lassen: darunter vor allem die Impulse aus der angelsächsischen Analytischen Philosophie um die Struktur der Subjektivität und des Bewusstseins – das Phänomen „Selbstbewusstsein"; oder die Debatten der (philosophischen) Sozialtheorie um die Frage des sozialen Selbst – die Präsenz Fichtes in seiner Theorie der „Anerkennung" und der „Interpersonalität". Fichtesches, die Bezugnahme auf Gedanken und Argumentationen, steht hier als Unterpfand gegen theoretische Reduktionismen.[1]

In Bezug auf Fichtes Theorie des „Wissens" und dessen Formen und Stufungen gab es solche Aktualisierungen bisher *nicht*. Fichte als Gesprächspartner und als konstruktiver Impuls: das schien für aktuelle Debatten hier sogar ferner als eigentlich alles andere aus der Tradition. Ein Maximalismus des transzendentalphilosophischen Programms schien produktive Verbindungen auszuschließen. Doch hat die heutige Wissensforschung, in der Weise, wie das Thema des „Wissens" aktuell diskutiert wird, Entwicklungen vollzogen, die eine Rezeption Fichtes vorbereiten könnten. Dem soll der vorliegende Beitrag gelten.

Das Telos ‚Wissen = empirische (Natur-) Wissenschaft', ‚Wissen = positivistisch betriebene Aufdeckung von Kausalgesetzmäßigkeiten' steht augenfällig nicht mehr ungebrochen. Daran mitwirkend haben mehrere verschiedene Strömungen eine neuartige Diskussion um den Begriff des „Wissens" initiiert: konzeptionelle Perspektiven durch die neuere französische Epistemologie des 20. Jahrhunderts, wie sie mit Namen in Foucaults Konzepten des „epistemologischen Feldes", des „Diskurses", der „Dispositive" und der „Macht" kulminierte (nebenbei: auch den davon ausgegangenen ‚feministischen' Theorien des Wissens in Amerika); durch Wittgenstein und die Konzepte von „Sprachspiel" sowie „Lebensform"; durch die interne wissenschaftstheoretische Krise des szientischen Induktionismus und dann die „Paradigmen"-Theorie der Wissenschaft; durch die diversen „konstruktivistischen" Strömungen der neueren Theorie; durch die Diskussion um *Wissenschaft-und-Mythologie* bzw. *Wissenschaft-und-(andere-)Weltbilder* (darunter auch die Konzepte der menschlichen „Symbolisierungen", im Anschluss an Cassirer); durch die Frage von „Lebenswelt"-und-Wissenschaft, sowie den Blick auf „Alltagswissen"; durch die Perspektiven von Pragmatik und Rhetorik, die die Fixierung auf rein propositionalen Gehalt und epistemische ‚Wahrheit' relativiert haben; und nicht zuletzt durch die Diskussionen um Bildung, und die Diskussionen über *Künstliche Intelligenz*.

All diese Entwicklungen, so divergent ihre Richtungen, sind in die heutige Erforschung von *Welten des Wissens* eingegangen. Im Sinne des alten Kampfplatzes gesagt: Das Verständnis von „Wissen" ist immer ‚hermeneutischer' geworden. Und es kam zu einer – wohl auch nicht mehr zu revozierenden – Versozialwissenschaftlichung der Perspektiven (und philosophisch-theoretisch zu einer Affinität zu Programmen des Pragmatismus). Hinzu kamen, als neuester Schub, von der Gegenseite die Grundsatzprogramme einer überhaupt ‚Naturalisierung des Geistes' – alles „Wissen" als per Bedingtheit und zuletzt Konditionierung gekommene ‚Repräsenta-

---

[1] Bei den Debatten um das soziale Selbst z. B. insbesondere gegenüber einem ‚Menschenbild' der Sozialwissenschaften, das – konzeptionell – immer stärker aus der Reduktion auf die Kognitionen eines atomistischen Ego-Individuums und strategisches Interessen-Handeln (zuletzt *homo-oeconomicus*-Rationalität) lebt.

tionen', jedwedes geistig Höhere dabei als Schimären oder als emergente (virtuelle) Metarepräsentationen. So in der Analytischen Philosophie (Searle, Dretske usw.)[2] und innerhalb der aktuellen, kognitionswissenschaftlich ausgerichteten Phänomenologie (Dan Zahavi)[3] und in dem heutigen großen Boombereich ‚Hirnforschung'. Sie haben das Problem in Zuspitzung gebracht.

Dies macht eine faktische Situierung, und sie ist grundlegend anders als die Konstellation des 19. und der ersten Hälfte des 20. Jahrhunderts. Es sind diese anderweitigen Impulszentren des Debattenfelds, in deren Kontext und Netz wir stets stehen, wenn wir Konzeptionen der alten philosophischen Tradition zu aktualisieren unternehmen. Die so verschiedenen Arbeitsfelder und Programme sind Ausprägungen einer Krise des klassischen, auf szientifische Positivitäten hin orientierten Verständnisses des „Wissens", Auflösung dieses Verständnisses von innen heraus: und mit dieser Krise, gerade in der ausgebildeten Wissens-Kultur, kommt es zur Wiederkehr eines Themas, das exemplarisch gerade auch als das Fichte'sche gelten darf. Auf das Grundsätzliche gesehen, auf die Frage an eine Theorie, ist es das Verhältnis zwischen epistemischen Überzeugungen – spezifischen einzelnen, lebensweltsicheren, sozial kommunikablen *Dass-p*-Überzeugungen,[4] deren etabliert-geltenden Beständen, Fundus und Prozessen – und allgemeinen Rahmen, worin sich dies bewegt bzw. zur Aufspannung kommt.

Die Frage ist die der ‚sinn'-gebenden Voraussetzungen, Vorgegebenheiten, Wissens-Transzendentem, welche als Rahmen für die existenzielle Bedeutsamkeit *etwas-zu-wissen* fungieren, auch für die Praxis ‚Wissen' ihrerseits, und wodurch die Überzeugungen Systeme bilden. Fichtes exemplarische Konzeption verknüpft dies tiefsichtig mit der zweiten, übergeordneten Frage, was das System des ‚Wissens' (genauer: der ‚Wissens'-Stücke) zu einer Welt (Orientierungswelt) des Tuns-und-Lassens des Überzeugungen-habenden menschlichen Wesens (Lebewesens) macht. Seine Argumentation ist, dass dies ‚Sinn'-Konstituierende strukturell mehr ist als etwa die Summe der Kontextvertrautheiten (‚implizites Wissen' der Subjekt-seins-Kompetenz resp. ein in den Habitus eingegangenes leitendes ‚*Können*'[5]); und desgleichen mehr als die jeweilig herrschenden Paradigmen, Erkenntnisprogramme, Diskursivierungspraktiken (usw.), d. h. deren Relativismus. Entscheidend hat es danach vielmehr mit dem *Selbstbild* (Bild unseres Wesens) zu tun, welches stets in dem Welt-Modell, das durch die angesetzte bzw. praktizierte epistemische Relation kondensiert, liegt – und inwiefern dieses ein *humanes* Selbstbild ist. Darin liegt ge-

---

[2] Vgl. John Searle, Intentionality. An Essay in the Philosophy of Mind, Cambridge 1983, sowie Fred Dretske, Naturalizing the Mind, Cambridge/MA 1995.
[3] Vgl. Dan Zahavi, Subjectivity and Selfhood. Investigating the First-Person Perspective, Cambridge/MA 2005.
[4] Als solches gegebenenfalls auch komplexe oder generalisierte, theoremartige Überzeugungen.
[5] Im Sinne von Michael Polanyi. Vgl. ders., Personal Knowledge. Towards a Post-Critical Philosophy, Chicago 1958, sowie ders., The Tacit Dimension, London 1966.

wissermaßen die Botschaft aus der Epoche des Idealismus. Auch wenn heute hindurchgegangen durch mehrere seitherige Reflexionen – Sachexplikationen, Differenzierungen, erweiterte Einsichten und nicht zuletzt neue Begrifflichkeiten –, bleibt ein in Fichte sich aussprechendes Problembewusstsein, das in diskussionskonstruktiven Thesen über aktuelle Konzeptionsprogramme hinausgeht.

Diesen Zeit-Zusammenhang bewusst aufzunehmen, findet sicher nicht überall bei Fichte einen proportionalen Zugang und gut reflektiert. Eine besondere Bedeutung kommt, wie im Folgenden dargelegt werden soll, indes einer Schrift zu, die in ihrer eigenen Zeit nicht unbedingt größte Wirkung entfaltet hat: der *Bestimmung des Menschen* von 1800.[6] Von dieser Schrift aus lässt sich das Potential Fichtes, Potential zumal im Hinblick auf die heute wieder ganz neu bewusstgewordene systematische Tragweite des Problems des ‚Wissens' erörtern. Ich mache dazu zwei Teile. Der erste geht den Weg von einer Rekonstruktion des äußeren Gedankengangs der *Bestimmung des Menschen* zur Sachproblematik, genauer deren verschiedenen Dimensionen; der zweite den Weg vom erreicht-herausgebildeten heutigen Diskussionsfeld zurück zu Fichte, was zugleich auch bestimmte seiner Grenzen sehen lassen wird.

1 Systeme des Wissens (Naturalismus und Transzendentalphilosophie in Fichtes *Die Bestimmung des Menschen*)

Die *Bestimmung des Menschen*, da braucht man sich nichts vorzumachen, gehört sicher nicht zu Fichtes tiefsten Leistungen. Das sollte hier nicht das Kriterium sein. Abgesehen sei im Folgenden aber auch von den äußeren Zusammenhängen der Schrift: der popularphilosophischen Absicht, überhaupt dem Beginn von Fichtes Gang in die populäre Wirkung;[7] der rhetorischen Dimension – der Tradition der *soliloquia*, der Funktion der Figur des „Geistes" im mittleren Teil der Schrift, der impliziten Wendung an den Leser bzw. aufgeforderten Mitdenker immer wieder;

---

[6] Fichte wird im Folgenden zitiert unter der Sigle GA und mit Angabe von Reihe/Band nach der Ausgabe Johann Gottlieb Fichte, Gesamtausgabe, herausgegeben von Erich Fuchs/Hans Gliwitzky/Reinhard Lauth/Peter K. Schneider, Stuttgart-Bad Cannstatt 1962-2012; dort *Die Bestimmung des Menschen*: GA I/6, 183–311. – Zu aktuellen Forschungsperspektiven vgl. Daniel Breazeale/Tom Rockmore (Hg.), Fichte's *Vocation of Man*. New Interpretative and Critical Essays, Albany 2013.

[7] Vgl. Hartmut Traub, Johann Gottlieb Fichtes Populärphilosophie. 1804–1806, Stuttgart-Bad Cannstatt 1992; Johann Gottlieb Fichte, Schriften zur angewandten Philosophie, herausgegeben von Peter L. Oesterreich, Frankfurt am Main 1997, sowie Peter L. Oesterreich, Das gelehrte Absolute. Metaphysik und Rhetorik bei Kant, Fichte und Schelling, Darmstadt 1997, 5–133.

dann dem Hintergrund des ‚Atheismusstreits';[8] der Bedeutung Jacobis, vor allem dessen *David Hume* und *Jacobi an Fichte*;[9] den damals beginnenden anthropologisierenden Tendenzen in der Philosophie allgemein, in welche Debatten auch Fichte verwoben war;[10] und schließlich auch abgesehen vom Bezug zu dem von Fichte hochgeschätzten Spalding und dessen dem Geist der Aufklärung verpflichteter Schrift gleichen Namens von 1748, der der Titel ‚Bestimmung des Menschen' entlehnt ist.[11] Hinzu kommt als ebenfalls solch relativ kontextuell-äußerer Zusammenhang die isagogische Funktion der Schrift, die Hinführung zum Standpunkt der Transzendentalphilosophie bzw. ‚Wissenschaftslehre', analog zu dem Unterfangen Fichtes in etwa der *Ersten* und der *Zweiten Einleitung*.[12] – Dies alles macht Motivationen und sicherlich auch Form der Schrift plausibel. Hier hingegen soll es um die Argumentation gehen und den Gedankengehalt.

* * *

Die *Bestimmung des Menschen* folgt einem Vorhaben und Bau, die auch dann ihre Gültigkeit haben, wenn man die transzendentalphilosophische Rahmen-Motivation und die spezifischen Fichte'schen Terminologien nicht teilen mag. Die drei Teile (‚Bücher'), von ihrem jeweiligen Zielthema her – selbst da aber nicht ganz glücklich – überschrieben mit ‚Zweifel', ‚Wissen' und ‚Glaube', gliedern sich in zwei dekonstruierende negative, einander in maßgeblicher Hinsicht komplementär, und einen positiven aufbauenden. Argumentativ müsste man vielleicht genauer von vier Teilen sprechen. Denn jenes positive aufbauende Hauptstück ‚Glaube', auch an Umfang so viel wie die beiden anderen zusammen, gliedert sich wiederum in einen (von einem nachzuvollziehenden Selbstgespräch vorgeführten) Begründungsverlauf – hierin gleich den anderen –, sich festmachend an der betreffenden ‚Ansicht der *Welt*', und dagegen eine Explikation der daraus folgenden Bestimmung des Menschen, der *Innen*seite dieses *Selbst*verständnisses;[13] Letzteres ändert sich denn

---

8 Vgl. Klaus-Michael Kodalle/Martin Ohst (Hg.), Fichtes Entlassung. Der Atheismusstreit vor 200 Jahren, Würzburg 1999.
9 Friedrich Heinrich Jacobi, David Hume über den Glauben oder Idealismus und Realismus, Breslau 1787; ders., Jacobi an Fichte, Hamburg 1799. Vgl. auch Klaus Hammacher (Hg.), Fichte und Jacobi, Amsterdam/Atlanta 1998.
10 Vgl. Georg Eckardt/Matthias John/Temilo van Zantwijk/Paul Ziche, Anthropologie und empirische Psychologie um 1800. Ansätze einer Entwicklung zur Wissenschaft, Köln/Weimar/Berlin 2001, sowie Faustino Fabbianelli, Antropologia trascendentale e visione morale del mondo. Il primo Fichte e il suo contesto, Mailand 2000.
11 Johann Joachim Spalding, Betrachtung über die Bestimmung des Menschen, Greifswald 1748; der Titel einer allgemeinen „Bestimmung des Menschen" in Fichtes *Einige Vorlesungen über die Bestimmung des Gelehrten* (1794), s. GA I/3, 22–33.
12 GA I/4, 183–208; GA I/4, 209–269.
13 Beginnend mit GA I/6, 282.

auch im abschließenden Zehntel der Schrift[14] zudem überhaupt im Tonfall, in den Ton eines Bekennertums und Erbauungsschrift.

,Zweifel', ,Wissen', ,Glaube' zeichnen nicht nur einen mentalen Weg – einen zusammengehörigen Weg, in Schritten und Stufen. Ihre Gedanken entfalten sich darin zugleich in einer deutlich unterschiedenen Form: Allgemein, so geht es bei ,Zweifel' um eine Verständigung über die Konsequenzen bzw. Implikationen eines Naturalismus kausaler Determinationen, wie er in unserem natürlichen alltäglichen Vertrauen auf die Verlässlichkeit der Dinge liegt. Der Teil ,Wissen' entfaltet den Weg-in-den-Grund – letztlich einen obersten Grundsatz –, der eine theoretische Transzendentalphilosophie stiftet: die *theoretische Reflexion* im Sinne einer Transzendentaltheorie des Bewusstseins (oder genauer der Bewusstheit, des Im-Bewusstsein-Seins). Gegenüber dem natürlich-alltagsweltlichen Realismus des ersten Teils zeigt er die Begründungsargumentation eines Idealismus – mit dem offenbar Jacobi noch radikalisierenden Ende, dass dieser Idealismus jedoch *Nihilismus* bedeute, ontologischen und im Grunde auch moralisch-existenziellen Nihilismus.[15] Schließlich der Teil ,Glaube' denkt alles aus dem Gesichtspunkt ,Was *will* ich?': ,Was will ich, das ist – damit ich handeln kann, und damit mein Sein *Sinn* macht' (mit besagtem Übergang am Ende ins Bekennertum und Künden). Dieser dritte Teil macht erstmals Das-Praktische – die praktische Vernunft (und die daraus strömende moralische Welt) – geltend. Teil eins und Teil zwei sind erkenntnistheoretisch-interne Reflexionen; dieser dritte Teil, also ab etwa der Hälfte der Schrift, bringt überhaupt erst die *praktische* Perspektive in Anschlag.

Alle Teile steuern jeweils darauf zu, welche Eigenbestimmung – welches *Selbst*bild und insofern Verständnis des Geistig-Menschlichen und seiner Bedeutung in der Welt – jeweils in den betriebenen mentalen Haltungen liegt oder daraus sich ergibt. Und die durchgängige Absicht der Schrift im Ganzen, in allen ihren Stücken, liegt in dem, was Fichte vielleicht am deutlichsten im letzten Satz von Teil eins formuliert hat: „Welche Macht kann mich vor mir selbst retten?"[16] – nämlich dem gärenden Denken, der fressenden Reflexion. Die Botschaft ist denn am Ende die Heimführung: Heimführung des Geistes in seinen Stand der Demut, wo alles *menschliche* Fragen stillesteht.

* * *

---

14 Ab GA I/6, 296; und offen GA I/6, 300–309.
15 GA I/6, 247f. 251f. (der förmliche Begriff „Nihilismus" fällt hier allerdings nicht bei Fichte). Zu Jacobis „Nihilismus"-Vorwurf gegen den Idealismus, gegen die ganze von Kant ausgehende Richtung und dabei gezielt mit Blick auf Fichte vorgebracht, vgl. Jacobi 1799, in: Friedrich Heinrich Jacobi, Werke, herausgegeben von Friedrich Köppen/Friedrich Roth, Band 3, Leipzig 1816, 1–57; hier: 44.
16 GA I/6, 214.

Ein jeder Teil hat sicher ganz eigene Subtilitäten und auch Probleme, die zu erörtern wären. Auf die systematische Bewandtnis, systematische Aktualität gesehen, lassen sich aber einige entscheidende Merkmale des Typus der Argumentation bezeichnen.[17] – Die Gedankenbewegung des ersten Teils ist eine besondere Weise der Zweifels-Argumentation. Gegenüber der Tradition der antiken skeptischen Philosophie – den Mustern der ‚Skepsis', qua Denkrichtung und konzeptioneller Haltung –, gegenüber dem Cartesianischen „Zweifel", aber auch gegenüber dem neueren Skeptizismus David Humes entfaltet Fichtes Schrift einen ganz anderen Zweifel: einen Zweifel angesichts des *Naturalismus* unserer natürlichen, unbefangenen Einstellung, des Naturalismus und seiner alltagsweltlichen Bestätigtheit. Es ist ein Zweifel ohne Gott (‚Täuschergeist') und ohne Transzendenz und ohne strukturell „verkehrtes", „falsches Bewusstsein"; ein Zweifel aus dem Geist des Naturalismus, von innen heraus. Genauer ist es ein Zweifel-in-mehreren-Stufen, mehrere Stufen eines nochmals neu aufbrechenden Zweifels – eine Argumentation in jeweiligen Gegengründen und erneutem, höherem Zweifel.

In unserer natürlichen alltäglichen Haltung, in der wir auf die Dinge der Welt rechnen, uns etwas erklären – ein jeder durch Kenntnisse als wirklichkeitsmächtig –, unterlegen wir den Gestaltungen und Erscheinungen ein Geflecht kausaler Bedingtheiten. In Sein wie Werden denken wir alles als stehend in Naturnotwendigkeiten, in Ketten von Determinationen, für alles reale Ursächlichkeiten. Andererseits lässt sich das Subjekt-Gefühl nicht zum Verstummen bringen. Die Notwendigkeiten der durchgängigen kausalen Bewirktheit – und hierin wurzelnde grundlegende Erschlossenheit, Verstehbarkeit – und dagegen das subjektive *Es-gibt* von Selbstbewusstsein und Freiheit sind beides gleichermaßen durch Evidenzen gestützt, indes wenn in theoretischer Konsequenz gedacht (zu jeweiligen „Lehrgebäuden" bzw. „Systemen"), einander widerstreitend. Wir machen von beidem Gebrauch, bewegen uns in beidem, ohne dass durch eine letzte Begründung dieses fundamentale Entweder-Oder theoretisch entschieden werden könnte.

Der entscheidende Punkt des Wegs-des-Zweifels dabei ist, zu zeigen, dass alles, was ich hier aufbringe dafür, doch der *Subjektivität* gewiss zu sein – in den elementaren Manifestationen meiner genuin menschlichen geistigen Subjektivität ein in sich Letztes und Irreduzibles zu haben –, von einem höheren Gesichtspunkt aus Mal um Mal als bloß Binnen-Illusion erklärbar ist. Der Zweifel richtet sich gegen das Eigengefühl – auch Würde und Stolz – meiner Spontaneität und Autorschaft: nicht nur Rädchen zu sein, nicht nur Teil eines kosmischen Bewusstseins. Es ist ein Ar-

---

17 Vorhaben und Status, wie sie im vorliegenden Aufsatz vorgeschlagen werden, sind – darin auch entsprechend zu den schon bestehenden fruchtbaren Aktualisierungen Fichtes bei den Themenfeldern des ‚Selbstbewusstseins' und der ‚Anerkennung' bzw. ‚Interpersonalität' – die *idealtypische Rekonstruktion* des systematischen Problemgehalts. Um eine abbildliche Nachzeichnung des historischen Fichte'schen Textes kann es hier nicht gehen.

gumentationsgang analog zu dem, was, vom Einzelwesen von innen heraus, der Naturalismus der Hirnforschung heute als Aufweis unternimmt, dass alle Subjektivitäts-Begrifflichkeit nur Küchenpsychologie sei, nur aus hartnäckiger „folk psychology"[18] sich speise. Bei Fichte ist hier im ersten ‚Zweifels'-Teil seiner Schrift der Horizont die *Kosmologie*; die (in mehreren Stufen vorgebrachte) Argumentation ist, dass darin alles Einzelne der Schnittpunkt von ihm äußeren Determinationen ist, *ich selbst* eingeschlossen.[19]

Der Ertrag der Reflexion, so aporetisch (oder subjektiv: frustrierend) zunächst im thetischen Urteil, ist ein Bewusstsein darüber, welche Art Denken sich uns mit unserer Erklärungs- und Bemächtigungspotenz gegenüber der Welt einheimisch macht – und mit der Ausbildung dieser Rationalitätsmacht sich zuletzt immer mehr verfestigt. Wir gehen aus von (Diskreten-)Dingen-mit-Eigenschaften und von den Phänomenen von deren Wandel; und wir schließen auf ein Geflecht von Kausalitäten, ein geschlossenes Gefüge. Alles ist uns in einem geraden, unbefangenen Objektivismus, doch darin liegt ein bestimmtes *ontologisches Welt-Modell*. Die Wirklichkeit wird zu einem System naturaler Bedingtheiten (naturaler „Kräfte") mit deren jeweiligen Erscheinungen, im Ganzen das Getriebe des Kosmos. – Die Stufen der Reflexion zeigen dieses in meiner Welt-Bekanntschaft und -Bemächtigung so unmittelbare – und vor allem erfolgreiche – Denken als im Letzten zugleich gegen mich selbst gerichtet. Je weiter im Einzelnen ausgestaltet und je dominierender dieses unser Kausal-Wissen, desto weniger ist in dieser Ontologie ein ontischer Raum für den Faktor Subjektivität. Das erfasste am Ende überhaupt die ganze 1.-Person-Gewissheit, meine Authentizität und meine Autorität. Und auch theoretisch ist es keine gleichgewichtige oder symmetrische Lage. Es sind die Phänomene des Subjektiven, welche, und Stufe um Stufe, der Forderung nach Rechtfertigung unterliegen. Innerhalb des vorausgesetzten ontologischen Rahmens kommen sie immer weiter in Rückzug. Die Probleme bündeln sich, von Fichte in diesem ersten Teil seiner Schrift angesprochen, dabei darin, wie Denken (zuhöchst: Allgemeinbegriffe sowie Schlussfolgern) zu erklären ist; in den Sachverhalten der Freiheit bzw. ihrer Möglichkeit und subjektiv eigenen Zweckentwürfen, ‚eigenem' Willen; ferner in der Frage der Besonderheit (auch Eigenwert und Frage des Zwecks meines Daseins); sowie generell der Frage der *Bedeutung* der Welt und ihrer Kenntnis für mich (jenseits von Situationspragmatik und systemisch-funktionaler Einpassung). Je mehr dies mit der natürlichen Ontologie unseres Welt-Wissens zusammengebracht, desto mehr erweist die 1.-Person-Evidenz, überhaupt jedwedes Eigengewirkte, Spontanei-

---

18 Vgl. prominent Paul M. Churchland, Eliminative Materialism and the Propositional Attitudes, in: Journal of Philosophy 78/2 (1981) 67–90.

19 Bei Fichte ist das dabei nicht entschieden, wie hart ‚materialistisch' dieser Naturalismus ist. Vielmehr träfe die Reflexion auch einen Naturalismus in der Gestalt der antiken *phýsis*, oder eine Konzeption der „Weltseele"; ebenso einen Vitalismus eines allgemeinen „Lebens" usw.

tät (eines Besonderen), Subjektivität sich als das Schwächere; als ihre Kraft bleibt höchstens das Aufbegehren des „Herzens".[20]

Teil eins, beginnend mit unserem natürlich-unbefangenen Gefühl der Begreifens-/Erklärens-, der daraus folgenden Handlungs- und der Gestaltungsmächtigkeit, endet mit der Affirmation der übermächtigen Welt. Teil zwei ist die Gegenbewegung: die subjektivitätstheoretische Reflexion, dass das alles sich ja *im Wissen* abspielt, Wissens-Gegenständlichkeiten *meiner* Bewusstseinsrelation sind. Und die Frage, wiederum in mehreren Stufen oder hier genauer Schleifen, ist dann ‚Was hast du da tatsächlich?'. Vom ‚Es gibt …' – vom Denken in ontologischen Entitäten und Wirkkräften, seien es Determinationspole eines naturalen Wechselgeschehens oder zur Bedingung gemachte Spontaneitäts-Entitäten – wechselt die Perspektive zum transzendentalgenetischen ‚Meine Intelligenz konstituiert …'. Die Reflexion zeigt, vorangetrieben durch die steten dialogischen Wechselrückfragen mit einer dort heraustretenden zweiten intelligenten Instanz „Der Geist", alles Mentale, alle Gehaltlichkeit als durch Akte der Konstituierung geworden: der Konstituierung durch *mich*, meine Bewusstheitspotenz. Alles, auch die höchste in Teil eins herausgetriebene Polarität ‚Determinismus-oder-Freiheit?', sind synthetische Urteile mit Allgemeinbegriffen oder sind überhaupt *Theorien*; bzw. hängt doch geschlussfolgert an Theorien.

In einer transzendentalen Anamnese wird mir bewusst, wie alles inhaltliche ‚Es gibt …', alles Ausgedehnte (im wörtlichen wie im übertragenen Sinne) durch *Operationen* meiner Intelligenz gezeichnet ist – nur wie mein natürliches Bewusstsein sich jeweilig ganz in der Anschauung seines solch eigenen Produkts, ganz eingenommen davon, verliert. Und der Teil endet dann mit dem, dass alles umschlägt, weil das, was meine Beunruhigung entkräftet, dass meine Subjektfreiheit nur Illusion sein könnte im großen Spiel der Determinationen der Welt, mich erst recht in die Angst und Bodenlosigkeit führt: dass dann nämlich auch das ‚mein Ich' *nur* ein Gedanke (oder Gedanken-Stück) ist – eine Etikett-Bezeichnung, die, von Zustand zu Zustand, eben innermental emergiert.[21] Einem Prozess- und Regelverfahrens-Apparat, Apparat zur Bildung von Ihm-erscheinenden-Gegenständlichkeiten, entstehen neben den unabzählbaren anderen phänomenalen Vorstellungen (darunter auch Vorstellungen von Allgemeinbegriffen, Gesetzlichkeiten usw.) eben auch virtuelle Symbolisierungen seiner selbst, zur system-internen operativen Funktion. Alles wären nur system-interne *Bedeutungen*, alles ontologisch ein *nihil*, auch ich selbst. Was die Unsicherheit des Zweifels abschneiden sollte, führt erst recht in *Verzweiflung*, in Welt- und Beziehungslosigkeit und Beliebigkeit.

Was ich habe in unmittelbarem Bewusstsein, sind *Phänomenalitäten*, die mir in subjekteigener Wahrnehmung meines Zustands gegeben sind: Phänomenalitäten

---

20 Vgl. GA I/6, 207–214, besonders 211–214.
21 Vgl. GA I/6, 249–252.

des Wie-es-ist, in diesem je betreffenden (Erregungs-/Affizierungs-) Zustand zu sein. Zugleich aber habe ich – oder genauer: kann mir herausbilden – eine reflexive Aufmerksamkeit auf das Mentalgenetische. Sie macht nach Fichte ein zweites Bewusstsein, ein Begleitbewusstsein über den Status des Mir-Bewussten, in dem die Evidenz der Akt- bzw. Verfahrenssouveränität liegt.[22] – Dies jedoch gibt gerade kein Fundament für die Selbstverständlichkeiten des alltäglichen habituell-natürlichen Weltbezugs und ein integrales Verständnis von Subjektsein-in-der-Welt. Es führt nur bis zu einem Pendeln zwischen den polaren Modellgedanken, dass alles nur meine Produkte wären, im Innern sich mir darstellend – in ein Gegenständlichkeits-Verhältnis kommend – durch Akte einer Selbstspaltung, oder dass dagegen meine Subjektivität nur der stillhaltende „Spiegel" wäre, vor dem, ohne dass er selbst davon berührt oder involviert wäre, die Phänomenalitäten und ihre Szenen vorüberziehen.[23] Und real, als Einzelwesen zu begreifen unternommen (Einzelwesen ‚in' der Welt), wäre es im besten Fall das Verständnis eines holistischen „Leib"-Subjekts (naturale „Leib"-Monade) – alles als von der leiblichen oder genauer je leib-zuständlichen Perspektive bestimmt.[24] Dem stünde wiederum indes die Unentscheidbarkeit gegenüber, ob es sich bei der Deutung als *Subjekt* nicht um eine ‚paralogistische' Hypostasierung bzw. Verdopplung innerhalb eines operativen Kognitionsmechanismus handelt – das, was Kant das von Bewusstseinszustand zu Bewusstseinszustand mit den Gehalten, der ihm phänomenalen Gegenständlichkeit wechselnde, nur das „vielfärbige verschiedene Selbst" nannte.[25]

Während so die Verständigung des ersten Teils damit endet, dass in der Konsequenz jenes naturalistischen Denkens meine Subjektivität gleichsam sich zur scheinbaren Unmöglichkeit rausdenkt, mein verstehenwollendes Denken „mich selbst aus mir selbst vertilgt", gerade „mich selbst ... vernichte[t]",[26] löst der gegenläufige zweite Zugang zuletzt alles in Bilder und Traumwelt auf, einschließlich meines eigenen Ichs. Was den (objektivistischen) Irrtum in unserem propositionalen Wissen wegbringen sollte – und was eine Basis geben sollte, um abzuschneiden, an

---

22 Vgl. GA I/6, 225–229. 232.
23 Vgl. GA I/6, 234–237 vs. GA I/6, 246.
24 So von Fichte in guter gedanklicher Intuition angerissen (vgl. GA I/6, 248f.) – obwohl „Leib" sonst in der *Bestimmung des Menschen* gar nicht mit hereinkommt in den Raum der Reflexion (außer beiläufig innerhalb der ‚Zweifels'-Argumentation, GA I/6, 211; vgl. aber auch 222).
25 „Mir [wurde] das Ich in jedem Momente verschwinden und wieder neu werden, zu jeder neuen Vorstellung würde ein neues Ich entstehen; und Ich würde nie etwas anders bedeuten, als [eben relativ] *Nichtding*. Dieses zerstreute Selbstbewußtseyn wird nun durch das Denken, durch das bloße Denken, sage ich, in der Einheit des – erdichteten Vermögens vorzustellen[,] zusammengefaßt ...; und so erst entsteht mir der Gedanke von Identität, und Persönlichkeit meines [kontinuierlichen, wesenhaften] Ich und von einer wirkenden und reellen Kraft dieser Person; nothwendig eine bloße Erdichtung, da jenes Vermögen und jenes Wesen selbst nur erdichtet ist." (GA I/6, 250f.) Zu Kant vgl. KrV B 134.
26 GA I/6, 214.

unser Freiheit, Denken-Können, ‚eigenem' Bewusstsein usw. zu zweifeln –, führt umgekehrt in die *Vernichtung aller Realität* (Bezugs- und Bedeutungs-Realität).[27] Und in beidem liegt kein Wozu für uns Menschen und unsere vielfältigen Vermögen, keine Bestimmung, vielmehr nur die Entfesselung grundlegender Handlungsunsicherheit.

So das Feld der Reflexion bereinigt, setzt der von Fichte als entscheidend konzipierte dritte Teil der *Bestimmung des Menschen* vom *Dass des Handelns* her an: dass (intervenierende / gestaltende / entwerfende / eine Haltung bekundende) Akte von intelligenten Wesen statthaben. Es *ist* ja so, dass wir handeln – unser Leben Handeln *ist*. Im Agieren, dem lebendigen Agieren schreiben wir uns, vor jedweder Reflexion und Erklärung, Handeln-Können zu, und dies dabei im Grundsätzlichen nicht nur als reaktives Verhalten, sondern als freies Vermögen und von uns als Einzelwesen. Fichte zeigt, wie in diesem Faktum des Handelns, es schon je zu tun und schon immer getan zu haben, einschneidende strukturelle Sinn-Implikationen (und „Dass ist"-Realitäten) liegen: Fundamentales unserer ‚Welt'-Bezüge, von deren Gewissheiten uns lediglich ein entkoppeltes Theorie-Denken abspenstig machte.

Ein jeder im eigenen Bewusstseinsraum, begleitend zur Geschichte seines Handelns bzw. auch Handlungsversuche, hat eine Vorstellung seiner Subjektsouveränität gegenüber den äußeren ‚Tatbeständen' – Selbstsein seiner Stimme, seines Urteils, seiner Intervention, Gestaltungsmacht und auch seiner Verantwortlichkeit. Es ist eine Evidenz, die nicht aus unserem (theoretischen) Reflexionsvermögen heraus begründet ist, sondern worin sich uns – je einem jeden, lebensvollzugshaft und in selber Weise – etwas zuspricht, welches dann durch das Denken zu orientierungsfunktionalen Vorstellungen bzw. Vorstellungsbezügen ausgelegt wird. Deren Allgemeinheit und Geltungsgewicht liegen nicht im Intellektuellen, nicht in den theoretischen Prozessen, vielmehr dem Menschenuniversellen des lebensvollzugshaften Handlungsvermögens überhaupt. Aus ihm figurieren sich einem jeden gewisse Fundamentalgegebenheiten der Seinswelt, die vernünftigerweise[28] *nicht nicht* für-evident-stehen können. Fichte führt alle ‚Realitäts'-Selbstverständlichkeiten, das Seinsgewicht der Wirklichkeit im Kognitiven wie im Praktischen, und ebenso alle basalen normativitätshaltigen Orientierungen als Manifestationen dieser lebenvollzugselementaren Zusammengehörigkeit von Koordinaten des mentalen Raums – in je einem jeden – und Handlungspraxis darauf zurück.[29] Relativ zum weltbemächtigenden Kenntnis-Wissen und der daraus erwachsenden instrumentellen Potenz stehen sie im epistemischen Modus der menschen-allgemein primordialen Überzeugungsgewissheiten. Dem praktischen (lebenspraktischen) Vollzugszusammenhang entsprechend sind es, neben dem Dass-überhaupt der (subjektvorgängi-

---

27 Vgl. GA I/6, 251f.
28 Oder allenfalls um den Preis intellektueller Widersprüche und Inkonsistenzen.
29 Vgl. zentral GA I/6, 255. 264f.

gen, nicht-subjektwillkürlichen) Realität, strukturell Überzeugungsgewissheiten in der Begrifflichkeit von *Zwecken* (oder Zweck-Sinn), d. h. von Zweck-Hierarchien und ‚Wozu'-Schemata. – Fichtes Argumentation zielt darauf, dies Human-Unmittelbare so zu stärken – durch Reflexion –, dass es auch bei entfalteter intellektueller Kultur in einer bestimmten generellen Gesinntheit des Menschen habituiert bleibt, in einer ausgebildeten festen „Denkart" und Weise der „richtige[n] Einsicht" eingewurzelt ist[30] – gegen die nur scheinbare Vernünftigkeit und Denknotwendigkeit eines abstrakten erkenntnistheoretischen Ego, gegen die betriebenen theoretischen Rekonstruktionen des Mentalen (Rekonstruktionen aus neutraler Null-Position).

Die Begründungsaspekte und Erwägungen dieses umfangreichen Teils ‚Glaube', die in der Schrift dafür angeführt werden, liegen offenbar nicht in einer einzigen Linie. Die stärkste Version der Argumentation ist wohl darin zu sehen, dass für uns Menschen die Sinnenwelt, die Positivitäten der Gegebenheiten des Äußeren (sowie des Psychologisch-Inneren), samt der Rationalität der technisch-praktischen Welt ein Subkosmos der umfassenden normativen (genauer: moralisch-deontologischen) Welt ist. Das Sein ist nicht eine Zusammensetzung aus neutraler Welt plus irgendwie darin enthaltenen einzelnen bedeutungs-setzenden – und bedeutungs-wollenden – Entitäten (Mentalität, Ich, ‚Seele' usf.), sondern *die Welt* ist bedeutungstragend aufgespannt. Die Einzelnen finden sich immer schon in Wirklichkeiten, deren Raum mit Bedeutungshaftem imprägniert ist; sie gehören schon je zu Bezügen von Handlungs-Anmutungen und Handlungs-Zumutungen, werden hineingeboren in dieses Nicht-Neutrale. Alles Sinnenfällige und ebenso Wollen wie Agieren nehmen wir immer – verstehen resp. interpretieren wir fundamental – im Licht von Koordinaten des potentiell Bedeutungsvollen. In dieser Welt haben wir zugleich ein *Selbstbild* und ein als ‚wir Menschheit' verstandenes präreflexives Wahrheitsgefühl. Als Subjekte sind wir engagiert ins Sein. Der szientifische Blick (‚physikalische Welt') ist allenfalls eine sekundäre Indifferenzierung, ist die gerade *von* diesen Subjekten reflexiv betriebene Bemühung ihrer eigenen Entperspektivierung.

Was es dadurch an Theorie-Möglichkeiten gegeben hätte, verplätschert indes schnell. Das sachgehaltliche Potential ließe sich vermutlich, wenn man auf eine völlig andere Begriffssprache zurückgreift, in Teilen reformulieren. In Fichtes Schrift aber verselbständigt sich die Ausbreitung kurzerhand zu einer doch grobschlächtigen teleologisierenden Argumentation:[31] was alles so *sein müsse, weil sonst nicht erklärbar* wäre, warum ich etwas tue, was nicht unmittelbares (technisch-praktisches oder strategisches) Vorteils-Handeln ist; oder nicht erklärbar,

---

30 Vgl. GA I/6, 259. 260.
31 So wie Fichte dabei argumentiert, würde dabei außerdem wohl genau der Einwand aus den Reflexionen von Teil eins der Schrift (s. o.) zutreffen: dass dies eben die (Binnen-)Illusionen einer Population von Lebewesen sind, die überlebt hat – überlebt, weil diese Wesen mental so eingerichtet sind (in ihrer *Naturalität*), dass sie trotz allem nicht an dem *quia absurdum* in existenzielle Verunsicherung geraten oder verzweifeln.

warum es überhaupt Menschen gibt und all die Mühsal ihres Lebens; etc. etc. Die Zeitgenossen, auch die Fichte sonst wohlgesonnenen Freunde haben hier fast durchweg mit einem Verriss reagiert. Selbst Jacobi, dem Herzenskünder, ist gerade bei diesem dritten, als positiv-aufbauend konzipierten Teil der *Bestimmung des Menschen* zunehmend schlecht geworden.[32]

Es sind jedenfalls vier Gruppen von Gedankenkreisen, die Fichte hier als Selbstverständlichkeiten eines wahrhaften menschlichen Bewusstseins vorzuführen sucht. Dynamisch gesehen, schichtet es sich auf beginnend mit der globalen Unterscheidung von Sachgegenständlichkeiten und dagegen *Personen*, als zweierlei Modi von Realem überhaupt. Dies bilde gewissermaßen eine Basisontologie: innerhalb der Welt das, was „Wesen meines gleichen"[33] sind, abzuheben von all dem, dessen Sein (allein) Natursein ist und naturalen Kausalitäten gehorcht. Zu „Wesen meines gleichen" stehe ich, anders als zu den der Subjektivität entbehrenden reinen Sachen des Naturseins, elementar in *Sozialität*; von diesen Anderen – sowie dann von den gemeinsamen Kulturerrungenschaften von Sozialformen oder Institutionen – erfahre, erwarte und fordere ich, dass sie mich als freies Wesen behandeln und als wesensmäßig mit Rechten.[34] Zweitens folge daraus die Evidenz einer Vorstellungsweise menschlichen Handelns, worin wir – empirischerweise, in unseren Anstrengungen – eine Gemeinschaft ausmachen und in unserem einzelnen zwecklichen Tun und Lassen zusammenwirken, ja tendenziell zu einem großen Körper (Zivilisations-Körper) zusammenwachsen. Menschliches Handeln verstehen wir als insgesamt zum Zweck der Verbesserung der Lage des Lebens. Wir verstehen Handeln zuletzt immer in einem ‚weltgeschichtlichen' Schema.[35] – Das Allgemeine hierin ist typologisch ein *negativ* gerichtetes Wozu: Widrigkeiten der Freiheit zu bewältigen, einzudämmen oder wegzuschaffen. Es ist für Fichte in uns Menschen ergänzt und überformt durch ein positives: sich selbst, obwohl aus Natur hervorgegangene Wesen und mit niemals gänzlich tilgbaren Natureinwirkungen, *auszubilden*, d. i. das Leben ausgerichtet werden zu lassen auf das Übersituativ-Wahre des Moralisch-Geistigen – im Einzelnen und in der konkreten Gemeinschaft und darüber zuletzt auch als Menschheits-Gattung. Wir Menschen haben auch die Vorstellung, dass unser letzter

---

32 Vgl. den Brief an Jean Paul [Richter] vom 13. Februar 1800, in: J. G. Fichte im Gespräch. Berichte der Zeitgenossen, herausgegeben von Erich Fuchs, Band 2, Stuttgart-Bad Cannstatt 1980, 291–293 (292: „... mir wurde übel und weh"). – Zur Aufnahme der Schrift vgl. allgemein J. G. Fichte in zeitgenössischen Rezensionen, herausgegeben von Erich Fuchs/Wilhelm G. Jacobs/Walter Schieche, Band 3, Stuttgart-Bad Cannstatt 1995, 1–173, sowie den strukturierenden Bericht in GA I/6, 147–182.
33 GA I/6, 262.
34 Vgl. GA I/6, 261–265. Dies Behandelt-*Werden* will auch der, der für sich selbst noch nicht zum Gedanken der *Pflicht* – entsprechende *eigene* Pflicht – gekommen ist: vgl. GA I/6, 264.
35 Vgl. GA I/6, 265–276. Fichte sieht dies als den Prozess der Errungenschaften der Bezähmung und Reglementierung der äußeren und der zwischenmenschlichen (bzw. inneren) „Natur".

Zweck nicht auf der Linie der Annehmlichkeiten und ungehinderten Selbstverwirklichungen einer je präsentischen Population liegt – im Sinne einer handfesten eudämonistischen Utopie –, sondern zu unserer Geistigkeit gehört die Idee von uns als besseren Wesen – eine *Erziehungs*vorstellung von uns, als menschlicher Selbsterziehung.[36] Dies Dritte sind die Prozesse des höheren Moralischen, anders als das im Zweiten herrschende pragmatisch Notwendige der Be-Freiung, des negativen Wegschaffens.[37] Und schließlich gebe es viertens die Vorstellung einer universellen geistigen Verbundenheit, worin ein jeder sich als eingefügt gewiss ist und mitwirkend, ohne im Einzelnen nach einer manifesten *rationalen Begründung* der Bedeutungsgröße seiner individuellen Existenz und des Werts seines Tuns und Lassens zu verlangen. Die individuellen Wesen sind sich darin genug, eben Mensch zu *sein* (und d. h. als Mensch zu handeln). Die Einzelnen sind nicht wichtig für sich, sondern als Träger ihres jeweiligen Geistigen (eines Gedankens, einer Moralität, einer überhaupt „Denkart").[38] –

Das Befremdende in Gedankenführung wie Stil hier nicht beschönigt, bleibt doch zugleich die Einheit von Fichtes Reflexionsunternehmung, die denn am Ende doch wieder in den Vordergrund kommt. Die *Bestimmung des Menschen* ist eine Bildungsgeschichte (individuell) und ein systematischer Begründungsgang. Die Frage nach einer festen orientierenden Vorstellung von unserer Bestimmung, die nicht nur durch traditionale Welt- und Menschenbilder vorgegeben ist, nicht nur äußerlich an mich gekommen, ist für Fichte im Vertrauen auf mein Handeln-Können – und mit den damit zusammenhängenden viererart Überzeugungsgewissheiten – in Wirklichkeit schon immer beantwortet. Alle verunsichernde Skepsis ist abgeschnitten. Wie „wir ... alle [in diesem] Glauben geboren" werden,[39] so müsse der Weg der Selbstaufklärung auch zurück zur Einfalt der „sich uns natürlich darbietenden Ansicht" gehen. Wir müssen nur diesen Glauben auch *wollen*,[40] eine Treue zum Glauben, ein Sich-Schicken in diese Weisheit. Darin sind „alle Räthsel meines Daseyns ... gelös't"; ich muss nicht alles verstehen – alles verstehen wollen –, aber begreife alles, soweit wie ich es zum natürlichen Recht-Tun brauche; ich ruhe in mir selbst.[41]

Dieses hoch gesteigerte, auch pathetische Harmonie-Modell hat, als Fichtes irritierendes ‚eigentliches Wollen' verstanden, oft das Zentrum der Auseinandersetzung absorbiert. Die Frage nach der Bedeutung der Praxis Wissen bekommt darin

---

36 „Verbesserung meines Willens", „Verbesserung des Herzens": beides von Fichte in Parallele gesetzt (vgl. GA I/6, 289).
37 Vgl. GA I/6, 277–289.
38 Vgl. GA I/6, 289–296, mit ab da dem genannten Übergang in den Ton des Bekennertums und der Erbauungsschrift.
39 GA I/6, 259.
40 Vgl. GA I/6, 257f.
41 GA I/6, 296; vgl. 301/292.

leicht einen einseitigen Akzent. Die Depotenzierung allen ‚Wissens' scheint zu dominieren, eine aus Grundsatzerwägungen erfolgende absolute und apriorische Hintansetzung. Dimensionen eines relativen – und dynamischen – Bezugs sind letztlich fast nicht mehr sichtbar, weder ‚Glauben' als Vertrauensvorschuss in Sinnhaftigkeit, je aktual und darin relativ, noch die Anstrengungen des ‚Wissens' als Klärung rechter Kenntnis und auch Selbstkorrektur dabei, d. h. die kritische Macht des Vermögens des Wissens. – Darum sei hier in einem zweiten Teil vom heutigen Diskussionsfeld aus ansetzend das Potential des aus Fichte zu gewinnenden systematischen Beitrags aufzuschließen versucht. Es ist der Vorschlag einer neuen Lesart.

2   Die Gründe des Glaubens

Fichtes Erörterungen und die Bedeutung seines Beitrags stehen in einem großen denkgeschichtlichen Horizont. Daran ändern auch die schwerlich zu übersehenden Schwächen seiner Schrift nichts, die argumentativen, die kompositorischen und die schlicht sprachlich-darstellungsmäßigen wie rhetorischen Schwächen. Es ist ein Horizont, der über die inner-fichteschen Bezüge zu anderen Texten seines Werks hinausgeht und weit hinaus über den unmittelbaren Anlass der Schrift und auch die Beurteilungskriterien des Publikums.

* * *

Das Verhältnis von ‚Wissen' und ‚Glauben', da hat Hegel in seiner Schrift gleichen Titels *Glauben und Wissen oder die Reflexionsphilosophie der Subjectivität* (1802) etwas Wichtiges zu Bewusstsein gebracht,[42] dies Verhältnis bzw. diese Front ist, nachdem der Geist der Aufklärung auch in die Bastion Religion gekommen ist, vorrangig nicht mehr die Polarität zweier institutioneller Verkörperungen und entsprechender sozialer Handlungsorientierungen: die Entscheidung Wissenschaft (neuzeitliche Wissenschaft) vs. Kirche. *Glauben und Wissen*, diese dabei auch terminologisch kristalisierte Problemfrage, ist grundlegender zu einer subjektivitäts-internen Verständigung über die Rolle – das heißt auch Grenzen – profaner Erklärungs-Wissens für die Deutung und Orientierung unserer Welten des Menschlichen geworden; auch Verständigung über das Verhältnis von Theorie und Praktischem, rationalen Erkenntnis-Wahrheiten und existenziellen Bedeutsamkeiten. Fichte steht

---

[42] Glauben und Wissen oder die Reflexionsphilosophie der Subjectivität, in der Vollständigkeit ihrer Formen, als Kantische, Jacobische, und Fichtesche Philosophie, in: Georg Wilhelm Friedrich Hegel, Gesammelte Werke, Band 4, herausgegeben von Hartmut Buchner/Otto Pöggeler, Hamburg 1968, 315–414; hier: 315–324. Dort dann im Weiteren zu Fichte 387–412.

mit seinen Thematisierungen diesbezüglich im Horizont der prinzipiellen Bewandtnis, dass es seine Zeit war, in der zu den klassischen Problemoppositionen der Neuzeit (Subjekt/Objekt, Welt/Mensch, Individuum/Gemeinschaft u. a.) die Frage von *Glauben und Wissen* als Ort der vielleicht entscheidendsten Selbstverständigung hinzugekommen ist – dieses Verhältnis in Wesentlichem unterschieden von der Vorgeschichte in Antike und Mittelalter, vor allem von ‚Glauben' als bloßer *dóxa* (oder auch *mýthos*) oder rein (offenbarungs-) religiös und von ‚Wissen' im Sinne von ‚Wesens'-Einsicht.[43] An ihm entschieden sich nun nichts weniger als der Begriff von Rationalität und die Bestimmung des Menschlichen bzw. der *conditio humana*.

Was in der denkgeschichtlichen Konstellation, für die Fichtes *Bestimmung des Menschen* eine exemplarische Schlüsselstellung zukommt, ausgetragen worden war, hat sich im weiteren 19. Jahrhundert, nicht zuletzt einher mit der Grenzziehung gegen die ganze alte Tradition der Philosophie, eher verunklart. In der Zeit Fichtes waren es Kants ‚Kopernikanische Wende' und die Folgen in der unmittelbaren nachkantischen Philosophie, in deren Debatten das Problem des Verhältnisses von *Glauben und Wissen* zugleich zum Zentrum der Entscheidung über den wahren Idealismus des menschlichen Geistes geworden ist. Die von Kant begründete Reflexion auf die aktiven, konstituierenden Akte in der Formung von mentalen Gehalten hat sowohl ‚Wissen' wie dann auch fundierenden ‚Glauben', nämlich als eine andere Form von (setzungsuniversellem) Überzeugt-sein, in einer neuen Weise verstehen gemacht, ‚Glauben' in Abgrenzung gegen kulturelle Vorstellungen und Schemata, übernommene vorgegebene Meinungen, Ad-hoc-Ansichten, bloße Subjektprojektionen usw. Diese Bewandtnisperspektive haben damals gerade auch die Kritiker und Gegner der transzendentalphilosophischen Subjektivitätstheorie geteilt. Heute indes spielt zusätzlich eine zweite denkgeschichtliche Entwicklung herein.

Zunächst einmal sind es dabei die theoretischen Verschiebungen, die durch die Philosophie des 19. Jahrhunderts in das Thema von *Glauben und Wissen* gekommen sind. Das 19. Jahrhundert brachte einen Umbruch, worin durch verschiedene Denk-Programme – mit maximalistischen Bewertungen – die Opposition umbewertet oder überhaupt aufgelöst wurde. Mit allem Vorbehalt der Typologisierung ließen sie sich wohl dahin kennzeichnen, dass in der einen Richtung, an der einen Front die *philosophische* Bedeutung von ‚Glauben' gänzlich verabschiedet wurde (und ohne dabei zum jedenfalls alten Religiösen zurückzukehren oder gar zum Institutionell-Kirchlichen als Orientierung). Der Begriff des ‚Glaubens' wurde dort statt dessen verscho-

---

43 Die allgemeine Polarität von ‚Glauben' und ‚Wissen' hat jüngst Jürgen Habermas – noch einmal – als den großen Horizont der ganzen abendländischen Denkentwicklung gezeichnet, in dem die Tradition wie ihre Errungenschaften und Verpflichtungen zu verstehen sind. Fichte spielt darin indes keine entscheidende Rolle; zwischen Kant und dem dann mit Hegel Beginnenden ist er subsumiert ganz dem Rückgang auf Hegel und dessen typologisch gewordene Fichte-Kritik. Vgl. Jürgen Habermas, Auch eine Geschichte der Philosophie, Band 1: Die okzidentale Konstellation von Glauben und Wissen, Band 2: Vernünftige Freiheit. Spuren des Diskurses über Glauben und Wissen, Berlin 2019.

ben zu etwas, das nur durch besonderes, letztlich transpersönliches Vermögen gewahrbar sei – durch ‚Intuition', innere Sammlung oder ‚Andacht', ‚weltanschauliche' Gewissheit zum Tat-Impuls (situationelles ‚Ich muss so-und-so tätig werden', ‚meine Stimme erheben' u. a.), Gesinntheit usw. ‚Glauben' war nicht mehr durch seine Gehalte ausgezeichnet, sondern in primärer Weise gleichsam eine Gestimmtheit, etwas Stimmungshaftes.[44] Diese Richtung speiste sich plakativ gesagt aus dem Geist der ‚Romantik' im weitesten Sinne. – An einer anderen Front kam es zu den Theoriekonzeptionen, die gegen den modernen Geist der Empirie und der Wissenschaft gerichtet ein davon prinzipiell nicht fassbares, ganz anderes ‚eigentliches' *Sein* statuierten – aktualistisch, vitalistisch u. a. m.: und dafür einen höheren *philosophisch-theoretischen*, antiszientifischen Modus der (und auch gehaltlichen) Erkenntnis ansetzten, welcher auf einer ontologischen Urbekanntschaft fuße, die in unserem Das-Leben-leben/verstehen/erfahren liege. Die Entwicklungen an dieser Front waren häufig verbunden mit diversen allgemein antimodernistischen Reflexen der Philosophie. – Schließlich an einer typologisch dritten Front etablierte sich eine völlige Verschiebung, hinter der dagegen die Wissenschafts-Utopie der Epoche stand. In ihr war aus der Idealismus-Diskussion, um die es im Zeitalter Kants und Fichtes beim Verhältnis von *Glauben und Wissen* gegangen war, unter ebendiesem Titel nun ein *Materialismus*-Streit geworden. ‚Glauben' stand dort im Grunde für noch weniger als im antiken Denken die *dóxa* (oder auch der *mýthos*), vielmehr schlechterdings für unzureichende Wissenschafts-Vorläufer, falschen Wissenschafts-Ersatz, Wissenschafts-Verweigerung.[45] Unter ‚Glauben' waren all die Denkweisen und Orientierungsbildungen einer vergangenen Zeit, noch nicht ‚wissenschaftlichen Zeit' subsumiert (einschließlich Religion). Ein Buch wie *Köhlerglaube und Wissenschaft* (Carl Vogt, 1855) stand mit seinem populistischen Titel für viele andere. Mit der Opposition von ‚Glauben' vs. ‚Wissen' wurde nun vollends Begriffspolitik betrieben.

* * *

So hat die uns gewohnte Frage, ihre Gestalt, einen Hintergrund, sie in der neuzeitlichen, der auch Fichteschen Weise überhaupt zu stellen; und andererseits stehen thematische Konnotationen aus der Konstellation der denkgeschichtlichen Entwicklung des weiteren 19. Jahrhunderts zwischen uns und der möglichen systematischen Perspektive von Fichtes Beitrag. Das gilt es bei Rekonstruktion des Theoriegehalts mit in Reflexion zu halten.

---

44 Auch Grundlage einer Philosophie der Tat. – Eine besondere Ausprägung dieser Richtung stellen hier Jacob Friedrich Fries und seine einflussreichen Ausstrahlungen dar. Fries hatte das Konzept der (höheren) ‚Ahndung' in die Diskussion gebracht. Vgl. Jakob Friedrich Fries, Wissen, Glaube und Ahndung, Jena 1805.
45 Vgl. dazu die Sammlung Der Materialismus-Streit, herausgegeben von Kurt Bayertz/Myriam Gerhard/Walter Jaeschke, Hamburg 2012.

Fichtes *Bestimmung des Menschen* hat unter dem Problem des ‚Wissens' eine Transzendental-Reflexion der formalen Akte, wie etwas in die Bewusstseins-Relation tritt, eingebracht. Die Ausführungen über den darüber hinausgehenden, einbefassenden Halt unseres Wissens wie Handelns – Realität überhaupt, und Sinn-Struktur der Welt-für-den-Menschen sowie Bestimmung unseres Seins und Wirkens – ist als davon schlechterdings herausgelöste ganz eigene Dimension entwickelt. Der eigene Teil unter global dem Phänomen ‚Glaube' ist in der Schrift sowohl von der (akt-)logischen Form des ‚Wissens' getrennt als auch von der davor abgehandelten Frage an das Kausal-Denken in unserer gehaltlichen Welt-Kenntnis (‚Zweifel'). Das gibt Lücken, in die dann auch die starken Voraussetzungen der hier entfalteten Konzeption eingeströmt sind. Durch die Trennung, so steht zu vermuten, hat Fichte seine Theorie unterbestimmt gelassen. Weil er nur die Differenz zeigen wollte, nur das, dass es ein Fundament gibt, das die innermentalen Akte des ‚Wissens' *nicht* (unmittelbar und qualitativ) aus sich heraus konstituieren, ist das tatsächliche Potential seines Theorieansatzes bei ihm selbst nicht in vollem Maße sichtbar. Das schwächt ihre ganze Fragestellung, die sie in der neuzeitlichen Polarität von *Glauben und Wissen* erkannt hat, besonders gegenüber den heutigen neuen Programmen einer ‚Naturalisierung des Geistes', die, nachdem das 20. Jahrhundert die Krise des Positivismus (‚Protokollsätze' usw.) gebracht hat und überhaupt die Krise der Induktion in der Theorie des Wissens, nun von der anderen Seite her das tragfähige Letztfundament scheinen.

Diese Programme subsumieren alles Mentale – Mentales diesbezüglich ohne Unterscheidungen – der Königsfrage, wie *entstehen* die gehaltlichen Überzeugungen (und Zweckerreichungspläne), nach welchen kausalen Bedingtheiten, Prozessen, Formen, auch welchen hirn-modularen Rubriken bzw. Status? Wie kommt es – kausalerweise – im menschlichen Hirnapparat zu den ‚Das-ist-so'-Setzungen, die *Fest*punkte des geistigen Lebensagierens (das heißt: des jeweilig weiteren geistigen Agierens des Systems) geben und als ‚*Wissen*' stehen? Und die Strategie – wie immer das betreffende spezielle Programm – ist von dem Antworttypus *Prägung*, *Konditionierung*: dass solche ‚Das-ist-so'-Setzungen gewissermaßen per ‚steter Tropfen höhlt den Stein' reingekommen, in die mentalen Verschaltungen „eingeschrieben" gekommen sind.[46] Dies wird dabei meist so geltend gemacht, dass diese Prozesse wesentlich auch negativ sich vollziehen: durch Ausschluss, Abkoppeln, Absterben von Offenheiten, *Un*-Eindeutigkeiten, *Nicht*-Festgelegtem. Das macht das ‚Wissen' schon strukturell zu eben einer Gestalt von ‚Glauben': individuell (systemindividuell) lebensgeschichtlich sich eingestellt habende – und, weil irgendwie probat, nicht aussortierte – Überzeugungen; oder evolutionär erfolgreiche Überzeugungen. Und ansonsten wäre ein mentaler Kosmos und sein jeweils Als-‚Wissen'-Genommenes, -Geltendes vollkommen aufgelöst in ein soziologisches Problem, soziale Bedingtheiten. Das wäre für den propagierten generellen Umschwung von Theorie ein hoher Preis.

---

46 Je einzeln und additiv.

Fichte hingegen, wenn von den Verengungen und Vereinseitigungen innerhalb der von ihm selbst vorgebrachten Darstellung entbürdet, hält das Problem offen. Fichte, der in seiner eigenen Zeit sich mit den Reflexionen der *Bestimmung des Menschen* schnell ins Abseits der Diskussionen manövriert hatte, zeigt gerade heute seine eigentliche Problemaktualität. Die Erwägungen und Intuitionen, die hinter den Darstellungen seiner Schrift stehen, sind mit das Unterpfand, welche Theorieerfordernisse der Komplexität, die dem Problem von Welten des ‚Wissens' eignet, nicht unter der Hand verlorengehen dürfen. In diesem Sinne seien drei systematische Grunddimensionen einer Rekonstruktion skizziert.

Differenzierungen. Um da nicht in der Theoriekonstellation der heutigen Diskussionen und Begrifflichkeiten Problemdimensionen zu verunklaren, empfiehlt es sich, Differenzierungen anzubringen. Denn so, wie einstmals die Kategorie ‚Glauben' oft nur Sammelbecken für das immer weiter zurückzudrängende Noch-nicht-,Wissen' war – oder für das faktisch immer weiter zurückgedrängte Der-Hegemonie-der-Rationalität-Entzogene –, so droht nun in ‚Glauben' (oder wie immer die neue Universalkategorie betitelt wird) alles Mögliche, und immer mehr, reingepackt zu werden. Alles wird in eine immer weichere *Gradualität* aufgelöst. Die Gründe einer Überzeugung des ‚Glaubens' jedoch[47] – oder anders gesagt: etwas als ‚Das ist so' zu nehmen, obwohl es nicht hartes empirisch aus der ‚Objektivität' substantiiertes ‚Wissen' ist (oder rein logische/analytische Urteilswahrheit) – können strukturell ganz verschieden sein.

Zuerst vom Äußeren her angesetzt, so gibt es 1) evidenterweise den ganzen Typus von Gründen dergestalt, weil ich so geprägt oder ‚sozialisiert' worden bin – weil dies in meiner Gemeinschaft (entweder der für mich wichtigen Menschen oder der einzigen Gemeinschaft, die ich kenne) die Überzeugungen sind, die selbstverständlich gelten. Dazu gehören auch die entsprechenden Argumente, die ‚wir' für diese Überzeugungen im gegebenen Falle anführen, also *was* (in unserem *Community-*Horizont und Praxis) ein ‚Argument' ist – sachbetreffend sowie dann auch generalisiert als Form von gültigem ‚Argument'.

Dann natürlich 2) ‚Glauben' aus praktischer Bewährtheit; auch hier mit einer Relativität: eine Setzung (Setzung bzgl. Kenntnis der Welt resp. Lage) als für das, wo etwas Betreffendes vorkommt in einer getätigten Praxis (konkreten Praxis oder allgemeinen Form von Praxis), *genügend* bewährt oder passend.

‚Glauben' 3), weil es – setzungsinhaltlich oder/und als Akt – eine *Bestätigung* von für mich existenziellen Dingen bedeutet. Darunter zählen vor allem solcherart Überzeugungen, wenn meine Identität (noch) relativ unausgebildet oder schwach ist und solche Bestätigungsschleifen braucht bzw. von einem eventuellen „Es könnte auch anders sein, als ich bisher zugrunde gelegt habe" überfordert wäre. Alltags-

---

[47] Hier sollte man zunächst einmal wohl gezielt *nicht* zwischen Gründen und Ursachen kategorial strikt unterscheiden.

weltlich gesagt, es ist das, was man ‚gerne' glaubt, d. h. sich zu eigen macht – ‚gerne' angesichts der Identitätsirritationen, die es bedeuten würde, etwas anderes (bzw. einen betreffenden Irrtum) in Erwägung zu ziehen. – Dies gilt in Analogie auch für die Kapazität bzw. ‚Reife' von sozialen Identitäten, der Identität von Gruppen, Gesellschaften, Nationen, kulturell-religiösen Traditionen.

4) Unbestritten gibt es auch ‚Glauben' als sozusagen eine Privatmythologie (oder evtl. Gruppenmythologie) – d. h. womit jemand gegebenenfalls sein Weltbild ausschmückt, für sich verlebendigt, vermenschlicht. Das drückt sich häufig in den Bildern aus, die jemand dazu im Kopf hat, und den Bedeutungs-Verschiebungen, Bedeutungs-Überlagerungen und den Konnotationen. – Das sollte man auch nicht vorschnell beiseitewischen oder in der Schmuddelecke lokalisieren,[48] denn hier gibt es gemeinhin Übergänge zur Rolle von Metaphern und transportierten Konnotationen in allgemeinen Systemen des ‚Wissens'.

5) Die *Hypothesen* in einer intellektuellen Unternehmung (oder der intellektuellen Hintergründe bei einem gesellschaftlich-praktischen, vor allem politisch-praktischen Programmvorhaben).[49]

6) Ein *impliziter* ‚Glauben': die impliziten Voraussetzungen an den Rändern wohl schlechthin jedes Gefüges von Überzeugungen. Wittgenstein etwa hat dies für selbst das ‚Wissen' der szientifischen Erkenntnisproduktion gezeigt.[50] – Das besondere Implizite dieserart ‚Glauben' ist es, dass seine Setzungen innerhalb des betreffenden Gefügeganzen nirgends manifest bzw. bewusst (oder überhaupt leicht bewusstbar zu machen) als ein gehaltliches ‚Das-ist-so' fungieren.[51]

Schließlich drei aufeinander verweisende Bewandtnisse. 7) Ein „Ich verstehe es nicht" (d. h. ich mit meinen Geistesgaben oder mit meiner erreichbaren Reichweite der Sachbekanntschaft), aber ich nehme es als ‚Es-ist-so' hin. 8) ‚Glauben' als einfach das Etwas-dahingestellt-sein-Lassen; das ist meist die gänzlich undramatische Bewandtnis, insofern es mit einer Neutralisierung der Folgen zusammengeht – etwas im betreffenden Punkt so eingegrenzt zu haben (gemeinhin durch ‚Wissen'), dass vom Wahr-oder-Falsch des ‚Geglaubten' auch nicht mehr viel abhängt. Oder

---

48 Oder: es ausschließlich einer *Psychoanalyse* von epistemischen Welten überantworten.
49 Zum Beispiel: „Bei dem Bau eines Teilchenbeschleunigers gehen wir von dem-und-dem aus ..."; „Bei der Suche nach einem Mittel gegen Schizophrenie gegen wir von folgenden ursächlichen Zusammenhängen aus ..."; „Bei Unterstützung des *Nationbuilding* in xy ..."; „Bei Bekämpfung der Unterdrückung der Frauen in ...".
50 Vgl. Ludwig Wittgenstein, On Certainty (dt./engl.), Oxford 1969; dt. Über Gewißheit, Frankfurt am Main 1970, hier: Abschn. 92–99. 105. 139–182. 341–344. – Auch der *strukturalistische* Zugang von Michel Foucault in *Les mots et les choses* (Paris 1966) und *L'archéologie du savoir* (Paris 1969) ist eine Konkretion dieser Bewandtnis.
51 Es ist meist ein ‚Glauben', dessen Gründe sich gleichsam rückwärtig ergeben: aus der epistemischen Solidität des Gefüges des ‚Wissens', dem durch dies Implizite sein Feld und seine Regularitäten eröffnet sind.

umgekehrt 9) ‚Glauben' als ein Protest gegen die (vordergründige) Vernunft und Empirizität: ‚Glauben' als ein aus ‚menschlichem' Gefühl geborenes *Trotzdem*.[52]

Zur veritativen Struktur der Frage. Diese voneinander abzuhebenden Weisen, was Glauben (Überzeugung eines ‚Glaubens') sein kann in Bezug auf eine Setzung, betreffen inhaltliche, praktische und affektuelle Aspekte, dabei in großer struktureller Breite. Und wie immer dann des Genaueren die Schwelle von ‚Wissen' (Reinheits-Schwelle, ‚Objektivitäts'-Schwelle), sie bleiben verschieden, sind wohl nicht weiter zu reduzieren oder vermengend einer Theorie zugrunde zu legen. Allgemein lässt sich aber vermutlich sagen, dass offene Übergänge bestehen, wo das Glauben in den *Wahn* gehen kann[53] oder in Formen der (existenziellen) Immunisierung. Auf der anderen Seite gilt, dass – als wesentliches Moment von Normalkonstellationen, d. h. gerade auch im Normalen – in Verbindung mit funktionierender entsprechender Praxis ein *Vertrauen in* Setzungen entsteht: und dabei weithin Glauben als eine *Problemabkürzung* fungiert. Das gilt in besonderem Maße für alle (zunehmend) technisierten Wirklichkeitsbereiche, wo, obwohl Hintergründe und Mechanismen potentiell wissbar, der Modus des ‚Glaubens' die Haltung dazu prägt, ‚Glauben' gleichsam als eine inexplizite Erklärungsverdichtung.

Die Komplexität von Inhaltlichem, Praktischem und Affektivem sowie überhaupt das Unscharfe scheinen zunächst heutige Programme einer Auflösung in soziale Praktiken und deren Bedingungskräfte – alles eingeschmolzen als eben lebensweltliches, lebenswelt-bezogenes bzw. -relatives faktisches Überzeugungen-Haben – sowie einer generellen ‚Naturalisierung des Geistes' zu privilegieren. Doch vermag schon eine kleine Interpolation einen Rahmen einer Theorie abzuheben, welches dann auch die mögliche systematische Bedeutung von Fichtes Beitrag – und überhaupt der in ihm zum Austrag kommenden idealistischen Problemtradition – sehen lässt. Die beiden Zonen von Immunisierung und abkürzendem Richtigkeitsvertrauen immer mit im Blick, lassen sich erwartbar drei Brückentheoreme festhalten.

a) Wie immer beides dann theoretisch genauer bestimmt resp. definiert, Glauben ist nichts Einzelnes und Punktuales – höchstens vielleicht in singulären Ausnahmen –, und Wissen auch nicht. ‚Glauben' ist immer in einem *Gefüge* von Geglaubtem, und das hat im Allgemeinen in sich Bereiche oder Zonen des ‚Wissens' und ist auch an seinen Rändern gemeinhin in ‚Wissen' eingebunden; zumindest, es definiert selber sein Verhältnis zu ‚Wissen' (oder zu aktuellem ‚Wissen', einem bestimmten Zustand). Ebenso gehört ‚Wissen' immer zu einem Gefüge des ‚Wissens',

---

52 Zum Beispiel: „Ich habe mit diesem Menschen bisher nur negative/frustrierende Erfahrungen gemacht, aber ich glaube: dass er/sie anders sein könnte, als er/sie bisher sich verhalten hat bzw. es aussah ...".
53 Wahnwelten – auch wenn es keinen ‚Wahrheits'-Nullpunkt geben kann, an welchem Kriterium sich dies absolut neutral bemäße.

und es hat intern wie auch an seinen Grenzen vieles, wo es in den Status von ‚Glauben' übergeht, seien dies weichere Bereiche oder im Gegenteil ‚dogmatische' (oder ‚axiomatische') Setzungen wie Unverbrüchlichkeiten. Außerdem ist beides, in einer normalerweise durchaus unordentlichen Gestalt, als *Ganzes* jeweils ein ‚Weltbild' (und ‚Sinn'-System), worin Glauben und Wissen schwer trennbar verschlungen sind und was darin sowohl kognitiv wie pragmatisch wie affektiv Anschlussfähigkeiten vermittelt.[54]

b) Man muss theoretischerweise wohl konsequent unterscheiden lassen können, ob ein ‚Glauben' sich auf *Personen* bzw. Personhaftes bezieht – bestimmtes Überzeugungen-Haben wegen bestimmter Personen, personaler Traditionsverhältnisse oder -kräfte – oder tatsächlich auf rein personenneutral Sachliches (im Extrem: ohne dass andere Menschen oder eine Gruppe, die ich dadurch bilde oder mit der ich meine Identität in der Zugehörigkeit eines ‚Wir' finde, dafür irgend wichtig wären). Das Personhafte umreißt das *Wer* einer (zureichenden) Autoritäts-Instanz, indem es verschiedene Wer-Bezüge, Woher-Quellen wertet, oft auch gegeneinander wertet; und das reicht in Bestände herein, die inhaltlicherseits dann auch als ‚Wissen' stehen können.[55] Vieles ‚Wissen' – vieler Bereich des Wissens – ist ja tatsächlich immer Wissen-aus-2.-Hand, und dies entscheidet sich (sofern nicht gänzlich in selbstimmunisierenden Blasen) am *Wer* eines Zeugnisses und *Wie* seiner an mich kommenden Gestalt.[56]

c) So wenig, wie das allermeiste ‚Wissen' nicht in klarer Ableitungs-Hierarchie bewiesen-begründet ist, so ist umgekehrt Glauben nicht unwesentlich negativ bestimmt, von den großen Feldern der (personalen wie sachlichen) Anerkennungs-Unsicherheit her. Glauben ist funktional immer auch festgelegt durch das *Implizit-Negative* des „Ich zweifle nicht" oder „Ich habe den Zweifel in mir zur Stille gebracht" – und dies kann eben, wie in den bezeichneten Differenzierungen im Blick

---

[54] Ein Modell von: Kern ‚harten' Wissens und umlagernden Zonen von nach außen hin immer spekulativeren Ansichten und Überzeugungen ist jedenfalls zu einfach. Als Bild, wenn denn zur Theoriemodellierung hilfreich, ist wohl eher das einer (Kultur-) *Landschaft* herauszuziehen (d. h. das vielfältig Gewordene, vor den Flurbereinigungen).

[55] Verlässlichkeit ist nicht nur ein Kriterium des praktischen Erfolgs von wissens-basierten Handlungen bzw. Interventionen, sondern auch Kriterium in den personalen Wegen der Herkunft von ‚Wissen'. – Auch davon ist ein oft, vor allem in der neuzeitlichen Reflexionskonstellation benutztes Modell berührt: ‚Glauben' und ‚Wissen' als personal vs. überpersonal-sachlich – ‚Glauben' zu denken als *wegen Personen* bzw. personalen Sozialzugehörigkeiten, zu Recht kreditiertes ‚Wissen' dagegen als neutral, als fußend auf gemeinschaftsunabhängiger, transgemeinschaftlich-einigungsfähiger Verifikation oder Verifizierbarkeit.

[56] Auch wenn häufig abkürzende Modi fungieren, gilt selbst in einer hoch verwissenschaftlichten Kultur, dass man sich das ‚Experten haben bewiesen, dass …' / ‚Eine Studie hat belegt, dass …' als Wissen dann und so *zu eigen* macht, d. h. aus 2. Hand glaubt, wenn man wiederum ‚weiß', *wer* z. B. jene Studie betrieben oder in Auftrag gegeben hat: die Glaubwürdigkeits- oder Verifikations-Autorität des sachlichen Erkenntnisgehalts.

zu behalten, strukturell höchst unterschiedliche Gründe haben, sozial und individuell-existenziell. Glauben ist, wo nicht nur imitierendes Nachplappern, was ‚man so sagt/meint', Replikation dessen, was als ‚Wahrheiten' an mich gekommen, in den wenigsten Fällen ein naturhaft-unbedarftes Geschehen, ohne jederlei eigene Aktivität. Innerhalb des Gefüges der Überzeugungen (bzw. ‚Weltbildes' und ‚Sinn'-Systems) steht Glauben, in Abhaltung oder Nichterwägen, Nichtmiteinbeziehen des Zweifels, funktional als Disambiguierungszonen, als deren Potenz; dem kommt eine besondere Bedeutung zu, wenn das Gefüge von der Seite des Wissens her stark *dynamisch* geworden ist.[57]

Ein vorsichtiger geschichtlicher Index. Als idealistisch die Fragen von Wissen und von Glauben zum Thema wurden, war die Polarität als solche in den Blick gekommen – ihre Orientierungs- und auch Theorie- sowie Argumentationsbedeutung. Es war eine subjektivitäts-interne Verständigung über den Raum des Wissens und die adäquate Gestalt einer Theorie. Gesehen war, dass es *in* der Subjektivität auch *Gründe des Glaubens* gibt; und dass es vom Konzept des ‚Glaubens' nicht minder als von dem des ‚Wissens' abhängt, inwiefern eine mit neuzeitlicher Erkenntnis- und Wissenschaftsrationalität sich etablierende Wissenskultur das, was sie selbst nicht mehr zu begründen vermag – sozial, praktisch, lebensweltlich, existenziell –, bewusst und als offene Aufgabe hält oder im Gegenteil sich einzirkelt: inwiefern in Kritiklosigkeit und Positivismus ihrer je herrschenden Standards, oder sich dagegen reflexiv in ein produktives Verhältnis zu ihren Voraussetzungen und Grenzen zu setzen.

Die Breite des zu Differenzierenden zeigt, dass es Gründe des ‚Glaubens'-Überzeugtseins gibt, die – und vielfältig – unterhalb dessen liegen, was in einer streng idealistischen Konzeption reiner Subjektivität als gerechtfertigt (bzw. als einziges Telos) veranschlagt ist, Prozesse von Gründen unterhalb eines Transzendental-Universellen. Nicht alles davon berührt in gleicher Weise eine Theorie mentaler Setzungen, und mit Sicherheit nicht parallel. Evident aber ist, dass der Preis einer inflationären Kategorie, die alles auflöste, alles kurzerhand verflüssigte, was einst mit der Abhebung von ‚Wissen' und ‚Glauben' zu begreifen unternommen war, nichts Geringeres wäre, als die Systeme der herrschenden Überzeugungen einfach auszuliefern ans Historisch-Faktische und dessen naturwüchsige Mächte. Die Brückentheoreme sind da die Vorkehr dagegen, der vermittelnde Schritt. – Die neuzeitliche Theoriebildung freilich, und das gilt auch für Fichte, hatte das Verhältnis weniger ‚dialektisch' angesetzt, als das im Allgemeinen bei den anderen Problemoppositionen ihrer Verständigungen, etwa bei Subjekt/Objekt, Welt/Mensch, Individuum/Gemeinschaft miteinbezogen war. Das Verhältnis wurde vor allem als Gegensatz thematisiert. Dies hatte sicher seine gute Bedeutung, als ‚Wissen' ein Projekt war, etwas noch zu Erkämpfendes und mit eindeutigem Pfeil seiner Entwicklung –

---

57 Glauben kann da, das ist die Kehrseite, dann wiederum: sekundär ideologieanfällig werden.

das eigene Einsehen, Nachvollziehen, aus allgemeiner Rationalität. Doch heute in einer überdominanten Wissenskultur der ‚Fakten', der wissenschaftlichen Enträtselungen, auch der kämpfenden Hoheiten über die Systeme der Wahrheiten und *News*, ist die Lage komplexer. Das verändert die Konstellation, aber es untergräbt nicht das Potential der Problemreflexion. Das Programm einer klaren, letztbegründenden Theorie *der* Subjektivität, worin das unter den Betitelungen von ‚Wissen' und ‚Glauben' Thematisierte in prinzipielle Separierung gebracht ist – um *im* Historischen eine universelle normativhaltige Bestimmung herauszuprofilieren –, dies bleibt die Voraussetzung dieses idealistischen Denkens und wird bleiben auch die Grenze Fichtes. Doch hindurchgegangen durch die heute erreicht-herausgebildeten Phänomeneinsichten, lässt sich das auch bei Fichte fungierende Theoriepräjudiz öffnen. Die Konzeption lässt sich erweitern und in dynamisiert-relativen Bestimmungen von Subjektivitäts-Faktoren unserer Überzeugungswelten reformulieren.

* * *

Eine neue Fichte-Diskussion? Wo und wie lassen die heute verschärft bewussten Sachprobleme von Welten des Wissens ein neues Licht fallen auf einen systematischen Gehalt, worin den Reflexionen Fichtes, exemplarisch in der *Bestimmung des Menschen*, eine aktuelle theoretische Bedeutung zukommt, die es zu erörtern gälte?

Die Stärke Fichtes resultiert erwartbarerweise daraus, hier in der *Bestimmung des Menschen* überhaupt die Komplexität unserer Systeme des Wissens und semantischen Welt im Blick zu haben. Die drei Teile stehen auch für dreierlei ‚Sprachen', die alle drei zum mentalen Haushalt eines bewussten Lebens dessen, Bewusstseins-Wesen zu *sein*, gehören.[58] Allgemein, so zeigen Fichtes Erörterungen – zeigen dies durch den Vollzug ihrer Reflexion –, dass unsere semantischen Welten nicht nur aus einfachen Ding-Bezeichnungen (Ding-und-Eigenschaften) bestehen, und was daraus – deren Ontologie – an Allgemein-Kategorien flösse.[59] Vielmehr bauen sich unsere semantischen Welten wesentlich auch aus einem ganzen Gefüge von mehrerlei deutungshaltigen höheren Begriffsformen auf. Dazu gehört schon ein ‚Wissens'-Verstehen in Schemata von ‚Grund' (und ‚Ursache'), die das betreffend Phä-

---

[58] Auch in dieser Hinsicht muss man sagen: eigentlich *vier* Teile, *vier* ‚Sprachen'. Und die Bekenner- und Künder-Rede des Endes der Schrift (GA I/6, 296–309 bzw. offen 300–309) bindet noch einmal ganz andere Semantiken ein.

[59] Implizit lassen sie auch sehen, dass dies ebensowenig mit einer Ereignis-Ontologie umgangen werden könnte: einer Ontologie der rohen Positivität von Ereignis-,Tatsachen' (seien es naturale oder mentale Ereignisse). – Ob die semantischen Welten in irgendeinem Eliminativismus (besonders einem szientistischen) bereinigt werden könnten, ist für Fichte keine Frage. Denn *wir denken und deuten eben so*; das Gefüge und die zugehörig erforderlichen Theorieaufgaben sind keineswegs die Hinterlassenschaft einer religiös-induzierten Metaphysik, in deren Bann wir unseligerweise noch stünden.

nomenal-Manifeste mit einer *erschlossenen* Komplement-Wirklichkeit des Grundes-des-Seins (bzw. -der-Gestalt) verbinden.[60] Ferner fungiert an entscheidenden Stellen etwa das ('energetische') Schema der 'Kraft': dass das 'Wissens'-Verstehen kaum dem zu entkommen vermag – resp. wohl nur in konstruierter mathematisierender Verdünnung –, seine Entitäten-Begriffe immer mit 'Kraft'-Bedeutungen zu *interpretieren*.[61] Und dann kommen zu diesen Begriffsformen als solchen, die für bestimmte kategoriale Muster stehen, die für die Deutung des 'Wissens' leitenden *Reflexionsfragen* hinzu; Fichte bringt das hier zwar nur in Ansätzen mit ein, der strukturelle Modus sind aber wohl etwa *partizipiale* Begriffe, Begriffe der transzendentalgenetischen Reflexion, wie des Wirkens von „objectiviren*de*[n]" Akten[62] bewusst zu sein, oder eines subjekt-relativen Verzwecklichens.

[A.] Man muss nicht jeder von Fichtes Gedankenbewegungen und Antworten beistimmen.[63] Doch sind in der Schrift, so fremd einem vieles anmuten mag, fremd aus fernen idealistischen Zeiten und deren Theoriefragestellungen, Problemsachverhalte verhandelt, die rekonstruierbar sind und mit denen sie gerade auch in eine heutige Diskussion eintreten kann. Dergestalt rekonstruiert – rekonstruiert auch in Problemintuitionen, die bei ihm selbst nicht bis ins Letzte explizit gemacht oder ausbuchstabiert sind –, vermöchte Fichtes Theorie des 'Wissens', hier in ihrer Skizze in der *Bestimmung des Menschen*, so in selber Weise fruchtbar werden wie bereits seine Theorie des 'Selbstbewusstseins' und die der 'Anerkennung'.

In allgemeinster Form lässt sich dies vielleicht dahin umreißen, dass der grundsätzlich 3-fache Zugang, für den die drei Teile der Schrift stehen, auf ein Mehrfaches der Diskussionsproblematik hindeutet.[64] Der erste Teil bringt die Sachverhalte in den Blick, dass in natürlicher Einstellung stets *zweierlei* zum Tragen kommt: unser Erklären-Deuten, unsere erklärende Bemächtigung der Welt – akkumulierendes Erklärungs-Wissen –, die in Konsequenz auf ein Verstehen *genereller neutral-naturaler Bedingtheiten* kommt, was vor dem Menschlichen selbst nicht Halt macht; und dagegen das Evidenz-Gefühl, in unserem erstpersonalen Bewusstsein-meiner-selbst und in den meinen Akten unterstellten (gewissen) Freiheits-Graden nicht einer

---

60 Fichtes signifikant mehrfacher Rekurs auf die Funktion von Selbstexplikations-Schemata nach dem Satz vom Grund (vgl. GA I/6, 204. 226–231) ist zwar sicher auch, aber nicht nur eine Reverenz an Jacobi, dessen Theorie des 'Wissens' noch ganz auf den Satz vom Grund fokussiert war.
61 So Fichtes mehrfache Argumentation, vor allem signifikant sowohl in der Reflexionsdimension, für die der erste Teil der Schrift steht, als auch in der gegenläufigen des zweiten Teils: vgl. etwa GA I/6, 196–202 und 233. 244–249.
62 Vgl. GA I/6, 256 (Hervorhebung von mir).
63 Das Gefüge der höheren Begriffsformen wäre in seiner gehaltlichen Konkretion ohnehin noch einmal ein ganz eigenes Problem, das hier in dieser Schrift, mit ihren ersten zwei *negativ* angelegten Teilen, nicht im Zentrum steht.
64 Ein Mehrfaches, das auch sicher, entgegen der bei Fichte dominierenden Trennung, ab bestimmten Schwellen gegeneinander abzuklären ist.

gänzlichen Illusion zu unterliegen. Der zweite Teil schärft das Bewusstsein dafür, dass stets *Theorien* mitspielen, die ich mir mache vom Mentalen – letztlich vom subjektiv mentalen Sein des mir als objektives Wissen Dastehenden. Und ebenso beim dritten Teil ‚Glaube' ist es eine allgemeine Problemdimension, deren Fragen nicht unterlaufen oder rausgekürzt werden dürfen. Zeigen die ersten beiden Teile, dass man den Naturalismus, als Alltagsnaturalismus wie als Typus eines Theoriedenkens, ernst nehmen muss und wie hoch eigentlich die Eintrittsbedingungen sind, um – gegen deterministische Konsequenzen – für Subjektivität und für Freiheit zu argumentieren, so geht es im dritten Teil, wenn man einmal Fichtes eigene inhaltliche Bestimmungen im Einzelnen zurückgestellt sein lässt, um die prinzipiellen systematischen Sachverhalte, wie *menschliche* Wissenswelten (und Handlungsweisen) sich auszeichnen gegenüber neutralen Kognitionsmechanismen und rein technisch-praktischer Intervention.

In der Auseinandersetzung mit Fichte lassen sich Argumentationen dafür rekonstruieren, dass das Verhältnis von epistemischen Überzeugungen – deren etabliert-geltenden Beständen und Fundus – und allgemeinen Wissens-Rahmen, Wissens-Systemen, wie das auch heute von Konzeptionen ganz verschiedener Tradition zum Angelpunkt gemacht ist, keinen gänzlichen Relativismus bedeutet, dies weder muss noch darf. In Fichte geht es um die starke These, dass mit dem *Faktum* unserer gelebten *praktischen* Subjekt-Aktivität bestimmte basale universalmenschliche Kategorisierungen und Urteils-Strukturen verbunden sind – angefangen bei ‚Natur' und humanes ‚Geist'-Subjekt –, die auch den Selbstverständnissen des natürlichen Weltbezugs und dem Verständnis von Subjektsein-in-der-Welt zugrunde liegen und den Raum der Orientierung eröffnen, das Opake des Wissens aufschließen. Alles Wissen ist, implizit oder in angemessener Konsequenz der reflexiven Klarheit, immer schon *denkendes* Wissen, *gedeutetes Wissen*. Mit dem Primat des Faktisch-Subjektiven gestaltet sich das sonst indifferent-bedeutungslose Sein der Welt zu einem Weltbild (Fundamental- oder Proto-Weltbild) der handelnden Zugehörigkeit – zu ‚Sinn'-Strukturen und elementarer Sozialität (qua Verstehbarkeit, auch Selbstverstehbarkeit). Die dazu gehörenden Explikationsaufgaben betreffen: das Verhältnis von Wissen und Praxis; die existenzielle Bedeutung, mit Begriffen uns auf Wirklichkeiten zu beziehen, Wirklichkeiten zu denken, etwas-zu-wissen; ein normatives Verständnis menschlicher Geistigkeit, Normativität meiner Selbstausbildung – Unterscheidung zwischen dem Voll-Menschlichen und der rohen, unausgebildeten, erst potentiellen Geistigkeit; sowie allgemein den Zusammenhang von *Welt*-Modell der epistemischen Relation und *Selbstbild* (auch menschheitlich Bild des Wozu – und Wohin – allen humanen Wissens, Aktivität und Wirklichkeitsgestaltung).

[B.] Diese Diskussionen, betreffende Rekonstruktion und Aktualisierung, bezüglich der Problemsachverhalte aller drei Teile, stehen freilich noch aus. Maximalistische Haltungen, die einen Fundamentalismus der transzendentalphilosophischen Überlegenheit über alles andere Denken, alle sonstige Reflexion über ‚Wissen' und

‚Glaube' bereits voraussetzen, helfen da vermutlich nicht weiter.⁶⁵ Dazu eine abschließende Positionierung.

Fichte bringt den klassischen Platonischen Topos ein, dass Denken „das innere Gespräch der Seele mit sich selbst" ist.⁶⁶ Dabei der Form nach in der großen Tradition der *soliloquia*, bleiben jedoch Eingrenzungen. Bei den verschiedenerlei „Stimmen",⁶⁷ die – in der Abfolge der Teile des Werks – sich zu einem inneren Forum versammeln und mich aus der Unmittelbarkeit der Verstrickung in mein präsent-einnehmendes Wissen herausholen, sind offenbar keine Stimmen von Anderen meinesgleichen vorgesehen und auch keine Stimme eines personalen Gottes. Eine Auseinandersetzung mit Fichte und Diskussion mag dies fürs Erste als lässlich ansehen, zwei wesentliche Bereiche bzw. Fronten sollten jedoch klar benannt sein. In ihnen sind missliche Problemvermengungen und Einseitigkeiten in das Potential von Fichtes Beitrag gebracht, die nicht nötig wären. Nur in Stichworten:

– Die guten Gaben (Denkgaben) des Menschen, und was dann die Abirrung des urwüchsigen Vertrauens und Rechtglaubens bewirkt – das hat bei Fichte *einen* großen Feind: Natur. Die Natur bringt die Mühsal, das Leiden und vor allem die Ungesichertheit unseres Seins, in den einzelmenschlichen Lebensgegebenheiten,⁶⁸ im Sozialen, im Zwischenstaatlichen (Kriege, Unterdrückung usw.) und im Menschheitlichen.⁶⁹ Alles Unschöne kommt aus der Natur, auch alle unschönen zwischenmenschlichen Regungen sind wegen der vorgespiegelten kurzfristigen Vorteile, die dieser Feind darauf setzt. Wenn wir diesen Erbteil der alten Menschheit, der uns mit dem tierischen Leben verbindet, erst einmal weg haben, wird denn auch der Zustand der menschlichen Selbstverfehlung und des Sinnverlusts im Wesentlichen überwunden sein. Fichte spricht hier vom „[B]erechnen" der Naturprozesse, die in ihren deterministischen Gesetzlichkeiten uns menschlichem Geist, unserem „Wissen" unterlegen sind; er spricht davon, dass wir durch Erfindungen der Technik gegen sie „bewaffnet" werden, „eindringen", „erober[n]", „beherrschen" – und das ist nicht nur metaphorisch gemeint.⁷⁰ Zu den semantischen Welten gehört bei Fichte unseligerweise auch das Vokabular eines Unterwerfungs- und Vernichtungskrieges.
– Es ist die Utopie eines kulturalistischen Absolutismus. Im Verhältnis von ‚Wissen' und ‚Glaube' diene das ‚Wissen' zuletzt einem Negativen: das real Negative („Natur") zu negieren, zur Macht dazu. An diesem ist Fichte gerade nicht kritisch. Die

---

[65] Dieser Vorbehalt betrifft selbstredend nicht die der werkgeschichtlichen und kontextualisierenden Aufarbeitung und Präsenthaltung gewidmete Forschung.
[66] Plat. soph. 263e (Übersetzung Schleiermacher).
[67] So Fichtes vielfache Redeweise in der *Bestimmung des Menschen*, entsprechend der Rhetorik des Werks.
[68] ‚Schicksal' in meinen eigentlichen Fähigkeiten, angefangen bei den Beeinträchtigungen und Krankheiten im Körperlichen, den im Wortsinne Unpässlichkeiten.
[69] Vgl. GA I/6, 266–276.
[70] Vgl. bes. GA I/6, 269; vgl. auch 275.

„Stimme" des höheren ‚Glaubens' bleibt gerade stumm bei dem, was seit Marx und dann im 20. Jahrhundert als ein Wesentliches der Offenheit zu befreiter Zukunft gesehen wurde: stumm dabei, uns aus dem Griff der instrumentellen Vernunft gegenüber ‚Natur' herauszuholen, d. h. uns aus dieser vermeinten *Notwendigkeit* der Natur-Beherrschung, weil darin der Anfang der Entfremdung, zu befreien.

– Eine Auseinandersetzung mit den Bestimmungen von ‚Wissen' und ‚Glaube' bei Fichte müsste sicher die mehrfachen Problemsachverhalte auch ineinander verschränken; anders als bei Fichte in den drei unterschiedenen Teilen der *Bestimmung des Menschen* wären die Reflexionsdimensionen (und deren Themen) in ihrer Zusammengehörigkeit zu sehen. Das jedoch wird mit einer vorderhand leicht zu verkennenden Theorieerweiterung verbunden sein. Denn in der Separierung seiner „Stimme" ist es in Fichtes eigener Ausführung ein so hoch gehängter Begriff des ‚Glaubens' nur – und ohne Differenzierungen in Richtung auf epistemische Alltagsüberzeugungen, praktische Bewährtheiten, Hypothesen usw. –, dass diesem Rahmen und Halt allen ‚Wissens' und Handelns dabei auch eine transdiskursive Unbedingtheit eingeschrieben ist. Das Rechte bekunde sich einem jeden in reiner Einfalt, ohne Erwägen, Situationsvergewisserung und Pragmatik. Gezeichnet ist eine Weisheit des „Herzens", jenseits des bloßen Wissens; Weisheit dabei weder aus interpersonaler *Erfahrung* noch durch die Stimme eines personalen Gottes – eine innere Offenbarung, rein in der Geistigkeit eines jeden selbst und ohne Bezüge zu erforderlichem eingehendem *Wissen*. In dieser wiedergewonnenen anfänglichen Unschuld werde Sinnen und Trachten rein vom „Gewissen" geleitet, als Instanz einer schlechthinnigen Eindeutigkeit. – In einer unseligen Variante eines hart-dualistischen Denkens werden alle Tat und alle Folge dem Bloß-Äußeren zugeteilt, der uneigentlichen Sinnenwelt und ihren Mechanismen.[71] Der Preis ist, im Bewusstsein heutiger Reflexionsentwicklungen bezeichnet, eine extreme Gesinnungsethik, unbekümmert um die Kette der Wirkungen bzw. in kindlichem Optimismus; und zugleich ist es (d. h. jenseits der gemeinschaftlichen, gegebenenfalls auch fanatischen Niederringung jedweder ‚Natur') am Ende ein gesellschaftlicher wie politischer Quietismus. Vor allem aber sind zwischen den Subjekten, im Geschehen der menschlichen Sozialität, keine *Aufforderung* vorgesehen und keine Prozesse der Anerkennung und entsprechender *Ich-Werdung*.[72] Statt dessen sind in diesem Idealismus des lauteren Wollens wir alle als koordiniert durch das gleichsam Null-Personale, aneinander das Geistige zu vernehmen, gesehen – eine Mit- und Sozialwelt, soweit

---

[71] Vgl. GA I/6, 278f. 282. 301f. Vernunft und ihre Energien des Wissens erscheinen hier nur mehr – in Radikalisierung der Sprache der theologischen Tradition Luthers – als „Klügeln" (vgl. etwa GA I/6, 277): kalte, instrumentell in Einsatz gebrachte Verwirrung und Denkausflüchte wider die ursprüngliche menschliche Weisheit, de facto narzisstische Ego-Rationalität.

[72] So wie dies den Kern von Fichtes früheren Schriften ausgemacht hatte, namentlich in der *Grundlage des Naturrechts* von 1796/97 (GA I/3, 311–460; GA I/4, 1–165) und dem *System der Sittenlehre* von 1798 (GA I/5, 19–317).

wir Agierens-Pole, im *Wie* des Sinnens und Trachtens, jeweils Inkarnationen (resp. Träger) von schon Geistigem, Geistig-Gewordenem sind.[73] Es kommt kein irgend empirisches Wir in den Blick, sondern allein eine rein geistige Synthesis. –

Fichte hat die Theorieperspektive der *Bestimmung des Menschen* nicht weiter verfolgt. Die späteren Werke zielen, in Form wie Inhalt, auf Struktur-Explikationen, nur die reine Struktur des höchsten „Wissens"-überhaupt; die gleichsam einzelmenschlich-anthropologische Wirklichkeit der Reflexionsstufen der Selbstaufschließung und Selbstdeutung kommt in diesem rein Logischen praktisch nicht mehr vor.[74] Doch bleibt es gerade die *Bestimmung des Menschen*, von der her Fichtes idealistischer Beitrag wohl sein stärkstes Potential zeigen kann – und zugleich erhellende grundlegende Grenzen –, die er im Kontext heutiger Diskussionen hätte. Im Spannungsfeld zwischen den Thematisierungsprogrammen von zunehmend bewusstgewordenem ‚Hermeneutischen' aller kognitiven Gehalte, von erforderlicher Versozialwissenschaftlichung der Perspektiven und von naturalistischem Blick auf überhaupt das Mentale (‚Naturalisierung des Geistes') ist Fichte eine der großen Konzeptionen, die neben den heutigen Projekten eines Kritischen – namentlich ‚postmodernen' Theorien des Rhetorischen und der Performativität (rhetorisch und performativ zustande kommendes Wissenseinverständnis bzw. Zueigenmachen)

---

[73] Es ist – jenseits der gemeinmenschheitlichen Aufgabe der Niederringung der Natur – ein selbstauferlegter Passivitätshabitus, der so freilich nicht nur höhere Kultur und Moralität in den (anderen) Einzelwesen umfasst – Vertrauen auf die bereits akkumulierten Vernunft-Errungenschaften, Grundeinverständnis und Sich-Einfügen in die gewonnene Geistigkeit und ihre Leistungen in der Sozialität, d. h. den jeweiligen Stand. Sondern in einer zunehmend technisierten Lebenswirklichkeit, einer mit instrumentellen Artefakten menschlichen Ingeniums ausstaffierten Welt gälte dies heute, bliebe man rein bei Fichte, auch gegenüber der operativen Rationalität des herrschenden (bzw. je herrschenden) Technischen: uns glaubend *ihrer* Logik einzufügen. Die implementierten Bedeutungs-Gehalte und äußeren *Wenn-dann*-Verweisungen, die – im Umgehen damit – an uns kommen, schichten sich auf zu neuen *anonymen* Glaubensforderungen, zu Gebäuden einer vertrauend-hinnehmenden Passivität und Demut gegenüber anonymen Sachnotwendigkeiten. Vor allem in einer Wirklichkeit uneinsehbarer, aber praxisfunktionaler Apparate-Gebilde kommt es, die harte Macht der ersten Natur einmal weggeschafft, zur Wiederkehr unkorrigierbarer *dóxa*. So einseitig, wie das gemeinschaftliche ‚Wissen' als Macht zur Befreiung von der Natur, so unkenntlich wird bei Fichte die befreiende Reflexion *im* Zivilisationszustand: durch Wissen und die dadurch eröffnete Möglichkeits-Distanz den Bann der Sachimperative zu brechen. Das bleibt bei Fichte ein grundlegender blinder Fleck. – Zu Fichtes Rede von „vernehmen" vgl. GA I/6, 292. Dies ist freilich aber auch genau anders als der Begriff bei Jacobi, Vernunft auf „Vernehmen" zurückzuführen; vgl. Jacobi 1799, 19. 32.

[74] Das gilt auch für die späteren Hinführungen zu jenem Höchsten der ‚Wissenschaftslehre': die *Transzendentale Logik* und die *Thatsachen des Bewußtseyns*; und es gilt ebenso für die Reflexionen über Idealismus und Realismus in der *Wissenschaftslehre 1804, 2. Vortrag* (GA II/8, 160–241) und für die *Anweisung zum seeligen Leben* (mit ihrer Theorie der fünf „Weltansichten": GA I/9, 106–112). Am ehesten vielleicht findet sich das in der *Bestimmung des Menschen* thematisierte Problem der Reflexionsstufen der Selbstaufschließung und Selbstdeutung aufgenommen in der ersten Konzeption der *Thatsachen des Bewußtseyns*, d. h. in den Fassungen vom Winter 1810 und Winter 1811 (GA II/12, 19–136; GA IV/4, 69–237).

sowie Theorien der „epistemischen Autorität"[75] – die *kritische Reflexion* gegenüber faktischen Wissenssystemen und überhaupt einer ausgebildeten Wissens-Kultur offenhält: den Sozialitätssinn unseres Wissens-Bezugs auf Wirklichkeiten.

In dieser Weise Fichte neu zu lesen, dazu muss man nicht die *Bestimmung des Menschen* zu einem genialen Werk aufwerten. Die Schrift *hat*, daran gibt es wenig zu deuten, den Horizont auch wieder eingeengt; und ihre Form ist heute zum Teil schwer verdaulich. Die produktive Herausforderung, die sie für aktuelle Diskurse bedeutet, hätte größer sein können. Auseinandersetzung mit Fichtes Theorie des ‚Wissens', auch hier, muss ein Weiterdenken sein. Das aber wird erwartbar ein lohnendes Unterfangen sein.

---

75 Vgl. Alvin I. Goldman, Knowledge in a Social World, Oxford 1999; Miranda Fricker, Epistemic Injustice. Power and the Ethics of Knowing, Oxford 2007; oder in umgekehrter Perspektive: Linda Trinkaus Zagzebski, Epistemic Authority. A Theory of Trust, Authority, and Autonomy in Belief, Oxford 2012.

Wilhelm G. Jacobs
Fichte und Schelling über die Bedingung der Möglichkeit des Argumentierens

1 Einleitung

Weil es der Philosophie um Wahrheit geht, bemüht sie sich von Anfang an um bündige Beweise; dieses Bemühen unterscheidet sie schon bei Platon von der sophistischen Rede, welche Interessen durchsetzen will, gleichgültig ob diese sich als gerechtfertigt oder eben nicht gerechtfertigt beweisen bzw. zurückweisen lassen. Die Philosophie also will ihre Behauptungen beweisen und durch diese Beweise überzeugen. Dieser Wille hält sich bis heute durch.

2 Eine Fallstudie

Ein Beweis soll überzeugen, nicht überreden. In ihm werden also überzeugende, unwidersprechliche Argumente vorgelegt. Solche Argumente nötigen. Sie erzwingen auf Grund ihrer Klarheit und Einsichtigkeit Zustimmung. Es wundert also nicht, wenn Johann Gottlieb Fichte im Jahr 1801 seiner Veröffentlichung *Sonnenklarer Bericht an das größere Publikum über das eigentliche Wesen der neuesten Philosophie* den Untertitel gibt: „Ein Versuch, die Leser zum Verstehen zu zwingen"[1]. Der durchaus polemisch formulierte Untertitel ist veranlaßt durch Mißverständnisse und – man darf es schon so formulieren – Verdrehungen seiner Philosophie, denen sich Fichte ausgesetzt sah und die er mit Recht auch für den Atheismusstreit, in den er in den Jahren 1798 und 1799 hineingeraten war, mitverantwortlich sah. Fichte wollte mit seiner Schrift das größere, also nicht nur professionell philosophierende Publikum von seiner Philosophie, der Wissenschaftslehre, überzeugen, indem er zwingende Argumente vorlegte. Das kann man verstehen.

Nichtsdestoweniger reizte der Titel des Buches zum Spott, und zwar nicht nur diejenigen, die gegen Fichte voreingenommen waren. Zweifellos konnte Fichte sich mißverstanden sehen, und dies nicht nur infolge der Schwierigkeiten der Wissenschaftslehre, sondern auch weil man deren Geist fürchtete; aber Fichtes Formulierung klingt auch selbstherrlich und auftrumpfend. Darüber hinaus paßt ein Versuch

---

[1] GA I, 7, 183. In den folgenden Zitaten bezeichnet die römische Zahl die Reihe, die (erste) arabische Zahl den jeweiligen Band der Fichte-Gesamtausgabe, herausgegeben von Erich Fuchs, Hans Gliwitzky, Reinhard Lauth und Peter K. Schneider, Stuttgart/Bad Cannstatt 1962-2012.

zu zwingen nicht zu einem Philosophen der Freiheit, als der sich Fichte verstand und bekannte. Die Überzeugungskraft der Argumente wird durch solches Auftreten geschwächt.[2]

Auch Schelling spottet. Caroline Schlegel teilt am 18. Mai 1801 August Wilhelm Schlegel mit:

> Wir haben den sonnenklaren – ich bitte Dich, was ist es doch, das Fichte treibt seine Lehre den Leuten wie einen Wollsack vor die Füße zu schmeißen, und wieder aufzufangen und nochmals hinzuwerfen? Es gehört eine unsägliche Geduld dazu, und am Ende, zum Guckguck, wenn sie es nicht verstehn, was liegt daran, und wer kann sie im Ernst zwingen wollen! Ich habe mich sehr darüber lustig gemacht. Schelling hat nur so hineingesehn, aber ich habe es gelesen. Es ist ein komischer Hang.[3]

Am 31. Mai schreibt sie August Wilhelm weiter:

> Wir haben für den sonnenklaren ein Motto gefunden:
> Zweifle an der Sonne Klarheit,
> Zweifle an der Sterne Licht,
> Leser, nur an meiner Wahrheit
> Und an Deiner Dummheit nicht.
> Das Fundament des Einfalls ist von Schelling, die letzte Zeile von mir.[4]

Die Kritik Schellings und Carolines unterscheiden sich. Carolines letzte Zeile nimmt den auftrumpfenden Fichte aufs Korn. Schelling dagegen kann Fichte nicht vorwerfen, daß er seine Philosophie durch unwidersprechliche oder, um Fichtes Ausdruck zu gebrauchen, zwingende Gründe zu belegen sucht; das macht er ja selbst als Philosoph auch. Er distanziert sich von Fichte, indem er von „meiner Wahrheit" spricht und diese damit zur individuellen Meinung herabsetzt. Er hält also die Fichtesche Wahrheit nicht für Wahrheit. Was aber wäre an dieser zu kritisieren?

Caroline, vertraut mit Schelling, deutet es an, wenn sie im obigen Zitat von den Leuten, an die sich Fichte wendet, schreibt: „wer kann sie im Ernst zwingen wollen!" Die Antwort auf diese Frage ist schlicht: niemand; denn auch die überzeugendsten Gründe müssen von dem, der sie vernimmt, angenommen und akzeptiert werden, wenn sie ihn denn überzeugen. Die Freiheit des Lesers oder Hörers ist die Bedingung der Akzeptanz zwingender Gründe. Man wird Schellings Kritik also so verstehen müssen, daß er sagt, Gründe zwängen Argumente zusammen, nicht aber freie Denker.

Schelling könnte hier, im Jahr 1801, ein Problem, das er später erst voll in den Blick bekommt, mehr geahnt als gesehen haben. Philosophie ist Freiheitsvollzug,

---

[2] Zur Reaktion auf das Buch vgl. das Vorwort zu dieser Schrift in GA I, 7, 167–181.
[3] FG 3, 43 (auch im folgenden abgekürzt zitiert nach: Fichte im Gespräch, Bände 1–7, herausgegeben von Erich Fuchs u. a., Stuttgart/Bad Cannstatt 1978-2012).; vgl. GA I, 7, 170.
[4] FG 3, 48; vgl. GA I, 7, 170.

der im Prinzip Freiheit gründet; darin sind sich Fichte und Schelling einig. Fichte behauptet 1795 schon von seiner Wissenschaftslehre: „Mein System ist das erste System der Freiheit."[5] Schelling schreibt gleichzeitig: „Der Anfang und das Ende aller Philosophie ist – *Freiheit!*"[6] Wenn man aber, wie beide Philosophen es tun, Freiheit schlechthin als Prinzip ansetzt, dann muß Freiheit durch sich selbst überzeugen. Wie ist diese Überzeugung dann zu verstehen und wie die Nötigung durch Gründe?

3 Ein Gedankenexperiment. Freiheit und Notwendigkeit

Fragt man nach dem Überzeugenden, so ist für die Philosophie seit Platons Argumentieren klar, daß dieses vom Überreden scharf zu unterscheiden ist. Es geht um Einsicht, die jedermann muß mitvollziehen können. Zum wissenschaftlichen Argumentieren insbesondere gehört es, daß man sich über die Kraft seiner Argumente im Klaren ist. Daher verweist man auf einzelne Fakten, auf verallgemeinerte Erfahrungen oder auf notwendige Zusammenhänge. Philosophisches Argumentieren insbesondere bemüht sich, denknotwendige Zusammenhänge aufzuzeigen. Das ist, wie oben erwähnt, seit alters her so. Die Einsicht in solche Zusammenhänge geschieht durch Nach- oder Mitvollzug der dargelegten Gründe und deren Verknüpfung, falls diese als notwendig eingesehen wird. Einsehen aber ist ein Akt der Freiheit; notwendige Gründe jedoch zwingen, wie man mit Fichte sagen kann. Wenn man also Einsicht als frei denkt und sich im Denken frei weiß, welches Verhältnis ist dann zwischen Freiheit und Notwendigkeit zu denken?

Will man argumentativ überzeugen, so muß individuelle Freiheit verstanden werden unter der Bedingung einer überindividuellen Freiheit, auf welche sich die Individuen zu ihrer Verständigung beziehen können. Traditionell wird diese verstanden als Autonomie der Vernunft. Diese muß so gedacht werden, daß sie jedermanns Vernunft ist, nach der er sich richten soll. Sie muß so gedacht werden, heißt, sie liegt jeder Argumentation zu Grunde. Sie ist aber nur als Freiheit radikal zu denken, wenn sie nicht von der Notwendigkeit der Argumentation abhängt.

Folgerichtigkeit und Präzision, kurz die Notwendigkeit der Argumentation überzeugt. Aber woher haben wir die Kriterien derselben? Die Folgerichtigkeit des

---

[5] GA III, 2, 300 (Briefentwurf an Baggesen, April/Mai 1795).
[6] Vom Ich als Princip der Philosophie oder über das Unbedingte im menschlichen Wissen, Tübingen 1795 = AA I, 2, 101 (abgekürzt zitiert nach: Friedrich Wilhelm Joseph Schelling, Historisch-Kritische Ausgabe, herausgegeben von Thomas Buchheim, Jochem Hennigfeld, Wilhelm G. Jacobs, Jörg Jantzen und Siegbert Peetz, Stuttgart/Bad Cannstatt 1976ff.); vgl. Brief an Hegel vom 4. Februar 1795 = AA III, 1, 22.

Denkens läßt sich logisch überprüfen. Die Logik aber ist nachträglich, eine Reflexion auf das Denken selbst. Der Mensch denkt längst logisch, bevor er eine Logik kennt. Das bedeutet, daß er die Gesetze des Denkens, mittels deren er sein Denken prüft, aus seinem Denken selbst abstrahiert hat. Da die Kriterien der Prüfung aus dem Geprüften und zu Prüfenden gewonnen und sodann zur Prüfung dessen, woher sie genommen sind, verwendet werden, ist die Bewegung zirkulär; sie führt bestenfalls zu Wahrscheinlichkeiten. Wer argumentiert, will aber in Wahrheit wissen.

Den Ausweg hat schon Platon dargestellt, als er seine Dialogfigur Sokrates Menons Sklaven dazu bringen ließ einzugestehen, er wisse nicht.[7] Indem der Sklave wußte, daß er nicht weiß, zeigt sich ein unmittelbares Wissen vom Wissen selbst, auf Grund dessen er sein Nichtwissen einsehen konnte. Hier ist auf eine Unmittelbarkeit hingewiesen, die als Ursprung zu denken ist. Diese Unmittelbarkeit wird von jedem individuellen Bewußtsein in Anspruch genommen, wenn es sich denn vollzieht.

Diese Unmittelbarkeit ist die Gewißheit des Vollzugs selbst, die den Vollzug als den einen und selben Vollzug überhaupt ermöglicht. Unmittelbarkeit kann nur als unbegründet gedacht werden, sie ist somit als frei zu denken. Es ist also auf sie hinzuweisen, sie erweist sich, aber sie ist nicht durch die Notwendigkeit der Argumentation zu beweisen. Wie aber ist die Beziehung von Freiheit einerseits und Notwendigkeit des Denkens andererseits zu begreifen? Zum Wissen und damit zum sinnvollen Argumentieren ist beides erforderlich, die unmittelbare Gewißheit und die vermittelnde Notwendigkeit.

Eben deren Verhältnis erörtert Fichte in seiner *Grundlage der gesammten Wissenschaftslehre*. Die Unmittelbarkeit des Bewußtseins artikuliert er im ersten Grundsatz.[8] Was hier als unmittelbar gewußt behauptet wird, ist nicht ein Gehalt, sondern die Tätigkeit des Bewußtseins selbst. Ohne deren Gewißheit ist kein Wissen. Die Tätigkeit des Bewußtseins erweist sich als schlechthin freier und sich selbst gewisser Anfang.

Problematisch ist nicht die Tätigkeit, alsdann bleibt nur der Gehalt. Er muß mit der Tätigkeit und dem, was überhaupt gewußt werden kann, zusammenhängen. Wenn das Wissen Konstanz haben soll, müssen dafür Gesetze und damit Notwendigkeit gedacht werden. Diese Notwendigkeit liegt einerseits nicht im freien Anfang selbst, ist also einerseits unbedingt und aus diesem nicht herauszuklauben, andererseits aber setzt sie diesen voraus. Anders ausgedrückt, die Notwendigkeit muß als ein echter Ursprung gedacht werden, allerdings unter einer Bedingung. So läßt sich der schlechthin unbedingte Anfang mit einem zweiten, der dann unter der Bedingung des ersten stehen muß, verbinden.

---

7 Plat. Men. 84a.
8 GA I, 2, 255–264.

So ist Fichtes zweiter Grundsatz ein „seinem Gehalte nach bedingter Grundsatz"[9]. Unbedingt ist er gerade dadurch, daß er sich den ersten mit Notwendigkeit, die nun gerade aus und durch ihn, den zweiten Grundsatz, selbst ist, voraussetzen muß. Die Notwendigkeit ist somit notwendig unter der Bedingung von Freiheit gesetzt. So kann beides festgehalten werden, Notwendigkeit, wenn man konsistente Zusammenhänge und damit überhaupt ein Wissen, Freiheit, wenn man einen Anfang, einen Ursprung denken will. Soweit ein kurzer Blick auf Fichtes *Grundlage*.

Demselben Problem wendet sich auch Schelling zu in einem Vortrag, den er am Ende seines Lebens, kurz bevor er sein fünfundsiebzigstes Lebensjahr vollendete, nämlich am 17. Januar 1850, in der Akademie der Wissenschaften zu Berlin gehalten hat. Die Überschrift *Ueber die Quelle der ewigen Wahrheiten*[10] zeigt schon, daß auch Schelling die Frage am Ursprung angehen will: Die ewigen Wahrheiten sind, wie Schelling gleich zu Anfang erklärt, die „nothwendigen Wahrheiten"[11]. Diese notwendigen Wahrheiten verlieren ihre Notwendigkeit, wenn man sie von göttlicher Willkür abhängig macht; wären sie dies, so wären sie veränderlich und damit nicht notwendig; das Denken stünde auf tönernen Füßen. Gegen diese – man muß sagen: empörende – Vorstellung vom Willkürgott wendet sich Schelling im Einklang mit der ganzen frühneuzeitlichen Philosophie.[12] Wenn man gegen diese Vorstellung die Notwendigkeit in der ewigen Vernunft loziert, kann man die Wirklichkeit dessen, was ist, nicht erklären, weil diese einen sie wollenden Willen voraussetzt. Will Schelling das Problem, so wie es hier steht, lösen, so muß er „das gleich Unmögliche einer vollkommenen Abhängigkeit und einer völligen Unabhängigkeit"[13] vermeiden.

Zur Lösung dieses Problems knüpft Schelling an Kants Lehre vom transzendentalen Ideal an, welche er einige Jahre zuvor schon zum Gegenstand eines Vortrags in der Berliner Akademie gemacht hatte.[14] Das Transzendentale Ideal ist von Kant eingeführt als *omnitudo realitatis*, und zwar als denknotwendige Voraussetzung jeglicher Prädikation; es enthält in Schellings Worten also „den Grund aller Möglichkeit und gleichsam den Stoff, die Materie zu allen Möglichkeiten"[15]. Dieses Ideal ist in Schellings Worten, „selbst nur Möglichkeit, also nur die potentia universalis"[16]. Nun ist aber das Transzendentale Ideal nach Kant „der Begriff eines *Dinges an sich*

---

9 GA I, 2, 264.
10 SW XI, 575 (abgekürzt zitiert nach: Friedrich Wilhelm Joseph Schelling, Sämmtliche Werke, herausgegeben von Karl Friedrich August Schelling, Stuttgart/Augsburg 1856–1861).
11 SW XI, 575.
12 Vgl. Hermann Krings, Woher kommt die Moderne? Zur Vorgeschichte der neuzeitlichen Freiheitsidee bei Wilhelm von Ockham, in: Zeitschrift für philosophische Forschung 41 (1987) 3–18.
13 SW XI, 584.
14 Vgl. SW XI, VI.
15 SW XI, 584.
16 SW XI, 585.

selbst ... eines entis realissimi ... eines einzelnen Wesens"[17], woraus Schelling schließt, daß es zu denken ist als „reine Wirklichkeit ... in der nichts von Potenz ist," die also „toto coelo von Gott [sc. gedacht als die Idee der *omnitudo realitatis*] verschieden"[18] ist. Soweit ist dieses Verhältnis nur zu denken, in Schellings Worten, „ein bloß logisches"[19]. Das reale Verhältnis wäre so zu denken, daß das, was bloße Möglichkeit ist, nur sein kann durch etwas, das aus sich ist. Möglichkeiten sind allgemein, Wirklichkeit einzeln. Daher liegt im Kantischen Ideal der Gedanke, daß die Fülle der Möglichkeiten, „das *allgemeine Wesen*", nur sein kann, wenn das „*absolute Einzelwesen* es *ist*."[20]

Mit dieser Formulierung ist nicht gedacht, daß die Substanz Einzelwesen sei, sondern daß das Einzelwesen Sein ist. Einzelwesen und Sein sind dem Denken ununterscheidbar, gedacht ist schlicht Vollzug des Seins und sonst nichts, Einheit schlechthin, „actus purus",[21] die alte Gottesbestimmung. Das Problem verschärft sich dadurch. Dieser reine Akt soll das Ist der Idee, also der Fülle der Möglichkeiten, sein. Da der Akt des Ist als reiner Akt gedacht ist, ist er nicht als Akt bestimmten Wollens gedacht. Er kann ebenso wenig gedacht werden als aus dem Sein selbst hervorgehend, weil dann das Sein nicht als das rein Individuelle, aus dem nichts Allgemeines hervorgehen kann, gedacht wäre.

Das Problem steht so: Kants Ideal fordert für die Idee ein Ist. Dies, so Schelling, ist nur zu denken „in Folge einer über ihn [sc. Gott] selbst hinausreichenden Nothwendigkeit."[22] „Aber welcher Nothwendigkeit?" fragt Schelling und fährt fort: „Versuchen wir es auf diese Weise."[23] Offensichtlich hilft nur ein Versuch weiter, und zwar deshalb, weil hier die letzte Notwendigkeit zu suchen ist. Schelling bestimmt sie als „die des Eins=seyns von Denken und Seyn"[24] und erläutert sie dahingehend, daß „was *Nichts* ist, d. h. was kein Verhältnis zum Denken hat, auch nicht *wahrhaft Ist*."[25] Infolge dessen muß ein Verhältnis von Sein und Idee derart gedacht werden, daß das Sein, das schlechthin „Individuelle sich realisiert, d. h. sich intelligibel macht, ... indem es das allgemeine, das *alles* begreifende Wesen zu Sich macht, sich mit ihm bekleidet."[26]

Die mit dem Bildausdruck „bekleiden" benannte Notwendigkeit erläutert Schelling so. Gott sei zu denken als Idee, weil er sie „ohne sein Zuthun, nicht gewollter,

---

17 KrV A 576, B 604 (Imanuel Kant, Kritik der reinen Vernunft, Riga A 1781, B 1787).
18 SW XI, 585.
19 SW XI, 585.
20 SW XI, 586.
21 SW XI, 586.
22 SW XI, 587.
23 SW XI, 587.
24 SW XI, 587.
25 SW XI, 587.
26 SW XI, 588.

also in *Ansehung seiner selbst zufälliger* Weise ist ... ein Hinzugekommenes ... zwar ein nothwendiges ... aber das ihm doch nicht im Wesen ist, ... wogegen ihm also ... auch das Wesen *frei* bleibt."[27] Schelling will diesen Gedanken analog zu dem verstanden wissen, daß die Winkelsumme im Dreieck notwendig ist, jedoch nicht im Wesen, d. i. im Begriff des Dreiecks selbst liegt.

Der hier skizzierte Schellingsche Gedanke versucht also zu zeigen, wie sich die Freiheit und Ursprünglichkeit eines Anfangs zusammen denken lasse mit der Notwendigkeit, wie sie sich im Begriff, im Denken manifestiert. Der Anfang wird, wie nicht anders möglich, als unbedingte Freiheit, damit als Einheit gedacht. Diesem gegenüber steht eine Notwendigkeit, die Einheit voraussetzt, aber nicht aus ihr hervorgeht. Das Zusammenspiel beider erst erklärt Denken und Einsicht, damit überzeugende Argumentation.

4 Ein Versuch

Sieht man auf die Struktur des Schellingschen Gedankens hin, so weist dieser eine erstaunliche Nähe zu dem oben skizzierten Fichtes auf.[28] Beide Philosophen können nicht beweisen, was sie suchen. Fichte weiß, den ersten Grundsatz hat er „*aufzusuchen. Beweisen* oder *bestimmen* läßt er sich nicht"[29]. Und wenn Schelling auf den letzten Zusammenhang von Freiheit und Notwendigkeit zu sprechen kommt, schlägt er vor: „Versuchen wir es auf diese Weise",[30] nämlich so, daß er die Denkbarkeit eines Vorschlags untersucht. Beide Philosophen sind an die Grenze des notwendigen Denkens gekommen, können also nicht mehr beweisen, sondern nur suchen und versuchen, ob sich etwas fände, was sich als das Gesuchte erweise. Die Notwendigkeit bedarf, weil ihr Wesen Begründung ist, einer Begründung. Weil dieses Begründende aber nicht Notwendigkeit, sondern Freiheit sein soll, kann sie es nicht setzen, sondern nur als Sein hinnehmen. Dieses erweist sich als das Gesuchte. Schelling spricht hier vom Sein oder Ist, Fichte verknappt den ersten Grundsatz auf die Formulierung „*Ich bin.*"[31] Das Denken fordert mit Notwendigkeit, einen Grund zu denken, hervorbringen kann es ihn an dieser Stelle der Reflexion nicht. Er ist, der Forderung des Denkens vorausliegend, als dessen Vollzug ihr immer schon voraus, gleichgültig ob Fichte von der Vernunft oder Schelling von Gott redet.

---

27 SW XI, 589.
28 Es kommt hier nicht darauf an, Differenzen zu verwischen, wohl aber das gemeinsame Problem, von dem her sich die Differenzen erst verstehen lassen, zu artikulieren.
29 GA I, 2, 255. In aller Ausführlichkeit entwickelt Fichte diesen Gedanken in dem zweiten Vortrag der *Wissenschaftslehre* 1804.
30 SW XI, 587.
31 GA I, 2, 258.

Für beide Philosophen ist die Notwendigkeit verständlich als aus sich selbst unter der Bedingung von Freiheit. Daraus folgt für das Argumentieren und Beweisen: Weil die Vernunft, als Autonomie gedacht, ursprünglich Freiheit ist, kann sie sich auch nur an jeweils individuelle Freiheit wenden, also auffordern, den Argumenten zu folgen. Die Argumente mögen noch so zwingend zusammenhängen, die Einsicht in diese ist freier Vollzug. Es bleibt, wie ein altes Lied sagt, dabei: Die Gedanken sind frei.

Hartmut Traub
Überzeugung oder Unterwerfung: Fichtes Auseinandersetzung mit dem Islam

1 Einleitung

„Die Einheit der Lehre ist der Gelehrte selbst."[1] Mit der Behauptung und Durchführung dieser These löste Peter L. Oesterreich mit einem Schlag das über zweihundert Jahre scheinbar systematisch unüberwindliche Heterogenitäts- und Integrationsproblem zwischen Fichtes öffentlicher, angewandter und populärer Lehre einerseits und seiner akademisch-wissenschaftlichen Transzendentalphilosophie andererseits, die nunmehr in der „Metaphilosophie" als Einheit von Philosophie und Leben systematisch vermittelt sind. Zugleich fokussierte dieser Ansatz die Forschung noch einmal nachdrücklich auf den personalistischen, experimentellen und performativen Grundzug von Fichtes Philosophie als eines, wie es in Oesterreichs letzter Arbeit heißt, „rhetorischen Denkens", in dem der intellektuelle Akt des Denkens und dessen sprachliche Artikulation als Einheit der Rede eines „fließenden Ich" in einem „fundamental-rhetorischen" Sinne zusammengehören.[2] Noch am „letzten Fichte", in dessen Tagebuch aus dem Jahr 1813/14, weist Oesterreich an der dialogischen Gestalt des Erkenntnis generierenden und Wahrheit entdeckenden Selbstgesprächs des Philosophen den Charakter seines „rhetorischen Denkens" nach, das dieser, in der Kunst der Rede geschult wie kaum ein anderer Philosoph, zeit seines Lebens in akademisch intimen ‚Conversatorien' wie in wirkmächtigen öffentlichen Reden praktiziert hat. Durch Oesterreichs Analysen wird uns Fichte als *der* Denker der europäischen Geistesgeschichte nahegebracht, dessen Philosophie sich vor allem aus und in der Kommunikation und Interaktion mit seinen Lesern und Hörern – mit seinem Publikum – entfaltet, auch wenn diese Kommunikation selten konfliktfrei verlief.[3] Worin aber hat das Konzept „rhetorischen Denkens" bei Fichte seinen Grund? Was ist die Quelle, aus der sich die Lebendigkeit seiner permanenten geistig-moralisch-politischen Auseinandersetzungsbereitschaft speist? Worin besteht das Fundament seiner Überzeugung und an welchen Gegenmodellen arbeitet sich

---

[1] Peter L. Oesterreich, Die Einheit der Lehre ist der Gelehrte selbst. Zur personalen Idee der Philosophie bei Johann Gottlieb Fichte, in: ders./Hartmut Traub, Der ganze Fichte. Die populäre, wissenschaftliche und metaphilosophische Erschließung der Welt, Stuttgart 2006, 20–35.
[2] Vgl. Peter L. Oesterreich, Rhetorisches Denken. Zur Philosophie der Rhetorik und Rhetorik der Philosophie, Berlin 2019, 267–280.
[3] Vgl. Hartmut Traub/Alexander Schnell/Christoph Asmuth (Hg.), Fichte im Streit. Festschrift für Wolfgang Janke, Würzburg 2018.

https://doi.org/10.1515/9783110669862-014

sein Denken – sich selbst vergewissernd – ab? Dieser Frage geht der vorliegende Beitrag anhand eines Themas nach, das in der Fichte-Forschung bisher eine Leerstelle markiert, an dem sich jedoch ein bedeutsamer, vielleicht *der* Ausgangspunkt des Fichteschen Überzeugungs-Denkens schlechthin aufzeigen lässt.

2 Fichte und der Islam – ein unbegangenes Feld der Fichte-Forschung

Während auf Fichtes Auseinandersetzung mit dem Judentum eine über zweihundert Jahre während breit und kontrovers geführte Forschungsgeschichte zurückblickt,[4] ist der Islam in der Fichte-Forschung ein unbeschriebenes Blatt. Dieser Umstand ist umso bemerkenswerter, als dass in Fichtes Werken die religionsphilosophische und politische Auseinandersetzung mit dem Judentum häufig zugleich mit der des Islam, dem „Mahomedanismus", geführt wird. Die Unausgewogenheit des Forschungsinteresses hat weniger systematische als vielmehr kulturhistorische Hintergründe. Zum einen ist es die deutlich stärkere, insbesondere innerdeutsche Präsenz der jüdischen Kultur in Wissenschaft und Gesellschaft zu Fichtes Zeiten und danach, die eine erhöhte Sensibilität für dieses Thema mit sich brachte und weiterhin mit sich bringt. Zum anderen verleiht die realgeschichtliche Erfahrung des nationalsozialistischen Vernichtungsterrors gegen die Juden der Erörterung dieses Themas im ideengeschichtlichen Rückblick besondere Brisanz und Aufmerksamkeit. Diese kultur- und realgeschichtlichen Besonderheiten haben den Blick der Forschung auf diejenigen Arbeiten oder lebensweltlichen Bezüge Fichtes besonders konzentriert, in denen sein religions- und kulturphilosophisches Verständnis des Judentums oder seine biographischen Beziehungen zu Juden zum Ausdruck kommen. Daneben ist allerdings unbestritten, dass sich Fichte religionsphilosophisch gleichermaßen reflektiert und ideologiekritisch mit dem Katholizismus, insbesondere dem Papismus, aber auch mit der lutherischen Orthodoxie, dem Mystizismus sowie dem Rationalismus der Aufklärungstheologie auseinandergesetzt hat. Allerdings haben sich diese Auseinandersetzungen bisher forschungsgeschichtlich weit weniger akzentu-

---

4 Als kontroverse Positionen lassen sich exemplarisch einerseits Hans-Joachim Becker, Fichtes Idee der Nation und das Judentum. Den vergessenen Generationen der jüdischen Fichte-Rezeption, Amsterdam/Atlanta 2000, und andererseits Micha Brumlik, Deutscher Geist und Judenhass, München 2000, oder Gudrun Hentges, Schattenseiten der Aufklärung, Schwalbach/Taunus 1999, nennen. Während Brumlik und Hentges Fichte als präraissistischen Vordenker (Hentges), als „leidenschaftslosen Judenhasser" und „Dissimilationspolitiker" mit deutlicher Nähe zum „jungen Adolf Hitler" (Brumlik) stilisieren, erarbeitet Becker detailliert die bemerkenswerte Traditionslinie der jüdischen Fichte-Rezeption bis in die NS-Zeit, die dem plumpen, nationalistisch motivierten Missbrauch von Fichtes Freiheitsschriften und dem Bild vom ‚Judenhasser' Fichte vehement widerspricht.

iert niedergeschlagen als seine Erörterungen zum Judentum, und dasselbe gilt eben auch für Fichtes Analysen und Beurteilungen des Mohammedanismus. Jedoch kann durch die stärkere Präsenz des Islam in der gegenwärtigen europäischen Kultur- und Gesellschaftsgeschichte, so ist zu vermuten, mit einem wachsenden Interesse an dieser Auseinandersetzung gerechnet werden.

Die folgende Untersuchung zu Fichtes Verständnis des Islam erstreckt sich auf drei Themenbereiche. Zunächst werden vier Passagen aus Fichtes Werken aufgezeigt, in denen er sich systematisch mit dem ‚Mahomedanismus' auseinandersetzt. Dabei gilt den von Fichte herausgestellten Modi der Vermittlung der christlichen und der islamischen Lehre im Spannungsfeld von Überzeugung und Unterwerfung besondere Aufmerksamkeit.[5] Als zweites wird versucht, die Frage nach den Quellen, aus denen Fichte seine Islamkenntnisse bezog, zu beantworten, und zwar insofern sie in seinen Werken genannt werden. Und schließlich soll Fichtes Islamverständnis unter Rückgriff auf die transzendental begründete Weltanschauungslehre erörtert werden, um es von ihr aus phänomenologisch und überzeugungstheoretisch als wissenstypologische Gestalt erscheinenden Wissens systematisch einordnen und beurteilen zu können.

3 Fichtes Islamkritik – ein Dauerthema

Fichte hat bekanntlich seine wissenschaftliche Laufbahn in den 1780er Jahren als Student der Theologie in Jena, Leipzig und Wittenberg begonnen. Insofern ist es nicht verwunderlich, dass für ihn die Frage nach dem Verhältnis von Christentum und den diesem verwandten Schwesterreligionen, Judentum und Islam, ein Thema war. Dagegen verwundert es schon, dass ihn der Islam nicht nur als Student, sondern bis in seine *Reden an die deutsche Nation* (1808) in verschiedenen, nicht nur religiösen, sondern auch politischen Kontexten begleitet hat. Dieser Umstand verweist bei Fichte auf ein mehr als nur religionsgeschichtliches, sondern auf ein systematisches Interesse an einer spezifischen Gestalt des Überzeugungswissens, die er unter anderem, aber auch insbesondere im Islam repräsentiert sah.

---

5 Aus diesem Zusammenhang ergibt sich ein bemerkenswerter Lösungsansatz für das von Peter L. Oesterreich aufgezeigte Dilemma der „Fragilität" und „Insuffizienz" einer „rein auf Wissenschaft und Technik gestellten Zivilisation" einerseits und der „permanenten Selbstgefährdung des religiösen Glaubens" durch ‚totalitäre' oder gar ‚terroristische Entfremdung' andererseits (Oesterreich, Rhetorisches Denken, 162).

3.1 Die Islamkritik in *Über die Absichten des Todes Jesu* (1787)

Die erste intensivere Auseinandersetzung Fichtes mit dem Islam findet sich in seinem frühen und für seine weitere auch philosophische Denkweise grundlegenden christologischen Versuch *Ueber die Absichten des Todes Jesu* aus dem Jahre 1787 (GA II/1, 75–98).[6] Dabei handelt es sich um einen Text, in dem Fichte sowohl sein Selbstverständnis als Pfarrer *in spe* als auch, und vor allem, die christologische Grundlage entwickelt, von der aus er diesen Beruf auszuüben gedachte.[7] Fichte hatte diese Abhandlung im Kopf, als er sich 1787 um eine Förderung durch den Logiker und Theologen Christian Friedrich Pezold bewarb und diesem schrieb, dass er nunmehr „das wohltätige der Religion Jesu, u. das ehrwürdige ein Lehrer dieser Religion zu sein mit der innigsten Wärme erkannt habe" (GA III/1, 18).

In den *Absichten* finden sich explizit zwei Stellen, an denen Fichte die „Mahometanische Religion" thematisiert. Drei weitere Aspekte, die hier zwischen Christentum, Judentum, Islam und Heiden erörtert werden, lassen sich auch auf den Islam beziehen. Der Grundgedanke der *Absichten* entwickelt das Christentum, genauer die Religion Jesu, als eine Religion der Innerlichkeit, als „Enthusiasmus für Wahrheit und fürs Geistige" bei gleichzeitiger „Ausrottung der Sinnlichkeit" als Ausgangs- oder Anhaltspunkt für die Stiftung einer wahren religiösen Überzeugung (GA II/1, 75). Die Absicht des Todes Jesu ist demnach zunächst der Hinweis darauf, dass aus der empirischen Existenz des Menschen oder überhaupt aus der sinnlichen Welt kein Weg in das wahre und innere Wesen der Religion und der durch sie vermittelten Überzeugungen führt. Deswegen war es, so Fichte, für die Gründung des Christentums „nothwendig einen gekreuzigten Stifter zu haben" (GA II/1, 75). Das Kreuz gilt ihm als Symbol der Nichtigkeit der sinnlich-leiblichen Existenz. Worüber sich dann, aus dem „Enthusiasmus für das Geistige", die „sanften Neigungen des Menschen, Güte, Sanftmuth, Gefälligkeit" erwecken und als christliche Tugenden entwickeln und kultivieren lassen. Auf diese Weise werden der Geist und die Tugenden Jesu zu neuem Leben erweckt und so Auferstehung als Erleuchtung der Jünger vollzogen und das Christentum als Religion gebesserter Herzen begründet.

Als Gegenentwurf zu der durch Negation der Sinnlichkeit und durch Erleuchtung und Kultivierung tugendhafter Innerlichkeit gestifteten und verbreiteten Religion führt Fichte die Lehre des „Mahomet" an. Sie sei im Unterschied zum Christentum auf dem Wege äußerer Machtentfaltung zur Herrschaft gelangt. Die Lehre „Mahomets" sei, gerade weil sie auf diese Weise Anerkennung und Verbreitung ge-

---

[6] Fichtes Werke werden nach der J. G. Fichte Gesamtausgabe der Bayerischen Akademie der Wissenschaften (herausgegeben von Erich Fuchs, Hans Gliwitzky, Reinhard Lauth und Peter K. Schneider, Stuttgart-Bad Cannstatt 1962-2012) als GA zitiert.

[7] Vgl. hierzu die Analyse dieser Schrift in: Hartmut Traub, Der Denker und sein Glaube. Fichte und der Pietismus. Über die theologischen Grundlagen der Wissenschaftslehre, Stuttgart-Bad Cannstatt 2020, Fünfter Teil, Kapitel 1.

funden habe, keine Religion im eigentlichen Sinne, sondern politische Herrschaft, „eine Monarchie [sc. ist es], was beym Mahomet entstand" (GA II/1, 75). Wäre das Christentum über die äußerliche Anerkennung von Jesus als Messias begründet worden, wäre es nicht das Christentum, sondern eine „Mahometanische Religion geworden". Es wäre eine Religion, deren Anhänger „durch ihre Ueberzeugung, daß er [sc. Jesus] der Meßias sey, gezwungen [sc. wären], ihm Beyfall zu geben: aber [sc. dadurch] ... weder erleuchtet noch gebessert" worden wären (GA II/1, 80). Was sich auf der Grundlage einer dergestalt „äußerlichen Revolution" als Religion manifestiert, das tradiert und vermittelt sich weniger durch Überzeugung und Verstand als vielmehr über auswendig gelernte und nachgesprochene Lehrsätze, als „Gedächtniß- und Mundreligion", nicht aber als „Herzensreligion".[8]

Das, worauf sich nach Fichte der Islam historisch gründet, ist allerdings auch dem Christentum in seiner Geschichte nicht erspart geblieben. Denn als Gedächtnis- und Mundreligion gilt Fichte auch der Zustand seines zeitgenössischen Christentums. Wir werden als „Christen gebohren, und durch die Gesellschaft genöthigt ..., es zu bleiben" (GA II/1, 89). Dieses Schicksal der durch Traditionalismus sich einstellenden Entfremdung des Christentums von den allein durch „Mühe, eigenes Nachdenken, ernstliches Forschen" (GA II/1, 80) sich erschließenden Wahrheiten seiner Religion hat die „Mahometanische Religion" bereits in ihrer Gründungsphase ereilt, nämlich durch die besondere Art ihrer Verbreitung durch Unterwerfung und Ergebung. Und dies, obwohl sie, wie Fichte betont, „in Absicht auf die SittenLehre doch so gut ist, als die christliche, weil sie die Christliche selbst ist" (GA II/1, 89). Eine bemerkenswerte Feststellung, auf die wir noch zurückkommen.[9]

---

[8] Über die Quellen, aus denen Fichte seine Islamkenntnis schöpfte, wissen wir wenig. Auf zwei, ausdrücklich von ihm selbst genannte, Quellen werden wir im zweiten Teil näher eingehen. Was Fichte an Urteilen und Thesen über den Islam vertritt, weist im Einzelnen jedoch auf durchaus tragfähige Kenntnisse hin, wie etwa an dieser Stelle der Charakterisierung des frühen Islam als „Gedächtnis- und Mundreligion". So heißt es in Leo W. Winters „Einleitung" in den Koran, dieser sei „nur für Gedächtnis und Auswendigwiederholung verfaßt" worden (Der Koran. Das heilige Buch des Islam, nach der Übertragung von Ludwig Ullman neu bearbeitet und erläutert von Leo W. Winter. München 1959, 13). Die „einzelnen *Suren* ... sind nach der jeweiligen Offenbarung von den Gläubigen auswendig gelernt und auf primitiven Unterlagen ... niedergeschrieben ... und ... immer wieder ... vorgetragen worden" (6). Was selbstverständlich seinen Hintergrund auch im niedrigen Grad der Alphabetisierung der frühen Anhänger Mohammeds – aus „Sklavenkreisen und ... den ärmsten Schichten niederen Standes" – hatte (16).

[9] Auch hier stellt sich die Frage nach der Quelle, aus der Fichte diese Behauptung hätte entnehmen können. Die Erforschung der Lebensgeschichte Mohammeds weist darauf hin, dass Mohammed auf „seinen Reisen mit Kamelkarawanen ... in seinen jungen Jahren mit Rabinen und Vertretern christlicher Religionen in Berührung gekommen [sc. ist]. Von diesen bezog er ein in diesen Ödgebieten entstelltes – apokryphes – Religionsgut beider Glaubensrichtungen" (Winter, Der Koran, 9). Möglicherweise hatte Fichte von diesem Sachverhalt Kenntnis und deswegen die These vom Ursprung der islamischen Sittenlehren im Christentum vertreten. Ob sich diese Kenntnis auch aus eigenem Koranstudium speist, ist ungewiss.

Was Fichte in den *Absichten* den Gläubigen des Islam, aber auch dem Christentum sowie dem orthodoxen Judentum in ihrem historisch gewachsenen Traditionalismus vorwirft, ist der Mangel an Bereitschaft, sich persönlich rational, denkend, forschend und beweisend mit den Quellen ihrer Religion auseinanderzusetzen. Stattdessen ließen sie sich die religiösen Überzeugungen und Gesetze durch traditionellen Zwang vorgeben, die sie unter Anerkennung ihrer äußerlichen Autorität unkritisch annehmen und ebenso unreflektiert wieder- und weitergeben.

Zwei weitere kritische Aspekte, die insbesondere auch den Islam betreffen und damit Fichtes Auffassung zur „Mahometanischen Religion" erläutern, seien hier benannt, nämlich die Beschneidung und das Märtyrertum. Während erstere auch das Judentum betrifft und von Fichte unter Rückgriff auf den Apostel Paulus am Judentum erörtert wird (GA II/1, 95–98), betrifft das Märtyrertum vielleicht auch das Judentum, allerdings in besonders traditionsstiftender Weise auch das Christentum.

In der Konsequenz seines sinnlichkeitskritischen, rein innerlich gestifteten Religionsbegriffs haben für Fichte alle äußerlichen Zeichen des Glaubens lediglich symbolischen Wert, mit Ausnahme des aus dem Glauben fließenden moralischen Handelns. So ist es die innerliche Beschneidung „am Herzen" (GA II/1, 98), nicht die äußere Beschneidung, die die Zugehörigkeit zum rechten Glauben manifestiert. Und der Märtyrertod – auch der Märtyrertod Jesu – beweist, wie Fichte sich ausdrückt, „nichts, er widerlegt [sc. vielmehr] alles" (GA II/1, 83), nämlich die Macht und Bedeutung des sinnlichen Daseins im Hinblick auf den Nachweis wahrer Religiosität. Diese wird, wie gesagt, allein durch die innerliche Auferstehung der Religion Jesu in den Herzen derer gestiftet, die seine Lehre verstehen, beherzigen und tun.[10]

3.2 Die Islamkritik im *Versuch einer Kritik aller Offenbarung* (1793)

Eine explizite Kritik am Islam liegt in Fichtes von Kants Moralphilosophie inspiriertem *Versuch einer Kritik aller Offenbarung* nicht vor. Allerdings sind einige Passagen insbesondere im § 8 der ersten bzw. § 10 der zweiten Auflage vermutlich auf den Islam, auf dessen Ausbreitung und Offenbarungsanspruch bezogen. Was sich im Vorblick auf spätere, dann explizit von Fichte dem Islam zugeordnete Merkmale erhärten lässt.

Zunächst thematisiert die Frage nach den Kriterien, die es erlauben, zwischen einer echten, göttlichen, mithin moralisch legitimierten und einer nicht aus göttli-

---

[10] Die Betonung eines Religionsbegriffs der Innerlichkeit, wie Fichte ihn in der frühen Christologie der *Absichten* entwickelt und der auch späterhin gültig bleibt, ist Ausdruck des reformprotestantischen Pietismus, unter dessen Einfluss er aufgewachsen, erzogen und ausgebildet wurde. Vgl. Traub, Der Denker und sein Glaube.

chem Ursprung zu rechtfertigenden Offenbarung zu unterscheiden, vieles von dem, was schon in den *Absichten* an Kritischem über die Religion des ‚Mahomedanismus' ausgeführt wurde. Fichtes Definition einer mit Mitteln der Vernunft zu legitimierenden Offenbarung, nämlich der Offenbarung als „Ankündigung Gottes als moralischen Gesetzgebers durch eine übernatürliche Erscheinung in der Sinnenwelt" (GA I/1, 74), schließt unmoralische Handlungen als Mittel zu deren Verbreitung aus. Denn der „Endzweck jeder Offenbarung ist reine Moralität. Diese ist nur durch Freiheit möglich, und läßt sich also nicht erzwingen" (GA I/1, 76). Demnach sind Religionen, die „durch Zwang oder Verfolgung sich angekündigt oder ausgebreitet haben [sc. keine göttlichen Religionen]: denn Gott kann sich keiner zweckwidrigen Mittel bedienen, oder den Gebrauch solcher Mittel bey Absichten, die die seinigen sind, auch nur zulassen, weil sie dadurch gerechtfertigt würden" (GA I/1, 76). Heilige Kriege, Zwang, angedrohte Strafe oder versprochene Belohnung sind damit als Mittel ausgeschlossen, um die Verbreitung einer Religion, den Respekt oder Gehorsam gegenüber ihren Geboten zu sichern. „Gehorsam gegen die moralischen Befehle Gottes kann sich nur auf Verehrung und Achtung für seine Heiligkeit gründen, weil er nur in diesem Falle rein moralisch ist" (GA I/1, 77). Und das ist nur unter der Bedingung der Freiheit möglich. Mit diesem Argument wiederholt Fichte, wenn auch nun kantisch formuliert und begründet, die schon in den *Absichten* und dort explizit gegen den Islam vorgetragene Kritik an dessen gewaltsamer Ausbreitung und autoritärer, auf Ergebung und Unterwerfung angelegter religiöser Tradition. Selbstverständlich ließe sich dieses Argument gegen jedwede zwangsbasierte Ausbreitungs-, Bekehrungs- und Unterweisungspraxis von Religionen oder Ideologien anführen. Allerdings sind die weiteren Kritikpunkte, die im Kontext der Erörterung wahrer Offenbarung diskutiert werden, vermutlich auch und insbesondere an den Islam adressiert. Dabei handelt es sich um drei Aspekte: 1. Das Problem der Verwendung unmoralischer Mittel zur Implementierung respektabler moralischer Anschauungen, 2. Die Notwendigkeit einer gleichermaßen Herz und Verstand befriedigenden freien und persönlichen Auseinandersetzung mit den Inhalten einer Glaubenslehre und schließlich 3. Die Frage nach der Sinnhaftigkeit der Einführung einer Religion, deren Zweck bereits durch eine bestehende Religion vollständig erreicht ist.

3.2.1 Der Zweck heiligt die Mittel nicht

„Jede Offenbarung also, die sich durch unmoralische Mittel ankündigt, behauptet, fortgepflanzt hat, ist sicher nicht von Gott" (GA I/1, 75). Diese allgemeine, im Vorherigen moralphilosophisch begründete These wird von Fichte im Folgenden bemerkenswert konkret auf einen ‚angeblich göttlichen Gesandten' und ‚Propheten' und dessen Weg, seine Offenbarung zu beglaubigen und seine Lehre auszubreiten, angewandt. „Es ist allemal, die Absicht mag seyn, welche sie wolle, unmoralisch, zu betrügen. Unterstützt also ein angeblich göttlicher Gesandter seine Autorität durch

Betrug, so kann das Gott nicht gewollt haben. Ueberdies bedarf ein wirklich von Gott unterstützter Prophet keines Betrugs" (GA I/1, 75).

An dieser Stelle ist ein erster Hinweis auf eine Quelle erforderlich, aus der Fichte seine Islamkenntnis bezogen hat. Abgesehen von der allgemeinen, in der gesamten Kirchengeschichte vorherrschenden ablehnenden Haltung gegenüber dem Islam – mit der Fichte, wie wir noch sehen werden, namentlich über Johannes von Damaskus bekannt gewesen sein dürfte – ist es mit großer Wahrscheinlichkeit Voltaire, über den der Vorwurf des Betrugs als Gründungsakt des Islam auf Fichte gekommen ist. Fichte wird 1808 als eine Quelle seiner Urteile über den Islam Voltaires 1741 in Lille uraufgeführte Tragödie *Le fanatisme ou Mahomet le prophète* benennen. Das heißt, es ist durchaus möglich, dass er dieses in ganz Europa überaus erfolgreiche, 1748 ins Deutsche übersetzte und von Friedrich II. als „in Berlin von den Philosophen ökumenisiert" bezeichnete Werk bereits vor 1808 kannte und daraus schon im *Versuch einer Kritik aller Offenbarung* einen Teil seiner Kommentare zum Betrug des ‚Propheten' und ‚göttlichen Gesandten' entnommen hat. So etwa eine Sentenz aus der fünften Szene im zweiten Akt, wo Mohammed auf die Frage Zopires „Man darf betrügen, wenn man es mit Größe tut?" antwortet: „Ganz recht. Ich kenn das Volk, der Irrtum tut ihm gut."[11] Das Problem, das Fichte mit der Verwendung unmoralischer Mittel zur Herbeiführung vielleicht moralisch oder religiös respektabler Zwecke sieht, ist nicht nur, dass im Falle der Aufdeckung des Betrugs der Schatten des Unmoralischen auch auf den vielleicht guten Zweck zurückfällt und damit die Religion oder Ideologie selbst unglaubwürdig macht. Sondern das größere Problem stellt der Effekt der Nachahmung dieser Überzeugung bei den Anhängern dieses Glaubens dar. Insbesondere wenn bei ihnen der Gehorsam gegenüber der Lehre unreflektiert und blind ist. Ist „die Lehre ... autorisirt genug ..., so wird dadurch auch der Betrug autorisirt; jeder hält sich für völlig erlaubt, was ein göttlicher Gesandter sich erlaubte; welches der Moralität, und dem Begriff aller Religion widerspricht" (GA I/1, 76).[12]

Gegen diese irreligiöse und unmoralische Form der Offenbarung bringt Fichte zwei weitere Überlegungen ins Spiel. Die erste betont noch einmal das spezifische Wesen der reflektierten Innerlichkeit von Fichtes Verständnis des Christentums, wie er es schon in den *Absichten des Todes Jesu* erörtert hatte, wodurch er indirekt auch auf den Mangel einer auf Tradition oder Zwang basierenden Religionsausübung verweist. Die andere Überlegung wendet sich an die „Schwärmerey und alle unberufenen Religionsstifter jetziger oder künftiger Zeiten" (GA I/1, 75) und damit implizit auch an den Islam.

---

[11] Voltaire, Der Fanatismus oder Mohammed, Berlin 2017, 90.
[12] Diese Passage füllt im Ansatz die Leerstelle, die Fichte in den *Absichten* gelassen hatte, nämlich „die Folgen einer solchen Revolution vor [sc. für] die Welt" näher auszuführen (vgl. GA II/1, 89).

3.2.2 Fichtes Idee des moralischen Perfektionismus

Neben einem Minimum an natürlicher Herzensgüte galten schon den *Absichten* „Mühe, eigenes Nachdenken ... und ernstliches Forschen" (GA II/1, 80) als unabdingbare Voraussetzungen für die dem Christen zugemutete Erkenntnis der Wahrheit der Religion Jesu und die Einsicht, dass dessen Lehre von Gott sei (GA II/1, 84). „Worin besteht das Wesen der christl. Religion? In Ueberzeugungen des Verstandes, aber in einer warmen fruchtbaren Ueberzeugung, die ihren Ursprung aus dem Herzen hat, u. in Güte u. Wohlwollen des Herzens" (GA II/1, 79). Zwar ist die Erkenntnis der Wahrheit nicht allein das Resultat der Anstrengung des Verstandes, denn hinzukommt, neben der natürlichen Anlage der Herzensgüte, das Wirken der göttlichen Wahrheiten selbst, und zwar als Rührung des Herzens durch den Heiligen Geist (GA II/1, 90–94). Aber ohne eigenes Nachdenken und ernstliches Forschen laufen die Wahrheiten der Religion Jesu Gefahr, entweder als bloß äußerliche Lehre steril – reine Mundreligion – zu bleiben oder als unverstandene Forderungen blind und mechanisch angewandt zu werden. Der entscheidende Unterschied, den die Anwendung des Verstandes auf die Erkenntnisse der religiösen Wahrheiten macht, besteht darin, über die gefühlsgeleitete, situative moralische Entscheidung hinaus, konzeptionell an der Entwicklung der eigenen moralischen Überzeugungen zu arbeiten, und zwar ausgerichtet am Maßstab der Einsichten in die Wahrheit der Religion Jesu. Kantisch formuliert, einen inneren Gerichtshof zum Zweck der moralischen Läuterung aufzuschlagen. Oder um einen weiteren Text Fichtes aus dieser Zeit (1791) zu bemühen, *Regeln der Selbstprüfung* (GA II/1, 375–380) aufzusetzen und über diese den Fortgang der eigenen moralischen Entwicklung zu überprüfen und so „die allmähliche Verbesserung unsers Zustandes" (GA I/1, 79) zu befördern. Der Aufbau und die Ingangsetzung dieses inneren Prüfungs- und Entwicklungsprozesses ist nach Fichte – im Gegensatz zu Kant – etwas, worin sich das moralische Subjekt nicht nur formal als freies erfährt oder setzt, sondern auch genießt. Es ist der Ort freier, moralisch praktischer „Uebung, Stärkung, und Freude durch den Kampf" um Läuterung und moralisches Wachstum (GA I/1, 79).[13] Und es ist schließlich dieses Milieu rationaler, affektiver und praktischer Perfektionierung des Subjekts, das nach Fichte einer bloß mechanischen oder erzwungenen Ausübung moralischer Regeln oder religiöser Traditionen und Gebote vorbeugt und damit echte Überzeugung begründet.[14]

---

[13] Peter L. Oesterreich hat dieses Moment als eine „antikantische Facette" innerhalb der Ästhetik beim frühen Fichte herausgearbeitet. Vgl. dens., „Der Hahn über die Kohlen"0. Fichtes antikantische Ästhetik des Vergnügens, in: Traub/Schnell/Asmuth, Fichte im Streit, 137–146.

[14] Mit diesem Ansatz einer Verstand und eigenes ernstliches Forschen integrierenden, dagegen aber Immoralität und Gewalt ausschießenden „wahrhaften religiösen Überzeugung" bietet Fichte gewissermaßen eine vernünftige und produktive Synthese und Alternative für das von Oesterreich aufgespannte Dilemma anthropologischer Insuffizienz einer rein wissenschaftlich-technischen

3.2.3 Über die „unberufenen Religionsstifter"

Auch wenn das zentrale Element der Überzeugungsarbeit im Offenbarungsgeschehen in einem ganzheitlichen, das heißt Gefühl, Intellekt und Wille umfassenden Prozess der Selbstaufklärung besteht, so bleibt das objektive Kriterium der Prüfung der moralische Inhalt der Offenbarung selbst. Und das wird in Fichtes *Versuch einer Kritik aller Offenbarung* wie folgt bestimmt: „Nur diejenige Offenbarung, welche ein Princip der Moral, welches mit dem Princip der practischen Vernunft übereinkommt, und lauter solche moralische Maximen aufstellt, welche sich davon ableiten lassen, kann von Gott seyn" (GA I/1, 84). Und dazu gehören die Voraussetzung, Anerkennung und Darstellung der „Vernunftideen von Freyheit, Gott und Unsterblichkeit" (GA I/1, 90). Das heißt, nur eine solche Religion, die diese Kriterien erfüllt, kann gemäß dem Postulat, dass der „Endzweck jeder Offenbarung ... reine Moralität" (GA I/1, 76) sei, eine moralisch oder theologisch legitimierbare Lehre genannt werden. Auch wenn es im Haupttext der Offenbarungskritik keinen Hinweis auf historisch-empirische Ausformungen religiöser Lehren gibt, so reichen die wenigen Fußnoten und ein Halbsatz in der „Schlussanmerkung" aus, um klarzustellen, dass für Fichte das Christentum (GA I/1, 122) und insbesondere die „Religion Jesu" (GA I/1, 111) den Anforderungen eines moralisch legitimierbaren Offenbarungsbegriffs entspricht – und damit das Kriterium, eine wahre Offenbarungsreligion zu sein, erfüllt. Unter dieser Voraussetzung weist Fichte jeden Versuch der Neugründung einer Offenbarungsreligion zurück, die sich entweder auf eine göttliche Offenbarung beruft, die den Kriterien der allein moralisch-ethisch-religiös legitimierbaren Offenbarung widerspricht oder diese bloß modifiziert. Dieses Urteil betrifft sowohl den Islam, wenn auch nicht in seiner Quelle, so doch in seiner Gründung, Ausbreitung und Praxis, als auch jede „Schwärmerey und alle möglichen unberufenen Religionsstifter, jetziger oder künftiger Zeiten" (GA I/1, 75). Damit wird nicht „schlechthin die Möglichkeit zweier zugleich existierenden göttlichen Offenbarungen geläugnet", nur in räumlicher Nähe und Kenntnis einer bereits vorhandenen erweist sich eine „Neugründung" als ein höchst zweifelhaftes Unternehmen. Anders ist es dagegen, „wenn die Besitzer derselben [sc. Offenbarung durch zu große räumliche Trennung] nur nicht in der Lage sind, sie sich mitzutheilen" (GA I/1, 75).

3.3 Fichtes Islamkritik in den *Grundzügen des gegenwärtigen Zeitalters* (1804/05)

Innerhalb des öffentlich, in einem Saal der Akademie der Wissenschaften zu Berlin gehaltenen Vorlesungszyklus' über die *Grundzüge des gegenwärtigen Zeitalters* hat

---

Weltdeutung einerseits und der Gefahr eines totalitären oder gar terroristischen Rigorismus und Fanatismus andererseits. Vgl. Oesterreich, Rhetorisches Denken, 162.

die Thematisierung des Islam eine gänzlich andere Funktion. Zwar kommen auch hier, in der dreizehnten Vorlesung, die bereits bekannten von Fichte an den Islam adressierten Charakteristika zur Sprache, wie die Gleichursprünglichkeit mit dem Christentum „aus Einer und ebenderselben Urquelle mit dem Christenthume". Wobei Fichte hier bemerkenswerterweise die vom Islam „mit klaren Worten" behauptete „Einheit Gottes" gegenüber dem damaligen, „von grobem Aberglauben strozenden" Christentum betont (GA I/8, 350). Auch kommt in den *Grundzügen* wieder die gewaltsame Ausbreitung des Islam zur Sprache: „des Schwertes wohl kundig, durch welches er von Anfang an sich verbreitet hatte". Ebenso findet die nunmehr regional „asiatisch" verortete „stumme Ergebung" und die „Despotie, als politische Prinzipien" sowie der mit beiden verbundene Dogmatismus dieser Religion Erwähnung (GA I/8, 350f.). Die Hauptfunktion, die dem Islam in dieser Vorlesung zugemessen wird, ist jedoch eine politische, und zwar im Hinblick auf den Prozess der politischen Identitätsfindung der christlichen Welt Europas. Als weltpolitische Ereignisse, die einen wesentlichen Beitrag dazu geleistet haben, dass sich die bildende „Christliche Völker=Republik" mit ihren politischen Prinzipien der Souveränität und Freiheit in der Geschichte, insbesondere in Europa, konstituieren konnte, hebt Fichte die kriegerischen Auseinandersetzungen mit dem Islam, die Kreuzzüge und die ihnen vorhergegangene Eroberung des Orients einschließlich Jerusalems durch islamische Herrscher hervor.

> Abgerechnet, daß er [sc. der Muhamedanismus] in einem beträchtlichen Länderstriche das Christenthum austilgte, und sich selbst zur herrschenden Religion machte,[15] wurden diese Siege dem Christenthume durch den Umstand noch um so viel schmerzhafter, daß unter die verlornen Länder selbst dasjenige Land gehörte, wo das Christenthum entsprungen war, und nach welchem die romantische Frömmigkeit der neuen Christen andächtig ihre Blicke richtete. Aus Indignation entstand Thatbegier, und freiwillig, ... nicht als Bürger dieses oder jenes Staats, sondern rein als Christen stürzten germanische Schaaren nach jenen Ländern, um sie dem Muhamedanismus abzukämpfen (GA I/8, 351).

Abgesehen vom Erfolg oder Misserfolg der Kreuzzüge, abgesehen von dem Leid und Elend, das sie im Gefolge hatten, sie bleiben, so Fichte, „doch immer die ewig denkwürdige Kraftäußerung eines christlichen Ganzen, als Christlichen Ganzen, völlig unabhängig von der Einzelheit der Staaten, in die es zerfallen war" (GA I/8, 351). Das durch äußere Bedrohung erfolgte „Zusammendrängen", die „Nöthigung, ... sich als ein zu einander gehörendes Ganze in ihrem eigenen Bewußtseyn [sc. zu] reflektiren, ... sogar als Christliche Republik gemeinsame Unternehmungen" (GA I/8, 350) zu beginnen, ereignete sich dann noch einmal und nach Fichte ein letztes Mal. In der Bedrohung Europas durch das osmanische Reich „erwachte zum letzten Mahle ... die Besinnung, daß die Christen nur Ein Staat seyen, und nur ein Interesse

---

15 Eine Anspielung auf den Untergang des Oströmischen Reichs.

hätten" (GA I/8, 351). Dieses Interesse christlicher Staaten macht Fichte sowohl völkerrechtlich wie bürgerrechtlich fest. Völkerrechtlich geht es um die „wechselseitige Anerkennung", das heißt um die im Ansatz föderal, aus einem gemeinsamen Interesse heraus gedachte Souveränität christlicher Staaten, mit der Konsequenz des „unbedingten Verbots" gegeneinander gerichteter Vernichtungs- oder „Ausrottungskriege". Bürgerrechtlich geht es zunächst um die Glaubensfreiheit, im Rahmen des Christlichen Glaubens, sowie dann in Konsequenz um das daraus abgeleitete Prinzip der persönlichen Freiheit: „kein Christ kann ein Sklav seyn, christlicher Boden macht frei" (GA I/8, 350).[16]

Im Rahmen der *Grundzüge* ist als Besonderheit an Fichtes Auseinandersetzung mit dem Islam hervorzuheben, dass dem Islam im Prozess der Herausbildung einer kollektiven (christlichen) Kulturidentität Europas – im Sinne der transzendentalen Theorie der Selbstreflexion des Ich – die Rolle des Anstoßes durch das Nicht-Ich zugewiesen wird. Wie das Ich des Anstoßes durch das Nicht-Ich bedarf, um die Wesensstrukturen des transzendentalen Wissens auszubilden, so ist es kulturgeschichtlich der Islam, der diese Funktion für die reflektierte und strukturierte Identitätsbildung eines spezifischen, völkerrechtlich föderalen und bürgerrechtlich freiheitlichen Selbstbewusstseins eines christlichen Europas übernimmt.[17] Der Islam „nöthigt" die europäischen Staaten – wie Fichte sich ausdrückt –, „sich als ein zu einander gehörendes Ganze in ihrem eigenen Bewußtseyn [sc. zu] reflektiren" (GA I/8, 350).

Diese Argumentationsfigur kultureller Selbstbesinnung wendet Fichte dann drei Jahre später wieder an, wenn er in den *Reden an die deutsche Nation* (1808) die deutsche Kulturidentität im Gegensatz zum zentralistischen Frankreich Napoleons entwirft, das sich nach Fichte völkerrechtlich illegitim in seinem Krieg auch gegen christliche Staaten Europas gewandt und damit deren Souveränitätsrecht massiv

---

[16] Gudrun Hentges hat darauf hingewiesen, dass dieses Postulat bei Fichte nur für Christen, nicht aber für Menschen anderen Glaubens gilt. Und tatsächlich heißt es dann, „der Nicht=Christ [sc. kann] gar wohl ein Sklav seyn" (GA I/8, 350). Daraus leitet Hentges ab, dass Fichte dem rassistischen Ausrottungsantisemitismus des Nationalsozialismus ein Argument für dessen ‚Vernichtung von Juden durch Arbeit' in den Vernichtungslagern geboten habe. „Nicht-Christen können versklavt oder vertrieben werden" (vgl. Hentges, Schattenseiten der Aufklärung, 120–128). Es ist allerdings höchst fraglich, ob an dieser Stelle Sklaverei bei Fichte die physische Unterdrückung und Ausbeutung durch andere, wie Hentges das deutet, oder aber die sklavische Unterwerfung des Menschen unter eine wie auch immer geartete äußerliche weltliche oder geistliche Macht meint. Denn die physische, zu Fichtes Zeiten kolonialpolitisch praktizierte Sklaverei und der Sklavenhandel gehören zu den von Fichte im *Geschlossenen Handelsstaat* (1801) kritisierten Auswüchsen des Unrechts der gemeinsamen Ausbeutung der „übrigen Welt" durch die (christlichen) europäischen Staaten (vgl. GA I/7, 44).

[17] Vgl. Hartmut Traub, J. G. Fichte: Eine Philosophen-Identität zwischen Politik und Wissenschaft, in: Christoph Binkelmann (Hg.), Nation – Gesellschaft – Individuum. Fichtes politische Theorie der Identität (= Fichte-Studien 40), Amsterdam/New York 2012, 9–28.

verletzt hat. Bemerkenswert in dieser Diskussion ist die positive Rolle, die Fichte in der Identitätsfindungsphase der deutschen Nation dem Islam zuweist. Bevor wir uns den *Reden* zuwenden, seien noch einige religionswissenschaftliche Feinheiten aus den *Grundzügen* festgehalten, die für Fichtes Islamverständnis bedeutsam sind.

> In Asien, welches, abgerechnet daß es wahrscheinlich der Sitz des Normal=Volks war,[18] ... der Menschheit weiter nichts geleistet, als daß aus ihm die wahre Religion hervorging, entstand ein zweiter jüngerer Zweig dieser wahren Religion, der Muhamedismus ..., aufgeblasen dem Christenthum gegenüber, wegen eines an sich wenig bedeutenden Vorzugs, daß er die Einheit Gottes mit klaren Worten behauptete (GA I/8, 350).

Der polemische Unterton beiseite gestellt, ist für Fichtes religionswissenschaftliches Verständnis des Islam dessen enge entstehungsgeschichtliche Beziehung zum Christentum als auch die theologische Übereinstimmung im Hinblick auf das streng monotheistische Gottesverständnis zu betonen. Den Islam versteht Fichte also als einen Abkömmling des Christentums, als eine insbesondere den Monotheismus betonende innerchristliche Reformbewegung, die als Gegenbewegung zu einem Christentum zu verstehen ist, das in der Entstehungszeit des Islam „von grobem Aberglauben strozte" (GA I/8, 350f.). In dieser Argumentation zeigen sich auch 1804/05 immer noch die Aspekte, die schon die *Absichten* von 1787 herausgestellt hatten, nämlich die ursprüngliche Nähe des Islam zum Christentum, wobei es damals hieß: Die mahomedanische Religion sei „in Absicht auf die SittenLehre doch so gut ... als die christliche, weil sie die Christliche selbst ist" (GA I/8, 89). Hier, in den *Grundzügen*, fügt Fichte über die Sittenlehre hinaus als Übereinstimmung zwischen Islam und Christentum das Gottesverständnis sowie die Kritik des Islam am Aberglauben – was immer damit an dieser Stelle gemeint ist – hinzu. Des Weiteren merkt Fichte an, dass über die das eigene christliche Selbstbewusstsein kultivierende Abgrenzungsfunktion gegenüber dem Islam die kriegerische Auseinandersetzung mit ihm auch die „Bekanntschaft mit manchen nicht zu verachtenden Eigenheiten dieser Feinde" zur Folge hatte. Was Fichte damit genau meint, wird nicht weiter ausgeführt. Allerdings eine „nicht zu verachtende Beute der Unternehmungen [sc. Kreuzzüge]" sei die womöglich moralisch läuternde und humanisierende „Notiz von den Lastern, deren sie [sc. die Kreuzfahrer] ... beschuldigt wurden, und beschuldigten" (GA I/8, 351). Was als Grundmakel jedoch am Islam bestehen bleibt

---

18 Es ist durchaus fraglich, ob Fichtes Idee des „Normalvolks" historisch mit dem Judentum deckungsgleich ist, wie M. Brumlik das in seiner Konfrontation Judentum/Deutschtum als Argument für den Fichte unterstellten völkischen Antisemitismus tut (Brumlik, Deutscher Geist, 102–123). Denn Fichte leitet die Lehre des Christentums, über Jesus hinaus, aus der vorabrahamitischen Religion des Melchisedek ab. Es liegt damit nahe anzunehmen, dass sich Fichtes Idee des Normalvolks auf diese Kultur aus vorabrahamitischer Zeit bezieht. Vgl. zu diesem Thema Traub, Der Denker und sein Glaube, Dritter Teil, Kapitel 7 und 8: „Schmidt, der ‚Bengelianisch-Crusianische' Theologe" und „Johanneisch oder paulinisch – Fichtes Analysen zur Konfessionsgeschichte".

und damit den Schritt zur wahren Religion einer verinnerlichten und innerlich ausgebauten kritischen religiösen Reflexionskultur verhindert, sind weiterhin seine auf Unterwerfung und Gehorsam angelegten Mittel der Verbreitung, Tradierung, Annahme und Verinnerlichung, für die eben auch moralisch zweifelhafte Wege, wie der des Betrugs und der Gewalt, tolerabel zu sein scheinen.

3.4 Fichtes Islamkritik in den *Reden an die deutsche Nation* (1808)

Fichtes *Reden an die deutsche Nation* gehören zu den bekanntesten und umstrittensten seiner Werke, worauf wir hier nicht näher eingehen können. Wir verweisen dazu auf die hervorragenden Analysen Peter L. Oesterreichs, der diesem zentralen Werk der angewandten und populären Philosophie Fichtes mehrere Studien gewidmet hat.[19] Das Thema Islam und insbesondere Mohammed ist Gegenstand der achten Rede. Dabei wird hier ein bisher noch nicht angesprochenes Motiv erörtert: die Begeisterung. Der zentrale Gedanke der Rede umkreist die weltkulturgeschichtliche Bedeutung des Siegs der Germanen über die Römer im Jahre 9 nach Christus und den damit eingeleiteten Untergang des römischen Imperiums. Die Grundlage dieser weltgeschichtlichen Wende sieht Fichte in der Verwurzelung der siegreichen Germanen in dem Willen einer bedingungslosen Behauptung ihrer Freiheit und ihrer Selbständigkeit, die den Kampf um die eigene Kulturidentität, um die eigene Sprache und den eigenen Geist umfasst.

> Nicht die Gewalt der Arme, noch die Tüchtigkeit der Waffen, sondern die Kraft des Gemüthes ist es, welche Siege erkämpft ... Ein Volk, das da fähig ist, sey es auch nur in seinen höchsten Stellvertretern, und Anführern, das Gesicht aus der Geisterwelt, Selbstständigkeit, fest ins Auge zu fassen, und von der Liebe dafür ergriffen zu werden, wie unsere ältesten Vorfahren, siegt gewiß über ein solches, das nur zum Werkzeuge fremder Herrschsucht, und zu Unterjochung selbstständiger Völker gebraucht wird, wie die Römischen Heere; denn die erstern haben alles zu verlieren, die leztern bloß einiges zu gewinnen (GA I/10, 208).

In diesem ideen- und kulturgeschichtlichen Kontext bringt Fichte nun Mohammed ins Spiel. Allerdings nicht den historischen, über den er bekennt, „kein Urteil zu haben" (GA I/10, 208), sondern den bereits erwähnten literarischen aus der Feder Voltaires. Auch ihm wird, bei aller Lächerlichkeit, die ihm Voltaire hinsichtlich

---

19 Peter L. Oesterreich hat Fichtes *Reden* mehrfach bearbeitet. Seine Analysen tragen – Einseitigkeit unterlaufend – sowohl dem damaligen kulturhistorisch brisanten Zustand Deutschlands, sich als Kulturnation unter der französischen Besatzung aufzulösen, als auch der Gefahr einer Rhetorik an der Grenze zu Demagogie und nationalistischem Chauvinismus Rechnung. Vgl. Peter L. Oesterreich, Philosophie an der Grenze der Demagogie, in: ders., Philosophen als politische Lehrer. Beispiele öffentlichen Vernunftgebrauchs, Darmstadt 1994, 147–169, sowie dens., Die philosophische Erfindung der deutschen Nation, in: ders./Traub, Der ganze Fichte, 330–351.

seines „Eigendünkels" angedeihen lässt, seines Wahns und seiner gewalttätigen Unterwerfungspraxis gegenüber allem und jedem, der „nicht ebenso groß von ihm denken will, denn er selbst" (GA I/10, 208), auch ihm wird attestiert, dass auch er siegreich sein wird gegen Feinde, denen die Begeisterung fehlt. Denn „er setzt alles gegen sie, die nicht alles setzen; sie treibt kein Geist, ihn aber treibt allerdings ein schwärmerischer Geist – der seines gewaltigen und kräftigen Eigendünkels" (GA I/10, 208).

Auch wenn es nicht die historische Figur des Mohammed, sondern dessen literarische Verarbeitung durch Voltaire ist, so fügt sich das Moment der religiösen Begeisterung, die bei Voltaire Fanatismus heißt und auch bei Fichte entsprechend beschrieben wird, in das Gesamtbild dessen, was Fichte als den großen Mangel des Islam kennzeichnet. Nämlich, dass er auf gewaltsame Unterwerfung hin an- und ausgelegt ist und mental als schwärmerisch oder fanatisch, in jedem Fall aber als irrational und unreflektiert gilt.

Sieht man zusammenfassend auf die Erörterung des Islam in den verschiedenen Werken Fichtes, von den Anfängen bis in die späteren Arbeiten, dann entsteht dabei ein ambivalentes Bild. Religionsgeschichtlich attestiert Fichte dem Islam in seinem Ursprung einen vor allem ethisch und theologisch respektablen Kern, der ihn ganz in die Nähe des Christentums, des Repräsentanten einer „wahren Religion", rückt. Die traditionsprägende Art der machtpolitisch ausgerichteten Ausbreitungs- und Übermittlungspraxis der Unterwerfung verhindert allerdings, durch Übertragung dieser Tradition auf die religiöse Haltung der Gläubigen, die Möglichkeit, aus dem respektablen Kern eine glaubwürdige religiöse Überzeugung zu entfalten, das heißt eine individuelle wie kollektive Reflexionskultur zu entwickeln, die von der freien Aktivität des subjektiven Geistes getragen wird.

Dagegen ist es die Negation einer auf dem Weg der äußerlichen Vermittlung angeeigneten religiösen Überzeugung – die „Vernichtung der Sinnlichkeit" –, die für das Christentum den Zugang zur inneren intellektuellen wie affektiven Entfaltung des religiösen Überzeugungsgeistes eröffnet, dem Kennzeichen eines wahren (vernünftigen) Glaubens. Das heißt, Fichte funktionalisiert den Islam als einen Typus des Geistes, gegenüber dem er die Merkmale einer wahren Religion absetzt. Als solche gilt ihm das Christentum nicht schlechthin – die Kritik an historischen Ausprägungen des Christentums wurde erwähnt –, sondern diejenige Gestalt desselben, in der sich das Glaubensmodell der Einheit von „Herz (Gefühl/Sittlichkeit) und Verstand" als persönlich erbrachte Überzeugungsleistung am objektiven Glaubensinhalt realisieren lässt, beziehungsweise realisiert.

Dabei sei noch einmal daran erinnert, dass es historisch betrachtet eben auch wieder der Islam war, der als das mentale Gegenmodell zum Christentum den inneren Reflexionsprozess der europäischen Geistes- und Kulturgeschichte überhaupt und die Hervorbringung seiner weltanschaulichen Überzeugungen, Werte und Prinzipien der Souveränität und Freiheit angestoßen hat, selbst aber nicht verinnerlichen konnte.

Was den typologischen Gegensatz zwischen diesen beiden Modellen der Unterwerfung einerseits und der Überzeugung andererseits mit Blick auf ihre historisch-empirischen Repräsentanten betrifft, ist Fichtes Analyse durchaus offen, das heißt, hier erweisen sich die Modelle als durchlässig, und zwar in die eine wie in die andere Richtung. So findet sich in Fichtes kulturgeschichtlichen Überlegungen zur christlichen Integration der europäischen Staaten angesichts der Bedrohung durch den Islam die bemerkenswerte und zukunftsweisende These, dass in dieser Auseinandersetzung „endlich der gefürchtete Feind [sc. der Islam], in die Pläne der Europäischen Politik verwickelt, in sich selber veraltet, und seiner inneren Auflösung entgegen zu welken anfing" (GA I/8, 351).[20] Entscheidend ist auch hier, bei der innerislamischen Reformation, dass sie nicht als Unterwerfungs-, sondern als Selbstbesinnungsprozess, als Akt und Bewegung der Freiheit gedacht ist.[21]

4 Quellen des Fichteschen Islam-Bildes

Fichtes Kritik und Erörterung des Islam sind in ihrem Ursprung nicht ganz klar. Zum einen wird man wohl sagen müssen, dass er von der im 17. und 18. Jahrhundert in Wissenschaft und Gesellschaft virulenten ‚interreligiösen Auseinandersetzung' insbesondere mit dem Islam Kenntnis hatte. Sicher ist ihm die Jahrhunderte alte polemische Auseinandersetzung mit dem Islam während seiner akademischen Ausbildung zum Pfarrer, vielleicht auch schon während seiner Zeit in Schulpforta be-

---

20 Als literarisches Gegenstück zu Fichtes Zukunftsmodell der „Europäisierung des Islam" lässt sich Michel Houellebecqs Roman *Unterwerfung* aus dem Jahre 2015, nämlich als „Islamisierung Europas", lesen.
21 Das Zentrum der Kontroverse zu *Fichte und das Judentum* kreist um dieses Thema. Auch wenn Fichte-Kritiker konzedieren, dass die Passage über „das Köpfe abschneiden und neue aufsetzen" aus Fichtes Revolutionsschrift von 1793 als bildhafte Beschreibung einer radikalen Wende im Denken verstanden werden sollte, so bleibt die Stelle doch in dieser Sicht der Dinge ein Referenzpunkt für die Ideologie des späteren nationalsozialistischen Vernichtungsterrors gegen die Juden (vgl. Hentges, Schattenseiten der Aufklärung, 117–119). Was in dieser Diskussion, die sich auch auf Fichtes „Idee der Deutschen" in den *Reden* erstreckt, wenig Berücksichtigung findet, ist einerseits die von Fichte vertretene Position der Selbstbesinnung als einzig legitimem Weg des Wandels einer Überzeugung. Und desweiteren, dass es bei der Erörterung einer Weltanschauung oder Religion in der Regel um eine Haltung des Geistes geht, nicht aber um empirisch-historische, territoriale oder gar biologistische Zuschreibungen. So heißt es in der gerne rein historisch-völkisch gedeuteten achten Rede an die deutsche Nation ausdrücklich: „Diese [sc. die gegen die Römer siegreichen Germanen], *und alle, in der Weltgeschichte, die ihres Sinnes waren*, haben gesiegt" (GA I/10, 207, Hervorhebung durch den Verfasser). Territoriale Exklusivität, Schollenpatriotismus (Bloch) oder gar Blut-und-Boden-Chauvinismus sehen anders aus.

gegnet. Einige Aspekte seiner durchaus zutreffenden Kenntnisse über den Islam haben wir zu Beginn schon besprochen. Auch wenn Lessing seit Schulpforta zu seinen ‚Lieblingsautoren' gehörte, wissen wir nicht, ob er dessen 1779 erschienenen *Nathan der Weise* kannte. Zwei Quellen können allerdings als gesichert gelten, denn auf sie bezieht sich Fichte explizit.

1808 äußert sich Fichte, in der achten Rede an die deutsche Nation (GA 1/10), ausdrücklich zu einer literarischen Quelle, aus der er seine islamkritischen Kenntnisse geschöpft hat, nämlich, wie schon erwähnt, Voltaires 1742 erschienene Tragödie in fünf Akten *Le fanatisme ou Mahomet le prophète*. Voltaires nicht historische, sondern literarische Figur des Mahomet wird in den *Reden* als positives Beispiel für die Notwendigkeit einer starken ideologischen Überzeugung angeführt, die erforderlich sei, um militärisch erfolgreich zu sein. Das gälte selbst dann, wenn diese Idee, wie Fichte spöttelt, nur eine ‚Grille' wäre. Die Grille im Kopf eines Heerführers, wie Mahomet, reiche aber aus, um solchen Nationen militärisch überlegen zu sein, die ohne ein ideologisches Fundament, aus reinem Machtinteresse, wie die Römischen Heere, Krieg führen.[22] Dass Voltaires Vorlage auch Fichtes implizite Kritik an der Ausbreitungspraxis des Islam im *Versuch einer Kritik aller Offenbarung* zugrunde lag, ist mit Blick auf die konkreten Vorhaltungen der Unsittlichkeit, wie dem Betrug etwa, wahrscheinlich. Allerdings gibt es neben den vagen historischen und der gesicherten literarischen Quelle noch eine weitere, eine fachwissenschaftliche Quelle, aus der Fichte mit großer Wahrscheinlichkeit seine theologischen und religionsgeschichtlichen Kenntnisse und Überzeugungen zum Islam geschöpft hat.

Eine der frühen uns erhaltenen Fichte-Handschriften ist die etwa 1788 entstandene Vorlesungsmitschrift *Theologia dogmatica secundum theses D. Pezoldi*, Dogmatische Theologie nach den Thesen des Dr. Pezold. Christian Friedrich Pezold, am 29. Juli 1743 in Wiedemar geboren und mit 45 Jahren am 29. Dezember 1788 in Leipzig verstorben, war von 1774 bis zu seinem Tod Professor in Leipzig, zunächst außerordentlicher, dann 1782 ordentlicher Professor für Philosophie. 1787 promovierte er zum Doktor der Theologie und wurde im selben Jahr Rektor der Universität. Pezold hat Fichte in dessen Krise Mitte der 1780er Jahre vermutlich dazu geraten, sein Theologiestudium zum Abschluss zu bringen.[23] Fichtes in 37 Thesen abgehandeltes Manuskript zur Dogmatischen Theologie ist dann in diesem Zusammenhang entstanden.

---

22 Im Grunde richtet sich dieses Argument gegen die innere Zerrissenheit der Länder auf deutschem Boden zur Zeit der Napoleonischen Invasion, insbesondere gegen die von Fichte der Bevölkerung attestierte Illoyalität gegenüber „den durch Napoleon bedrohten Errungenschaften von Revolution und Aufklärung – als die ‚schlimmste Seite des Debakels'" (Hartmut Traub, Fichte und Platon – Zur Aktualität idealistischer Bildungs- und Erziehungsphilosophie, in: Ursula Baumann [Hg.], Fichte in Berlin. Spekulative Ansätze einer Philosophie der Praxis, Berlin 2006, 111–139; hier: 114).
23 Vgl. zu Text und Entstehungsgeschichte der *Theologia dogmatica*: Hartmut Traub, Der Denker und sein Glaube, Vierter Teil, Kapitel 4.

Was uns an dieser Mitschrift interessiert, ist der Hinweis auf Johannes von Damaskus (GA II/1, 39), den letzten, großen universal eingestellten Theologen der alten griechischen Kirche.²⁴ Unter der Voraussetzung, dass Pezold in seiner Vorlesung nicht nur den Namen des Kirchenvaters erwähnt, sondern auch dessen in griechischer Sprache verfasstes Hauptwerk *Quelle der Erkenntnis* erörtert hat, ist es sehr gut möglich, dass dabei auch die darin enthaltene ausführliche Islamkritik im Kapitel über die „Geschichte der Häresie" zur Sprache gekommen ist. Sollte das der Fall gewesen sein, dann ließe sich daraus Fichtes theologisches und religionsgeschichtliches Verständnis des Islam in drei wesentlichen Punkten herleiten. Zum einen ist es der insgesamt polemische Ton, in dem sich Fichte mit dem Islam auseinandersetzt. Über die Islam-Kritik des Johannes von Damaskus heißt es, dass es die Absicht seiner Ausführungen über den Islam gewesen sei, die „Schwachstellen des Islam [sc. offenzulegen] ... um den orthodoxen Christen den minderen religiösen Wert des Islam vor Augen zu führen".²⁵ Diese Absicht deckt sich mit Fichtes Kritik der Unglaubwürdigkeit der Gründung einer zweiten Offenbarungsreligion im unmittelbaren Umkreis einer bereits bestehenden. Zum zweiten hatte Fichte an mehreren Stellen auf die Nähe des Christentums zum Islam hingewiesen und in den *Absichten* die These vertreten, dass der Islam in seiner politisch unkorrumpierten Sittenlehre das Christentum selbst sei. Unter dem Stichwort „Häresie" abgehandelt, galt der Islam dem Kirchenvater Johannes von Damaskus als eine Abspaltung vom Christentum. Was sich mit Fichtes Bezeichnung des Islam als eines „jüngeren Zweigs" der wahren Religion deckt, deren älterer das Christentum war (vgl. GA I/8, 350). Und drittens hatte Fichte zugestanden, dass die Lehre des Mohammed einiges, wenn auch nicht Originäres an theologisch und ethisch Wahrem enthält, so etwa die Betonung der Einheit Gottes (GA I/8, 350). Die Quelle der Wahrheiten des Islam verweist nach Johannes von Damaskus nicht auf eine göttliche Offenbarung, sondern darauf, dass Mohammed, „nachdem er mit dem alten und neuen Testament Bekanntschaft gemacht und anscheinend mit einem arianischen²⁶ Mönch Umgang gepflegt hatte, eine eigene Häresie schuf".²⁷ Genau das hatte Fichte ebenfalls behauptet und daran seine weitergehende, historisch oder literarisch über Voltaire vermittelte Kritik an der verfehlten, weil über äußere Machtentfaltung und Unterwerfung vermittelte Gründung und Verbreitung der Religion des Islam angeschlossen.

---

24 Vgl. Berthold Altaner, Patrologie. Leben, Schriften und Lehre der Kirchenväter, Freiburg 1951, 474f.
25 Reinhard Glei/Adel T. Khoury (Hg.), Johannes Damaskenos und Theodor Abu Qurra. Schriften zum Islam, Würzburg/Altenberge 1995 (zitiert nach Christoph Kohls, Johannes von Damaskus und seine Beurteilung des Islam, Norderstedt 2014, 14).
26 Arius von Alexandria vertrat im 4. Jahrhundert einen strengen Monotheismus. Seine Lehre wurde nach dem Konzil von Nicäa im Jahre 325, das die Trinitätslehre zum Dogma der Kirche erhob, als Häresie verurteilt.
27 Glei/Khoury, Johannes Damaskenos, 77 (zitiert nach Kohls, Johannes von Damaskus, 18).

5 Systematische Einordnung des Islam im Kontext von Fichtes philosophischer Weltanschauungslehre

Zur Einordnung des Islam in den systematischen Zusammenhang von Fichtes philosophischem Denken mag ein Hinweis auf die im Ansatz bereits geführte Diskussion zum „systematischen Kontext" der Kritik Fichtes am orthodoxen Judentum hilfreich sein. Der Vorwurf des Antijudaismus/Antisemitismus gegen Fichte ist in seiner stärksten Variante ein systematischer. Es geht den Kritikern dabei nicht um Hinweise auf einzelne gegen Juden oder das Judentum gerichtete Äußerungen Fichtes, sondern um „Funktion, Gewicht und Bedeutung dieser Äußerungen im Kontext des Gesamtwerks [sc. des] Philosophen"[28]. Dabei wäre auch der biographische Nachweis guter Beziehungen Fichtes zu Juden und Jüdinnen seiner Zeit, auch sein Eintreten etwa gegen an jüdischen Studenten verübtes Unrecht „kein Beweis gegen den Antijudaismus oder Antisemitismus innerhalb der theoretischen Konzeption von Staat und Gesellschaft"[29]. Hier steht also der Vorwurf eines systemimmanenten und theoriegeleiteten Ressentiments gegen das Judentum im Raum. Allerdings bleibt bei den Autoren die Bestimmung dessen, was in ihrem Vorwurf ‚systematisch' oder ‚theoriegestützt' genau bedeuten soll, unbestimmt. Gemeint ist in jedem Falle nicht, dass sich die judenkritischen Äußerungen und der dahinter vermutete Antijudaismus aus Fichtes theoretischer oder systematischer Philosophie, das heißt aus seiner Wissenschaftslehre im engeren Sinne, herleiten ließen.[30] Denn auf diese grundlegende Theorieebene seines Denkens lassen sich die Kritiker in ihrem „Systemvorwurf" nicht ein. Genau das aber müsste geleistet werden, wenn man von einem systematisch begründeten Ressentiment sprechen will. Diese grundlegende Theorieebene von Fichtes Denken wird nun in den Blick genommen, um von ihr aus seine Kritik am Islam eingehender zu untersuchen, eine Kritik, die auf dieser typologisierenden Ebene dieselbe ist wie die Kritik am Judentum und anderen, auf ähnliche Weise verfassten Gestalten religiöser oder weltanschaulicher Orientierung und Tradition.

Schon einer Passage aus der frühen Revolutionsschrift von 1793, die insbesondere für den Vorwurf des Antijudaismus hauptsächlich herangezogen wird, ist zu entnehmen, dass es in Fichtes Kritik weniger um eine spezifische Religion, sondern um eine Geisteshaltung geht. Um eine Geisteshaltung, in der sich die grundlegende

---

28 Brumlik, Deutscher Geist, 15.
29 Hentges, Schattenseiten der Aufklärung, 124.
30 Es muss als ein geistesgeschichtliches Paradoxon ersten Grades angesehen werden, dass sich gerade Fichtes Wissenschaftslehre und er selbst als Person durch Friedrich Heinrich Jacobi dem öffentlichen antijudaistischen Vorwurf ausgesetzt sah, er sei mit seiner spekulativen Reflexionsphilosophie „der Messias der Juden spekulativer Vernunft". Vgl. Hartmut Traub, J. G. Fichte, der König der Juden spekulativer Vernunft. Überlegungen zum spekulativen Anti-Judaismus, in: ders. (Hg.), Fichte und seine Zeit (= Fichte Studien 21), Amsterdam/New York 2003, 131–150.

Differenz zwischen Überzeugung und Unterwerfung auf unterschiedliche, kulturspezifische Weise, das heißt in verschiedenen Religionen, auch im Islam und Judentum, aber auch in anderen religiösen Glaubensrichtungen und Weltanschauungen niederschlägt. In einem fingierten Dialog, bei dem vermutlich der konservative sächsische Kurfürst Friedrich August III.[31] als Gegenüber der Fichteschen Kritik angesprochen ist, lässt Fichte den Herrscher sagen: „Glaube du doch an Zoroaster oder Confuzius, an Moses oder Mohamed, an den Pabst, Luther oder Calvin, das gilt mir gleich; wenn du nur an eine fremde Vernunft glaubst. Aber du willst *selbst* Vernunft haben, und das werde ich nie leiden. Sey unmündig, sonst wächsest du mir zu Kopfe" (GA I/1, 293). Damit ist hinreichend deutlich, dass Fichte schon vor der *Grundlegung der gesamten Wissenschaftslehre* im Jahre 1794 seine Religions- und Weltanschauungskritik typologisch ausgerichtet hat. Das gilt umso mehr für das System der sich im Laufe der folgenden Jahre auf dieser Grundlage entwickelnden materialen Disziplinen der Wissenschaftslehre, der Rechts- und Sittenlehre sowie der Religionslehre. Der Anspruch, Fichtes Kritik am Judentum oder auch am Islam systematisch zu begründen, kommt nicht darum herum, sich auf die Systemebene seines Denkens zu begeben und die eigene Kritik dort zu reflektieren und wenn möglich auch bestätigt zu finden.

Über Fichtes Typologie der transzendental begründeten Weltanschauungen liegt eine Fülle von Publikationen vor.[32] Auf die Typologie muss hier nicht im Einzelnen eingegangen werden. Für eine systematische Einordnung der Islam-Kritik ist neben der transzendental begründeten Weltanschauungslehre auch Fichtes geschichtsphilosophische Epochenlehre relevant, die, wie die Weltanschauungslehre, ebenfalls in einem systematischen Zusammenhang mit der Prinzipienlehre der Grundformen transzendentalen Wissens steht.[33]

Die Wissenschaftslehre deduziert in ihrer Strukturierung des transzendentalen Wissens vier materiale Prinzipien möglicher Weltanschauungen, die jeweils unter den Kategorien objektiv/subjektiv und statisch/faktisch oder dynamisch/genetisch gefasst werden und die in sich unterschiedliche Gewissheits- oder Glaubensmodi

---

31 Ab 1768 führte Kurfürst Friedrich August III. bis 1827 die Staatsgeschäfte Sachsens. 1806 wird er von Napoleon zum sächsischen König (Friedrich August I.) ernannt. Er gilt als politisch konservativ. „Über die epochalen Umwälzungen in Frankreich zwischen 1789 und 1793 wird er kaum glücklich gewesen sein, zumal auch sächsische Köpfe [sc. etwa der junge Fichte] die Ideen der Französischen Revolution bereitwillig aufnahmen" (Gustav Niemetz, Geschichte der Sachsen vom germanischen Stamm bis zum Freistaat, Spitzkunnersdorf 2003, 99). Vgl. hierzu Traub, Der Denker und sein Glaube, Zweiter Teil, Kap. 2 („Fichtes Einfluss auf die politische Romantik").
32 Wolfgang Janke, Vom Bilde des Absoluten. Grundzüge der Phänomenologie Fichtes, Berlin 1993, 384–531; Oesterreich/Traub, Der ganze Fichte, 194–206. 307–330, sowie Hartmut Traub, Fichtes Populärphilosophie, Stuttgart-Bad Cannstatt 1992, 222–287.
33 Vgl. Traub, Fichtes Populärphilosophie, 222–287, und dens., Der Denker und sein Glaube, Fünfter Teil, Kapitel 3.2 („Glaubenslehre").

ausbilden.³⁴ Es sind dies: 1. Das (objektiv/statische) sinnliche Bewusstsein – der Standpunkt des Materialismus; 2. das (subjektiv/statische) Bewusstsein von Recht und Gesetz – der Standpunkt der äußeren und inneren Legalität; 3. das (subjektiv/dynamische) schöpferisch/künstlerische Bewusstsein – der Standpunkt der Moral; 4. das (objektiv/dynamische) Bewusstsein göttlichen Lebens – der Standpunkt der Religion. Als fünfte Gestalt nennt Fichte das die vier Formen in ihrem Verhältnis zueinander reflektierende und bestimmende wissenschaftliche Bewusstsein. Als subjektiv/objektiv statische oder dynamische Standpunkte oder Erscheinungsformen der einen Vernunft implizieren alle fünf Prinzipien die vier anderen, allerdings unter der Perspektive des jeweils dominierenden Prinzips. Auf diese Weise wird es Fichte möglich, von einer materialistischen, legalistischen, moralischen, religiösen oder wissenschaftlichen Gottesvorstellung oder Rechtsauffassung ebenso wie von einer materialistischen usw. Wissenschafts- oder Kunstauffassung zu sprechen. Wendet man dieses Grundmodell der vernunftbegründeten Generierung möglicher Weltanschauungsstandpunkte auf historische Glaubenssysteme und Ideologien an, dann wäre der Islam eine Spielart des statischen, legalistischen Bewusstseins, in dem die Autorität eines äußerlich übermittelten Gesetzes zum Prinzip subjektiver Glaubensgewissheit erhoben wird. Dabei ist die für Fichtes Verständnis des Christentums konstitutive dynamische Bildekraft des Subjekts unterdrückt und die Möglichkeit einer inneren intellektuellen wie affektiven Verifikation, das heißt eine lebendige, persönliche Auseinandersetzung mit den Glaubensinhalten und damit die Entfaltung echter Glaubensüberzeugung ausgeschlossen. Als Prinzip der inneren Disziplinierung und äußerlichen Regulierung persönlicher wie öffentlicher Rechtsbeziehungen ist das Legalitätsprinzip durchaus respektabel und notwendig und gehört als solches auch in den Kanon vernunftbegründeter Standpunkte möglicher Weltanschauungen. Zur Anregung und Begründung einer inneren, Verstand und Sittlichkeit vermittelnden Überzeugungskultur sind derartige Modelle jedoch ungeeignet.³⁵ Ihre Übernahme fordert Gehorsam, begründet aber keine Überzeugung.

Fichtes Theorie der Geschichte und deren Epochen hat das Besondere an sich, dass in ihr durch die „Idee des Weltplans" suggeriert wird, dass die epochalen Charakteristika der fünf Zeitalter³⁶ chronologisch aufeinander folgen. Die Einheit der

---

34 Mit dieser Unterscheidung markiert die spätere Wissenschaftslehre die Differenz von genetischem und faktischem Wissen, die in der frühen Phase durch den Unterschied zwischen Tat-Sache und Tat-Handlung oder zwischen Produkt des Wissens und Produktion des Wissens bestimmt wurde.
35 Interessant ist hier die Feststellung, dass nach Fichte auch Kants „kategorischer Imperativ", das „Faktum des Sittengesetzes", Repräsentant dieses Typus' legalistischer Weltanschauung ist (GA I/9, 50. 136. 149).
36 1. „Die Epoche der unbedingten Herrschaft der Vernunft durch den Instinkt". 2. „Die Epoche, da der Vernunft=Instinkt in eine äußerlich zwingende Autorität verwandelt wird". 3. „Die Epoche der Befreiung, unmittelbar von der gebietenden Autorität, mittelbar von der Botmäßigkeit des Ver-

transzendentalen Vernunftlehre legt aber noch einen anderen Gedanken nahe, den der Synchronizität epochaler Charakteristika. Demnach gehören Weltanschauungssysteme vom Typ Legalismus zwar in die frühe, zweite Epoche der Menschheitsgeschichte, in das „Zeitalter positiver Lehr= und Lebens=Systeme, die nirgends zurückgehen bis auf die letzten Gründe, und deswegen nicht zu überzeugen vermögen, dagegen aber zu zwingen begehren, und blinden Glauben, und unbedingten Gehorsam fo[r]dern" (GA I/8, 201). Das heißt aber nicht, dass die das Zeitalter charakterisierenden Merkmale in späteren Epochen, wenn auch unter anderen Leitprinzipien, nicht weiterhin als Dogmatismen und subjektiv unreflektierte Ideologien gegenwärtig sein können und auch dort ihre reflexionsunterdrückende Kraft entfalten.

Die systematische Betrachtung im relevanten Kontext von Fichtes transzendental begründeter Weltanschauungslehre führt zu dem Ergebnis, dass der Islam, so wie Fichte ihn geschichtlich und literarisch charakterisiert, einen Repräsentanten vom Typus legalistisches Lehrsystem darstellt. Als Typus sind diese Systeme zur Aufrechterhaltung und Lenkung tradierter Verhaltensschemata im gesellschaftlichen und sozialen Leben von Nutzen und als Rechts- und Sittenlehre auch vernunftbegründet, überzeugungstheoretisch jedoch – ebenso wie andere orthodoxe Lehrsysteme verschiedenster Weltanschauungen, Ideologien und Religionen (inklusive christlicher Orthodoxien und Fundamentalismen) – defizitär. Als Religion im strengen Sinne und, von da ausgehend, als gesellschaftlich humanisierender Reformkraft fehlt diesem Typus die Anlage zu der für den vernünftigen Glauben unabdingbaren vernunftgeleiteten, personenorientierten Selbstvergewisserungs- und Überzeugungskultur, die auf eine Stärkung des Subjekts gegenüber der Autorität und dem Zwang erstarrter Traditionen und blindem Glauben hinausläuft.

Gesellschaftlich, historisch-politisch betrachtet, sind der Islam und andere diesem Typus der Weltanschauung vergleichbare Lehrsysteme da, wo sie staatspolitisch mächtig werden, aufklärungsfeindlich, das heißt gegen die Entwicklung eines freiheitlichen politischen Systems und die Entfaltung einer reflektierten Vernunft- und Mündigkeitskultur auf der Seite der individuellen Erziehung und Bildung gerichtet. Den interreligiösen oder interkulturellen Austausch zwischen Christentum und Islam, Europa und der islamischen Welt, beurteilt Fichte allerdings durchaus optimistisch, wenn er davon ausgeht, dass unter der Voraussetzung einer Einheit stiftenden Besinnung der europäisch-christlichen Nationen die „Verwicklung [sc. des Islam] in die Pläne der Europäischen Politik" (GA I/8, 351) dazu führen kann, dass dieser „ihres Sinnes wird" (GA I/10, 207), „in sich selber veraltet, und [sc. beginnt] seiner innern Auflösung entgegen zu welken" (GA I/8, 351).

---

nunft=Instinkts und der Vernunft überhaupt in jeglicher Gestalt". 4. „Die Epoche der Vernunftwissenschaft: das Zeitalter, wo die Wahrheit als das höchste anerkannt wird ...". 5. „Die Epoche der Vernunft=Kunst: das Zeitalter, da die Menschheit mit sicherer Hand ... sich selbst zum getroffenen Abdrucke der Vernunft aufbauet" (GA I/8, 201).

Dietmar Till
Nach der Topik. Zur Lehre von der Inventio im 18. Jahrhundert

1 Einleitung: Inventio zwischen *tyche* und *téchne* – antike Grundlagen

Im System der antiken Rhetorik, wie es ausgearbeitet zuerst in der um 82 vor Christus entstandenen *Rhetorica ad Herennium* an uns überliefert ist, ist die *inventio* bekanntlich das erste von fünf sogenannten *officia oratoris* (Aufgaben des Redners). Im Produktionsphasenmodell der klassischen Rhetorik folgt auf die Findung der Argumente zweitens deren Anordnung (*dispositio*), drittens die stilistisch wirkungsvolle Ausarbeitung des Redetextes (*elocutio*), viertens dessen Memorierung (*memoria*), die durch mnemotechnische Hilfsmittel erleichtert wird, schließlich fünftens und abschließend der mündliche Vortrag der Rede (*actio* bzw. *pronuntiatio*). Diesem Fünf-Stufen-Modell vorgeschaltet ist eine in der antiken Rhetorik theoretisch erst spät (bei Sulpicius Victor, um 400 nach Christus) ausgearbeitete Phase, die *intellectio*, die Analyse der rhetorischen ‚Situation'.[1]

Im Kapitel 5, 10 (*De argumentis*) seiner *Institutio oratoria* unterscheidet Quintilian zwischen dem formalen Aufbau von Argumentationen einerseits – also Argumentationsstrukturen wie dem Enthymem oder dem Epicheirem[2] – und dem Inhalt der Argumente andererseits. Wie man letztere findet, das ist nach rhetorischer Vorstellung Aufgabe der *inventio*. Das Finden von Argumenten ist also keine Sache des Zufalls, sondern lässt sich im Gegenteil operationalisieren: Dazu dient die Lehre von der Topik, die dann im Rhetorik-Unterricht von den Schülern habitualisiert wird. Zugleich aber zeigt die *inventio* die Grenzen rhetorischer Ausbildung, der *ars*: Denn, so formuliert es Heinrich Lausberg in seinem *Handbuch der literarischen Rhetorik*: „Finden ist eine natürliche Glücksgabe: so ist denn die *inventio* in der Tat ein Tummelplatz der *natura* (speziell des *ingenium* ...)." Und Lausberg weiter: „Auch der mit der natürlichen Glücksgabe Ausgestattete wird *suchen* müssen, um zu finden. Damit begibt er sich in die Hand der *tyche*, deren Überwindung sich ja gerade die *téchne* zum Ziel gesetzt hat."[3] Damit das Argumente-Finden nicht zum Glücksspiel wird,

---
[1] Vgl. Heinrich Lausberg, Handbuch der literarischen Rhetorik. Eine Grundlegung der Literaturwissenschaft, München 1960, § 139 und § 260.
[2] Quint. inst. 5, 10, 1; hier und im Folgenden verwende ich die Quintilianübersetzung von Helmut Rahn, die bisweilen terminologisch leicht verändert ist, ohne dass dies eigens angezeigt würde.
[3] Lausberg, Handbuch, § 260.

stellen die Lehrbücher Suchformeln bereit, durch deren Anwendung man passende, d. h. die eigene Sache unterstützende, Argumente finden kann. Sie listen – so Quintilian – jene „Orte" (*loci*) auf, „wo diese Beweise zu finden sind" (5, 10, 20). Quintilian spricht treffend von den *sedes argumentorum*, den „Sitzen der Beweise".[4] Topos und Argument stehen also in einem metonymischen Verhältnis. Noch einmal Lausberg:

> Wer etwas sucht, muß nämlich im groben wissen, wo er überhaupt suchen soll. Die systematisierende Ausschaltung der *tyche* wird so zu einer Ausbildung der Lehre über das „Wo" des Suchens führen. Es gibt durch die Suchpraxis ... bekannte und in der Praxis vielfach bewährte „Örter", wo sich das Suchen empfiehlt. Die rhetorische *téchne* hat diese „Örter", wo man tunlichst suchen soll, um zu finden, in ihrer *doctrina* erfaßt und systematisiert. Die „Örter" (*tópoi*, *loci*) bestehen in rahmenmäßigen Such-Formeln, die zum Finden eines passenden Gedankens führen können.[5]

Quintilian kleidet diese Überlegung in seiner *Institutio oratoria* in einen Jagd-Vergleich:

> Denn wie nicht in jedem Land alles gedeiht und man wohl Vögel oder Wild kaum auffinden wird, wenn man nicht weiß, wo sie gewöhnlich vorkommen und sich aufhalten, auch die Fischarten teils flache Gegenden lieben, teils felsige und auch nach Gegenden und Küstenstrichen zu unterscheiden sind, so dass man aus unserer See schwerlich einen Stör oder Lippfisch beziehen kann: so kommt auch nicht jeder Beweis an jeder beliebigen Stelle, und man darf ihn deshalb nicht überall suchen.[6]

Es hat in der Antike verschiedene Versuche der Konzeptualisierung und Einteilung der Topoi gegeben. Topoi können etwa von der Statuslehre her gedacht werden oder auch unabhängig von ihr entwickelt werden. Letzteres ist wichtig, weil damit der Gegenstandsbereich der Topik von der Gerichtsrede, deren Objekt die Statuslehre primär ist, auf andere Redegattungen übertragen werden kann. Dies betrifft vor allem die Epideiktik als das große Gattungs-Sammelbecken der Rhetorikgeschichte. Bis um 1800 war ‚Rede' aufgrund des Fehlens einer deliberativ-politischen und juristischen mündlich-öffentlichen Redekultur mit der Lobrede ja im Grunde identisch.

Für die Anlage solcher topischen Systeme macht es einen Unterschied, ob sie – wie in der *Topik* des Aristoteles – aufs dialektische Streitgespräch zielen oder für die monologische Rede, die eigentliche rhetorische Kommunikationssituation, gedacht sind. Es ist zudem eine entscheidende Differenz, auf welchen Typus von Frage die Topoi überhaupt eine Antwort geben wollen: auf konkrete Fälle (die sogenannten

---

[4] Zur Geschichte vgl. überblicksweise Sara Rubinelli, Ars Topica. The classical technique of constructing arguments from Aristotle to Cicero, Dordrecht 2009.
[5] Lausberg, Handbuch, § 260.
[6] Quint. inst. 5, 10, 21.

quaestiones finitae oder Hypothesen) oder auf abstrakte Fragen (die sogenannten *quaestiones infinitae* oder Thesen).[7] Aus diesen jeweils unterschiedlichen Herangehensweisen ergeben sich unterschiedliche Systeme mit einer jeweils unterschiedlichen Zahl von Topoi. In der *Topik* führt Aristoteles mehr als 300 Topoi an, in der *Rhetorik* lediglich 28. In der europäischen Rhetoriktradition schließlich sind die Toposkataloge, die Cicero in seinen rhetorischen Schriften aufstellt, von großem Einfluss: In seinem Jugendwerk *De inventione* untergliedert er die Topoi in zwei Großgruppen, die personenbezogenen *loci a persona* und die sachbezogenen *loci a re*.[8] Letztere werden dann weiter in einer nicht abschließenden Reihe untergliedert: Einerseits *nomen* (Name), *natura* (Zugehörigkeit), *victus* (Erziehung/Beruf), *fortuna* (Schicht, Ruf, Vermögen) etc., andererseits *locus* (Schauplatz), *tempus* (Zeitpunkt), *occasio* (Gelegenheit) usw. Die Liste der *loci a re* ist dabei notwendig länger und insgesamt weniger klar umrissen als die der *loci a persona*. Beide Klassen gehen auf die Systematisierung eines Fragenkatalogs zurück, den der Redner sich bei der rhetorischen ‚Bearbeitung' eines Falles stellen muss. Quintilian erklärt: „Bei allem nun, was getan wird, dreht es sich um die Fragen: Warum? wo? wann? wie? und mit welchen Mitteln? ist es getan worden? Man gewinnt also Beweise [sc. *argumenta*] aus den Gründen [sc. *ex causis*] geschehener und künftiger Handlungen."[9] In der Kommunikationswissenschaft ist dieser Fragenkatalog heute in ganz ähnlicher Form als „Lasswell-Formel" bekannt. Sie geht auf den amerikanischen Politikwissenschaftler und Propagandaforscher Harold D. Lasswell (1902-1978) zurück.[10]

Solche Topoikataloge sind zunächst einmal Vermittlungsinstanzen von Abstraktem und Konkretem. Das heißt, dass die formalen Findeschemata auf die konkrete Redesituation angewandt werden müssen. Nicht jede Applikation wird dabei ein geeignetes (d. h. auf den konkreten Fall passendes, parteilich-überzeugendes) Argument generieren. Vielmehr sind Topoi zunächst formale Material- und Argumentgeneratoren, deren Produkt in einem zweiten Schritt kritisch auf Eignung für die konkrete Situation geprüft werden muss. Zur Technik der Argumentfindung muss also die kritische Bewertung der Passung mit Blick auf die Überzeugungsintention des Redners treten. Der Redner benötigt also nicht nur ein entsprechendes *ingenium*, sondern auch eine ausgebildete Urteilskraft, *iudicium*. In der *Topica* untergliedert Cicero deshalb die Logik (*ratio disserendi*) in zwei Teile, Erfinden und Bewerten (*duas habeat partes: unam inveniendi, alteram iudicandi*).[11]

---

7 Lausberg, Handbuch, §69–78.
8 Cic. inv. 1, 24, 34; analog dann Quint. inst. 5, 10, 23.
9 Quint. inst. 5, 10, 33.
10 Harold Dwight Lasswell, The Structure and Function of Communication in Society, in: Lyman Bryson (Hg.), The Communication of Ideas. A Series of Addresses, New York 1964, 37–51 (ursprünglich 1948), und Henk Prakke, Die Lasswell-Formel und ihre rhetorischen Ahnen, in: Publizistik 10 (1965) 285–291.
11 Cic. top. 6.

2 Re/produktive Rezeption

Die weitere Geschichte der rhetorischen Topik ist zunächst durch eine weitgehend unveränderte Tradierung der in Ciceros *De inventione* und der *Topica* angelegten Listen von *loci* charakterisiert. Schon Quintilian versucht in seiner *Institutio oratoria* in diesem Sinne beide Systeme (nicht widerspruchsfrei) zu kombinieren. Andererseits bemühen sich die Theoretiker aber auch, die im engeren Sinne dialektischen Topoi (der Aristoteles-Tradition) von den rhetorischen Topoi, die stärker situationsbezogen und konkret angelegt sind, wieder stärker zu trennen. Für diesen Strang der Entwicklung ist etwa Boethius' Werk *De topicis differentiis* einschlägig.[12]

An dieser Stelle kann die weitere und durchaus komplexe Entwicklung durch Nennung dieser beiden unterschiedlichen Diskussionsstränge nur angedeutet werden. Für die Frühe Neuzeit hat Wilhelm Schmidt-Biggemann in seiner Untersuchung über die *Topica universalis* einige der Traditionslinien aufgearbeitet, die – auch hier nur wenige Hinweise – mit den Namen Rudolph Agricola, Philipp Melanchthon und Petrus Ramus verknüpft sind.[13] Die folgenden Ausführungen fokussieren auf die Zeit um 1700 und die Rezeption und Adaptation der Topik in der zeitgenössischen Poetik und Rhetorik. Sie dient als Folie, in einem zweiten Schritt die weitere Entwicklung im 18. Jahrhundert darstellen zu können.

Am Beginn soll eine durchaus konventionelle, dadurch zugleich typische Anweisungspoetik der Zeit um 1700 stehen: In seinem *Europäischen Helicon, oder Musen-Berg* (1704) listet der Lohenstein-Verehrer Johann Christoph Männling sieben Topoi auf, die sich einerseits auf die im Gedicht thematisierte Sache, andererseits auf die behandelte Person beziehen:

> Die Erfindung geschieht also / dass ich alle Umstände betrachte / als: (1) die Beschaffenheit der Zeit / ob selbige frölich oder Traurig / gut oder böse / Winter oder Sommer sey / (2) den Ort / wovon und wohin ich schreibe. (3) Die Gelegenheit oder Ursachen / so es erwecket. (4) Die Personen an die man schreibet / ob solche hoch oder niedrig / ihre Fata. (5) Die zufälligen Umbstände als Glück / Unglück / Tugend / Laster / Gesundheit / Kranckheit / Leben / oder Tod. (6) Die Nahmens-Bedeutung / als auch Buchstaben-Wechsel. (7) Das Alter oder Jahre / Monate etc. Welche Sachen alle / wenn sie erwogen werden / viel contribuiren zur Invention.[14]

---

[12] Vgl. als Überblick nun (jeweils mit weiterer Literatur) Tim Wagner, Topik, in: Historisches Wörterbuch der Rhetorik 9 (2009) 605–626 (für die Frühe Neuzeit bisweilen unergiebig), und Klaus Ostheeren: Topos (A.B.), in: Historisches Wörterbuch der Rhetorik 9 (2009) 630–724; hier: 629–697 (ausführlich und gründlich).
[13] Vgl. Wilhelm Schmidt-Biggemann, Topica universalis. Eine Modellgeschichte humanistischer und barocker Wissenschaft (= Paradeigmata 1), Hamburg 1983.
[14] Johann Christoph Männling, Teutscher Helikon (zitiert nach: Joachim Dyck, Ticht-Kunst. Deutsche Barockpoetik und rhetorische Tradition [= Rhetorik-Forschungen 2], Tübingen 1991, 51).

In Männlings *Expeditem Redner* (1718) findet sich für die Prosarede ein zunächst ähnlicher Katalog von Topoi, der dann auf ‚materiale' Fundorte für Beweise (wie Exempelsammlungen etc.) ausgedehnt wird. Letzteres deutet darauf hin, dass es zwischen der *imitatio* vorbildhafter Texte und der topischen *inventio* ein Übergängigkeitsverhältnis gibt – Fundorte für Argumente findet der frühneuzeitliche Dichter nicht primär durch empirische Naturforschung wie die Naturwissenschaftler der Zeit, sondern durch analytisch-zergliedernde Lektüre musterhafter *exempla*, vor allem natürlich der Schriften der antiken Autoren:[15]

> Die Fund=Grube, woraus die Erfindung zu nehmen, ist noch reicher, als die Decanische Demant=Gruben, denn darinnen finden sich so viel Neben=Adern, die ihm eröfnen je mehr und mehr zu nehmen. Indeß werden doch die meisten genommen, entweder von dem Alter, Zeit, Jahren, Tagen, Monathen, Ehestande, Nahmen, Ampte, Würde, Zufällen, Begebenheiten, Umständen, Wapffen, Siegel, Gestalt, Geschichten, Bildern, Inscriptionen, Sinnbildern, Symbolis, Emblematibus, Anagrammatibus, Exempeln, Sentientien, Sprüch=Wörtern, Apophthegmatibus, Zeitungen, Gebräuchen, Epigrammatibus, Epitaphiis, Historien, Bäumen, Blümen, Steinen, Städten, Medaillen, Müntzen, Schau=Pfennigen, Allegorien, Parabeln, Büchern etc. dass es also eine pure Unmöglichkeit heisset, arm an Erfindung zu seyn, wenn man daran Witz und Kräffte strecket.[16]

Dass die Poesie *loci topici* nach dem Modell der Rhetorik bei der Textproduktion heranziehen soll, ist Ausdruck eines ostentativen Gelehrsamkeitsanspruchs der Poesie,[17] die sich auf diese Weise zugleich selbst nobilitiert. Auch die Dichtung soll einem nach Ansicht der Epoche erhöhten ‚artistischen', eben auf die *ars* bezogenen, Anspruch folgen, für den die Rhetorik den Maßstab gegebenen hatte. Um 1700 wird dieses ‚technische' Dichtungsverständnis auf die Spitze getrieben: In Magnus Daniel Omeis' *Gründlicher Anleitung zur Teutschen accuraten Reim- und Dicht-Kunst* (1704) heißt es in durchaus selbstbewusster Abgrenzung von gegenläufigen poetologischen Konzepten wie dem *furor poeticus*, dass der „enthusiasmus" bei der Textproduktion alleine viel zu wenig ausrichte. Die Inspiration des Dichters muss notwendig um ein handwerkliches Moment ergänzt, ja tendenziell ersetzt werden. Denn „es müßen auch die Lehre / die Kunst / das Nachsinnen und etliche Vortheile / ein merkliches beitragen."[18] Rhetorische Ausbildung ist unbedingt nötig, sonst „gehets freilich mit der Invention gar schwehr daher."[19]

---

15 Vgl. Gunter E. Grimm, Literatur und Gelehrtentum in Deutschland. Untersuchungen zum Wandel ihres Verhältnisses vom Humanismus bis zur Frühaufklärung (= Studien zur deutschen Literatur 75), Tübingen 1983, 191–192.
16 Johann Christoph Männling, Expediter Redner Oder deutliche Anweisung zu[r] galanten Deutschen Wohlredenheit ..., Frankfurt am Main/Leipzig 1715, 11.
17 Vgl. Grimm, Literatur und Gelehrtentum, 189.
18 Magnus Daniel Omeis, Gründliche Anleitung zur Teutschen accuraten Reim- und Dicht-Kunst / durch die richtige Lehr-Art / deutliche Reguln und reine exempel vorgestellet: ..., Nürnberg 1712, 132.
19 Omeis, Gründliche Anleitung, 137.

Andererseits ist die demonstrative Anbindung an das rhetorische Textproduktionsmodell – und die damit verbundene weitgehende Identität von Dichtung und Rede – aber auch Ausdruck einer gewissen Not. Denn das eigentliche Endprodukt einer solchermaßen durch rhetorische Vorgaben – wie eben die *loci topici* der *inventio* – geprägten Dichtung ist das Gelegenheitsgedicht, die wichtigste soziale Erscheinungsform von Poesie im späten 17. Jahrhundert. Der soziale Druck zur Textproduktion – als ‚kulturellem Kapital' – machte es notwendig, die Textproduktion als etwas rational Bewältig- und Steuerbares zu konzeptualisieren – Omeis' Nobilitierung einer Poesie, die des *enthousiasmós* nicht bedarf, entpuppt sich hier, wenigstens *auch*, als Legitimationsstrategie. Zusammen mit der für die Frühe Neuzeit insgesamt grundlegenden literarischen Ästhetik der *imitatio* und *aemulatio* begünstigte die Dominanz des topischen *inventio*-Modells das Entstehen von Materialsammlungen, Kollektaneen- und Exzerptesammlungen. Schüler lernten im Unterricht selbst, wie man solche Sammlungen durch eine intelligente Gliederung so anlegte, dass das darin gespeicherte Wissen auch leicht wieder zugänglich und für die eigene Textproduktion genutzt werden konnte.[20]

Neben die insgesamt noch zu wenig erforschten handschriftlichen Kollektaneenwerke treten schon früh gedruckte Werke. Seit dem ersten Viertel des 17. Jahrhunderts entsteht eine florierende Buchgattung auf dem Markt: das *Poetische Lexikon*, *Aerarium Poeticum* oder die *Bibliotheca poetica* (um an dieser Stelle nur einige der Bezeichnungen auf den Titelblättern zu nehmen), daneben finden sich auch in Poetiken wie Harsdörffers *Poetischem Trichter* umfangreiche Materialsammlungen.[21] Solche Werke sind entweder alphabetisch nach Stichwörtern oder aber nach Fachdisziplinen gegliedert. Ein Poet konnte dort Zitate aus bekannten Werken sowie mythologische und allegorische Anspielungen aus klassischen und kontemporären Autoren finden, häufig mit genauer Zitatangabe. Solche Bücher ersetzen die Topoi nicht, füttern sie aber dergestalt mit Material, dass der Durchgang durch die einzelnen *loci* nicht ins Leere läuft, sondern am Ende brauchbaren Stoff für ein Gedicht oder eine Rede liefert. Das – oft mangelnde – *ingenium* und die – vielleicht fehlende – Belesenheit des Poeten wird durch Wissen substituiert, das in Buchform gespeichert ist. Grimm spricht in diesem Kontext treffend von einer „Petrifizierung des Realwissens",[22] welche die „letzte, nicht mehr weiterentwickelbare Stufe des humanistisch-rhetorischen Modells [sc. der Poesie]"[23] darstelle.

---

20 Vgl. Grimm, Literatur und Gelehrtentum, 296–298.
21 Überblicke bei Ferdinand van Ingen, Aeraria poetica, in: Historisches Wörterbuch der Rhetorik 1 (1992) 199–202, und Heike Mayer, Kollektaneen, in: Historisches Wörterbuch der Rhetorik 4 (1998) 1125–1130. Zum größeren Kontext vgl. Helmut Zedelmaier, Werkstätten des Wissens zwischen Renaissance und Aufklärung, Tübingen 2015.
22 Vgl. Grimm, Literatur und Gelehrtentum, 297.
23 Grimm, Literatur und Gelehrtentum, 297.

3 Kritik der Topik nach 1700

Etwa seit den 1720er Jahren gerät das Gelegenheitsgedicht und damit zugleich die korrespondierende Poetik der topischen Inventio in die Kritik. Die Ursachen dafür sind vielfältig, wobei sich epistemische, poetologische und philosophische Aspekte teils berühren, teils unabhängig voneinander entwickeln:

a) *Poetologisch* bringt die Umstellung der Poetik auf den Grundsatz der *imitatio naturae* (statt der *imitatio veterum*) bei Johann Christoph Gottsched und später bei Charles Batteux naturgemäß einen Geltungsverlust des in den Sammlungen gespeicherten topischen Wissens.[24] Dichtung der Zeit, etwa die ‚beschreibende' Naturpoesie Barthold Heinrich Brockes' oder Albrecht von Hallers, speist sich nicht mehr aus solchen Kollektaneen, sondern erprobt und exemplifiziert Wahrnehmungsmodelle, die nicht mehr aus der Tradition, sondern aus aktuellen erkenntnistheoretischen Modellen der Philosophie genommen sind.[25]

b) *Philosophiegeschichtlich* gerät die topische Methode bereits im 17. Jahrhundert in die Kritik, prominent etwa in der *Logique* von Port Royal.[26] In Deutschland wird solche Kritik seit den 1720er Jahren vehement (zuerst in Gottfried Polykarp Müllers *Abriss einer gründlichen Oratorie*, 1722). Ihr korrespondiert die Ablehnung der ‚Wahrscheinlichkeit' und die Zurückweisung eines Grundprinzips der antiken Rhetorik. Die Rhetorik wird nun auf den Primat der Wahrheit verpflichtet und dadurch zu einer bloßen Vermittlungsinstanz bereits gewonnener Erkenntnis gemacht.[27] Augenfällig ist dies etwa in Gottscheds ablehnender Haltung gegenüber der Gerichtsrede (*genus iudiciale*) in der *Ausführlichen Redekunst* (1736). Die für die antike Rhetorik modellbildende Gattung wird nun aufgrund der logischen Zweifelhaftigkeit ihrer bloß ‚wahrscheinlichen' Argumente abgewertet und innerhalb der Gattungssystematik marginalisiert.[28] Dabei ist Gottscheds Redekunst nur ein später

---

[24] Vgl. Hans Peter Herrmann, Naturnachahmung und Einbildungskraft. Zur Entwicklung der deutschen Poetik von 1670 bis 1740 (= Ars poetica. Studien 8), Bad Homburg vor der Höhe/Berlin/Zürich 1970, 26–37.

[25] Vgl. Hans-Georg Kemper, Deutsche Lyrik der frühen Neuzeit, Band 5/2: Frühaufklärung, Tübingen 1991, 101–102. Kemper weist nach, dass etwa Brockes' Naturlyrik deutlich von Wahrnehmungsmodellen beeinflusst ist, die Locke in seinem *Essay Concerning Human Understanding* formuliert hatte.

[26] Vgl. Peter France, Rhetoric and Truth in France. Descartes to Diderot, Oxford 1972.

[27] Das habe ich eingehender dargestellt in: Dietmar Till, Rhetorik der Aufklärung – Aufklärung der Rhetorik, in: Eric Achermann (Hg.), Johann Christoph Gottsched (1700-1766). Philosophie, Poetik und Wissenschaft (= Werkprofile 4), Berlin 2014, 241–250.

[28] Vgl. Johann Christoph Gottsched, Ausführliche Redekunst, nach Anleitung der alten Griechen und Römer, wie auch der neuern Ausländer ... erläutert, Leipzig 1736 (Nachdruck Hildesheim/New York 1973), 371–620. – Dort, im systematischen Teil von Gottscheds Lehrbuch, ist den Gerichtsreden kein eigener Abschnitt gewidmet. „Bey den Alten", so schreibt Gottsched am Beginn seines Werkes, „hat die *falsche Beredsamkeit* sonderlich *vor Gerichte* ihren Sitz gehabt, wo man nicht minder die

Vertreter einer regelrechten Bewegung (die im Einzelnen durchaus heterogen ist), die man in der Forschung als „Philosophische Oratorie" bezeichnet hat.[29]

c) *Subjektgeschichtlich* lässt sich die Beobachtung machen, dass seit den 1730er Jahren nach ‚Gelegenheit' verfasste Trauergedichte – neben den Hochzeitsgedichten die zentrale Gattung der Casualcarmina – wegen ihrer ‚Unaufrichtigkeit' in die Kritik geraten. Man verlangt nun vom Dichter, dass er die Emotionen, die er im Text versprachlicht, auch tatsächlich gefühlt haben soll. Die Figur des Dichters validiert die Authentizität eines Gefühls; Nachahmung, das Sprechen in der Rolle eines Anderen, vielleicht sogar das Spiel mit solchen Positionen, wird nun als nicht mehr wünschenswert sanktioniert und ästhetisch abqualifiziert. *Gattungstheoretisch* korrespondiert mit diesem Grundsatz der Aufstieg der Lyrik zur Zentralgattung in der seit dem 19. Jahrhundert dominanten triadischen Gattungslehre. Manifest wird dieser Prozess in den Auseinandersetzungen zwischen Batteux und seinem Übersetzer Johann Adolf Schlegel über die Frage, wie man die Gattung Lyrik innerhalb eines vom *mímesis*-Postulat dominierten Gattungssystems erklärt. Schlegel ist mit Batteux' Erklärung der Lyrik als „Nachahmung" von Emotionen unzufrieden und postuliert in einer der Übersetzung beigefügten Abhandlung den Grundsatz des unmittelbaren „Ausdrucks" als Kennzeichen von Poesie. Er legt damit den Grundstein einer neuen (mit Blick auf die ‚technischen' Aspekte: unrhetorischen) Auffassung von Poesie, eben der „Ausdrucksästhetik", wie sie ähnlich auch in Herders Fragment *Über die Ode* von 1764 niedergelegt ist.[30]

Im Folgenden soll die zeitgenössische Kritik an der Topik anhand von drei Werken dargestellt werden: Johann Andreas Fabricius' *Philosophische Oratorie* (1724), Friedrich Andreas Hallbauers *Anweisung zur verbesserten Teutschen Oratorie* (1725) und

---

bösen als die guten Sachen vertheidigen mußte ... In neuern Zeiten hat man, zum wenigsten in Deutschland, die Beredsamkeit aus den Gerichtsstuben verbannet; und sie also von der Nothwendigkeit schlimme Sachen zu vertheidigen, befreyet." (39; Hervorhebung von mir). Denn: „Allein die ganz veränderte Regimentsform hat gemacht, daß man in Deutschland die beyden ersten Arten [sc. Gerichts- und politische Entscheidungsrede] so eigentlich nicht mehr brauchet, und also ist es nicht nöthig, sich lange dabey aufzuhalten." (67).

29 Vgl. hierzu Grimm, Literatur und Gelehrtentum, 579–587; Manfred Beetz, Rhetorische Logik. Prämissen der deutschen Lyrik im Übergang vom 17. zum 18. Jahrhundert (= Studien zur deutschen Literatur 62), Tübingen 1980, 35–44 und 144–161; Rainer Klassen, Logik und Rhetorik in der frühen deutschen Aufklärung, Diss. München 1973, und Klaus Petrus, Genese und Analyse. Logik, Rhetorik und Hermeneutik im 17. und 18. Jahrhundert (= Quellen und Studien zur Philosophie 43), Berlin/New York 1997.

30 Diese Entwicklung habe ich zu rekonstruieren versucht in: Dietmar Till, Ausdruck – rhetorisch/ästhetisch. Zur Etablierung einer Ausdrucksästhetik zwischen Aufklärung und Sturm und Drang, in: Tobias Robert Klein/Erik Porath (Hg.), Figuren des Ausdrucks. Formation einer Wissenskategorie zwischen 1700 und 1850 (= Trajekte). München 2012, 49–68.

Gottscheds bereits erwähnte *Ausführliche Redekunst* (1736). Bei Fabricius heißt es apodiktisch:

> Alle die gantze Rhetoricken herausgegeben haben, sind ... bemühet gewesen, die lehre von der erfindung zum gebrauch zu aptiren, wiewohl nicht alle mit gleichem glück. Man kann diese lesen, wenn man sonst will und muße hat, aber ich glaube so lange, dass man wenig nutzen davon haben werden, als es wahr ist, dass ein mit guten natürlichen fähigkeiten begabter, durch eine rechte Logick gebesserter, durch wissenschaften und erfahrung bereicherter verstand, die beste quelle guter erfindungen sey.[31]

Allerdings denkt auch Fabricius noch in der Metaphorik der „Quelle" und spricht von den *fontes* der Argumente.[32] Auch das Exzerpieren wird unter Verweis auf ein Kapitel in Daniel Georg Morhofs *Polyhistor* (zuerst 1688) noch empfohlen:

> Wer gute natürliche fähigkeiten durch unterricht, nachsinnen, lektur, erfahrung und übung gebessert und vollkommen gemacht, der wird alle universelle fontes argumenta zu finden bey sich haben. Da aber das gedächtniß bey allen diesem ein guter promus condus seyn muß, so sucht man diesem durch gute excerpta zu statten zu kommen. Diesemnach haben excerpta allerdings großen nutzen, allein man muß nicht meinen, dass es bloß und lediglich darauf ankomme.[33]

Friedrich Andreas Hallbauer dagegen benutzt die Vorrede seiner *Anweisung zur verbesserten teutschen Oratorie* – ungleich aggressiver – zu einer Generalabrechnung mit der Tradition:

> In dem Kapitel von der Erfindung lehret man nichts erfinden. Die reichen Quellen gehet man vorbey / und führt zu leeren Brunnen. Die loci topici, die Lullianische / analogische und andere Künste werden recommendirt: und gleichwol hat noch niemals einer aus diesen Quellen einen Tropfen oratorisches Wasser schöpfen können. Wie? reden denn nicht viele nach den locis topicis? ja / aber sie erfinden nichts draus. Was sie schon wissen / bringen sie zu diesen locis, und lassen ihre Rede auf denselben herab lauffen. Aber eben darum reden sie nicht natürlich: eben darum siehet man in ihren Reden so viel Zwang / und so viel unnützes Zeug: eben darum sind sie kraftloß und trocken.[34]

---

31 Johann Andreas Fabricius, Philosophische Oratorie, Das ist: Vernünftige anleitung zur gelehrten und galanten Beredsamkeit ..., Leipzig 1724 (Nachdruck: Kronberg 1974), 44.
32 Fabricius, Philosophische Oratorie, 51.
33 Fabricius, Philosophische Oratorie, 54. Zum *promus condus* – dem römischen Kellermeister und Hausverwalter – als „Schlüsselfigur der Memorialtechnik" vgl. Anita Traninger, Im Keller. Statik, Dynamik und das Raumproblem in der Mnemotechnik der Frühen Neuzeit, in: Harald Tausch (Hg.), Gehäuse der Mnemosyne. Architektur als Schriftform der Erinnerung, Göttingen 2003, 41–60; hier: 51.
34 Friedrich Andreas Hallbauer, Anweisung Zur Verbesserten Teutschen Oratorie Nebst einer Vorrede von Den Mängeln Der Schul=Oratorie, Jena 1725 (Nachdruck: Kronberg 1974), Vorrede, unpaginiert, Bl. b2^b.

Zwei zu Beginn des 18. Jahrhunderts vielfach geäußerte Argumente gegen die Praxis der *inventio* aus vorgängigen Topoi finden sich in dem Zitat: Einerseits die Feststellung, dass derjenige, wer die *loci* verwende, letztlich nicht kreativ sei, sondern nur reproduziere, was andere vor ihm schon produziert haben. Andererseits der Vorwurf der *affectatio*, also des *vitium* der „Künstelei", das im allzu ostentativen Bezug auf Texte der Vorgänger entsteht.[35] Wer die *loci topici* verwendet, schreibt – Hallbauer nimmt an dieser Stelle den Schlüsselbegriff einer ganzen Epoche schon vorweg – nicht „natürlich". Es ist der Vorwurf des Pedantismus, den man um 1700 verstärkt gegenüber der Schulrhetorik erhoben hat.[36]

Bei aller Kritik ist aber dann doch erstaunlich, dass sich sowohl bei Fabricius als auch bei Hallbauer durchaus umfangreiche Kapitel zur *inventio* finden. Die Kritik an der traditionellen Schulrhetorik artikuliert sich also innerhalb des systematischen Rahmens einer Schulrhetorik und führt nicht automatisch zu deren Ablehnung. Bei Hallbauer lautet der entscheidende Begriff, der an die Stelle der Topik treten soll, „Meditation". Sie umfasst *inventio* und *dispositio*: Bevor „man redet oder schreibet", so heißt es, „muß man auf das gedencken, was man reden und schreiben will, und dieses ist die Meditation. Mit dieser bereitet man sich zum schreiben, indem man Gedancken fasset, was und in welcher Ordnung man nach dem vorgesetzten Endzwecke schreiben will."[37] Das umfangreiche, immerhin fast 150 Seiten umfassende Kapitel *Von der Erfindung der Gedancken* beginnt mit einer paradoxen Feststellung: Die *inventio* ist weder Teil der Rhetorik noch kann sie von ihr gelehrt werden. Einer *téchne* der Erfindung erteilt Hallbauer also gleich eingangs eine harsche Abfuhr:

> Indessen siehet man hieraus, dass die Oratorie die Erfindung der Sachen nicht gibt, sondern ein mit natürlicher Fähigkeit begabter, und durch Wissenschaft und Erfahrung bereicherter Verstand. Es machen sich viele einen ganz irrigen Begriff hievon: sie meinen, wenn es ihnen gleich an diesen allen fehle, so würden sie dennoch Materie und Sachen zu reden oder zu schreiben genug bekommen, wenn sie nur in der Oratorie das Capitel von der Erfindung aufschlügen.[38]

„Gelehrsamkeit" und „Erfahrung" sind die zwei Hauptquellen der Erfindung. Ersteres meint dabei nicht mehr das in Kollektaneen niedergelegte Buchwissen,[39] sondern wird nachdrücklich von der Philosophie her gedacht: „Die Gelehrsamkeit ist nichts anders als eine genug klar= und deutliche Erkenntniß des Wahren und Gu-

---

35 Grundlegend Manfred Kraus, Affectatio, in: Historisches Wörterbuch der Rhetorik 4 (1998) 209–218.
36 Vgl. Dietmar Till, Transformationen der Rhetorik. Untersuchungen zum Wandel der Rhetoriktheorie im 17. und 18. Jahrhundert (= Frühe Neuzeit 93), Tübingen 2004, 146–151 mit weiterer Literatur.
37 Hallbauer, Anweisung Zur Verbesserten Teutschen Oratorie, 244.
38 Hallbauer, Anweisung, 248.
39 Hallbauer, Anweisung, 286f.

ten."⁴⁰ Dabei hat Hallbauer primär den Gelehrten im Blick, der auf der Grundlage seines fachlichen Wissens eine Rede halten muss – etwa der Theologe eine Trauerrede.⁴¹ Die fachliche Expertise ist in diesem Fall alleine schon für die *inventio* hinreichend. Prinzipiell wird mit dem Konzept der „Meditation" die Findungslehre so konzipiert, dass sie der *inventio* als einer topischen Findungslehre nicht mehr bedarf:

> Wer ein fertiges ingenium hat, erfindet vieles aus eigenem Nachsinnen. Sein eigener Kopf ist ihm eine reiche Quelle der Erfindung. So bald er auf eine Sache kommt, bringt der muntere und erhabene Verstand ohne Hülfe der Kunst von selbst vieles hervor. Die Natur muß diesen geben.⁴²

Die ‚Verinnerlichung' (und damit Subjektivierung) des Findungsprozesses – der „eigene Kopf" ist die entscheidende Quelle der Argumente – führt dazu, dass Hallbauer die rhetorische Topik als eine Form externalisierter Wissensspeicherung kategorisch ablehnt: Die Topoi nämlich haben

> selbst keine Materie in sich, sondern sind ein blosses leeres Register, leere Schachteln, wer was darinne finden will, muß es erst hinein legen. Was wäre aber dieses vor Vortheil? Die Sachen, die man schon im Kopfe hat, darf man nicht erst aus solchen locis holen. Wer würde den nicht auslachen, der den Wein, den er bereits im Glase hätte, zuvor wiederum ins Faß giessen, und hernach davon wiederum abziehen wollte, ehe er ihn brauchte? Das hiesse ja wol recht, vor liebe lange Weile sich Mühe machen.⁴³

Arbeitet Hallbauer auf diese Weise gewissenhaft an der Selbstabschaffung der Rhetorik, so ist Gottsched in seiner *Ausführlichen Redekunst* wenige Jahre später schon einen Schritt weiter. Für ihn ist die Lehre von den „Beweisgründen" zunächst das „wichtigste Capitel der ganzen Redekunst": „Hierauf", so betont der Leipziger Professor für Logik und Metaphysik mit Nachdruck, „kommt in der Überredung alles an."⁴⁴ Aristoteles, Cicero und Quintilian hätten dieses Gebiet ausführlich behandelt, doch Gottsched verweigert sich der antiken Tradition ostentativ:

> Und auch ich würde ein ganzes Buch davon schreiben müssen, wenn ich in ihre Fußtapfen treten, und alles das beybringen wollte, was sie davon gesagt haben. Allein ich werde mich einer anderen Lehrart bedienen, dabey, sich die Sache sehr ins Kurze bringen lässt. Denn was die Lehren der Alten so weitläuftig machte, das waren die sogenannten Loca, oder Classen, oder

---

40 Hallbauer, Anweisung, 266.
41 Überlegungen Hallbauers hierzu finden sich in seiner Abhandlung *Vollständige Anweisung zum Parentiren*: Friedrich Andreas Hallbauer, Vollständige Anweisung zum Parentiren, in: ders., Zehenden der auf der Jenaischen Akademie gehaltenen Parentationes, Jena 1730, 7–41.
42 Hallbauer, Anweisung, 269.
43 Hallbauer, Anweisung , 273.
44 Gottsched, Ausführliche Redekunst, 106.

Fächer der Beweisgründe, darauf sie ihre Schüler verwiesen, wenn sie gute Beweise finden wollten.⁴⁵

Gottsched aber möchte sich in seinem Rhetoriklehrbuch „ohne die Topik der Alten"⁴⁶ behelfen: Er ersetzt sie durch eine Lehre von unterschiedlichen Typen von Beweisen, die dem Modell der syllogistischen Logik folgen. Die zugrundeliegende Vorstellung ist simpel: Gottsched greift auf ein philosophisches Theorem aus seiner *Vernunftlehre* zurück, nach der sich jeder Satz beweisen lässt, wenn man einen hinlänglichen Grund anführt. Reden besteht nun nach dieser von der Philosophie her gedachten Texttheorie darin, dass eine Rede aus einzelnen Sätzen besteht, die jeweils einen solchen beweisend-rechtfertigenden Charakter haben.⁴⁷ Auch hier ist also ein Funktionswandel zu konstatieren: Gottsched lehnt, wie bereits dargestellt, die für die antike Theoriebildung paradigmatische Gattung der Gerichtsrede wegen ihrer Fundierung in der Wahrscheinlichkeit (und damit ihres defizienten Wahrheitsanspruchs) vehement ab. Aber auch die Epideiktik, die im praktischen Teil der *Redekunst* ausführlich behandelt wird, stellt in der Theorie keine zentrale Gattung dar. Stattdessen tritt bei Gottsched die *Lehrrede* in den Mittelpunkt, also jenes rhetorische Genre, das mit Melanchthons Lehrbüchern vom Beginn des 16. Jahrhunderts Einzug in die Rhetorik gehalten hatte. Ihre Aufgabe ist es, Wahrheiten möglichst eingängig an ein Publikum von Nicht-Fachleuten zu vermitteln; sie dient also der Popularisierung von Wissen. Deutlich wird das bei Gottsched etwa darin (und hierin ist er nicht im eigentlichen Sinne innovativ, sondern bewegt sich in Bahnen, die etwa die ramistische Dialektik vorgezeichnet hatte), dass er den Redeteil der *narratio* (die parteiliche Fallerzählung in der Gerichtsrede) durch die *propositio* ersetzt.⁴⁸ Die Rede im Sinne Gottscheds ist im eigentlichen Sinne damit keine rhetorische mehr, sondern eine philosophische: Sie dient der Vermittlung einer philosophischen These, nicht der Glaubhaftmachung einer strittigen Hypothese.

Die Einsicht in die rationale Begründung der Beweise nun ersetzt alleine schon die Topik komplett:

> So kann es unmöglich schwer fallen, die Beweise desselben zu erfinden. Er darf sich selber nur fragen, warum er denselben vor wahr halte? Warum er nicht vielmehr dem Gegentheile beypflichte? So wird es ihm gleich einfallen, wodurch er auch andere davon überreden könne.⁴⁹

---

45 Gottsched, Ausführliche Redekunst, 107.
46 Gottsched, Ausführliche Redekunst, 107.
47 Vgl. zu diesem Textverfahren Till, Rhetorik der Aufklärung.
48 Gottsched, Ausführliche Redekunst, 92: „Was wir die Erklärungen nennen, das hiessen die Alten die Erzählung (Narrationem). Das kam aber daher, weil sie keine solche lehrende Reden hatten, als wir heute zu Tage haben, da man von allgemeinen Begriffen Hauptsätze abfasset."
49 Gottsched, Ausführliche Redekunst, 108.

Gottsched führt also das rhetorische Argumentieren auf basale logische Schlussformen zurück – auch dort, wo die Prämisse nicht wahr, sondern nur wahrscheinlich ist. Er kann auf diese Weise die Inventio in seiner *Redekunst* auf knappen 18 Seiten abhandeln: Da es keine *ars inventionis* nach dem Modell der Topik mehr gibt, entfallen auch *loci*-Kataloge und Beispielsammlungen von Topoi.

4 Verschwinden der Topik – Verschwinden der Inventio

Knapp fünfzig Jahre nach der Erstausgabe von Gottscheds Redekunst erscheint Johann Joachim Eschenburgs *Entwurf einer Theorie und Literatur der schönen Wissenschaften* (1783). Das Werk des Braunschweiger Schulmanns am dortigen Collegium Carolinum ist zweifellos die erfolgreichste der zahlreichen *schönen Wissenschaften*[50] der späten Aufklärung und erschien in insgesamt fünf Auflagen bis 1836. Es besteht aus drei Teilen: einer allgemeinen *Aesthetik*, sowie zwei weiteren Großkapiteln über *Poetik* und *Rhetorik*. Letzteres allerdings enthält keine Abhandlung der fünf *officia oratoris* mehr, vielmehr bietet Eschenburg im Rhetorik-Teil eine an einzelnen Gattungen wie Brief, Dialog, Wissenschaftsprosa („Dogmatische Schreibart") oder der „historischen Schreibart" – worunter er auch den Roman fasst – orientierte Stil- und Gattungslehre. Wo aber bleiben *inventio* und Topik? Als Kunstlehre der Argumentfindung wird im Rhetorikteil des „Entwurfs" die *inventio* – wie in vielen Poetiken, auch bereits in Gottscheds *Critischer Dichtkunst* – durch gattungstheoretische Überlegungen ersetzt. Eschenburgs Werk schließlich ist durchaus typisch für den spätaufklärerischen Rhetorikbegriff, der Rhetorik immer mehr als eine Theorie der (schriftlichen) Prosa jenseits der mündlichen Rede konzeptualisiert und sich dabei auf die *elocutio* konzentriert.

Als „Schöpferinn aller schönen Kunstwerke"[51] aber sieht Eschenburg – wie er im Ästhetik-Kapitel ausführt – die *Einbildungskraft* an.[52] Sie ist dasjenige Vermögen, das im Verlauf des 18. Jahrhunderts *systematisch* an die Stelle der topischen *inventio* rückt. Die Topik wird damit gleichsam vermögenspsychologisch rekonzeptualisiert

---

50 Vgl. Paul Oskar Kristeller, Das moderne System der Künste (1951/52), in: ders., Humanismus und Renaissance II: Philosophie, Bildung und Kunst, herausgegeben von Paul Oskar Kristeller/Eckhard Keßler, München 1976, 164–206; zentral in begriffsanalytischer Hinsicht ist Werner Strube, Die Geschichte des Begriffs ‚Schöne Wissenschaften', in: Archiv für Begriffsgeschichte 23 (1990) 136–216.
51 Johann Joachim Eschenburg, Entwurf einer Theorie und Literatur der schönen Wissenschaften, Berlin/Stettin 1783 (Nachdruck: Hildesheim/New York 1976), 16.
52 Vgl. hierzu insgesamt Gabriele Dürbeck, Einbildungskraft und Aufklärung. Perspektiven der Philosophie, Anthropologie und Ästhetik um 1750, Tübingen 1998, und James Engell, The Creative Imagination. Enlightenment to Romanticism, Cambridge 1981.

und damit zugleich entscheidend verändert: Dient die Topik dazu, Wissen zu organisieren und für die Textproduktion zu operationalisieren, so thematisieren die Theorien der Phantasie die Organisation von Wahrnehmung und deren Erklärung. Zugleich wird auf diese Weise das Vermögen, Kunst hervorbringen zu können, an den Körper des Menschen und seine individuelle Konstitution rückgebunden. Mit der Aufgabe der alten *imitatio*-Ästhetik und ihrer Überbietung durch eine Ästhetik der Innovation rückt die Kategorie des ‚Neuen' seit Addisons *Essays on the Pleasures of the Imagination* von 1712 ins Zentrum. Eschenburg reflektiert diese Umstellung, indem er zusätzlich die bloß reproduktive Einbildungskraft vom produktiven Dichtungsvermögen abtrennt.

Rhetorische Theorieelemente spielen in der Konzeptualisierung dieser von der zeitgenössischen Psychologie her entwickelten Theorie keine Rolle mehr (jedenfalls keine zentrale). Einbildungs- wie Dichtungskraft kann man mit psychologischen Theorien zwar beschreiben, ihnen lassen sich aber keine Regeln oder Normen mehr vorschreiben. In rhetorischen Termini gesprochen: Die Einbildungskraft ist auf der Seite der *natura* angesiedelt, nicht mehr, wie die *loci topici*, auf derjenigen der *ars*. Eschenburg schreibt: „Der Anlage nach ist sie [sc. die Einbildungskraft] Naturgabe, und ihren Graden nach sehr verschieden; sie kann aber durch öftre Uebung, Anfrischung und Nahrung, gar sehr gestärkt und vermehrt werden."[53] Das bedeutet gleichzeitig (und konsequent), dass es keine *ars* der Einbildungskraft – also keine ‚Kunstlehre' im rhetorischen Verständnis – geben kann (wohl aber praktische Übung). Im rhetorischen Dreischritt von *natura*, *ars* und *exercitatio*, der den Rhetorikunterricht der Frühen Neuzeit geprägt hat, bildet die ‚Kunstlehre' nun eine Leerstelle.

Vergleichbare Argumente findet man auch im Artikel *Erfindung* in Johann Georg Sulzers *Allgemeiner Theorie der schönen Künste* (zuerst 1771, konzeptionell bis ans Ende der 1750er Jahre zurückgehend). Auch bei Sulzer ist die „Erfindungskraft ... ein natürliches und dem Geist angebohrnes Vermögen, das alle Menschen, aber jeder nach dem Maaße seines besondern Genies, haben".[54] Sein Konzept der Erfindung ist dabei letztlich dem der philosophischen Oratorie der Frühaufklärung verwandt, weil auch Sulzer die zentrale Rolle der vernünftigen Beurteilung herausstreicht: Zuerst muss der Künstler „deutliche" Begriffe von dem Kunstwerk besitzen, „damit er von jeder Vorstellung, die sich ihm dazu anbietet, urtheilen könne, ob sie etwas dazu beytragen werde das Werk dazu zu machen, was es seyn soll."[55] Konkrete Vorschriften – die *praecepta* der Rhetorik – braucht es dazu nicht:

---

53 Eschenburg, Entwurf, 16.
54 Johann Georg Sulzer, Allgemeine Theorie der schönen Künste in einzeln, nach alphabetischer Ordnung der Kunstwörter aufeinander folgenden, Artikeln abgehandelt, 4 Bände, Leipzig 1771/1774 (Nachdruck: Hildesheim 1970), 87 (unter dem Stichwort „Erfindung").
55 Sulzer, Allgemeine Theorie, 90.

> Vielleicht wär' es nicht unmöglich, jedem Künstler einige besondere Regeln für die Einsammlung der Begriffe und Vorstellungen zu geben. Aber der, dem es weder an Genie, noch an vorhergegangener fleißiger Uebung der Vorstellungskräfte, besonders der Phantasie fehlt scheint sie nicht nöthig zu haben.[56]

Zugleich erteilt Sulzer der Topik eine Absage. Die „alten Lehrer der Redner" hätten zwar – so schreibt er – „mit unglaublichem Fleiß jede Wendung des Geistes zu entwikeln gesucht": Allein hierin sei, so konstatiert Sulzer ebenso nüchtern wie im Ergebnis vernichtend, „zu viel geschehen."[57]

5 Schluss

Genietheorien und Theorien der Einbildungskraft auf psychologischer bzw. anthropologischer Grundlage treten seit der Mitte des 18. Jahrhunderts an die Stelle der rhetorischen *inventio*. Wie am Beispiel der Diskussionen der Frühaufklärung gezeigt, wird der Bedarf an topischer Regulierung der Textproduktion in dem Jahrzehnt von Hallbauer (1725) bis Gottsched (1736) so gering, dass Gottscheds *inventio*-Kapitel nur mehr ein Zehntel des Umfangs des entsprechenden Kapitels in der Rhetorik Hallbauers ausmacht. Zugleich wird schon bei Gottsched die rhetorische Topik durch aus der Logik stammende Textmodelle ersetzt, hier durch das aus der Logik abgeleitete Modell der Begründung von Aussagen durch Argumente.

Seit der Jahrhundertmitte verschwindet auch die Rhetorik als ein Buchtypus weitgehend vom Buchmarkt – sprich: Rhetoriken werden keine mehr verfasst (wohl werden noch ältere Werke nachgedruckt, vor allem in katholischen Gebieten, aber Gottscheds Redekunst markiert zweifellos einen gewissen Abschluss). Die Rhetorik als europäische Textproduktionsdisziplin fand in den dominierenden ästhetischen Diskursen des 18. Jahrhunderts keinen Platz mehr. Um einen wirkungsvollen Text zu verfassen, brauchte man das Wissen der Rhetorik nicht mehr: Die *inventio* wurde nach dem Ende der Topik überflüssig, und die *elocutio*-Kapitel der Rhetoriken wurden nun zu einer eigenen Disziplin und Buchgattung der Stillehre. Die Rhetorik der Spätaufklärung ist in dieser Hinsicht mit der Stilistik geradezu identisch. Die Rhetorik wurde als eine Theorie der schriftlichen Prosa angesehen. Im 19. Jahrhundert ging die Stilistik dann in der Sprachwissenschaft auf.

Das von der Topik bearbeitete Feld der Argumentfindung wird nun innerhalb der Philosophie behandelt, in Theorien der Einbildungskraft und unter dem Oberbegriff des Genies, in den der alte *ingenium*-Begriff der Rhetorik eingeht und zu-

---

56 Sulzer, Allgemeine Theorie, 90.
57 Sulzer, Allgemeine Theorie, 90.

gleich um die wichtige Dimension rhetorischer Bildung verkürzt wird.[58] Ein solches Werk wäre etwa Alexander Gerards *Essay on Genius*, 1774 erschienen und schon 1776 von Christian Garve ins Deutsche übersetzt.[59] Gerard stellt sich eine Frage, die im Grunde gar nicht so sehr unterschieden ist von der der alten Topik: Wie kommt der Poet zu (ganz allgemein gesprochen) ‚Material', Argumenten, Bildern? In der Vorrede konstatiert er eine empfindliche Wissenslücke:

> Das Genie selbst, diese alles regierende Kraft der Seele, das große Werkzeug aller Erfindung, ist fast niemals mit Sorgfalt betrachtet worden ... Man gesteht zu, daß es ein Gegenstand von der größten Wichtigkeit sey; ohne dessen genaue Kenntniß man keine Regeln über die Kunst zu erfinden geben könne; sondern alle künftige Entdeckungen, eben so, wie die meisten bisher gemacht worden sind, dem Zufalle überlassen müsse.[60]

Wird Textproduktion in der Rhetorik einigermaßen verbindlich durch die Topoi geregelt (und damit der Horizont dessen, was in einem Text möglich und erwartbar ist, zugleich abgesteckt), so liefert auch Gerard ein Erklärungsmodell: das der zeitgenössischen Assoziationspsychologie,[61] mit der die Arbeitsweise der Einbildungskraft beschrieben werden kann. Dabei sind zwei Differenzen entscheidend: Erstens operiert Gerards Genietheorie nicht mehr auf der (für die rhetorische Tradition bestimmenden) Ebene der Produktion, sondern nur noch der Rezeption; es werden also keine Regeln formuliert (vorgängig), sondern nur noch die Resultate ‚genialer' Produktion analysiert (nachgängig). Zweitens wird das Gebiet der rhetorischen Topik überschritten: Das Genie ist nicht mehr der auf Basis der Topik Argumente findende Redner oder Dichter, sondern der *er*findende, also neue Gedanken produzierende Dichter oder Naturwissenschaftler (der Redner spielt in dieser Betrachtung dann keine Rolle mehr).[62] Gerards Theorie des Genies ist somit, anders als die Topik eine Theorie für Redner und Dichter war, keine Theorie für Genies mehr, sondern nur noch ein nachgeholtes Beschreibungssystem eines kreativen Prozesses, der, wie Gerard am Beginn seines Buches schreibt, zunächst völlig regellos scheint.[63]

---

[58] Vgl. hierzu insgesamt Franz-Hubert Robling, Redner und Rhetorik. Studie zur Begriffs- und Ideengeschichte des Rednerideals (= Archiv für Begriffsgeschichte, Sonderheft 5), Hamburg 2017.
[59] Alexander Gerard, Versuch über das Genie, übersetzt von Christian Garve, Leipzig 1776.
[60] Gerard, Versuch, Vorrede, unpaginiert, Bl. A2ᵃ⁻ᵇ.
[61] Vgl. hierzu Martin Kallich, The Association of Ideas and Critical Theory in Eighteenth Century England, The Hague 1970; der weitergehende Kontext ist dargestellt in Roland Galle, Entstehung der Psychologie, in: Horst Albert Glaser/György M. Vajda (Hg.), Die Wende von der Aufklärung zur Romantik, Amsterdam/Philadelphia 2011, 314–335.
[62] Gerard, Versuch, 9–10.
[63] Vgl. Bernhard Fabian, Der Naturwissenschaftler als Originalgenie, in: Hugo Friedrich/Fritz Schalk (Hg.), Europäische Aufklärung, Herbert Dieckmann zum 60. Geburtstag, München 1967, 47–68.

Friedemann Barniske
Überzeugung durch Konkretion. Albert Schweitzers ethisches Grundprinzip der Ehrfurcht vor dem Leben

1 Einleitung

In grandiosen Bildern von Landschaft und Menschen erzählt der Film *Diarios de motocicleta* oder *The Motorcycle Diaries* (2004) die Geschichte einer Reise durch weite Teile des südamerikanischen Kontinents. Die beiden Freunde Alberto und Ernesto machen sich auf ihrer Poderosa II – einem alten Motorrad aus deutscher Fabrikation – gemeinsam auf den Weg von Córdoba in Argentinien über Chile, Peru und Kolumbien bis nach Caracas in Venezuela. Alberto ist Biochemiker und sein jüngerer Kompagnon Ernesto ein begabter Student der Medizin. Das Roadmovie basiert auf einem gleichnamigen Reisetagebuch aus dem Jahr 1951/52, in welchem der junge Ernesto Guevara (1928-1967) – auf der Reise erhält er den Beinamen „Che" – die reichhaltigen Erlebnisse auf dem Weg durch Südamerika in Form von Notizen festgehalten hat.[1]

> Es ist ein Stück aus zwei Leben, eine Momentaufnahme von einer bestimmten gemeinsamen Wegstrecke gleicher Hoffnungen und verwandter Träume ... Dieses ziellose Streifen durch unser riesiges Amerika hat mich stärker verändert, als ich glaubte.[2]

Ein junger und offener Charakter tritt dem Leser im Reisebericht entgegen, der den Reichtum seines eigenen Kontinents entdeckt und dabei zugleich ein erstaunliches Gespür für Menschen und Schicksale erkennen lässt. Noch nicht der revolutionäre Kämpfer an der Seite Fidel Castros und Bewunderer des chinesischen Kommunismus, der versprengte Guerillero oder gar die Ikone der 68er Bewegung begegnet in den Reisenotizen. Freilich zeigt der junge Ernesto bereits einigen Scharfsinn, eine feine Beobachtungsgabe und erstes Interesse an den Ideen der politischen Linken. Jedoch ist es vor allem die große Empathie, mit der er die Menschen auf dem Wege schildert, durch die er in seinen Bann zu ziehen vermag. Ein zentrales Moment der filmischen Darstellung ist denn auch gerade der Aufenthalt in einer peruanischen Lepra-Station im Amazonas-Gebiet. Dort verbringen die Reisenden einige Zeit, und der junge Mediziner arbeitet mit Hingabe für die ihm anvertrauten Menschen. Es ist

---

[1] Ernesto Che Guevara, The Motorcycle Diaries. Latinoamericana. Tagebuch einer Motorradreise 1951/52, aus dem Spanischen von Klaus Laabs, Köln 2004.
[2] Guevara, Diaries, 25.

mithin die tiefe Humanität seiner Schilderungen und seines Handelns, die den Protagonisten zum positiven Helden seiner (eigenen) Geschichte macht.

Dass sich Guevaras Weg späterhin über die Begegnung mit Castro und die kubanische Revolution schließlich in politischer Radikalität und ideologisierter Gewalt verliert, erscheint umso tragischer angesichts des durch und durch humanitären Charakters seines Blicks auf das Südamerika der frühen 1950er Jahre. Zu schwer wurde es dem jungen Arzt später wohl schließlich, den Gedanken der Humanität angesichts von Leid und Unterdrückung nicht in politische Gewalt umschlagen zu lassen. Dass sich das ethische Fundament für eine tragfähige Synthese von Ideal und Wirklichkeit hier also nicht dauerhaft etablieren konnte, lässt indessen die Frage danach nicht verstummen. Insofern sucht die ethische Besinnung dennoch nach einer überzeugenden Verbindung von allgemeinen Vorstellungen und einer konkreten Verwirklichung derselben. Wenn die Reise des jungen Lepraexperten – unter diesem Signum schnorren sich Alberto und Ernesto durch die Anden-Staaten – also kaum als vollendetes Beispiel eines überzeugenden Ethos genommen werden kann, so kommt hingegen mit Albert Schweitzers (1875-1965) Denk- und Lebensweg die potentiell überzeugende Variante einer konkreten Synthese von Idealität und ethischer Umsetzung in den Sinn.[3] Dabei liegt die vordergründige Gemeinsamkeit des jungen Ernesto und des reifen Schweitzer wohl eher in einem humanitären Grundzug, der sich in der Arbeit mit Leprakranken dann allererst seinen besonderen Ausdruck sucht.

Die gestellte Frage nach einer ethischen Grundlage, die sich als überzeugende Konkretion – als Zusammengewachsenes von Allgemeinem und Besonderung bzw. sittlicher Konsequenz – begreifen lässt, soll darum im Folgenden bedacht werden. Dazu sei an die Stelle der freien Assoziation indessen die ethische Reflexion gesetzt, wobei der moralphilosophische Grundsatz der Ethik Albert Schweitzers den Mittelpunkt ausmachen wird. Dies soll in drei Schritten anhand der formalen Bestimmung des ethischen Grundprinzips (2.), der allgemeinen Auffassung vom Ethischen (3.) und der konkreten Gestalt jenes Prinzips (4.) erfolgen.

2 Die formale Bestimmung des ethischen Grundprinzips

„Das bloße Aufstellen von Tugenden und Pflichten ist wie wenn einer auf dem Klavier klimpert und meint Musik zu machen."[4] Mit diesem ebenso amüsanten wie

---

[3] Vgl. Claus Günzler, Albert Schweitzer. Einführung in sein Denken, München 1996; Nils Ole Oermann, Albert Schweitzer 1875-1965. Eine Biographie, München 2009; Werner Zager, Albert Schweitzer als liberaler Theologe. Studien zu einem theologischen und philosophischen Denker (= Beiträge zur Albert-Schweitzer-Forschung 11), Berlin 2009, 13–55.
[4] Albert Schweitzer, Kulturphilosophie, Band 2: Kultur und Ethik, München 1923 (Nachdruck 2007), 109.

harschen Urteil zielt Albert Schweitzer in seiner großen Kulturphilosophie nicht nur auf eine materiale Tugend- oder eine formelle Pflichtenethik, die gleichermaßen die eigentliche Frage nach der Begründung der Sittlichkeit auf ein letztes Prinzip außer Acht ließen. Darüber hinaus schwingt in Schweitzers Bild vom ethischen Geklimper die Sorge über ein dilettierendes Räsonnement inventarisierender Ethik mit, die sich der sittlichen Konsequenz ihrer selbst entschlägt. Mit anderen Worten ist es dem elsässischen Denker der Notwendigkeit des Moralischen um eine lebendige Umsetzung des sittlichen Potentials des Menschen gegenüber seinen Mitgeschöpfen zu tun. Zu diesem Zwecke bedürfe es jedoch eines gesicherten Fundaments, auf dessen Boden sich die Durchwirkung des menschlichen Handelns nach Maßgabe der sittlichen Erkenntnis umsetzen ließe. Aus diesem Grunde stellt Schweitzers Kulturphilosophie mit einiger Vehemenz die Frage nach der Form und dem Gehalt eines solchen basalen Prinzips der Ethik ins Zentrum seiner Überlegungen zum „ethischen Problem"[5], um sich damit ebenso sehr von der moralphilosophischen Tradition abzuheben. „Die Schwäche aller bisherigen Ethik, der religiösen wie der philosophischen, liegt darin, daß sie sich in dem Einzelnen nicht in unmittelbarer und natürlicher Weise mit der Wirklichkeit auseinandersetzt. In vielem redet sie an den Tatsachen vorbei."[6]

Die solchermaßen unterstellte Irrelevanz der ethischen Reflexion, welche sich nicht in direkter Weise dem ethischen Subjekt mitzuteilen vermag, resultiert sonach aus einem Mangel an Eindringlichkeit mit Bezug auf den Menschen und sein Gemüt als die notwendige Instanz zur Motivation des guten Handelns. Solange die moralische Besinnung dessen, der gut handeln soll, auf dasjenige, was ihm als Gutes aufgegeben ist, sich ausschließlich im Rahmen einer oberflächlichen Betrachtung hält, wird „der Fortschritt, den wir in der Ethik suchen"[7], nicht zu haben sein. Vielmehr verharrte die Ethik auf einer Ebene, welcher mangels sicherer Grundlegung im menschlichen Handlungssubjekt keine weitere Entwicklung im Sinne einer sittlich-moralischen Vervollkommnung der Menschheit zuzutrauen wäre. „Sie geht nicht auf das Erleben des Einzelnen ein. Darum übt sie keinen ständigen Druck auf ihn aus. So kommen ethische Gedankenlosigkeit und ethische Phrase auf."[8]

Demgegenüber exponiert Schweitzer im Kontext seiner allgemeinen Erörterung der Grundlagen ethischer Reflexion und ihrer Bedeutung eine eigene Begründung des menschlichen Ethos, welch selbige jenen Missständen nicht nur abhelfen können soll. Darüber hinaus verspricht er sich von der Fundierung der Moralität der menschlichen Gattung im subjektiven Zentrum ihrer individuierten Vertreter*innen

---

5 Schweitzer, Kultur und Ethik, 105.
6 Schweitzer, Kultur und Ethik, 111.
7 Schweitzer, Kultur und Ethik, 111.
8 Schweitzer, Kultur und Ethik, 111.

gerade die Möglichkeit der umfassenden Durchwirkung der menschlichen Handlungsvollzüge im Sinne der deutlichen Unterscheidung von Gut und Böse.⁹

> Das wahre Grundprinzip des Ethischen muß bei aller Allgemeinheit etwas ungeheuer Elementares und Innerliches sein, das den Menschen, wenn es ihm einmal aufgegangen ist, nicht mehr losläßt, in selbstverständlicher Weise in all sein Überlegen mit hereinredet, sich nicht in den Winkel stellen läßt und fort und fort eine Auseinandersetzung mit der Wirklichkeit provoziert.¹⁰

Demnach zielt Schweitzers ethische Grundlegung nicht nur auf eine partielle Bestimmung eines ebenso partiellen Gebiets des menschlichen Selbst- und Weltumgangs. Stattdessen nimmt er bereits auf der Ebene der formalen Umgrenzung des allgemeinen Charakters seines letzten Moralitätsprinzips eine bedeutsame Weichenstellung vor, die ihrerseits auf das Ganze des Wirkungsbereiches menschlicher Akte und ihrer Konsequenzen ausgreift. Der Grund des Ethischen wird mit anderen Worten ebenso sehr zur Motivation und Orientierung des subjektiven Handelns in der Welt überhaupt. An die Stelle von „Gedankenlosigkeit" und „Phrase" setzt Schweitzer die Reflexion auf ein dem Sittlichen selbst am Orte seines wesentlichen Vollzugs zu Grunde Gelegtes, welches in seiner Verwurzelung im handelnden Subjekt dieses zugleich über sich selbst hinaustreibt und in ein lebendiges Verhältnis zur Welt stellt.

> Solange wir nur die Ethik der ethischen Aussprüche besitzen, richten wir uns nach Sternen, die, so leuchtend ihr Glanz ist, doch nur mehr oder weniger sicher leiten und durch einen aufsteigenden Dunst verhüllt werden können. In der Sturmesnacht lassen sie die Menschheit ... im Stiche.¹¹

Die Verinnerlichung eines ethischen Grundsatzes, der in seiner strengen Allgemeinheit jedoch zugleich das Innere des Menschen dergestalt für sich zu gewinnen vermag, dass keine praktische Umsetzung des eigenen Willens unter Absehung ebenjener moralischen Grundlage erfolgen wird, stellt indessen die fortgesetzte Etablierung höherer Stufen der gelebten Sittlichkeit in Aussicht. „Besitzen wir ... die Ethik als denknotwendiges, in uns zur Klarheit kommendes Prinzip, so setzt weitgehende ethische Vertiefung der Einzelnen und stetiger, ethischer Fortschritt der Menschheit ein."¹²

Allerdings verbietet sich ebenso sehr ein Verharren der theoretischen Bestimmung des ethischen Grundprinzips bei dessen rein formalen Charakteristika. Vielmehr muss die moralphilosophische Reflexion auf ihren eigenen Gehalt ebenso sehr auf die materiale Seite desselben zu sprechen kommen, wenn anders ein lebendiges

---

9 Vgl. Schweitzer, Kultur und Ethik, 308.
10 Schweitzer, Kultur und Ethik, 111.
11 Schweitzer, Kultur und Ethik, 111.
12 Schweitzer, Kultur und Ethik, 111.

Ethos begründet werden soll. Dieser Umstand resultiert für Schweitzer aus der basalen Bedeutung des Vitalen als schlechthinnigem Element des Ethischen. Letzteres lässt sich gar nicht anders fassen denn im Sinne eines selbst lebendigen Gefüges der wechselwirksamen Handlungen von vitalen Zentren solcher Akte. Das Wesen der sittlichen Struktur und ihrer Gehalte besteht nachgerade in nichts anderem als ihrer relationalen Vitalität, die jedes einzelne Handlungssubjekt in einen Zusammenhang mit anderen Subjekten ebensolcher und potentiell anderer Art stellt. Aus diesem Grundzug des Ethos resultiert für die ethische Reflexion die Notwendigkeit, in der Erkundung ihrer eigenen Basis über die Ebene des abstrakt Allgemeinen hinauszuschreiten. „Die Abstraktion ist der Tod der Ethik, denn Ethik ist lebendige Beziehung zu lebendigem Leben."[13]

3 Der allgemeine Begriff des Ethischen

Jener ethischen Abstraktion, welche nicht im Stande ist, der Mannigfaltigkeit der Wechselbeziehungen des Lebendigen überhaupt gerecht zu werden, stellt Schweitzer seinen Begriff des Ethischen gegenüber. Dabei wendet er sich folgerichtig von der gleichsam ertötenden Sphäre der leeren Abstraktion ab, welche sich dauerhaft vom Reichtum der lebendigen Erscheinung auszuschließen droht, um stattdessen die Welt alles Lebendigen selbst in den Blick zu rücken. „Wirklich ist nur das in Erscheinungen erscheinende Sein."[14] Mithin hat es für die ethische Reflexion keinen Wert, etwa bei einer andächtigen Besinnung auf den abstrakten Grund des menschlichen wie allen anderen Lebens stehen zu bleiben, da sie auf diese Weise ihren eigentlichen Gegenstand – die Mannigfaltigkeit des Lebens in seinen Verflechtungen – verfehlen muss. „Also müssen wir die abstrakte Mystik aufgeben und uns der lebendigen zuwenden."[15]

Im Begriff einer „ethischen Mystik"[16] schwingt dabei nicht nur ein gleichermaßen reflexives wie religiöses Moment mit.[17] Darüber hinaus dient Schweitzer diese Figur, deren Wurzeln auf die vom Gedanken einer sittlichen Weltordnung durchdrungene Philosophie Johann Gottlieb Fichtes (1762-1814) zurückgehen,[18] zur Syn-

---

13 Schweitzer, Kultur und Ethik, 303.
14 Schweitzer, Kultur und Ethik, 303.
15 Schweitzer, Kultur und Ethik, 303.
16 Schweitzer, Kultur und Ethik, 302.
17 Vgl. Schweitzer, Kultur und Ethik, 302.
18 Vgl. Roderich Barth, Ethische Mystik. Albert Schweitzers Fichterezeption, in: Wissen, Freiheit, Geschichte. Die Philosophie Fichtes im 19. und 20. Jahrhundert, Beiträge des 6. Internationalen Kongresses der Johann-Gottlieb-Fichte-Gesellschaft Halle (Saale) vom 3.-7. Oktober 2006, Band 2, herausgegeben von Jürgen Stolzenberg und Oliver-Pierre Rudolph (= Fichte-Studien 36), Amsterdam/New York 2012, 217–232.

these zweier subjektiver Vollzugsmomente des Ethos, die ihrerseits den Bezug zur Mannigfaltigkeit der lebendigen Erscheinungen zu gewährleisten haben. Um diese Relation nämlich nach beiden Seiten – sowohl in Ansehung des ethischen Subjekts als auch seines lebendigen Gegenübers – gegen einen Kollaps abzusichern, gilt es das selbstbezüglich-subjektive mit dem sich entäußernd-objektivierenden Moment zu synthetisieren. „Ethik der Hingebung" und „Ethik der Selbstvervollkommnung"[19] müssen übereinkommen, wenn anders die Abstraktion einer vereinseitigenden Realisierung des Moralischen überwunden werden soll. Jene klassischen Epitheta einer mystischen Selbst- und Weltbetrachtung bedürfen insofern einer Verknüpfung im Bezug des handelnden Subjekts auf die Sphäre des Lebendigen als den Zielpunkt aller seiner Akte, als darin erst der Überschritt von der Abstraktion eines bloßen Formalprinzips der Ethik zu dessen konkreter und materialer Gestalt vollzogen werden kann. Die ethische Mystik muss von ihrem abstrakten Charakter absehen, um sich in der Konvergenz von Hingabe und Selbstvervollkommnung bzw. der Hingabe als eigentlicher Operation der sittlichen Selbstvervollkommnung auf die Ebene des konkreten Lebensweltbezuges zu erheben. „Mit allem Ernste muß sie die Bekehrung zur Mystik der Wirklichkeit durchmachen."[20]

Auf diesem Wege wird freilich die Stoßrichtung des ethischen Grundprinzips, dessen Auffindung Schweitzer zum Kriterium einer angemessenen Reflexionsgestalt der Ethik erkoren hatte, angezeigt. Selbige kann nirgendwo anders denn in der Fluchtlinie der lebendigen Phänomene, die uns umgeben und deren Teil der Mensch selbst ist, liegen. Allein auf diesen Bereich kann das wahrhaft ethische Handeln gerichtet sein, nicht auf den Gedanken eines Grundes seines eigenen sittlichen Charakters. Denn solcher abstrakte Grund des moralischen Bewusstseins mag zwar als Problem der metaphysischen Letztbegründung von Sittlichkeit im Menschen sein Recht beanspruchen. Für den tätigen Vollzug der Unterscheidung von gutem und bösem Handeln – um die Sache freilich nur abstrakt schematisch zu betrachten – kann jene Spezialfrage für Schweitzer durchaus vernachlässigt werden. Vielmehr muss sie geradezu ausgeblendet werden, um der mystischen Betrachtung der Wirklichkeit überhaupt ein ethisches Antlitz verleihen zu können.

> Es gibt keinen Inbegriff des Seins, sondern nur unendliches Sein in unendlichen Erscheinungen. Nur durch die Erscheinungen des Seins und nur durch die, zu denen ich in Beziehung trete, verkehrt mein Sein mit dem unendlichen Sein. Hingebung meines Seins an das unendliche Sein ist Hingebung meines Seins an alle Erscheinungen des Seins, die meiner Hingabe bedürfen und denen ich mich hingeben kann.[21]

---

19 Schweitzer, Kultur und Ethik, 295.
20 Schweitzer, Kultur und Ethik, 304.
21 Schweitzer, Kultur und Ethik, 304.

Mit diesem Bewusstsein der unbegrenzten Mannigfaltigkeit an Gestalten und Erscheinungsformen des lebendigen Daseins geht darüber hinaus ein Wissen um die konstitutive Limitation der eigenen Erkenntnis- und Handlungsmöglichkeiten einher. Dies bedeutet für die ethische Dimension des einzelnen Menschen, dass sich seine tätige Hingabe und hingebende Selbstvervollkommnung an seinem Anderen notwendigerweise lediglich auf einen Ausschnitt des lebendigen Reichtums dieser Welt beziehen kann. Der Unendlichkeit an lebendigen Erscheinungen korrespondiert das Unvermögen des Einzelnen, sich derselben als Ganzer zuzuwenden. Stattdessen vermag sich das ethische Potential des Menschen je nur auf ein Fragment des lebendigen Gesamtzusammenhangs zu richten. „Nur ein unendlich kleiner Teil des unendlichen Seins kommt in meinen Bereich."[22] Gleichwohl erwächst dem moralischen Subjekt gerade aus der jeweiligen Begegnung mit dem lebendigen Gegenüber eine Bedeutsamkeit für das eigene Leben, insofern sich an jenem das sittliche Potential allererst verwirklichen lässt. Die moralische Dimension des menschlichen Handelns kann anders gewendet gar nicht aktualisiert werden, ohne dass sich ein Korrelat findet, dessen Wesen gleichermaßen durch die Vitalität charakterisiert ist wie das menschliche Aktzentrum selbst. Insofern bedarf das humane Leben nachgerade des fühlenden Anderen seiner selbst in Gestalt von Mensch oder Tier, um seinem eigenen Dasein erst eine sittliche Bedeutung verleihen zu können. Dieser Gedanke erinnert natürlich wiederum an Fichtes grundsätzlich aufs Sittliche bzw. die praktische Vernunft gebaute Konzeption von dem empirischen Ich, welches sich an seinem Nicht-Ich, d.h. in der sittlich-moralischen Betätigung seiner Handlungen, gewinnt. Und einen anderen Fall von Bedeutsamkeit scheint Albert Schweitzer im Kontext seiner Kulturphilosophie auch gar nicht gelten lassen zu wollen.

> Dem ..., was in meinen Bereich kommt und was meiner bedarf, mich hingebend, verwirkliche ich die geistige, innerliche Hingebung an das unendliche Sein und gebe meiner armen Existenz damit Sinn und Reichtum. Der Fluß hat sein Meer gefunden.[23]

Dieser exklusiven Sinnkonstitution über die sittliche Dimension des menschlichen Handelns entspricht die Angewiesenheit der ethischen Mystik auf praktische Aktualisierung des moralischen Wollens, das mehr ist als die denkende Versenkung ins abstrakt Unbedingte. Vielmehr konvergieren am Orte der aktiven Hingabe an das Leben in allen seinen Erscheinungen ebenso sehr die bunte Mannigfaltigkeit der menschlichen Regungen mit seinem erkennenden Bewusstsein. Zwar impliziert die ethische Hingabe selbstverständlich auch die denkende Besinnung auf die Möglichkeit des eigenen wie des fremden Daseins. „In der Mystik der Wirklichkeit aber ist die Hingebung nicht mehr ein rein intellektueller Akt, sondern einer, an dem alles Lebendige

---

22 Schweitzer, Kultur und Ethik, 304.
23 Schweitzer, Kultur und Ethik, 304.

des Menschen beteiligt ist."[24] Denken, Wollen und Fühlen kommen gerade in der sittlichen Verwirklichung des Menschen an seinen Mitgeschöpfen – um diesen religiösen Begriff zu gebrauchen – in diesem gemeinsamen Zentrum überein. Geist und Ethos werden allererst auf dem Boden des moralischen Handelns ihrer wahren Synthese zugeführt. Und diese Synthesegestalt der humanen Lebendigkeit selbst in all ihren Facetten bildet die Rede von der ethischen Mystik ab. „Es waltet in ihr also eine Geistigkeit, die den Drang zur Tat elementar in sich trägt. Die grausige Wahrheit, daß Geistigkeit und Ethik zweierlei seien, gilt hier nicht mehr. Hier sind beide ein und dasselbe."[25]

Wo sich das sittliche Wollen mit dem erkennenden Wesen des Intellekts derart verschwistert hat, dass Ethos und Vernunft gar keine getrennten Wege mehr zu gehen in der Lage sind, eröffnet sich sodann der Überschritt von der formalen zur materialen Bestimmung des ethischen Grundprinzips. Denn mit dem intellektuellen Denkvollzug, der sich aus sich selbst heraus zur handelnden Aktualisierung seines Erkennens des Guten und Bösen fortbestimmt, übersteigen wir das formale Merkmal der Abstraktion, um die postulierte Notwendigkeit der praktischen Umsetzung der ethischen Fundamentalbestimmung im einzelnen Gemüt der Menschen selbst zu verankern. Der umfassende und umgreifende Charakter der menschlichen Lebendigkeit erweist sich an seiner wesentlichen Bestimmung, sich mit seinem ganzen Dasein für die ihm jeweils begegnenden Fälle von Lebendigkeit einzusetzen. Darin aktualisiert der Mensch sich als und für sein moralisches Bewusstsein. „Die subjektive, extensiv und intensiv ins Grenzenlose gehende Verantwortlichkeit für alles in seinen Bereich tretende Leben, wie sie der innerlich von der Welt freigewordene Mensch erlebt und zu verwirklichen sucht: dies ist Ethik."[26]

Auf dieser Basis erfolgt nun die materiale Anreicherung des ethischen Grundprinzips – wiederum in Analogie zum sittlichen Ich in Fichtes früher Wissenschaftslehre – im Modus der Bestimmung des Korrelats aller menschlichen Handlungen als jenes kleinen Bereichs der für uns notwendigerweise nur fragmentarisch in die Erscheinung tretenden Mannigfaltigkeit des lebendigen Daseins. An diesem Ausschnitt des Lebens verwirklicht sich gleichsam unser eigenes sittliches Leben, aus dem heraus sich der Einzelne seinem gleichartigen, weil ebenfalls lebendigen Gegenüber hingeben soll. Und so gipfelt Schweitzers konkrete Fassung des angemahnten Grundprinzips der Ethik in jener berühmten Formel: „Das denknotwendige, einen Inhalt habende, sich mit der Wirklichkeit stetig, lebendig und sachlich auseinandersetzende Grundprinzip des Ethischen lautet: Hingebung an Leben aus Ehrfurcht vor dem Leben."[27]

---

24 Schweitzer, Kultur und Ethik, 304.
25 Schweitzer, Kultur und Ethik, 304.
26 Schweitzer, Kultur und Ethik, 305.
27 Schweitzer, Kultur und Ethik, 305. Vgl. Otto Friedrich Bollnow, Die Ehrfurcht vor dem Leben als ethisches Grundprinzip, in: ders., Zwischen Philosophie und Pädagogik, Aachen 1988, 92–114. Zur ideengeschichtlichen Genese dieser ethischen Grundformel vgl. Günzler, Albert Schweitzer, 55–87.

4 Die konkrete Gestalt des ethischen Grundprinzips

Ausgehend von dieser materialen Bestimmung des ethischen Grundprinzips entfaltet Schweitzer sodann das eigenständige Programm einer philosophischen Ethik. Dabei vollzieht sich die konkrete Grundlegung seiner Kulturphilosophie als Vereinigung von formalem und inhaltlichem Aspekt der Moraltheorie. Um diese Synthese von Allgemeinheit und Besonderung auf dem Boden eines einzelnen ethischen Prinzips zu verwirklichen, bedurfte es gerade einer formellen Verankerung im moralischen Bewusstsein, die sich wiederum in materialer Hinsicht auf die tatsächliche Mannigfaltigkeit des lebendigen Daseins beziehen lässt. Zu diesem Zwecke rekurriert Schweitzer nun nicht nur auf den Lebensbegriff im Allgemeinen, wie er ihm aus der vitalistisch geprägten Philosophie des späten 19. Jahrhunderts überliefert ist, um sie mit den Mitteln der Kantischen Ethik zu verquicken. Vielmehr zeigt er sich der Lebensphilosophie ebenso sehr dahingehend verpflichtet, dass es gerade der *Wille* zum Leben ist, welcher in den systematischen Mittelpunkt seiner Überlegungen rückt. Denn dieser Wille zum Leben kommt nachgerade als Scharnier zwischen der menschlichen Individuationsgestalt des lebendigen Daseins und den weiteren reichhaltigen Phänomenen desselben zu stehen. Das ethische Subjekt wird erst dort zu einem solchen, wo die konstitutive Bezogenheit der eigenen Vitalität des Menschen auf den lebendigen Willen zum Leben der übrigen Kreatur ins Bewusstsein gehoben ist. Diese Einsicht in die strukturelle Kongruenz des eigenen und des fremden Wollens etabliert eine solide Basis für den moralischen Selbstvollzug des menschlichen Daseins inmitten der vielfältigen Welt der lebendigen Erscheinungen. „Ethik entsteht dadurch, daß ich die Weltbejahung, die mit der Lebensbejahung in meinem Willen zum Leben natürlich gegeben ist, zu Ende denke und zu verwirklichen versuche."[28]

Solche Verwirklichung eines grundsätzlich affirmativen Bezugs zur Welt durch den Menschen vermag dieser freilich nur auf dem Wege über die Anerkennung des Lebenswillens seines Anderen – sei es Mensch, Tier oder Pflanze – ins Werk zu setzen. Das konkrete Prinzip des Ethischen, die Ehrfurcht vor dem Leben, bleibt nicht in der Kontemplation hängen, sondern schreitet eingedenk der notwendigen Selbstverwirklichung der jeweiligen Erscheinung von Leben selbst zu dessen aktiver Förderung fort. Im Zuge dieser Überlegungen gesteht Schweitzer zwar unumwunden

---

Schweitzers eigene späte Ausführungen zur Herausbildung seiner ethischen Konzeption finden sich in: Albert Schweitzer, Die Entstehung der Lehre der Ehrfurcht vor dem Leben und ihre Bedeutung für unsere Kultur, in: ders.: Die Ehrfurcht vor dem Leben. Grundtexte aus fünf Jahrzehnten, herausgegeben von Hans Walter Bähr, 4. Auflage, München 1984, 13–31.
28 Schweitzer, Kultur und Ethik, 306.

die grundsätzliche Undurchdringlichkeit dessen, was das Leben eigentlich sei, ein. „Was ... Leben ist, vermag keine Wissenschaft zu sagen."[29] Jedoch bleibt die unbedingte ethische Motivationskraft dieser in gewisser Weise opaken Größe davon gänzlich unberührt. Schließlich kommt es ihm in Bezug auf die moralphilosophische Grundlegungsfunktion des Lebensbegriffs keineswegs auf dessen formale oder materiale Binnenstruktur an. Einzig die unbestreitbare Tatsache seines motivationalen Potentials macht ihn zum allenthalben zu gewärtigenden Prinzip des Handelns – nicht nur des Menschen. Keine exklusive Erkenntnis der Naturwissenschaft oder der Moralphilosophie ist hier von Interesse, sondern gerade die omnipräsente Evidenz des lebendigen Wesens aller Kreatur, wie sie dem ethischen Subjekt als solchem zu Gebote stehen kann. „Für die Welt- und Lebensanschauung ist der Ertrag des Erkennens also nur der, daß es dem Menschen die Gedankenlosigkeit schwermacht, indem es ihn immer stärker von dem Geheimnis des sich überall regenden Willens zum Leben erfüllt sein läßt."[30]

Jene Evidenz trägt dabei freilich selbst den Charakter der Lebendigkeit an sich. „Alles wahre Erkennen geht in Erleben über"[31], so dass zwischen der bloß theoretischen Dimension einer Ethik der Ehrfurcht vor dem Leben und ihrer praktischen Bedeutsamkeit zu unterscheiden, wenig stichhaltig erscheint. Vielmehr scheinen Schweitzers Ausführungen geradezu die konkrete Gestalt seines ethischen Grundprinzips in möglichst anregender Weise vor Augen stellen zu wollen, um auf diesem Wege das Vitale *in actu* als eigentlichen Grund der Moralität zu plausibilisieren. Dabei verbindet wiederum das Scharnier des Willens das theoretische Erkennen mit dem praktischen Erleben der Lebensbestimmtheit der bunten Sphäre des moralischen Handelns. „Das Wesen der Erscheinungen erkenne ich nicht, sondern ich erfasse es in Analogie zu dem Willen zum Leben, der in mir ist."[32] Mit diesem Überschritt von der bloßen Erkenntnistheorie des lebendigen Daseins zum analogischen Erfassen desselben geht darüber hinaus die Erzeugung einer Resonanz im menschlichen Gemüt einher, die ihm eine moralische Valenz verleiht.

> Das zum Erleben werdende Erkennen läßt mich der Welt gegenüber nicht als rein erkennendes Subjekt verharren, sondern drängt mir ein innerliches Verhalten zu ihr auf. Es erfüllt mich mit Ehrfurcht vor dem geheimnisvollen Willen zum Leben, der in allem ist.[33]

Insofern erblickt Schweitzer die ethische Funktion der Erkenntnis und ihrer Theorie in ihrem transitorischen Wesen mit Bezug auf die Einsicht in die grundlegende und allenthalben wahrnehmbare Bedeutung des Lebens. Das intrinsische Motiv des

---

29 Schweitzer, Kultur und Ethik, 307.
30 Schweitzer, Kultur und Ethik, 307.
31 Schweitzer, Kultur und Ethik, 307.
32 Schweitzer, Kultur und Ethik, 307.
33 Schweitzer, Kultur und Ethik, 307.

menschlichen Strebens nach Erkenntnis seiner Welt führt auf die moralisch relevante Dimension des eigenen Verhältnisses zur Welt und des verantwortlichen Umgangs mit allem Leben darin. „Von innen heraus setzt es [sc. das Erkennen] mich zur Welt in Beziehung, indem es meinen Willen zum Leben alles, was ihn umgibt, als Willen zum Leben miterleben läßt."[34]

Die gegenständliche Erkenntnis der Welt kommt als Bedingung der Möglichkeit von Moralität zu stehen, das Ich braucht sein Nicht-Ich, um sich in dieser Relation überhaupt erst als moralisches Subjekt verwirklichen zu können. Dabei kommt der notwendigen Kontextgebundenheit des menschlichen Lebens in der Welt eine besondere Rolle zu, insofern sich seine Moralität gerade auf die lebendige Wahrnehmung des Willens anderer Lebewesen und den Bezug darauf gründet. Ohne die lebendige Erkenntnis der Welt, die der Mensch als wahrnehmendes Wesen hat, bliebe ihm die Pforte zur Moralität ebenso sehr verschlossen wie die kulturelle Verwirklichung seines geistigen Potentials in Kunst, Religion oder Wissenschaft.

Indessen stellen Schweitzers Kulturphilosophie und ihre Ethik der Ehrfurcht vor dem Leben keineswegs auf eine abstrakte Deduktion der menschlichen Moralität und Geistigkeit ab. Vielmehr gilt es gerade den lebensgebundenen Charakter des ethischen Grundprinzips mitzuführen und für die Bestimmung des moralischen Wesens ‚Mensch' fruchtbar zu machen. Zu diesem Zwecke setzt die im engeren Sinne moralphilosophische Ausmünzung der angestellten Prinzipienreflexion wiederum bei der Innerlichkeit des ethischen Subjekts ein, um sogleich die Strukturgleichheit mit dem anderen lebendigen Dasein zur Geltung zu bringen.[35] „Wahre Philosophie muß von der unmittelbarsten und umfassendsten Tatsache des Bewußtseins ausgehen. Diese lautet: ‚Ich bin Leben, das leben will, inmitten von Leben, das leben will.'"[36] Demnach ist es die Kongruenz der lebendigen Subjektivität des einzelnen Menschen mit der Lebendigkeit der ihn umgebenden Kreaturen – ungeachtet ob Mensch oder Tier –, die das ethische Grundprinzip erst in überzeugender Weise zu seiner gründenden Funktion in Ansehung der Moralität befähigt.

> Wie in meinem Willen zum Leben Sehnsucht ist nach dem Weiterleben und nach der geheimnisvollen Gehobenheit des Willens zum Leben, die man Lust nennt, und Angst vor der Vernichtung und der geheimnisvollen Beeinträchtigung des Willens zum Leben, die man Schmerz nennt: also auch in dem Willen zum Leben um mich herum, ob er sich mir gegenüber äußern kann oder ob er stumm bleibt.[37]

Diese Bestimmung der strukturell wie inhaltlichen Gleichheit des subjektiven Willens zum Leben mit derselben Regung außerhalb des einzelnen moralischen Be-

---

34 Schweitzer, Kultur und Ethik, 307.
35 Vgl. Günzler, Albert Schweitzer, 111.
36 Schweitzer, Kultur und Ethik, 308.
37 Schweitzer, Kultur und Ethik, 308.

wusstseins markiert nicht nur den konkreten Charakter des ethischen Grundprinzips. Denn trotz dieser Verankerung im Gemüt des handelnden Individuums führt der Gedanke einer Ethik der Ehrfurcht vor dem Leben im Begriff des Lebens selbst eine allgemeine oder universale Dimension mit sich. Die Universalisierbarkeit der eigenen Bestimmtheit durch den Willen zum Leben mit Blick auf die lebendigen Akteure in der Welt, die dem einzelnen Subjekt als dessen moralische Aufgabe begegnen, bildet die Basis für die eigentliche Explikation des Moralischen. Aus der genannten Kongruenz erwächst demnach allererst die strikt auf die Sphäre des lebendigen Daseins bezogene vollendete Fassung des ethischen Prinzips sowie des moralischen Sollens.

> Ethik besteht also darin, daß ich die Nötigung erlebe, allem Willen zum Leben die gleiche Ehrfurcht vor dem Leben entgegenzubringen wie dem eigenen. Damit ist das denknotwendige Grundprinzip des Sittlichen gegeben. Gut ist, Leben erhalten und Leben fördern; böse ist, Leben vernichten und Leben hemmen.[38]

Diese „allgemeinste Bestimmung von Gut und Böse"[39] gewinnt ihre Überzeugungskraft freilich gerade aus ihrer strikten Universalität. Selbige stellt wiederum eine umfassende Entschränkung des Geltungsbereichs dieser lebensphilosophischen Ethik dar. Denn das definierte Gute bleibt trotz der Integration eines emphatischen Lebensbegriffs selbstverständlich – ganz im Sinne der Kantischen Pflichtenethik – als ein unbedingtes Sollen bestehen, dessen Verwirklichung dem menschlichen Subjekt aufgegeben ist.

> Das denknotwendige Grundprinzip des Sittlichen bedeutet ... nicht nur Ordnung und Vertiefung der geltenden Anschauungen von Gut und Böse, sondern auch ihrer Erweiterung. Wahrhaft ethisch ist der Mensch nur, wenn er der Nötigung gehorcht, allem Leben, dem er beistehen kann, zu helfen, und sich scheut, irgend etwas Lebendigem zu schaden.[40]

Dergestalt etabliert Schweitzer eine lebensphilosophische Ethik, die in ihrem Gegründetsein auf die unmittelbar evidente Dimension des allgemeinen Willens zum Leben unumwunden auf die Aktualisierung eines konkreten und weltbezogenen Ethos abzielt. Die Opposition von Gesinnungs- und Verantwortungsethik greift dabei im Falle dieser Ethik der Ehrfurcht vor dem Leben deshalb nicht, weil sich Schweitzer mit seinem Grundprinzip erfolgreich um eine Synthese beider Dimensionen der Sittlichkeit bemüht.[41] Der Verortung im ethischen Subjekt korrespondiert

---

38 Schweitzer, Kultur und Ethik, 308.
39 Schweitzer, Kultur und Ethik, 308.
40 Schweitzer, Kultur und Ethik, 309.
41 Vgl. Schweitzer, Kultur und Ethik, 310: „Mit rastloser Lebendigkeit arbeitet die Ehrfurcht vor dem Leben an der Gesinnung, in die sie hineingekommen ist, und wirft sie in die Unruhe einer niemals und nirgends aufhörenden Verantwortlichkeit hinein."

die Mannigfaltigkeit der lebendigen Erscheinung. „Ethik ist ins Grenzenlose erweiterte Verantwortung gegen alles, was lebt."[42]

Mit dem Bewusstsein der Verantwortlichkeit für alles lebendige Dasein, das in den Gesichtskreis des einzelnen Menschen tritt, steht und fällt gleichermaßen das Ethos überhaupt. Die Etablierung eines moralischen Standpunkts hängt als solche an dem geschilderten Miterleben auch des anderen Willens zum Leben. Wo diese Stufe erreicht wird, hat das Ethische überhaupt erst seine Wirklichkeit, die für Schweitzer nichts Geringeres als ein Schlüsselmoment in der menschlichen Entwicklung darstellt. „Bedeutungsvoll für die Welt ist die Tatsache an sich, daß in dem ethisch gewordenen Menschen ein von Ehrfurcht vor dem Leben und Hingebung an Leben erfüllter Wille zum Leben in der Welt auftritt."[43]

Diese Manifestation eines wahrhaft ethischen Bewusstseins, welches sich gerade in der Gestalt des Willens kundgibt, erhält in diesem Zusammenhang eine eindeutig spekulative Fundierung.[44] Schweitzer macht den ethischen Menschen mit seiner verantwortlichen Hingabe an alles lebendige Dasein zum eigentlichen Ort der Selbstexplikation des Willens zum Leben. In diesem Kontext wird die Exklusivität der menschlichen Moralität gerade mit der Erkenntnis- und Erlebensdimension des subjektiven Handlungsträgers begründet. Denn allein an der Stelle des menschlichen Umgangs mit anderem Willen zum Leben, welcher freilich auf jenem Miterleben fußt, wird die Allgemeinheit des Willens zum Leben ihrer selbst im Modus der Besonderung ansichtig. Die konkrete Struktur eines Selbsterlebens des ethischen Bewusstseins als besondere Anschauung der allgemeinen Vitalität in der Welt bedarf des menschlichen Subjekts, um sich als solches überhaupt zur Geltung bringen zu können.

> In meinem Willen zum Leben *erlebt sich* der universale Wille zum Leben anders als in den andern Erscheinungen. In diesen tritt er in einer Individualisierung auf, die, soviel ich von außen bemerke, nur ein Sich-Selbst-Ausleben, kein Einswerden mit anderem Willen zum Leben erstrebt.[45]

Mit dem Gedanken eines Sich-Selbst-Erlebens des Willens zum Leben im Gegenüber des anderen lebendigen Daseins kommt schließlich das ethische Grundprinzip der Ehrfurcht vor dem Leben in vollendeter Weise zu sich. Die Ehrfurcht des Willens

---

42 Schweitzer, Kultur und Ethik, 309.
43 Schweitzer, Kultur und Ethik, 310f.
44 Vgl. Manfred Eucker, Dialektik im idealistischen Denken Albert Schweitzers (= Beiträge zur Albert-Schweitzer-Forschung 7), Frankfurt am Main 2001. Barth, Ethische Mystik, 217f. scheint Vorbehalte gegen eine zu sehr auf Hegels Dialektik aufbauende Interpretation geltend machen zu wollen. Insofern sich entsprechende Motive freilich ebenso sehr bereits beim frühen Fichte ausmachen lassen – man denke nur an den dritten Grundsatz der Wissenschaftslehre von 1794 –, erscheint hier ein striktes Entweder/Oder gar nicht am Platze.
45 Schweitzer, Kultur und Ethik, 311 (Hervorhebung von mir).

zum Leben vor dem gleichermaßen leben wollenden Leben außer mir erweist sich als Resultat einer konkreten Selbstbeziehung. Der Wille zum Leben tritt in der Ehrfurcht nicht in eine andere Ordnung ein, sondern erlebt sich am Orte des Anderen selbst, um sich als wahrhaft Konkretes zu etablieren. Insofern kann Schweitzer mit Blick auf seine Konzeption mit Recht von einer „absoluten Ethik"[46] sprechen. Denn das konkrete Grundprinzip der Ehrfurcht vor dem Leben rekurriert nicht mehr auf ein ihr gegenüberstehendes Äußeres. Vielmehr stellt sich selbst der Bezug auf das fremde Leben als immanente Relation heraus, so dass die Ehrfurcht vor dem Leben auf eine intrinsische Motivation zurückzugreifen vermag. Das Selbsterleben des universalen Willens zum Leben in mir ergibt selbst den Grund der Motivation zur Verantwortung und Hingabe für anderes lebendiges Dasein. „Dabei kommt es dazu, Ethik als Hingebung an Leben zu bestimmen, die durch Ehrfurcht vor dem Leben motiviert ist."[47] Die Unterschiedenheit der ethischen Momente – Ehrfurcht und Hingebung – entpuppt sich lediglich als Binnendifferenzierung des sich selbst erlebenden Willens zum Leben.

Ebenso wenig bleibt in der „ethischen Mystik" die Atomisierung des lebendigen Daseins bestehen. An die Stelle der „Selbstentzweiung des Willens zum Leben"[48] tritt dessen konkrete Einheit, die indessen gerade in der ethischen Hingabe des menschlichen Handelns aktualisiert wird.

> Wenn ich ein Insekt aus dem Tümpel rette, so hat sich Leben an Leben hingegeben und die Selbstentzweiung des Lebens ist aufgehoben. Wo in irgendeiner Weise mein Leben sich an Leben hingibt, erlebt mein endlicher Wille zum Leben das Einswerden mit dem unendlichen, in dem alles Leben eins ist.[49]

Das Leben kommt in der absoluten Ethik der Ehrfurcht vor dem Leben vollends zu sich selbst. In dieser konkreten Verwirklichung der gleichermaßen konkreten Struktur des ethischen Grundprinzips liegt die Überzeugungskraft der ethischen Theoriebildung Albert Schweitzers.

5 Schluss

Ohne dass der beeindruckende Lebensweg des Theologen, Kulturphilosophen, Musikers/Musikhistorikers und Mediziners Albert Schweitzer in der Sicherheit seiner

---

[46] Schweitzer, Kultur und Ethik, 316. 327. Dort gebraucht Schweitzer jeweils den Ausdruck: „die absolute Ethik der Ehrfurcht vor dem Leben". Vgl. Schweitzer, Kultur und Ethik, 319: „absolute Ethik der Hingebung".
[47] Schweitzer, Kultur und Ethik, 310. Vgl. Günzler, Albert Schweitzer, 113.
[48] Schweitzer, Kultur und Leben, 311.
[49] Schweitzer, Kultur und Ethik, 311f.

moralischen Orientierung eigens in den Blick genommen werden musste, offenbart schon seine ethische Theoriebildung den gedanklichen Kern dieses überzeugenden Gesamtbildes. Anders als etwa beim eingangs genannten Ernesto Che Guevara stellt sich jene konkrete Synthesis von wissenschaftlichem Denken und anschaulichem Leben als durchweg überzeugend dar. Die Konvergenz von höchstem Reflexionsniveau und konsequenter Umsetzung der eigenen Theorieelemente im Umgang mit Mensch und Tier verleiht der Ethik der Ehrfurcht vor dem Leben ihre ungebrochene Faszination. Gleichwohl reicht die Wurzel dieser Überzeugungskraft doch tiefer in die begrifflichen Bausteine jener Ethik selbst hinein. Denn auf dem ethischen Grundprinzip selbst – dem Gedanken einer motivierenden Ehrfurcht vor dem Leben in seinen jeweiligen Erscheinungsformen – steht das gesamte ethische Gebäude und ist zugleich doch bis in jeden entlegenen Winkel davon durchzogen. Das überzeugende Moment des *concretum* als organischem Zusammenwuchs von allgemeinmoralischer Vorstellung, die in der Gesinnung des Menschen selbst verankert ist, um sich doch sogleich in der besonderen Verantwortung für die andere Kreatur als Exponent eines universalen Willens zum Leben hinzugeben, durchdringt die Ethik Albert Schweitzers von der Grundlegung bis zur lebensweltlichen Umsetzung im Urwald von Lambarene. Insofern haben wir es insgesamt mit einer Persönlichkeit zu tun, die sich ohne Zweifel mit den anderen Größen der ethischen Reflexionskultur messen kann, und gleichwohl zudem das so überzeugende Element des Konkreten in der eigenen Theoriebildung sogar noch darüber hinaus hat bewähren können.

Alphabetisches Verzeichnis der Autorinnen und Autoren

Prof. Dr. Rainer Adolphi
Technische Universität Berlin
Fakultät I (Geistes- und Bildungswissenschaften)
Institut für Philosophie, Literatur-, Wissenschafts- und Technikgeschichte
(Postcode H 72)
Straße des 17. Juni 135
10623 Berlin
rainer.adolphi@tu-berlin.de

Prof. Dr. Christoph Asmuth
Technische Universität Berlin
Institut für Philosophie H 72
Straße des 17. Juni 135
10623 Berlin
christoph.asmuth@mailbox.org

Dr. Friedemann Barniske
Augustana-Hochschule
Lehrstuhl Systematische Theologie
Waldstraße 11
91564 Neuendettelsau
friedemann.barniske@augustana.de

Prof. Dr. Markus Buntfuß
Augustana-Hochschule
Lehrstuhl Systematische Theologie
Waldstraße 11
91564 Neuendettelsau
markus.buntfuss@augustana.de

Prof. Dr. Wilhelm Jacobs
Bayerische Akademie der Wissenschaften
Schelling-Projekt
Alfons-Goppel-Straße 11
80539 München
jacobs.wg@gmx.de

Prof. Dr. Renate Jost
Augustana-Hochschule
Professur für Feministische Theologie und Gender Studies
Waldstraße 11
91564 Neuendettelsau
renate.jost@augustana.de

Prof. Dr. Josef Kopperschmidt
Karl-Platz-Straße 80
41812 Erkelenz
josef.kopperschmidt@web.de

Prof. Dr. Olaf Kramer
Eberhard Karls Universität
Seminar für Allgemeine Rhetorik
Wilhelmstraße 50
72074 Tübingen
olaf.kramer@uni-tuebingen.de

PD Dr. Markus Mülke
Augustana-Hochschule
Dozentur Klassische Philologie
Waldstraße 11
91564 Neuendettelsau
markus.muelke@augustana.de

Prof. Dr. Michael Pietsch
Augustana-Hochschule
Lehrstuhl Altes Testament
Waldstraße 11
91564 Neuendettelsau
michael.pietsch@augustana.de

Prof. Dr. Christian Strecker
Augustana-Hochschule
Lehrstuhl Neues Testament
Waldstraße 11
91564 Neuendettelsau
christian.strecker@augustana.de

Prof. Dr. Dietmar Till
Eberhard Karls Universität
Seminar für Allgemeine Rhetorik
Wilhelmstraße 50
72074 Tübingen
dietmar.till@uni-tuebingen.de

Prof. Dr. Hartmut Traub
Alanus Hochschule
Fachbereich Bildungswissenschaften 2
Villestraße 3
53347 Alfter
dr.traub1@t-online.de

Prof. Dr. Gert Ueding
Eberhard Karls Universität
Seminar für Allgemeine Rhetorik
Wilhelmstraße 50
72074 Tübingen
gert.ueding@gmx.de

Prof. Dr. Francesca Vidal
Universität Koblenz-Landau
Schwerpunkt Rhetorik
Georg-Friedrich-Detzel-Str. 24
76829 Landau
vidal@uni-koblenz-landau.de

www.ingramcontent.com/pod-product-compliance
Lightning Source LLC
Chambersburg PA
CBHW080407230426
43662CB00016B/2344